DIREITO ECONÔMICO

Direito Econômico Regulatório

série GV*law*

Mario Gomes Schapiro
Coordenador

DIREITO ECONÔMICO

Direito Econômico Regulatório

Ana Maria de Oliveira Nusdeo
Arthur Barrionuevo Filho
Bernardo Macedo
Caio Mário da Silva Pereira Neto
Cláudia Viegas
Cláudio R. Lucinda
Daniel Gama e Colombo
Daniel Wei Liang Wang
Diogo de Sant'Ana
Juliana Bonacorsi de Palma
Lucia Del Picchia
Luis Felipe Valerim Pinheiro
Mario Gomes Schapiro
Mateus Piva Adami
Paulo L. Casagrande
Vinícius Marques de Carvalho

2010

Editora Saraiva

FGV | DIREITO GV • GVlaw

Editora Saraiva

Rua Henrique Schaumann, 270, Cerqueira César — São Paulo — SP
CEP 05413-909
PABX: (11) 3613 3000
SACJUR: 0800 055 7688
De 2ª a 6ª, das 8:30 às 19:30
saraivajur@editorasaraiva.com.br
Acesse: www.saraivajur.com.br

FILIAIS

AMAZONAS/RONDÔNIA/RORAIMA/ACRE
Rua Costa Azevedo, 56 – Centro
Fone: (92) 3633-4227 – Fax: (92) 3633-4782 – Manaus

BAHIA/SERGIPE
Rua Agripino Dórea, 23 – Brotas
Fone: (71) 3381-5854 / 3381-5895
Fax: (71) 3381-0959 – Salvador

BAURU (SÃO PAULO)
Rua Monsenhor Claro, 2-55/2-57 – Centro
Fone: (14) 3234-5643 – Fax: (14) 3234-7401 – Bauru

CEARÁ/PIAUÍ/MARANHÃO
Av. Filomeno Gomes, 670 – Jacarecanga
Fone: (85) 3238-2323 / 3238-1384
Fax: (85) 3238-1331 – Fortaleza

DISTRITO FEDERAL
SIA/SUL Trecho 2 Lote 850 – Setor de Indústria e Abastecimento
Fone: (61) 3344-2920 / 3344-2951
Fax: (61) 3344-1709 – Brasília

GOIÁS/TOCANTINS
Av. Independência, 5330 – Setor Aeroporto
Fone: (62) 3225-2882 / 3212-2806
Fax: (62) 3224-3016 – Goiânia

MATO GROSSO DO SUL/MATO GROSSO
Rua 14 de Julho, 3148 – Centro
Fone: (67) 3382-3682 – Fax: (67) 3382-0112 – Campo Grande

MINAS GERAIS
Rua Além Paraíba, 449 – Lagoinha
Fone: (31) 3429-8300 – Fax: (31) 3429-8310 – Belo Horizonte

PARÁ/AMAPÁ
Travessa Apinagés, 186 – Batista Campos
Fone: (91) 3222-9034 / 3224-9038
Fax: (91) 3241-0499 – Belém

PARANÁ/SANTA CATARINA
Rua Conselheiro Laurindo, 2895 – Prado Velho
Fone/Fax: (41) 3332-4894 – Curitiba

PERNAMBUCO/PARAÍBA/R. G. DO NORTE/ALAGOAS
Rua Corredor do Bispo, 185 – Boa Vista
Fone: (81) 3421-4246 – Fax: (81) 3421-4510 – Recife

RIBEIRÃO PRETO (SÃO PAULO)
Av. Francisco Junqueira, 1255 – Centro
Fone: (16) 3610-5843 – Fax: (16) 3610-8284 – Ribeirão Preto

RIO DE JANEIRO/ESPÍRITO SANTO
Rua Visconde de Santa Isabel, 113 a 119 – Vila Isabel
Fone: (21) 2577-9494 – Fax: (21) 2577-8867 / 2577-9565
Rio de Janeiro

RIO GRANDE DO SUL
Av. A. J. Renner, 231 – Farrapos
Fone/Fax: (51) 3371-4001 / 3371-1467 / 3371-1567
Porto Alegre

SÃO PAULO
Av. Antártica, 92 – Barra Funda
Fone: PABX (11) 3616-3666 – São Paulo

ISBN 978-85-02-09279-2

Dados Internacionais de Catalogação na Publicação (CIP)
(Câmara Brasileira do Livro, SP, Brasil)

Direito econômico : direito econômico regulatório / coordenador Mario Gomes Schapiro. — São Paulo : Saraiva, 2010. — (Série GV-law)

Vários autores.

Bibliografia.

1. Direito econômico 2. Direito econômico - Legislação I. Schapiro, Mario Gomes. III. Série.

10-00562 CDU-34:33

Índice para catálogo sistemático:

1. Direito econômico 34:33

Diretor editorial *Antonio Luiz de Toledo Pinto*
Diretor de produção editorial *Luiz Roberto Curia*
Editora *Manuella Santos de Castro*
Assistente editorial *Daniela Leite Silva*
Produção editorial *Ligia Alves*
Clarissa Boraschi Maria
Preparação de originais *Maria Lúcia de Oliveira Godoy*
Camilla Bazzoni de Medeiros
Arte e diagramação *Cristina Aparecida Agudo de Freitas*
Lídia Pereira de Morais
Revisão de provas *Rita de Cássia Queiroz Gorgati*
Renato de Mello Medeiros
Serviços editoriais *Carla Cristina Marques*
Elaine Cristina da Silva

Data de fechamento da edição: 10-6-2010

Dúvidas?
Acesse www.saraivajur.com.br

Aos alunos do GV*law*.

APRESENTAÇÃO

A FGV é formada por diferentes centros de ensino e pesquisa com um único objetivo: ampliar as fronteiras do conhecimento, produzir e transmitir ideias, dados e informações, de modo a contribuir para o desenvolvimento socioeconômico do país e sua inserção no cenário internacional.

Fundada, em 2002, a Escola de Direito de São Paulo privilegiou um projeto diferenciado dos currículos tradicionais das faculdades de direito, com o intuito de ampliar as habilidades dos alunos para além da técnica jurídica. Trata-se de uma necessidade contemporânea para atuar em um mundo globalizado, que exige novos serviços e a interface de diversas disciplinas na resolução de problemas complexos.

Para tanto, a Escola de Direito de São Paulo optou pela dedicação do professor e do aluno em tempo integral, pela grade curricular interdisciplinar, pelas novas metodologias de ensino e pela ênfase em pesquisa e publicação. Essas são as propostas básicas indispensáveis à formação de um profissional e de uma ciência jurídica à altura das demandas contemporâneas.

No âmbito do programa de pós-graduação lato senso, o GV*law*, programa de especialização em direito da Escola de Direito de São Paulo, tem por finalidade estender a metodologia e a proposta inovadoras da graduação para os profissionais já atuantes no mercado. Com pouco tempo de existência, a unidade já se impõe no cenário jurídico nacional através de duas dezenas de cursos de especialização, corporativos e de educação continuada. Com a presente "Série GV*law*", o programa espera difundir seu magistério, conhecimento e suas conquistas.

Todos os livros da série são escritos por professores do GV*law*, profissionais de reconhecida competência acadêmica e prática, o que torna possível atender às demandas do mercado, tendo como suporte sólida fundamentação teórica.

O GV*law* espera, com essa iniciativa, oferecer a estudantes, advogados e demais profissionais interessados insumos que, agregados às suas práticas, possam contribuir para sua especialização, atualização e reflexão crítica.

Leandro Silveira Pereira
Diretor Executivo do GV*law*

SUMÁRIO

5 TRÁFEGO MÚTUO E DIREITO DE PASSAGEM COMO INSTRUMENTOS PARA COMPARTILHAMENTO DE INFRAESTRUTURA NO SETOR FERROVIÁRIO

Caio Mário da Silva Pereira Neto, Luis Felipe Valerim Pinheiro e Mateus Piva Adami

PARTE I – AS BASES DA REGULAÇÃO

1 REGULAÇÃO ECONÔMICA E SERVIÇOS PÚBLICOS

Vinícius Marques de Carvalho

Professor do programa de educação continuada e especialização em Direito GVlaw*; Doutor em Direito pela Universidade de São Paulo e pela Universidade Paris I (Panthéon-Sorbonne); Conselheiro do Conselho Administrativo de Defesa Econômica – CADE.*

1.1 Introdução

O surgimento da noção de serviço público está totalmente vinculado ao debate sobre a ação interventiva do Estado em um contexto histórico específico de desenvolvimento do capitalismo, em que o mercado deixa de ser o único mecanismo de socialização[1], e perde a condição de único meio de satisfação das necessidades coletivas. As funções tradicionais de regulação da utilização do capital e do trabalho para a obtenção de determinados resultados, que se destinariam novamente à circulação; de garantia do crescimento e do desenvolvimento da sociedade, criando os incentivos necessários para o progresso técnico; e de determinação das formas essenciais de repartição e distribuição da renda, passam a sofrer a interferência mais direta do Estado.

O objetivo deste trabalho é compreender de que maneira essa aliança entre serviço público e intervenção estatal informou as políticas de regulação econômica e qual o impacto da mudança de orientação dessas políticas ocorrida no final do século XX sobre as atividades econômicas consideradas serviços públicos.

Para tanto, começaremos analisando qual o papel do serviço público – ou seja, das atividades econômicas consideradas essenciais para garantia do bem-estar social a ponto de provocar a participação do Estado na sua gestão – como instrumento de consolidação

[1] REICH, Norbert. **Mercado y derecho:** *teoría y praxis del derecho económico en la República Federal Alemana.* Barcelona: Ariel, 1985, p. 25.

de uma estratégia de intervenção pública de organização das relações entre Estado e mercado.

Em seguida, como a especificidade do Estado brasileiro, premido pelos objetivos de superar a condição de país subdesenvolvido por meio de um projeto de industrialização, imprimiu uma dinâmica peculiar às políticas de gestão dos serviços públicos. Como veremos, no Brasil, os serviços públicos organizados em redes de infraestrutura estavam totalmente atrelados à formação de um sistema produtivo estatal instrumental para o desenvolvimento de setores econômicos industriais.

Por fim, tentaremos posicionar o debate sobre a chamada reforma regulatória e seus fundamentos teóricos em face do caso brasileiro, tendo em vista que essa reforma envolveu a concessão de serviços públicos a empresas privadas e a privatização de empresas estatais seguida da constituição de agências de regulação.

1.2 Noção de serviço público e a relação entre Estado e mercado

A prevalência de um *hiato funcional* entre o objetivo de maximização do bem-estar social – considerado como a potencialização das utilidades individuais geradoras de aumento da riqueza global da sociedade – e a capacidade do mercado de responder a esse desiderato é notada com o questionamento dos princípios basilares do sistema da economia clássica identificados com o Estado Liberal, bem como com o posterior desenvolvimento da capacidade interventiva e regulatória do Estado.

Esse processo exigia, assim, uma nova filosofia moral que assentasse o modelo de sociedade e Estado em pressupostos normativos que igualmente conduzissem a sociedade à realização do bem-estar geral (princípio socializante) sem impor grandes limites à liberdade individual. Foi a partir das teorias que elegeram a solidariedade como fundamento e objetivo da ação pública que a noção de serviço público consolidou-se como um instrumento para resolver "um dos problemas mais refinados na legislação, ou seja, determinar o que o Estado deveria tomar a si para dirigir pela sabedoria pública, e o que deveria deixar, com tão pouca interferência quanto possível, ao exercício dos indivíduos"[2]. Não seria exagero afirmar que os serviços públicos são uma das respostas, se não a mais importante delas, à constatação, com certeza penosa aos economistas liberais, da implausibilidade de que

> pelo funcionamento de leis da natureza, indivíduos esclarecidamente voltados para seus próprios interesses sempre tendam, em condições de liberdade, a promover simultaneamente o interesse geral[3].

Se, para a economia clássica, o mercado apresentava-se como um processo de interação entre sujeitos privados regulado pelo pressuposto da concorrência perfeita, com o aperfeiçoamento dos mecanismos de intervenção do Estado, que caminhou *pari passu* com o movimento de concentração do capital, o mercado perde seu caráter de instituição livre. Tais mecanismos envolvem tanto medidas de cunho generalizante e global para o desenvolvimento do mercado como ações específicas de bem-estar social para a obtenção de determinados resultados.

O conjunto das técnicas e instituições de intervenção estatal se aperfeiçoou exatamente para responder às novas tarefas que se apresentavam ao Estado. No sistema de economia política clássica, reservava-se ao Estado funções negativas em relação ao bem-estar social. O interesse público decorria da capacidade do Estado para realizar a missão de garantir o sistema de livre-concorrência, cuja

---

[2] BURKE. **Principles of political economy** *apud* KEYNES, John Maynard. O fim do *laissez-faire*. *In:* SZMRECSÁNYI (org.). **John Maynard Keynes**. Coleção Os Grandes Cientistas Sociais. São Paulo: Ática, 1984, v. 6, p. 120.

[3] KEYNES, John M. **O fim do *laissez-faire***... cit., p. 108.

prevalência asseguraria o equilíbrio econômico e social. Já no Estado pós-liberal, o principal objetivo da política econômica era a expansão da renda nacional e o desenvolvimento das forças produtivas por meio da ação propulsiva do Estado. Como afirma Fábio Konder Comparato, em estudo pioneiro sobre o direito econômico no Brasil,

> a ação do Poder Público com vistas à expansão procura atingir as próprias estruturas do sistema econômico, no sentido do seu aperfeiçoamento, ou mesmo de sua transformação, como é o caso notadamente em países subdesenvolvidos[4].

Nesse contexto, o mercado, enquanto instituição social, passou a ser entrecortado por uma série de objetivos de políticas públicas. Seus atores estariam subordinados a estratégias de ação pública que dificilmente consideravam os ditames da livre-iniciativa e da busca do equilíbrio. Ao contrário, a própria expansão da ideia de desenvolvimento foi absorvida no debate econômico pelo aperfeiçoamento de processos de desequilíbrio. Estes eram gerados pela inovação técnica promovida por setores econômicos estimulados por políticas industriais ou por choques de expansão na oferta de bens e serviços que desencadeavam uma onda de investimentos e direcionavam a expansão econômica.

Vejamos como esse processo se deu e como os serviços públicos se enquadram nele.

Durante o auge da economia de mercado autorregulada, esta era tomada como sinônimo de uma luta "pacífica" em que a competição entre a multiplicidade de atores ensejaria ações cuja racionalidade conduziria ao equilíbrio e à felicidade coletiva. Segundo essa perspectiva, o sistema econômico se reproduziria de acordo com um movimento pendular, retornando sempre a um ponto

---

[4] O indispensável direito econômico. *In*: COMPARATO, Fábio Konder. **Ensaios e pareceres de direito empresarial**. São Paulo: Forense, 1978, p. 464.

ótimo, de equilíbrio, demarcando o início e o fim de uma duração reversível, perfeitamente reprodutível, por modelos extremamente formalizados[5].

Desta forma, vê-se que o problema da atuação do Estado era visto como um não problema. O papel do Estado na constituição do bem-estar social era proporcional ao seu distanciamento das questões relacionadas à organização da vida econômica. Como afirma John Kenneth Galbraith[6],

> suprimir a importância do exercício do poder privado e especialmente a possibilidade de seu abuso era privar de quase toda justificação o exercício da autoridade do governo sobre a economia[7].

Esse contexto insinua que a intensificação da atuação do Estado na órbita econômica esteve associada ao questionamento não apenas teórico, mas acentuadamente prático, do que Galbraith convencionou chamar de *modelo baseado na concorrência*. No âmbito da economia real, observou-se um processo de concentração e internacionalização do capital que aumentou as formas assimétricas de desenvolvimento do capitalismo. Um número cada vez menor de grandes companhias passou a responder por uma parte substancial de toda a atividade industrial.

Esse movimento levou ao questionamento teórico da economia clássica, formulado principalmente por John Maynard Keynes. Para ele, a teoria econômica liberal (do *laissez-faire*) era de uma simplicidade e beleza tão grandes que frequentemente se desprezava o fato de ela não decorrer da realidade, mas de uma hipótese

---

[5] FIORI, José Luis. **Voo da coruja**. Rio de Janeiro: Record, 2003, p. 46 e 47.

[6] GALBRAITH, John Kenneth. **Capitalismo**. Rio de Janeiro: Zahar, 1964, p. 38-39.

[7] GALBRAITH, John K. **Capitalismo**, cit., p. 38. Atualmente se sabe que, por causa do caráter pouco excepcional do poder econômico, é exigido do Estado um papel interventivo intenso no âmbito da regulamentação da concorrência.

incompleta formulada com a finalidade de simplificação. Segundo Keynes, a ideia de que os indivíduos que agem de maneira independente para seu próprio bem produzem maior volume de riqueza estava assentada em pressupostos irreais.

Contra a ideia de uma economia de mercado "natural", emerge a contribuição teórica de Karl Polanyi. Segundo ele, a história econômica mostra que a emergência de mercados nacionais não foi, de forma alguma, o resultado da emancipação gradual e espontânea da esfera econômica do controle governamental. Na verdade, natural, no sentido de não excepcional, seria a intervenção da sociedade por meio de suas instituições na produção e alocação dos bens produzidos. O "mercado livre" seria sim produto da "intervenção consciente, e às vezes violenta, por parte do governo que impôs à sociedade a organização do mercado, por finalidades econômicas"[8]. Daí a afirmação de que "o liberalismo econômico explodiu como uma cruzada apaixonante, e o *laissez-faire* se tornou um credo militante"[9].

O objetivo de Polanyi era demonstrar, olhando para a civilização do século XIX – que ruía e com ela seu sistema institucional baseado na livre economia de mercado –, que a ideia de um mercado autorregulável implicava uma rematada utopia:

> (...) uma tal instituição não poderia existir em qualquer tempo sem aniquilar a substância humana e natural da sociedade; ela teria destruído fisicamente o homem e transformado seu ambiente num deserto. Inevitavelmente, a sociedade teria que tomar medidas para se proteger, mas, quaisquer que tenham sido essas medidas, elas

---

[8] **A grande transformação**: as origens da nossa época. 3. ed. São Paulo: Campus, 2000, p. 290. Em síntese, o autor afirma que: "Enquanto a economia *laissez-faire* foi o produto da ação deliberada do Estado, as restrições subsequentes ao *laissez--faire* se iniciaram de maneira espontânea. O *laissez-faire* foi planejado; o planejamento não" (*Ibidem*, p. 172).

[9] *Ibidem*, p. 168.

prejudicariam a autorregulação do mercado, desorganizariam a vida industrial e, assim, ameaçariam a sociedade em mais de uma maneira[10].

A autopreservação seria sempre a motivação das sociedades ao longo da história. Se, de um lado, por meio do Estado, criou-se um padrão institucional de mercado autorregulável e autônomo, fazendo da busca da realização do interesse pelo lucro o elemento estabilizador das relações econômicas, de outro, o Estado foi o instrumento que a sociedade encontrou para realizar a intervenção política de proteção contra os efeitos do mercado autorregulado. E essa intervenção política, apesar de preservar o próprio capitalismo como modo de produção, desenvolveu uma série de instrumentos capazes de aproximar a política da economia, aumentando a regulação.

O serviço público é uma instituição que nasceu dessa reação social em favor da intervenção estatal. Ele contribuiu tanto para diminuir a importância do padrão de comportamento típico da economia formal[11], baseado no intercâmbio e na barganha, quanto

[10] *Ibidem*, p. 18.

[11] Polanyi, no texto L'Économie en tant que Procés Institutionnalisé, parte da distinção entre o conceito de economia formal e o de economia substantiva para chegar a uma definição do termo "econômico" que possa ser utilizado uniformemente por todas as ciências sociais. A conceituação corrente, dita formal e ligada ao sistema de mercado, coloca este como quadro geral de referência para a análise histórica, o que naturaliza uma forma de integração específica que não é a única, perdendo a dimensão institucional do processo econômico. Para Polanyi, o sentido substantivo tem origem na dependência do homem em relação à natureza para assegurar sua sobrevivência, nos remetendo à troca entre o homem e seu ambiente natural e social, que garante a satisfação de suas necessidades materiais. Já o sentido formal, que teria aplicação somente na teoria econômica, deriva do caráter lógico da relação entre fins e meios, como mostra a expressão "processo econômico". Refere-se, assim, a uma situação determinada de escolha entre usos alternativos de diferentes meios para atingir fins, guiada por uma lógica de ação racional. O sentido substantivo não pressupõe nem escolha nem meios insuficien-

para que o próprio trabalho, enquanto mercadoria, passasse a ter sua reprodução garantida por outros meios que não só o valor ficticiamente atribuído a ele.

No primeiro caso, ganha vigor, com os serviços públicos, outro padrão de integração econômica: o da *redistribuição*. Polanyi identifica o estudo da economia das sociedades como a análise da forma como o processo econômico é institucionalizado em diferentes épocas e lugares. Para isso, é necessário identificar a partir das formas de integração como as economias adquirem unidade e estabilidade. Há três formas principais de integração: *reciprocidade, intercâmbio* e *redistribuição*. A reciprocidade está vinculada ao conceito de simetria e consiste em movimentos entre pontos relacionais de grupos simétricos e, nas sociedades modernas, aparece quando, por exemplo, o direito impõe regras de ajuda mútua, como no caso de prestação alimentícia no direito de família. O intercâmbio corresponde aos movimentos de barganha e troca de propriedade dos bens típicos de uma economia formal de mercado. Já a redistribuição designa movimentos de apropriação em direção a um centro e de retorno ao exterior. Ocorre quando, por exemplo, o Estado

tes. Para Polanyi, somente o sentido substantivo é capaz de produzir conceitos exigidos pelas ciências sociais para analisar todas as economias do passado e do presente. Enquanto, pelo emprego do sentido formal, caracteriza-se a economia como uma série de escolhas determinadas pelos meios, o conceito de economia substantiva provém da análise empírica. Pode-se defini-lo como um processo institucionalizado de interação entre homem e seu ambiente que se traduz pelo fornecimento contínuo de meios materiais permitindo a satisfação de necessidades. Para Polanyi, a institucionalização do processo econômico confere a ele unidade e estabilidade, cria uma estrutura com função determinada na sociedade, modifica o lugar do processo na sociedade, dando uma significação a sua história e concentra o interesse em valores, motivações e na política (*In*: POLANYI, Karl; ARENBERG, Conrad (orgs.). **Les systèmes économiques dans l'histoire et dans la théorie**. Paris: Larousse, 1975, p. 239-244).

exerce seu poder de tributação sobre a sociedade e destina os recursos arrecadados para necessidades coletivas[12].

Apesar de essas formas de integração corresponderem a padrões de comportamentos individuais, seus efeitos eram condicionados pela presença de arranjos institucionais específicos para cada uma das formas – como as organizações simétricas (reciprocidade), os sistemas de mercado (intercâmbio) e as estruturas centralizadas (redistribuição). A intenção de Polanyi não era dizer que esses arranjos são resultados de forças misteriosas agindo por fora do comportamento individual, mas sim sublinhar que os efeitos sociais do comportamento individual dependem da presença de condições institucionais determinadas, já que estas não resultam do comportamento individual em questão, mas de uma ação política deliberada[13].

Desse modo, fica claro que os serviços públicos, na medida em que são instituídos pelo Estado segundo as premissas da universalização e da igualdade, configuram-se, potencialmente, como instrumentos voltados para integração econômica segundo uma lógica de redistribuição. Dissemos potencialmente porque, para isso acontecer, seguindo as lições de Polanyi, é necessário um arranjo institucional capaz de retirar essas atividades da área de influência do mercado autorregulado, transformando-as, muitas vezes, em direitos.

Daí deriva a pertinência de se afirmar que a distinção entre atividade econômica e serviço público não reside na natureza das coisas, mas no modo pelo qual se consideram as necessidades coletivas a ser satisfeitas em determinadas conjunturas históricas. Nas sociedades modernas, o substrato material dos serviços públicos se configura com as políticas públicas e seus respectivos regimes jurídicos. Eles são os responsáveis por criar as condições institucionais

---

[12] **Les systèmes**..., cit., p. 245-246.

[13] *Ibidem*, p. 245.

que retirem as atividades consideradas serviços públicos da esfera da integração por meio da troca e transfiram-nas para a da redistribuição.

Quando os serviços públicos são constituídos segundo um padrão redistributivo, eles interferem diretamente na mercantilização do trabalho, pois permitem que o acesso a recursos essenciais para a reprodução da vida, e, portanto, do próprio trabalho, não dependa totalmente do poder de compra dos indivíduos. Ao constituir essa espécie de salário indireto, os serviços públicos ajudam a dissociar a capacidade de reprodução da força de trabalho do valor pago a ela como uma mercadoria e ampliam, assim, as liberdades substantivas, o espaço de autonomia do ser humano.

A formação do salário indireto a partir dos serviços públicos esteve integrada ao aprimoramento de um modelo de Estado interventor atento ao fato de que a própria evolução do modo de produção capitalista ao longo do século XX exigia uma tarefa redistributiva a partir do fundo público. Como afirma Sônia Draibe, com base nas lições de André Gorz, a evolução da renda tende a se desvincular da quantidade de trabalho despendida, já que a tendência da economia é demandar cada vez menos trabalho e, para um volume de produção crescente, distribuir menos salários. Desse modo, o poder de compra dos cidadãos não pode mais depender da quantidade de trabalho que realizam, sob pena do seu próprio aniquilamento. Por isso, pode-se dizer que as diversas formas de salários indiretos, ou seja, os recursos e benefícios agregados ao salário por meio das políticas públicas baseadas na *redistribuição*, indicam esse distanciamento entre renda e tempo de trabalho[14]. Nesse sentido, os serviços públicos acabam sendo uma exigência para a manutenção do próprio capitalismo, embora excluam algumas atividades das relações de mercado.

---

[14] DRAIBE, Sônia. A política social brasileira: diagnósticos e perspectivas. *In:* IPEA/IPLAN. **Para a década de 90**: prioridades e perspectivas de políticas públicas, v. 4. Brasília, mar. 1990, p. 50.

Afirmar que uma atividade é um serviço público significa dizer, portanto, que a sua produção e distribuição não segue inteiramente a lógica de mercado. Pela sua importância social, ela deve ser oferecida a todos, sem que questões relacionadas ao poder aquisitivo ou à localização possam determinar a exclusão de algum indivíduo ou grupo social. Dessa maneira, torna-se inegável o seu papel na redução das desigualdades.

1.3 O serviço público como instrumento de intervenção do Estado brasileiro

O Brasil sofreu os reflexos do desenvolvimento de formas de intervenção estatal na economia. É bem verdade que o Estado brasileiro nunca deixou de interferir na atividade econômica do país. Porém, até a década de 1930, a regulação era feita preponderantemente no nível microjurídico, ou seja, dizia respeito à:

> (...) ação do agente econômico, unitariamente considerada, nesta ou naquela situação. São microjurídicas, pois, tanto as normas que asseguram ao credor o direito à percepção do pagamento pelo que lhe é devido – proteção do direito individual – quanto aquelas que coíbem, penalizando-as, a emissão de duplicata simulada, simulação de dívidas para fraude à execução, a fraude no comércio – proteção do interesse social[15-16].

---

[15] A distinção entre a regulação microjurídica e macrojurídica é de Eros Grau, sendo esta última voltada para agregados de ações econômicas, de um conjunto de agentes econômicos. "Importa-lhe o comportamento econômico global de tais agentes, sendo de natureza macrojurídica normas como a do art. 170 da vigente Constituição Federal, como as que definem condições de acesso de empresas ao mercado financeiro ou como as que estabelecem limitações de preços. Circunstancialmente, observamos que as normas de caráter macrojurídico, em regra, estão voltadas à imediata proteção do interesse social". (**Elementos de direito econômico**. São Paulo: Revista dos Tribunais, 1991, p. 29)

[16] Para uma análise do tema da intervenção do Estado brasileiro no domínio econômico, ver as lições de SOUZA, Washington Peluso Albino de. A experiên-

Embora desde o início do século passado a ideia de serviço público, de alguma forma, já permeasse as mentes dos juristas brasileiros, até a década de 1930 predominavam as experiências de prestação privada dos serviços públicos de infraestrutura[17]. Estas, por sua vez, eram monopolizadas por empresas estrangeiras com grande poder econômico na execução dos serviços, o que limitava a construção de uma estratégia nacional em torno da gestão dos serviços públicos. Somente com os processos de urbanização acelerada e de desenvolvimento tecnológico ligados à industrialização criaram-se necessidades e condições para que o atendimento dessas demandas ocorresse mediante sistemas coletivos, a partir de uma estratégia nacional.

Essa estratégia só começou a se esboçar após a Revolução de 1930 e com a definição da industrialização como objetivo nacional primordial na Constituição de 1934, que assim prescrevia, em seu art. 137: "A lei federal regulará a fiscalização e a revisão das tarifas dos serviços explorados por concessão, ou delegação, para que, no interesse coletivo, os lucros dos concessionários, ou delegados, não excedam a justa retribuição do capital, que lhes permita atender normalmente às necessidades públicas de expansão e melhoramento desses serviços".

cia brasileira de Constituição Econômica. *In*: **Revista Brasileira de Estudos Políticos**, n. 67-68, jan./jul. 1992, p. 107 e ss.

[17] Em geral, não podemos sequer nos referir às relações entre as empresas privadas e o Poder Público nesse período como contratos de concessão. A única menção que a Constituição de 1891 faz em relação à regulamentação de atividade hoje considerada serviço público está em seu art. 34 quando afirma ser de competência privativa do Congresso nacional legislar sobre os serviços de correios e telégrafos. Além da caracterização da maioria das atividades hoje consideradas serviços públicos como atividades privadas, nas que possuíam alguma interferência pública, os contratos disciplinavam a relação como uma relação submetida ao direito privado pura e simplesmente (AGUILLAR, Fernando. **Controle social de serviços públicos**. São Paulo: Max Limonad, 1999, p. 183).

Com essa disposição, tanto os serviços prestados diretamente pelo Estado desde a Monarquia como os serviços prestados por particulares mediante algum tipo de formalização contratual tornaram-se objeto de preocupação pública, tendo em vista a necessidade de se criar condições que assegurassem o processo de industrialização.

Para realizar esse objetivo, seria necessário, principalmente face às deficiências do capital nacional, que o Estado subordinasse as atividades consideradas essenciais para o desenvolvimento econômico ao seu controle, substituindo a predominância do capital estrangeiro em alguns setores. Essa substituição exigiu do Estado a organização de estruturas que desempenhassem as funções de planejamento, gestão e fiscalização dos setores considerados estratégicos para os objetivos nacionais. Nesse contexto, surgiram o Conselho Nacional do Petróleo, o Conselho Nacional de Águas e Energia Elétrica e o Departamento Nacional do Serviço Público.

No entanto, nesse período, as empresas estatais ainda não eram o principal instrumento de gestão dos serviços públicos, não obstante a Constituição de 1937, em seu art. 135[18], já previsse a possibilidade de gestão direta das atividades econômicas pelo Estado. Nas décadas de 1930 e 1940, as grandes inovações ocorriam no plano regulamentar. Sintomático desse estágio de evolução da gestão e regulação dos serviços públicos é o Decreto n. 24.643, de 10 de julho de 1934, chamado de Código de Águas.

[18] "Art. 135. Na iniciativa individual, no poder de criação, de organização e de invenção do indivíduo, exercido nos limites do bem público, funda-se a riqueza e a prosperidade nacional. A intervenção do Estado no domínio econômico só se legitima para suprir as deficiências da iniciativa individual e coordenar os fatores da produção, de maneira a evitar ou resolver os seus conflitos e introduzir no jogo das competições individuais o pensamento dos interesses da Nação, representados pelo Estado. A intervenção no domínio econômico poderá ser mediata e imediata, revestindo a forma do controle, *do estímulo ou da gestão direta*." (grifos nossos)

Foi a partir da década de 1940 que o modelo brasileiro – e mesmo o latino-americano – de fornecimento de serviços públicos de infraestrutura passou a ser dominado pela figura da empresa estatal, cuja missão era criar infraestruturas indispensáveis às políticas desenvolvimentistas, o que envolvia, entre outras estratégias, dar suporte ao capital privado. Tratou-se, assim, de realizar as inversões necessárias, utilizando recursos financeiros nacionais e internacionais que assegurassem um fluxo de investimento robusto. Esse modelo, majoritariamente público e centralizador, baseado fundamentalmente no financiamento público, acabou redundando em equações sociais de efeitos controversos.

Em linhas gerais, pode-se fazer uma associação entre técnicas de intervenção estatal, setores de infraestrutura e estratégias de desenvolvimento econômico durante o século XX, quando se expandiram as grandes redes de infraestrutura pública. Na verdade, a própria superação do subdesenvolvimento[19-20], para as perspecti-

[19] Como aponta Fábio Konder Comparato (Planejar o desenvolvimento: perspectiva institucional. *In*: **Revista de Direito Público**, v. 21, n. 88, out./dez. 1988, p. 30), "o estado de subdesenvolvimento impõe a todos os governos de países afetados pelo problema um mínimo de programação de políticas públicas a longo prazo. É que o subdesenvolvimento apresenta características originais, inteiramente desconhecidas até o século passado. Os países subdesenvolvidos não são totalmente ricos nem totalmente pobres, assim como não se apresentam tampouco como países homogeneamente modernos ou atrasados. Há sempre, no contexto do subdesenvolvimento, uma oposição ou tensão entre um polo rico e um polo pobre, um setor moderno e outro arcaico. Mais do que isso: essa tensão ou oposição é crescente e tende, deixadas as forças sociais ao livre jogo de seus interesses próprios, a se agudizar com o processo de concentração de renda. O subdesenvolvimento é um estado dinâmico de desequilíbrio econômico e de desarticulação social".

[20] A superação do subdesenvolvimento foi objeto de debates econômicos no pensamento econômico latino-americano. Aliando análises históricas sobre a formação da estrutura produtiva da sociedade brasileira com a interpretação es-

vas teóricas que influenciaram a ação do Estado brasileiro[21], tinha como requisito o processo de industrialização impulsionado, entre outras coisas, por uma permanente ação do Estado na constituição de infraestruturas públicas que sustentassem esse processo.

---

truturalista concebida pela CEPAL, que compreendia o subdesenvolvimento latino-americano como uma condição específica e não como mera reprodução da trajetória percorrida pelos países capitalistas centrais, Celso Furtado formulou uma das teorias mais vigorosas a respeito das causas que estimulavam a nossa condição de país periférico. Das teorias do desenvolvimento guardava o princípio normativo de participação direta do Estado na concretização de estratégias desenvolvimentistas de longo prazo, conferindo relevância ao planejamento econômico. Desse modo, as estratégias de superação do subdesenvolvimento não seguem as teorias tradicionais, já que o subdesenvolvimento não é considerado uma etapa necessária para o desenvolvimento. "O subdesenvolvimento é, portanto, um processo histórico autônomo, e não uma etapa pela qual tenham, necessariamente, passado as economias que já alcançaram grau superior de desenvolvimento. Para captar a natureza das atuais economias subdesenvolvidas, necessário se torna levar em conta essa peculiaridade", deixa claro o mesmo autor (**Teoria e política do desenvolvimento econômico**. 10. ed. São Paulo: Paz e Terra, 2000, p. 197). Raúl Prebisch (**Dinâmica do desenvolvimento latino-americano**. 2 ed. Rio de Janeiro: Fundo de Cultura, 1968, p. 12 e **Capitalismo periférico**: crisis y transformación. México: Siglo Veintiuno, 1988, p. 23-24) e Celso Furtado (**Teoria e política**..., cit., p. 63 e **Brasil**: a construção interrompida. 3. ed. Rio de Janeiro: Paz e Terra, 1992, p. 74-75) fazem uma clivagem importante com aqueles que associavam desenvolvimento com mero crescimento econômico espontâneo. Discordam da concepção de desenvolvimento evolucionista, em que este ocorre de forma gradual e espontânea. Segundo eles, deve-se vincular a ideia de desenvolvimento a transformações sociais profundas, o que requer um esforço racional e deliberado por parte do Estado.

[21] BIELSCHOWSKY, Ricardo. **Pensamento econômico brasileiro**: o ciclo ideológico do desenvolvimentismo. 4. ed. Rio de Janeiro: Contraponto, 2000, p. 33 e ss. Ele sistematiza o debate teórico sobre as teorias do desenvolvimento no Brasil, cindindo-as em três correntes. A primeira delas tinha como seu principal representante Roberto Simonsen e era chamada corrente desenvolvimentista do setor privado. A segunda e a terceira estavam vinculadas ao setor público. No entanto, uma se identificava a um desenvolvimentismo "não nacionalista", lidera-

Havia, desse modo, uma relação de causalidade entre as atividades de infraestrutura e a industrialização. Como afirma Maria da Conceição Tavares, as atividades de infraestrutura resolvem o problema de formação de capital fixo em forma contínua e crescente para acompanhar o processo de urbanização e industrialização em curso. Para ela,

> (...) mais do que na indústria manufatureira, os problemas de escala e de longo prazo de maturação dos investimentos forçam a uma imobilização de recursos crescente em relação ao volume do produto final obtido. Além do mais, qualquer descontinuidade nos programas de expansão acarreta automaticamente, em algum período subsequente, uma parada no ritmo de crescimento do fluxo de serviços fornecidos e por derivação um ponto de estrangulamento, que, no mínimo, afeta a produtividade geral do setor urbano[22].

Dessa forma, o que mais influenciou a atuação do Estado nesses setores não foram intervenções pontuais em que as falhas de mercado prevaleciam. Durante quase todo o século passado, a ostensiva participação do Estado brasileiro nos setores de infraestrutura esteve associada às exigências das políticas econômicas voltadas para a consolidação das condições gerais de produção, identificadas com o processo de industrialização[23] em detrimento do consumo da população.

---

da por Roberto Campos, e outra, liderada por Celso Furtado, possuía raízes nacionalistas. As três correntes tinham um traço comum fundamental: o projeto de formar um capitalismo industrial moderno no país a partir da intervenção estatal planejadora.

[22] **Da substituição de importações ao capitalismo financeiro**: ensaios sobre economia política. 8. ed. Rio de Janeiro: Zahar Editores, 1979, p. 143.

[23] Como aponta Ricardo Bielschowsky, "A lentidão da expansão dos serviços de energia e transportes, que os liberais atribuíam ao congelamento de tarifas, mas que os nacionalistas avaliavam como prova da necessidade de intervenção e planejamento estatal, adicionava argumentos à concepção de que uma estratégia de inversões estatais nesses setores tornava-se condição indispensável do processo de industrialização" (**Pensamento**..., cit., p. 128).

De fato, a intervenção do Estado na economia foi parte integrante de um padrão de desenvolvimento capitalista cujos constrangimentos mais importantes eram o caráter incipiente do setor privado nacional e os laços de dependência estrutural em relação ao centro capitalista mundial. Trata-se, portanto, de um elemento indissociável do conjunto de fatores que define o quadro histórico-estrutural específico no qual se dá o processo de desenvolvimento da sociedade nacional[24]. O desenvolvimento econômico dos países periféricos esbarrava em obstáculos específicos, originados na tremenda defasagem entre, de um lado, os caminhos mínimos requeridos para constituição da base técnica e produtiva do capital, continuamente ampliados no bojo da acumulação do capitalismo avançado, e, de outro, a sua base social (burguesia) frágil e pulverizada, sem capacidade de mobilização financeira. Além disso, o desenvolvimento desses projetos, notadamente nos setores básicos de bens intermediários e de capital (siderurgia, energia, petróleo, metalurgia pesada, química pesada etc.), exigia a preexistência de infraestrutura e matérias-primas básicas. Como aponta Luciano Coutinho,

> (...) existe de fato uma determinada interdependência entre esses projetos (a viabilidade de cada um depende da sua efetivação planejada em conjunto). Esta interdependência, derivada da densidade de relações insumo-produto entre estes setores básicos, requer algo além da centralização financeira – isto é, requer uma coordenação superior que organize a implantação do bloco no tempo e no espaço, de modo viável. Esta função recai naturalmente na esfera de ação do Estado. Portanto, no capitalismo retardatário o Estado não pode limitar-se às funções clássicas de administração fiscal e monetária: as condições objetivas do de-

[24] ABRANCHES, Sérgio Henrique. Empresa estatal e capitalismo: uma análise comparada. *In*: MARTINS, Carlos Estevam. **Estado e capitalismo no Brasil**. São Paulo: Hucitec/CEBRAP, 1977, p. 8.

senvolvimento lhe impõem a tarefa de criar e acumular capital produtivo, centralizar e intermediar o capital financeiro, além de supervisionar, ordenadamente, a constituição da base pesada do sistema industrial[25].

A partir dessas exigências, priorizou-se o desenvolvimento de alguns setores (energia elétrica, petróleo e siderurgia) diretamente ligados às estratégias de desenvolvimento da capacidade produtiva no Brasil. Surgiu, assim, a distinção entre setor produtivo estatal e gasto ou investimento público[26]. A importância dessa distinção reside no fato de que as empresas do setor produtivo estatal, ao vincularem-se à produção de insumos fundamentais, participam diretamente da divisão da produção social entre setores, cumprindo um papel essencial à própria reprodução ampliada do capital. Portanto, nessa dimensão, as inversões do sistema produtivo estatal representam um impacto qualitativamente distinto daquele do gasto e do investimento público convencional no que se refere ao padrão de crescimento e à dinâmica cíclica do sistema econômico[27].

Desse modo, a expansão da oferta dos serviços organizados em redes de infraestrutura no Brasil destinados ao incremento da produção foi alavancada por modelos de financiamento vinculados

[25] COUTINHO, Luciano; REICHSTUL, Henri-Philippe. O setor produtivo estatal e o ciclo. *In*: MARTINS, Carlos Estevam (org.). **Estado e capitalismo no Brasil**. São Paulo: Hucitec/CEBRAP, 1977, p. 58.

[26] O investimento público corresponde aos gastos em custeio, serviços e obras públicas em todas as áreas classificadas como bens públicos (saúde, educação, segurança, sistema viário, administração governamental etc.). Os investimentos do setor produtivo estatal caracterizam-se por um tipo de inversão diretamente vinculado à base produtiva pesada do sistema industrial, isto é, à produção de insumos básicos (bens de capital circulante) para reprodução ampliada deste (*Ibidem*, p. 62).

[27] *Ibidem*, p. 62.

ao setor produtivo estatal. Eles se impuseram sobre o desenho institucional e as variantes tecnológicas de cada setor. Esta visão prevaleceu ao longo dos anos 1940 e 1950 quando se alternavam e complementavam modelos de organização da oferta estatal e privada, bem como a partir dos anos 1960 quando vigorou o modelo de oferta paraestatal baseado em empresas estatais[28].

A pouca importância do desenvolvimento social demonstra-se, desse modo, pelas prioridades em infraestruturas voltadas para a produção. Esse modelo teria suas raízes quando da organização privada dos serviços públicos. Analisando os registros de desempenho desses serviços durante o começo do século XX, Ricardo Toledo Silva observa que, na origem dos sistemas de infraestrutura e de sua expansão no Brasil, há uma tendência que mais tarde vem se mostrar muito mais relevante:

> Trata-se da primazia das capacidades dedicadas à produção sobre aquelas destinadas ao consumo da população. Embora não seja possível desagregar com exatidão que capacidades eram destinadas à produção ou ao consumo, especialmente nos estágios iniciais de implantação, é nítida a associação entre expansão da capacidade da infraestrutura e seu emprego na atividade econômica. E isso determina uma velocidade de evolução diferenciada para os setores mais diretamente envolvidos na infraestrutura de produção, que se traduz em um processo forçado de amadurecimento institucional[29].

---

[28] SILVA, Ricardo Toledo. Público e privado na oferta de infraestrutura urbana no Brasil. *In*: Dossiê: serviços urbanos, cidade e cidadania, GEDIM — Programa Interdisciplinar. **Globalização econômica e direitos no MERCOSUL**, p. 3. Disponível em: <www.usp.br/fau/docentes/deptecnologia/r_toledo>. Acesso em: 10 maio 2005.

[29] **Elementos para regulação e o controle da infraestrutura regional e urbana em cenário de oferta privada de serviços**. Tese de Livre-Docência. Faculdade de Arquitetura e Urbanismo da Universidade de São Paulo. São Paulo, 1996, p. 1-4.

O que se produziu ao longo de todo esse processo de implantação e expansão da oferta de serviços de infraestrutura foi uma diferenciação clara entre as infraestruturas econômicas e sociais[30]. Nos setores de energia, transporte e comunicações, a fase de expansão foi acompanhada de um processo de amadurecimento institucional forçado ao longo das crises de oferta que se sucediam. Apesar de as crises de oferta atingirem também os serviços de saneamento básico, coleta e destinação de resíduos sólidos, drenagem urbana e transporte urbano, só muito mais tarde foram estabelecidas políticas e sistemas institucionais de alcance supralocal para esses serviços[31].

Ainda no que concerne às implicações da infraestrutura para o desenvolvimento social, entendido em função do seu papel na correção de desigualdades de renda ou regionais, algumas observações podem ser formuladas. De fato, é quase impossível dissociar as estratégias de ação estatal de um determinado padrão de financia-

[30] As atividades que compõem aquilo que se designa infraestrutura pública — distribuição de água, energia, disposição sanitária de águas servidas, transportes e comunicações — não apresentam a mesma importância como suporte ou requisito ao conjunto da produção econômica. Não se pode afirmar, por exemplo, que os serviços de saneamento básico sejam tão essenciais para impulsionar o crescimento econômico quanto a infraestrutura de geração e transmissão de energia elétrica. Por outro lado, disparidades também ocorrem quando se depara com os efeitos distributivos que cada setor de infraestrutura produz, ou pode produzir, sobre determinada sociedade. Utilizando o exemplo acima, são incomparáveis os efeitos sociais positivos que a universalização dos serviços de saneamento básico pode assegurar em relação a qualquer outro setor de infraestrutura. Nesses setores, o Estado pode agir desenvolvendo políticas públicas que acarretem, via mecanismos como os subsídios cruzados, uma transferência de renda das classes ou regiões mais ricas para as menos favorecidas ou, ainda, viabilizar a universalização desses serviços difundindo os custos de levá-lo a uma localidade longínqua em todo o sistema. Sem contar, ainda, com os benefícios que essa atividade pode impulsionar para a saúde pública e para o meio ambiente.

[31] SILVA, Ricardo Toledo. **Elementos**..., cit., p. 1-6.

mento público próprio do chamado Estado de bem-estar social ou, no caso brasileiro, do Estado desenvolvimentista. Tratava-se de transferir para o financiamento público parcelas dos custos da reprodução das forças de trabalho. Tais parcelas constituíam salários indiretos para os trabalhadores e seu crescimento se transformou em liberação do salário direto ou da renda domiciliar disponível para alimentar o consumo de massa. O crescimento dos mercados, especialmente o de bens de consumo duráveis, teve, portanto, como uma de suas alavancas importantes, o comportamento das despesas sociais públicas ou do salário indireto[32].

No caso brasileiro, os possíveis efeitos distributivos que poderiam decorrer da reprodução da força de trabalho via fundo público foram modestos. Isso foi consequência, também, da forma peculiar como se dava a complementaridade entre reprodução da força de trabalho e das condições de produção. Aqui, mais do que nos países desenvolvidos, o Estado destinou-se a "criar as bases para que a acumulação capitalista industrial, no nível das empresas, possa se reproduzir"[33]. Para tanto, interveio em setores econômicos, criando "preços sociais" em determinados mercados. Segundo Francisco de Oliveira, "os preços sociais podem ter financiamento público ou podem ser simplesmente a imposição de uma distribuição de ganhos diferente entre os grupos sociais, e a direção em que eles atuam é no sentido de fazer a empresa capitalista industrial a unidade mais rentável do conjunto da economia"[34]. No entanto, eles se aplicavam a uma realidade em que prevalecia o padrão primitivo das relações de produção no setor agrário. Tal fenômeno foi

---

[32] OLIVEIRA, Francisco de. **Os direitos do antivalor**: a economia política da hegemonia imperfeita. Petrópolis: Vozes, 1998, p. 22.

[33] OLIVEIRA, Francisco de. **A economia brasileira**: crítica da razão dualista. São Paulo: Vozes, 1981, p. 18.

[34] *Ibidem*, p. 19.

decisivo para o crescimento industrial e para a maneira peculiar com que se operou a reprodução social no âmbito do Estado brasileiro por dois motivos. Foi responsável: (i) pelo fornecimento de grandes contingentes de mão de obra que formariam o "exército de reserva" das cidades, permitindo uma redefinição das relações capital-trabalho e ampliando as possibilidades de acumulação industrial; e (ii) pelo fornecimento de excedentes alimentícios cujo preço era determinado pelo custo da reprodução da força de trabalho rural, que era baixo[35]. Como o preço da oferta da força de trabalho urbana dependia do custo da alimentação – determinado pelo baixo custo da reprodução do trabalho rural – e do próprio excedente de mão de obra, o papel dos serviços urbanos na reprodução da força de trabalho ficou em segundo plano[36].

Esse debate sobre a implementação dos serviços de infraestrutura, como suporte da produção (e não do consumo social) e de seu reduzido impacto distributivo, estava relacionado ao modelo brasileiro de desenvolvimento, em que imperava um suposto conflito entre políticas de distribuição de renda e de crescimento econômico[37], como melhor forma de redução da pobreza inclusi-

---

[35] Esse raciocínio não assenta suas bases na teoria dual-estruturalista. Para os herdeiros desse pensamento, a existência de um setor atrasado, como o nosso setor agrário, seria um entrave para o desenvolvimento dos setores modernos, e, por consequência, do próprio país, já que o setor atrasado não permitiria a criação de um mercado interno e não atenderia aos requisitos da demanda de alimentos.

[36] OLIVEIRA, Francisco de. **A economia**..., cit., p. 23.

[37] Sinteticamente, pode-se apresentar a controvérsia do seguinte modo. De um lado, estavam aqueles que faziam da formação da poupança o fator decisivo para o crescimento econômico e que viam uma relação negativa entre igualdade de distribuição de renda e formação de poupança. Quanto mais desigual fosse a distribuição, maior seria a propensão a poupar, já que sempre os mais ricos poupariam e, portanto, maior a propensão ao investimento. Com base nesse raciocínio, entenderam alguns que, para se aumentar a poupança, era preciso concentrar o máximo possível a renda nas mãos de um núcleo reduzido. Nesse sentido, alega-se

ve. A ênfase no crescimento ajuda a explicar também as missões de suporte da produção econômica destinadas aos serviços de infraestrutura durante a década de 1960 e início de 1970. Isso se agravou pelo fato de que as empresas estatais, imbuídas da lógica de aceleração do crescimento econômico, constituíram verdadeiras empresas capitalistas, utilizando todo seu poder de monopolistas para garantir sua autonomia no circuito reprodutivo do capital, principalmente no período 1968–1973[38].

---

que o mais importante seria proporcionar elevadas taxas de lucro aos empresários, com a justificativa de que é maior a parte poupada dos lucros do que a parte poupada de qualquer outro tipo de rendimento como o salário. Isso equivale a dizer que o aumento da parte dos lucros na renda nacional significa uma taxa mais elevada de investimento e um ritmo de crescimento mais acelerado, que acaba por atingir toda a sociedade e melhorar as condições de vida de um modo geral. De outro lado, estavam aqueles que, como Celso Furtado, viam nas políticas distributivas um caminho para superação da pobreza e para formação de um mercado de consumo interno capaz de impulsionar o desenvolvimento econômico e reduzir a dependência externa, não acarretando a redução da poupança. Questionava-se o caráter absoluto da teoria anterior por vários caminhos. Em primeiro lugar, porque a remessa de lucros para o estrangeiro pelas empresas multinacionais era significativa e se traduzia em investimentos em outros países, não compondo a poupança nacional. Em segundo lugar, a CEPAL e seus autores já alertavam que os países da América Latina, com uma elevada concentração de renda, eram os que registravam a mais baixa propensão à poupança e ao investimento, em consequência do baixo nível de renda da população e da elevada propensão ao consumo das camadas de renda elevada. Aqui reside, segundo Avelãs Nunes, o grande argumento, empiricamente comprovado pela CEPAL: a distribuição desigual da renda, longe de fortalecer a poupança e a formação de capital, tem sido o principal estimulante do consumismo escandaloso das minorias ricas, desejosas de imitar os padrões de consumo dos ricos dos países desenvolvidos, ultrapassando-os mesmo em ostentação (**Industrialização e desenvolvimento**: a economia política do "modelo brasileiro de desenvolvimento". São Paulo: Quartier Latin, 2005, p. 544-565).

[38] COUTINHO, Luciano; REICHSTUL, Henrique. **O setor**..., cit., p. 72.

A utilização dos serviços de infraestrutura para suportar as estratégias de crescimento econômico em detrimento da distribuição perdeu fôlego na segunda metade da década de 1970 por dois motivos.

Em primeiro lugar, porque o combate à inflação começa a ser prioridade da política econômica e o controle das políticas tarifárias torna-se centralizado pelo Conselho Interministerial de Preços – CIP que impedia que as tarifas acompanhassem a evolução da inflação. Nesse contexto, as tarifas ficam mais baratas para a população em geral, mas isso não garante um efeito distributivo, pois este está atrelado aos investimentos na universalização dos serviços, o que, de certo modo, foi até prejudicado pela política tarifária.

Nota-se que, se no período anterior o fornecimento de serviços públicos a preços subsidiados para garantir o processo de industrialização não colaborava para compensar os efeitos perversos das políticas de arrocho salarial, após o fim do milagre econômico, apesar da retórica do governo voltada para o realismo tarifário, as tarifas dos serviços públicos passaram a ter um efeito social mais positivo. A ameaça inflacionária fez com que as tarifas fossem utilizadas para conter os preços, até porque elas impactavam sobre toda a cadeia produtiva.

Em segundo lugar, a retórica do "crescer para distribuir" tinha perdido força, e novas estratégias de legitimação do poder político vinham à tona com o objetivo de valorizar "a importância da população como fator de procura, para além de sua função conhecida de fator de produção" (II Plano Nacional de Desenvolvimento). Para isso, o Estado passou a implementar políticas públicas no sentido de modificar a estrutura da procura global, dando maior ênfase à produção de bens adequados à procura das classes mais pobres, em função de suas necessidades básicas[39]. Nesse momento,

[39] NUNES, Avelãs. **Industrialização**..., cit., p. 580-581.

começam a aparecer políticas com efeitos distributivos, já que se priorizavam os investimentos públicos na universalização dos serviços que tinham uma dimensão social significativa.

Não à toa, foi nesse período que se constituiu o Plano Nacional de Saneamento – PLANASA, com importantes características de política social. Como veremos, principalmente na segunda metade da década de 1970, houve uma forte expansão dos investimentos em água e esgoto, determinada pela política do governo militar de privilegiar o saneamento básico, tendo em vista suas características de política de conteúdo social em quadro de crise de legitimação.

Como observamos no item anterior, a presença do Estado na organização dos setores em rede torna-se essencial para o desenvolvimento de estratégias efetivas de reprodução social, com seus respectivos efeitos redistributivos. Entretanto se, de um lado, a presença estatal é um pressuposto, de outro, ela não é uma condição suficiente, ou uma garantia, para conferir o caráter redistributivo dessas atividades. Ou seja, mesmo que as atividades de infraestrutura sejam oferecidas pelo Estado, se forem submetidas a um recorte rentabilizador, inserindo zonas de acumulação onde antes existia um foco de distribuição social, verificar-se-á um processo de mercantilização.

No caso brasileiro, podemos afirmar como regra geral que os efeitos sociais positivos da prestação de serviços públicos foram muito mais um resultado esperado, mas não necessariamente desejado, da gestão dos serviços públicos de infraestrutura no Brasil baseada nas estratégias desenvolvimentistas do que em princípios de solidariedade social voltados para a construção de um Estado de bem-estar social, com políticas de ampliação da riqueza nacional sincronizadas com a efetivação de direitos sociais.

1.4 Serviço público na reforma regulatória

Como vimos, a ponte entre a noção de serviço público e algumas concepções econômicas que fundamentaram uma maior atuação do Estado provocou o desenvolvimento de políticas públicas que utilizavam a expansão geográfica e social dos serviços públicos como um instrumento de desenvolvimento. Assim, ao lado de uma função de alocação, que consiste em corrigir desequilíbrios parciais de funcionamento dos mercados e da função de estabilização macroeconômica, o Estado pode buscar, por meio dos serviços públicos, a realização da redistribuição dos bens de maior relevância social, eliminando desigualdades e garantindo o desenvolvimento econômico.

Há uma correlação direta entre os períodos de desenvolvimento do capitalismo no século XX, os ciclos de intervenção do Estado e a função do mercado enquanto instância de organização das relações sociais. A evolução da atividade de regulação estatal foi respaldada por alguns desdobramentos da teoria econômica.

A aliança inicial entre os fundamentos macroeconômicos do pensamento keynesiano e microeconômicos da economia do bem-estar[40], que justificavam a intervenção regulatória com base nas chamadas falhas de mercado, perdeu sua hegemonia na década de 1970. Surge com vigor um discurso antiestatal que propugnava pela liberalização econômica e desregulação de diversos setores.

A afirmação acima não despreza o fato de que, durante a era dourada do capitalismo, os objetivos das intervenções estatais variavam de acordo com as condições nacionais específicas. Nos EUA, por exemplo, as ações públicas se direcionavam para assegurar efi-

[40] As falhas de mercados eram o critério adotado pela chamada Escola do Interesse Público ou Economia do Bem-estar para fundamentar as intervenções do Estado. As falhas de mercado aparecem quando o mercado, por si só, impede a realização do ótimo de Pareto. Este, por sua vez, seria a situação em que não é possível alterar a estrutura distributiva sem que a elevação do bem-estar de uma pessoa signifique uma diminuição do bem-estar de outra. Sobre as diversas Escolas da intervenção pública, ver LÉVÊQUE, François. **Économie de la réglementation**. Paris: La Découverte, 1998.

ciência alocativa, corrigindo falhas de mercado. Já na Europa e no Japão, a regulação tinha como objetivo o desenvolvimento econômico tecnológico, ainda que isso implicasse custos maiores e que deixasse as questões ligadas à concorrência em segundo plano. Estas, por sua vez, estavam submetidas às estratégias de política industrial desses países[41].

A despeito das discrepâncias entre a natureza do regime regulatório e dos fundamentos das suas intervenções, essa etapa do capitalismo moderno é reconhecida pela manutenção de elevadas taxas de crescimento econômico. Não é por acaso que a contraposição teórica aos fundamentos da regulação ganhou amplitude justamente na década de 1970, quando a economia mundial entrou em períodos de crescimento mais modestos ou até de estagnação em alguns casos.

Surgiram, assim, as teorias que trabalhavam com as categorias de falhas de governo. Se, de um lado, a regulação tradicional, baseada na ideia de falhas de mercado, era uma manifestação típica do Estado interventor keynesiano[42], de outro lado, a noção de falha de governo surge como uma revelação teórica que adquire substância com o ataque a essa estrutura de intervenção pública.

Da constatação da existência de falhas de governo (análise positiva da regulação), para os seus desdobramentos normativos[43], foi só um passo. Esses desdobramentos forneceram os parâmetros para os processos de desregulação econômica e privatização dominantes na década de 1980.

---

[41] CHANG, Ha-Joon. The economics and politics of regulation. *In*: **Cambridge Journal of Economics**, n. 21, 1997, p. 706.

[42] MAJONE, Giandomenico. Do Estado positivo ao Estado regulador: causas e consequências de mudanças no modo de governança. *In*: **Revista do Serviço Público**, ano 50, n. 1, jan./mar. 1999, p. 6.

[43] Os desdobramentos normativos serão discutidos no item 2.3.2, ao tratarmos da concorrência como instrumento de regulação.

Enquanto a teoria das falhas de mercado procurava identificar nas estruturas de mercado os obstáculos à realização do ótimo de Pareto e transferia ao Estado a função de compensar essas falhas, a teoria das falhas de governo tentava identificar os fundamentos e as condições da não realização do interesse público pelo Estado.

O caminho da teoria das falhas de governo pode ser dividido em dois desenvolvimentos teóricos que apresentamos abaixo.

O primeiro cristaliza o momento de questionamento dos próprios fundamentos da intervenção do Estado. Dois artigos científicos, publicados na década de 1960, ganharam notoriedade ao sugerir dúvidas quanto à efetividade e, portanto, necessidade, de regulação das atividades consideradas monopólios naturais para se atingir preços competitivos. Note-se que o monopólio natural era o exemplo mais emblemático de falha de mercado, sendo a importância e a conveniência da sua regulação uma unanimidade na teoria econômica até então.

Foi com o artigo de Joseph Stigler e Claire Friedland[44], sobre o setor elétrico, que se iniciou a cruzada contra a Teoria do Interesse Público na regulação econômica. Eles concluíram, a partir de um estudo dos efeitos da regulação sobre a estrutura de preços, os custos e as taxas de retorno, que a regulação não produzia efeitos consideráveis porque a indústria estava sujeita à competição de outras fontes de energia, como petróleo, gás e carvão. Essa competição, no longo prazo, impedia que as empresas auferissem rendas de monopólio. A concorrência seria, desse modo, muito mais efetiva do que a ação das agências, cuja capacidade regulatória estaria comprometida em razão da sua dependência das informações fornecidas pelas empresas e ao retardamento de sua fiscalização.

[44] What can regulators regulate? The case of electricity. *In*: **Journal of Law and Economics**, v. 5, out. 1962.

A contribuição desses autores serviu para iniciar um debate sobre os fundamentos da regulação, e, por consequência, para se questionar os propósitos das agências. Foi Harold Demsetz[45] que tentou demonstrar a inexistência de causalidade entre a regulação por meio das agências e o bem-estar social. Ele sugeriu que o Estado poderia constranger um monopolista a atingir preços competitivos sem precisar de uma agência de regulação. A concorrência seria assegurada por meio de uma competição pelo direito de explorar a atividade em regime de exclusividade. Assim, o Estado criaria condições competitivas no momento em que concedesse o direito para operar o monopólio natural àquele possuidor da melhor proposta. A proposta vencedora revelaria a melhor combinação entre preço e qualidade, simulando a prevalência de um mercado competitivo.

A principal consequência da proposta de Demsetz foi o questionamento acerca da efetividade da regulação por meio das agências. A questão central para a política regulatória passava a ser se as agências, com suas limitações, podiam atingir os resultados da licitação. A resposta negativa de Demsetz deixou elementos para o desenvolvimento de perspectivas teóricas que identificaram na proteção da indústria regulada o sentido da regulação. Segundo suas próprias palavras:

> recorrer à rivalidade presente num ambiente de livre mercado poderia retirar as empresas do desconforto decorrente da atuação de uma agência de regulação. Por outro lado, ao mesmo tempo, iria retirá-las do conforto de estarem protegidas pelo sistema legal[46].

---

[45] Why regulate utilities?. *In*: **Journal of Law and Economics**, v. 11, n. 1, abr. 1968.

[46] "Resort to the rivarly of the market place would relieve companies of the discomforts of comission regulation. But it would also relieve them of the comfort of legally protected market areas" (*Ibidem*, p. 278).

O segundo aporte teórico para a constituição de novas interpretações sobre as intervenções estatais surgiu, mais uma vez, com a contribuição inicial de Joseph Stigler, seguida das de Richard Posner e Sam Peltzman.

Esses autores partem de conceitos como grupos de pressão[47] e *rent seeking*[48] para conferir sentido à afirmação de Demsetz de que o controle do monopólio natural não era o fundamento da regulação. Com essas categorias, foi possível dar o salto, da constatação do estímulo ao monopólio pelo regulador, para os seus motivos.

Para Stigler[49], o sentido da atividade regulatória não residia na correção de falhas de mercado, sendo essencialmente o produto

---

[47] Esse conceito está baseado no estudo de Mancur Olson (**The logic of collective action**. Cambridge: Harvard University Press, 1965) e é utilizado para designar associações de interesses que realizam seus objetivos por meio da provisão de bens públicos a seus participantes. Isso supõe que o Estado seja permeável às investidas desses grupos e que as políticas implementadas por ele sirvam prioritariamente aos interesses desses grupos.

[48] Já a ideia de *rent seeking* sustenta que os monopólios são costumeiramente criados, ou impostos, pela regulação estatal. Os custos para influenciar as decisões do governo, chamados de *rent seeking costs,* apesar de valerem a pena para quem aufere as rendas do monopólio, aumentam os custos sociais do monopólio. As perdas advindas de uma estrutura monopolística não decorrem apenas das ineficiências alocativas geradas por ela, mas também dos custos para criação e manutenção da condição de monopólio. Dessa forma, ainda que se admita a possibilidade de o Estado se direcionar à realização do interesse público, ele é incapaz de alcançá-lo, porque as políticas públicas acarretariam muitos custos para o bem-estar social, gerando efeitos involuntários e nocivos, tais como o desperdício de recursos no controle das ações dos grupos de pressão. Para um aprofundamento sobre o conceito de *rent seeking* ver KRUEGER, Anne. The political economy of the "rent seeking" society. *In*: **American Economic Review**, v. 64, n. 3, 1974; e BUCHANAN, James; TOLLINSON, Robert; TULLOCK, Gordon. **Toward a theory of rent-seeking society**. College Station: Texas A&M University Press, 1980.

[49] The theory of economic regulation. *In*: **Bell Journal of Economics and Management Science**, v. 2, n. 2, 1971, p. 3 e ss.

de uma disputa entre grupos de interesse. A regulação seria uma *commodity*, e, como tal, sujeita às forças da oferta e da demanda. De um lado, as indústrias reguladas demandariam regulação – ou seja, proteção contra a competição de outras firmas – e, de outro, o regulador ofereceria essa proteção em troca de apoio político. Embora esses grupos beneficiados não representassem grande número de votos, eles forneciam recursos financeiros para as campanhas, fator determinante para o êxito em uma disputa eleitoral.

Ainda que de forma mais cautelosa, Richard Posner[50] deu continuidade a essa perspectiva. Ao comparar as teorias do interesse público[51], da captura[52], e a teoria econômica da regulação inau-

---

[50] Theories of economic regulation. *In*: **Bell Journal of Economics and Management Science**, v. 5, n. 2, 1974.

[51] Em relação às teorias do interesse público, Posner questionou seus pressupostos comportamentais. Segundo ele, elas não definiam qualquer mecanismo pelo qual uma concepção de interesse público seria traduzida em ação legislativa, ou seja, regulatória. Enquanto na teoria dos mercados havia uma explicação convincente de como as ações dos indivíduos, ao promoverem seus interesses por meio das transações econômicas, acarretavam uma alocação eficiente de recursos, não existia articulação parecida em relação às formas como a opinião pública traduzia a necessidade de maximização do bem-estar geral na forma de políticas legislativas. Além disso, essas teorias acabavam, em alguns de seus desdobramentos, se parecendo com versões da teoria da captura, pois tentavam explicar o desempenho frustrante do processo regulatório com base nas fraquezas específicas dos funcionários e na inadequação dos procedimentos (Theories..., cit., p. 336 e ss.).

[52] Como teorias da captura, Posner inicialmente identificou aquelas em que a regulação era definida em função das demandas de grupos de pressão. No entanto, distinguiu as teorias da captura (termo com o qual não concorda) da teoria econômica de Stigler. As teorias da captura tinham origem na ciência política e não conseguiam explicar por que alguns interesses são efetivamente representados no processo político e outros não. Em geral essas teorias partiam do pressuposto, também não comprovado empiricamente segundo Posner, de que as agências de regulação embora nascessem com objetivo de defender o interesse público, com o passar do tempo elas começavam a sofrer influência e pressão do setor regulado.

gurada por Stigler, Posner concluiu pelo caráter mais promissor dessa última que, para se consagrar como uma teoria positiva, dependia, segundo ele, de um maior desenvolvimento analítico e de novos esquemas de investigação empírica.

Ainda segundo Posner, a teoria econômica da regulação, embora tenha mantido em comum com a teoria da captura o pressuposto de que a regulação favorecia interesses de grupos com alta influência política, rejeitava a possibilidade de haver um propósito inicialmente virtuoso da regulação, admitia a possibilidade de captura de outros grupos de interesse que não as empresas do setor regulado e substituía o termo "captura" por uma terminologia mais neutra de oferta e procura. Além dessas questões, ele ressaltou o fato de a teoria ser mais bem acabada e precisa, pois adotava pressupostos centrais da teoria econômica, principalmente o de que as pessoas, racionalmente, visavam atingir seus próprios interesses. E é a partir desse pressuposto que emergiram os mais importantes desenvolvimentos da teoria econômica[53].

Com o objetivo de resolver o dilema entre o regulador direcionado ao interesse público e o capturado, Sam Peltzman[54] criou um modelo sustentado na hipótese de que o agente regulador não era envolvido por um único interesse econômico. Submetia-se aos interesses dos consumidores e da indústria, procurando uma posição de equilíbrio na qual se alocavam benefícios entre os grupos de

---

Para Posner, essa interação presente no processo regulatório, baseada na metáfora da conquista, não possuía fundamento científico e se sustentava em alusões à personalidade dos legisladores, opinião pública, ignorância, sabedoria popular etc. (*Ibidem*, p. 341 e ss.).

[53] *Ibidem*, p. 345 e ss.

[54] Toward a more general theory of regulation. *In*: **Journal of Law and Economics**, v. 19, n. 2, 1976 e The economic theory of regulation after a decade of deregulation. *In*: BAILY, Martin Neil; WINSTON, Clifford (orgs.). **Brooking papers on economic activity**: microeconomics. Washington: NBER, 1989.

maneira *ótima*. Esse modelo forneceu uma resposta sobre quais setores eram regulados. Eram objeto de regulação os setores em que o preço estipulado se situasse muito próximo do nível de concorrência ou de monopólio, de modo a serem beneficiados os consumidores ou os produtores, respectivamente. Em uma situação em que o preço ficasse equidistante dos dois extremos – concorrência perfeita e monopólio –, a regulação não se estabelecia, pois nenhum dos grupos teria ganhos significativos. Não havia, nesses casos, reduções consideráveis de tarifa, nem, muito menos, elevação das taxas de retorno[55].

As contribuições de Peltzman ajudaram a conferir sentido para a demanda dos setores concentrados por regulação, que, a princípio, parecia desnecessária, já que esses setores já possuíam os benefícios decorrentes de sua condição. As teses de Peltzman se aliaram às de Posner. Para este, mesmo um mercado naturalmente monopolista ganharia com uma legislação que aumentasse a demanda pelo produto – por exemplo, eliminando substitutos ou impedindo a entrada. Com isso, concentração ou monopólio eram vistos como produto da regulação, e, desse modo, a regulação seria muito mais custosa para a sociedade, mesmo em situações onde prevalecessem estruturas concentradas de mercado[56].

[55] Peltzman encontrou dois tipos de mudanças econômicas que conduziram à desregulação. A primeira se conformou quando a distância entre o equilíbrio oriundo da regulação e aquele que caracterizava a desregulação do setor diminuiu, tornando a regulação sem sentido. Essa hipótese convergia com as das teorias do interesse público, pois teria ocorrido a remoção da falha de mercado, provavelmente em decorrência de mudanças nas condições tecnológicas. A segunda mudança ocorreu quando a riqueza disponível para distribuição tornou-se tão escassa que não era suficiente para gerar os ganhos políticos necessários para manter a regulação (A teoria econômica da regulação depois de uma década de desregulação. *In:* MATTOS, Paulo (org.). **Regulação econômica e democracia**. O debate norte-americano. São Paulo: Editora 34, 2004, p. 101).

[56] **Theories**..., cit., p. 351.

Essa evolução das teorias da regulação ofereceu um manancial de fundamentos para justificar um processo de desregulação. Em linhas gerais, procurou-se substituir a regulação hierarquizada, tradicionalmente voltada para o controle de preços, entrada e qualidade dos serviços, pela livre competição no mercado como instrumento regulatório.

O direito e a política concorrencial assumiam, nesse contexto, a dianteira na regulação de várias atividades, inclusive dos serviços de utilidade pública. No entanto, também o direito antitruste já vinha sofrendo os impactos de revisões teóricas de alguma forma associadas ao processo descrito acima, acabando por também influenciar o novo ambiente regulatório.

A concorrência, enquanto princípio de organização das relações entre os agentes no mercado, sofreu injunções teóricas diversas ao longo do século XX. De maneira geral, pode-se afirmar que estava em jogo a sua condição de *valor* a reger as relações mercantis. Ora se justificando enquanto instrumento primordial de combate ao poder econômico, ora sendo submetida a outros valores, considerados mais fundamentais para o interesse social.

Para entender a complexidade do tema e a sua influência no debate regulatório, fixamo-nos no debate entre a Escola Estruturalista – ou Escola de Harvard – e a Escola de Chicago.

A Escola de Harvard encontrava-se em sintonia com as primeiras intervenções do direito concorrencial norte-americano, que elegiam o poder econômico como empecilho para o desenvolvimento do próprio sistema capitalista. Conferia-se ênfase à análise estrutural do mercado. O comportamento das empresas era visto como uma resultante da estrutura do mercado em que ela estivesse inserida. Ou seja, a existência de um poder econômico pronunciado exigia da autoridade antitruste uma atuação rigorosa em defesa da concorrência. Como afirma Calixto Salomão Filho, para a Escola de Harvard, também chamada Escola Estruturalista, "em uma indústria concentrada, as firmas estão protegidas da competição por barreiras à entrada, consistentes em economias de escala, exigências maiores de capital, *know-how* escasso e diferenciação dos produtos"[57]. Nessa estrutura, em que há poucos vendedores no mercado, há uma diminuição dos custos e das dificuldades de atuação em conjunto, o que proporciona acordos tácitos ou explícitos entre as empresas com objetivos de redução da produção e aumento de preços.

Já para a Escola de Chicago, a eficiência produtiva era o valor a ser buscado pelo sistema econômico, pois é ela que levava ao interesse público, entendido como bem-estar do consumidor[58]. A concorrência transformava-se em valor subjacente e instrumental, facilmente colocado em segundo plano. Nas situações em que não havia esta coincidência entre os dois valores – eficiência e concorrência – é a primeira que deveria prevalecer, pois causaria uma redução de custos a ser repassada aos preços. Para essa perspectiva, o processo competitivo é considerado como motor da eficiência, na medida em que o domínio do mercado é um resultado da superioridade em eficiência, invertendo-se a causalidade estrutura-conduta-desempenho defendida pela Escola de Harvard, e as firmas que perseguem poder de mercado em vez de eficiência não obtêm de fato lucros de monopólio porque despendem muito das atividades de *rent seeking*[59].

[57] SALOMÃO FILHO, Calixto. **Direito concorrencial**: as estruturas. São Paulo: Malheiros, 1998, p. 18.

[58] Essa associação entre eficiência produtiva e bem-estar do consumidor é considerada uma das maiores fragilidades da Escola de Chicago, na medida em que se parte do pressuposto de que há uma transferência automática aos preços da redução de custos proporcionada pelos ganhos de eficiência, como se ela fosse ínsita à racionalidade do monopolista. Para uma crítica detalhada ver SALOMÃO FILHO, Calixto. **Direito concorrencial**: as estruturas, cit., p. 19 e ss.

[59] SALGADO, Lucia Helena. **A economia política da ação antitruste**. São Paulo: Singular, 1997, p. 39.

Com a hegemonia da Escola de Chicago, a partir da década de 1970, abriram-se as portas para a aceitação das variadas formas de concentração do poder econômico, o que acabou contribuindo de forma decisiva para justificar o movimento de desregulação dos serviços de infraestrutura nos Estados Unidos.

Até então, a regulação, fundada na presença de falhas de mercado, visava produzir um ambiente que compensasse a inexistência de livre-concorrência. Com a elevação da eficiência produtiva a valor supremo, a regulação perdeu grande parte do seu sentido anterior de assegurar a eficiência alocativa. E, por mais paradoxal que possa parecer, o fato é que essa reforma foi anunciada como uma abertura desses setores à concorrência, na medida em que a regulação tradicional saía de cena para entrar o direito concorrencial. Só que já se tratava do direito antitruste pautado pelas premissas da Escola de Chicago, em que a eficiência produtiva podia definir as condições de legalidade do poder de mercado[60].

As conclusões da teoria econômica sobre os fundamentos da regulação em setores concentrados, aliadas às assertivas das teorias de *rent seeking* sobre os custos para se criar e manter um monopólio pelo Estado, e às evoluções da teoria antitruste, explicam com mais acuidade o movimento desregulatório presenciado nos anos 1980 e 1990 do que as possíveis evoluções tecnológicas que teriam permitido a introdução da concorrência na prestação dos serviços públicos.

---

[60] Para um aprofundamento sobre o debate das Escolas de pensamento citadas, ver SALGADO, Lucia Helena. **A economia**..., cit.; SALOMÃO FILHO, Calixto. **Regulação da atividade econômica**: princípios e fundamentos jurídicos. São Paulo: Malheiros, 2001; e **Direito concorrencial**: as estruturas, cit.; e SCHAPIRO, Mario Gomes. **Política industrial e disciplina da concorrência pós-reformas de mercado**: uma avaliação institucional do ambiente de inovação tecnológica. Dissertação de Mestrado. Faculdade de Direito da Universidade de São Paulo, 2005.

1.5 Reforma regulatória e serviços públicos no Brasil

Esse contexto histórico e teórico manifestou-se no Brasil com o movimento de Reforma do Estado. Ela foi contemporânea de um programa de estabilização monetária, o Plano Real, cuja implementação acabou condicionando a efetividade de grande parte dessas medidas. Essa dinâmica particular acabou por influenciar muito mais a organização dos serviços públicos no Brasil do que propriamente as medidas ligadas à reforma gerencial do Estado. Isso fez com que os objetivos da Reforma mais próximos à efetividade das políticas públicas fossem submetidos aos imperativos da política macroeconômica. Um exemplo claro dessa dimensão foi o processo de privatização dos setores de infraestrutura direcionado por objetivos vinculados ao ajuste fiscal do Estado.

A gestão da infraestrutura e das atividades econômicas a ela vinculadas tem sido alvo de intensos debates no Brasil, principalmente após a promulgação de sucessivas emendas constitucionais[61] que, durante a década de 1990, viabilizaram a flexibilização de monopólios estatais e a privatização de empresas, algumas delas responsáveis pela gestão e prestação de serviços públicos.

As privatizações das empresas prestadoras de serviços públicos se efetivaram por meio da concessão dos serviços[62], conforme

[61] Têm-se como referência a EC n. 5, de 15 de agosto de 1995, que permitiu a exploração privada dos serviços de gás canalizado e a EC n. 8, de 15 de agosto de 1995, que permitiu a exploração privada dos serviços de telecomunicações mediante concessão, permissão ou autorização.

[62] O termo privatização faz referência, aqui, à transferência do patrimônio pertencente ao Estado a empresas privadas. Quando se trata de um serviço público, essa transferência não deve implicar a mercantilização das atividades geridas por essa empresa. Até porque, nesse caso, a privatização é intermediada pelo regime de concessão, responsável por assegurar o caráter público da atividade, indepen-

disposto no art. 175 da Constituição Federal e na Lei n. 8.987/95. Elas constituíram a terceira e última fase do processo de reestruturação da atuação do Estado brasileiro no ambiente da produção de bens e serviços[63].

Argumentos econômicos soldaram-se para justificar a política de privatização e a necessidade de uma revisão da atuação do Estado em vários setores da economia. Do ponto de vista macroeconômico, estava-se às voltas com as exigências de estabilização monetária do Plano Real, baseadas em uma estratégia de abertura comercial, desregulamentação do mercado financeiro e sobrevalorização da moeda. Segundo os defensores da política de estabilização, a venda das empresas estatais contribuiria, em um horizonte próximo, para abater a dívida pública decorrente dos altos juros. Estes eram exigidos para garantir a entrada de capitais de curto prazo que, por sua vez, mantinham a moeda sobrevalorizada em relação ao dólar. A política monetária sustentou-se também em torno de uma política fiscal rígida, que ceifou a capacidade investidora do Estado na expansão e qualificação das redes de infraestrutura e das empresas estatais.

Como assinala Diogo Coutinho, as privatizações efetivaram-se para responder a imperativos como a incapacidade de realização de investimentos pelas empresas estatais, a urgência na atração de investimentos estrangeiros e o cenário de instabilidade dos mercados internacionais. Ou seja, o Brasil e outros países em desenvolvimento foram motivados a privatizar em razão de imperativos

dentemente de quem a executa. A questão, que será alvo de análise mais adiante, é se esse regime cumpre sua tarefa.

[63] O programa de privatizações iniciou-se no governo Collor e consistiu na venda de empresas produtoras de bens para o mercado nos setores siderúrgico, petroquímico e de fertilizantes. No segundo período, a pauta das privatizações continuou a mesma, no entanto, alteraram-se as regras para ampliar as possibilidades de uso de créditos contra o tesouro e foram eliminados os impedimentos aos investimentos estrangeiros.

negativos. No caso brasileiro, a política macroeconômica introduziu o objetivo de maximização do valor de venda das estatais em detrimento dos objetivos de investimento compulsório. O problema é traduzido do seguinte modo:

> Quanto mais fundos as privatizações brasileiras pudessem "alavancar", mais intensamente os problemas econômicos, estruturais e conjunturais poderiam ser enfrentados. A consequência disso seria a seguinte: quanto mais investimentos privados em infraestrutura exigidos (dentre os quais os destinados à universalização do acesso ao serviço público), menores se poderia supor os valores obtidos nos leilões de privatização[64].

Exposto na forma de um dilema, temos que, se, de um lado, o objetivo principal das privatizações era a redução do déficit público e, para isso, as receitas das vendas das estatais deveriam ser maximizadas, do outro lado, as considerações de investimento em universalização dos serviços deveriam ser, de algum modo, relaxadas ou reduzidas a níveis menos ambiciosos. Entretanto, como afirma Diogo Coutinho, dado o déficit de estoque de infraestruturas físicas em países em desenvolvimento, precisamente o oposto parecia ser necessário[65].

As constatações acima dificultam qualificar a reforma *market oriented* do Estado brasileiro apenas como produto da concatenação de várias estratégias que apenas concorreram para limitar o papel do Estado intervencionista a uma postura normativa[66]. O processo de privatização brasileiro, condicionado pelos imperativos de liberalização, austeridade fiscal e integração econômica e monetária, primou

---

[64] COUTINHO, Diogo Rosenthal. **Regulação e redistribuição**: a experiência brasileira de universalização das telecomunicações. Tese de Doutorado. Faculdade de Direito da Universidade de São Paulo. São Paulo, 2003, p. 114.

[65] *Ibidem*, p. 115.

[66] MAJONE, Giandomenico. **Do Estado positivo**..., cit., p. 6.

muito mais pelos aspectos financeiros que envolviam as operações do que pelas dimensões sociais e institucionais dos setores.

O impacto da estratégia privatizante sobre o ordenamento econômico pode ser mensurado de diversas formas. Em especial, nota-se que a saída do Estado da esfera empresarial, em que aparecia como produtor ou distribuidor de bens e serviços, em tese, daria espaço para o reforço de seu papel regulatório das atividades econômicas definidas como serviços públicos. Como atividade regulatória, ou mesmo regulação, entendam-se as medidas de cunho legislativo ou administrativo por meio das quais o comportamento dos agentes econômicos é influenciado, controlado ou determinado, tendo em vista orientar esses agentes em direções desejáveis e evitar efeitos lesivos aos interesses socialmente legítimos, englobando toda forma de organização da atividade econômica pelo Estado, seja a intervenção pelo exercício do poder de polícia ou por meio da concessão de serviço público[67]. Mais especificamente, a regulação

[67] Adota-se a definição de Calixto Salomão Filho (**Regulação da atividade econômica**..., cit., p. 15). Não é nosso objetivo a construção de uma noção jurídica de regulação para o Brasil. Duvidamos até de sua pertinência. Não negligenciamos, por outro lado, que, para o surgimento de uma noção jurídica de regulação, seria inevitável a sua contaminação pelas peculiaridades do sistema jurídico brasileiro, ainda que a difusão dessa noção pelo mundo decorra do movimento de globalização que traz em seu bojo as reformas liberalizantes. Como observa Gérard Marcou, a regulação é aplicada a atividades muito diferentes, como: atividades de poder de polícia, atividades que dizem respeito às regras gerais de concorrência nos mercados de bens e serviços, mercados financeiros, indústrias caracterizadas pela sua dependência em relação a uma rede ou outros tipos de infraestrutura não duplicáveis, e, ainda, indústrias e meio ambiente. Desse modo, segundo Marcou, para a consolidação de uma noção jurídica, seria necessária uma análise das políticas públicas, dos regimes jurídicos que elas estabelecem, bem como das práticas jurídicas observáveis, para determinar em que medida a regulação deve ser tratada como uma noção jurídica nova, ou seja, uma noção à qual se acoplam consequências jurídicas precisas do ponto de vista das relações jurídicas e instituições (Régulation et service public: les enseigments du droit comparé.

econômica impõe restrições às decisões dos agentes econômicos, por meio do controle de preços, quantidade, qualidade e segurança.

No entanto, embora a regulação, como função estatal[68], possa ser assimilada à noção de intervenção por direção ou por indução, no sentido conferido por Eros Grau[69], é impossível destacar o

---

In: MARCOU, Gérard; MODERNE, Franck. **Droit de la régulation, service public et intégration régionale**. Paris: L'Harmattan, 2005, t. I, p. 12-13).

[68] Segundo Stéphane Rodrigues, é no sentido de função pública que a regulação tem se desenvolvido na Europa. Segundo ele, o art. 16 do Tratado da Comunidade Europeia, ao dispor que os SIEG devem exercer seu papel na coesão social e territorial e que, para tanto, os Estados devem cuidar para que funcionem sob princípios e nas condições necessárias para assegurar suas missões, inspira uma definição de regulação relacionada aos serviços públicos. Ela seria "la fonction dévolue aux pouvoirs publics de veiller au bon fonctionnement des services publics". Dessa definição destacam-se dois elementos essenciais: de um lado, o elemento controle (*veiller*) que conduz cada Estado-membro a adaptar e modernizar seus próprios sistemas de tutela e de controle dos serviços públicos; de outro lado, o elemento gestão (*bon fonctionnement*) que leva ao aprofundamento e à evolução da regras de organização e dos princípios de funcionamento dos serviços (Apport(s) du droit communnautaire au droit de la régulation des services publics. *In*: MARCOU, Gérard; MODERNE, Franck. **Droit de la régulation, service public et intégration régionale**. Paris: L'Harmattan, 2005, t. I, p. 117).

[69] Esse autor faz uma distinção entre intervenção estatal *na* economia e intervenção *sobre* a economia. A primeira divide-se em atuação *por absorção*, quando o Estado assume, em regime de monopólio, o controle dos meios de produção e/ou troca; e atuação *por participação*, quando o Estado atua em regime de concorrência com o setor privado, ou participa do capital de agente que detém o controle patrimonial de meios de produção e/ou troca. A segunda desmembra-se em atuação *por direção*, quando o Estado exerce pressão sobre a economia, estabelecendo normas de comportamento para os agentes econômicos; e atuação *por indução*, prevalecendo quando o Estado dinamiza instrumentos de intervenção em consonância e na conformidade das leis que regem o funcionamento dos mercados (GRAU, Eros Roberto. Discurso neoliberal e a teoria da regulação. *In*: CAMARGO, Ricardo Antônio Lucas (org.). **Desenvolvimento econômico e intervenção do Estado na ordem constitucional**: estudos em homena-

uso do vocábulo do atual movimento de reformas liberalizantes da década de 1990. Desse modo, quando falamos de reforma regulatória, não estamos referindo-nos ao que nos EUA, a partir da década de 1930, se constituiu em um intenso movimento de intervenção estatal nas atividades privadas com objetivos de conduzi-las a realização de objetivos socialmente determinados. Nossa percepção desse processo no Brasil o aproxima do movimento ocorrido nos EUA de *dérégulation*, a partir do final dos anos 1970, ou seja, está vinculado a transformações nas relações entre o Estado e o mercado, em que este último ganha espaço na determinação dos critérios de alocação da riqueza social. A regulação nasce no Brasil como um subproduto da privatização e da liberalização dos setores de infraestrutura e não de um incremento da intervenção estatal sobre a economia.

Na verdade, depositaram-se nos resultados da evolução tecnológica que, por sua vez, teriam possibilitado a relativização das características de monopólios naturais as expectativas da construção de um ambiente concorrencial de regulação. Tal quadro arrefeceu as justificativas econômicas tradicionais[70] que embasavam a absorção completa desses setores pelo Estado.

gem ao Professor Washington Peluso Albino de Souza. Porto Alegre: Sérgio Antônio Fabris Editor, 1995, p. 62).

[70] Como justificativa tradicional que fundamenta a intervenção do Estado, considera-se a já mencionada teoria das *falhas de mercado* como a sua mais forte manifestação. Em presença de tais falhas, a ação atomística e calcada nos interesse individuais dos agentes no mercado não seria capaz de atingir o bem-estar social, refutando a premissa de Adam Smith. Nesses casos, o Estado deveria desenvolver formas de intervenção pública que ou restaurassem o funcionamento "normal" do mercado ou de alguma forma compensassem situações particulares de desequilíbrio. Com base nessa perspectiva, desenvolveram-se as funções de (i) *alocação*, visando à correção de desequilíbrios parciais a partir do resultado das análises microeconômicas; (ii) *estabilização* dos ciclos econômicos para corrigir flutuações de equilíbrio geral que não se mantêm espontaneamente; e (iii) *redistribuição* com

Nesse contexto, o Estado brasileiro abriu mão de grande parte de seu poder normativo de fato, ainda que mantivesse os poderes formais conferidos pelos contratos de concessão. Ou seja, o processo de privatização não foi apenas de natureza operacional, ele se notabilizou pelo caráter sistemático e normativo da inserção privada no processo decisório público[71] e impactou na capacidade regulatória do Estado em pelo menos dois sentidos.

O primeiro diz respeito ao processo de financiamento. Quando o financiamento da expansão dos serviços se dava por meio de fundos públicos, como o FGTS, por exemplo, havia restrições quanto às taxas de retorno admitidas, tanto na captação como no empréstimo, o que lhes conferia maior autonomia em relação às flutuações do mercado financeiro privado. Além disso, esses fundos constituíam um instrumento de controle importante, na medida em que o Estado podia condicionar a liberação dos recursos a padrões de desempenho na prestação dos serviços. Quando o financiamento passa para as mãos do mercado, deixa de haver a diferenciação entre a taxa de retorno pública e o retorno financeiro no mercado privado. Dessa forma, a oferta dos serviços públicos passa a ser direcionada pelas circunstâncias que motivam a oferta de bens e serviços no mercado[72].

O segundo fator que fez definhar a capacidade regulatória do Estado foi o esvaziamento da sua função planejadora. Ainda que o art. 174 da Constituição Federal seja explícito ao definir que o planejamento é vinculativo para o setor público – e os serviços públicos do ponto de vista do seu regime jurídico não deixem de

---

o intuito de corrigir a dinâmica de realização do equilíbrio e evitar que as desigualdades se perpetuem (DU MARAIS, Bertrand. **Droit public de la regulation économique**. Paris: Dalloz, 2004, p. 38 e ss.).

[71] SILVA, Ricardo Toledo. **Público e privado na oferta**..., cit., p. 7.

[72] *Ibidem*, p. 7.

ser públicos quando executados por empresas privadas –, o fato é que se torna muito difícil imaginar um ente privado submetendo-se às diretrizes de um planejamento estatal. Ademais, a eficácia desse instrumento está subordinada ao controle de uma série de variáveis e informações certamente não disponíveis quando o privado é preponderante na gestão do setor.

Esses dois instrumentos – financiamento e planejamento – são essenciais para a realização de um objetivo primordial que deveria nortear as políticas de gestão dos serviços públicos no Brasil: a redistribuição de renda. Esse objetivo perdeu a efetividade e a operacionalidade na reforma regulatória.

A partir do momento em que o Estado transfere uma atividade diretamente executada por ele para a iniciativa privada, debilita, de certa forma, a capacidade de utilizar essa atividade como instrumento seja de estabilização econômica, seja de distribuição de renda, ainda mais se entendermos regulação em seu sentido mais prosaico: o de corrigir falhas de mercado.

As reformas regulatórias com as características da brasileira, em que prevalece a delegação de poderes para uma instituição autônoma com dirigentes com mandato fixo, não assentam sua legitimidade em políticas distributivas, mas sim na busca de eficiência. Como afirma Majone,

> É importante se observar que a adoção da eficiência como um padrão importante pelo qual os reguladores devem ser avaliados implica, *inter alia*, que os instrumentos reguladores não devem ser utilizados para finalidades redistributivas (...) Somente um comprometimento para com a eficiência, para com um estilo de tomada de decisão voltado para a resolução de problemas, mais que para a negociação, e para com a responsabilização por resultados, pode substantivamente legitimar a independência política dos reguladores[73].

[73] **Do Estado**..., cit., p. 30.

A afirmação acima baseia-se na ideia de que, como a redistribuição envolve um jogo de soma zero, ou seja, um conflito entre quem perde e quem ganha, esta deve ficar sobre a definição política dos representantes do povo, enquanto a busca de eficiência, por ser neutra do ponto de vista distributivo e aumentar a riqueza geral, pode ser um objetivo da regulação técnica. O argumento acima pode até explicitar uma postura conservadora em relação à atuação dos entes reguladores, mas teve grande influência na configuração da reforma regulatória brasileira conforme demonstrou a análise de seus pressupostos teóricos e históricos.

Ainda no âmbito institucional, podemos identificar, em todo esse processo, uma perda de substância do serviço público enquanto instituição à disposição do Estado para assegurar os preceitos de desenvolvimento econômico e social dispostos na Constituição. Aqui há, sem dúvida, um ataque ao substrato material da noção de serviço público[74].

O que se tem, como pano de fundo, é a introdução do critério da presença de falhas de mercado para identificar determinada atividade como serviço público, aproximando essa noção do conceito anglo-saxão de *public utilities*. O serviço público identifica-se com missões de coesão social e territorial, cuja existência está também atrelada às falhas de mercado, mas não só[75].

---

[74] Como aponta Gérard Marcou, entre as múltiplas manifestações do que se convencionou chamar mundialização (termo adotado na França para globalização), uma das mais significativas, porque interfere diretamente no papel do Estado, é a introdução de mecanismos de mercado e de concorrência nas atividades até então situadas sob o controle do Estado. Enquanto a instituição de um serviço público é acompanhada pela subtração do mercado nas atividades em que se aplica, a generalização do mercado conduz, conforme o caso, à redefinição, à marginalização ou até ao abandono do serviço público (**Régulation et service public**..., cit., p. 11).

[75] Para uma análise da relação entre serviço público, modelo de Estado e teorias econômicas de intervenção, ver MODERNE, Franck. Les transcriptions doctrinales de l'idée de service public. *In*: MARCOU, Gérard; MODERNE, Franck

A prevalecer essa concepção, corremos o risco de substituir o formalismo jurídico, que frequentemente impera no debate sobre os serviços públicos, pelo formalismo econômico. Nesse caso, poderíamos chegar ao extremo de considerar que uma atividade só seria serviço público apenas se fizer sentido (econômico) a sua oferta na estrutura de monopólio, ou seja, no regime jurídico de exclusividade[76]. O substrato material do serviço público estaria

(orgs.). **L'Idée de service public dans le droit des États de l'Union Européenne.** Paris: L'Harmattan, 2001.

[76] A tentativa de conferir fundamentos econômicos à noção de serviços públicos também se desenvolve na Europa. O aprimoramento da noção de Serviços de Interesse Econômico Geral — SIEG seria o motor desse processo, na medida em que ele próprio seria uma forma de derrogação do princípio da livre concorrência. Os relatórios de Claude Martinand (**La régulation des services publics**: concilier éqüite et efficacité. ASPE Europe-ESKA. Coleção Rapports Officiels, 1995) e de Henry Cohen (**Concurrence et services publics dans l'Union Européenne**. Paris: PUF, 1997) são referências nesse processo de fundamentação econômica dos serviços públicos. Para Martinand, a noção de serviço público deve estar acoplada aos conceitos de monopólio natural e de bens coletivos, ou seja, situações que designam típicas falhas de mercado, mas não excluem a possibilidade de serviços públicos lastreados em finalidades redistributivas ou de equidade. Claude Henry busca o sentido para a noção de serviço público na conciliação entre os elementos de eficiência e equidade. No primeiro, estariam a necessidade de corrigir as falhas de mercado, principalmente as decorrentes da ocupação desequilibrada do território. No segundo, estaria a fonte de solidariedade que os serviços públicos representam, ou seja, a redução das desigualdades de renda. No entanto, é aqui que se abre uma concessão à visão econômica. Henry Cohen distingue os fins distributivos segundo a missão do serviço público referir-se a uma parte da população ou ao seu conjunto. Defende a ideia, até então ausente na França, de focalização das políticas de distribuição, de modo que as transferências financeiras se destinem apenas à população mais pobre. Para uma análise das tentativas de sustentar a noção de serviço público na teoria econômica, ver LÉVÊQUE, François. Conceptes économiques et conceptions juridiques de la notion de service public. *In*: KIRAT, Thierry; SERVERIN, Evelyne (orgs.). **Le droit dans l'action économique**. Paris: CNRS Éditions, 2000.

vinculado às suas raízes econômicas. Sendo assim, admitiríamos que serviço público só existe se o monopólio for inevitável. Com isso, a noção de serviço público passaria a ser o regime jurídico aplicado às atividades econômicas cuja forma de prestação economicamente mais eficiente é o monopólio.

O principal problema desse argumento é que no próprio conceito de falhas de mercado está embutida a ideia de exceção e transitoriedade, anormalidade em relação ao funcionamento eficiente do mercado como mecanismo de alocação de riquezas. Segundo essa perspectiva, a intervenção do Estado só faria sentido enquanto as falhas permanecessem ou fossem significativas. Transportando o raciocínio para o nosso tema: na medida em que as falhas de mercado fossem corrigidas pela introdução da concorrência, não haveria mais razão para considerar a atividade como um serviço público[77].

Materialmente, com a redução do papel dos serviços públicos a instrumento de correção de falhas de mercado, a capacidade

[77] Estaríamos, no mínimo, diante das mudanças efusivamente identificadas por Gaspar Ariño Ortiz: "na passagem de um sistema de titularidade pública sobre a atividade, concessões fechadas, direitos de exclusividade, obrigação de fornecimento, preços administrativamente fixados, caráter temporário (com reversão/resgate em todo caso) e regulação total da atividade, até o mínimo detalhe, para um sistema aberto, presidido pela liberdade de empresa, isto é, liberdade de entrada (prévia autorização vinculada), com determinadas obrigações e encargos de 'serviço universal', mas com liberdade de preços e modalidades de prestação, com liberdade de investimento e amortização e, em definitivo, no regime de concorrência aberta, como qualquer outra atividade comercial e industrial que tem que lutar pelo cliente (não há mercado reservados nem cidadãos cativos). Certamente, neste segundo modelo, não há reserva de titularidade a favor do Estado sobre a atividade de que se trate" (Sobre el significado actual de la noción de servicio público e su régimen jurídico: hacia un nuevo modelo de regulación. *In*: ORTIZ, Gaspar Ariño; MARTINEZ, J. M. de la Cuétera; LÓPEZ-MUNIZ, J. L. **El nuevo servicio público**. Madrid: Marcial Pons, 1997, p. 25).

de o Estado promover políticas de desenvolvimento social ou econômico por meio dessas atividades fica comprometida, na medida em que perde poder normativo e operacional sobre essas atividades, que não se submetem mais totalmente ao seu planejamento.

Formalmente, por outro lado, o Estado mantém, na ordenação dos serviços públicos, as funções de:

> (i) espaço de formulação de políticas públicas cujas pautas e metas ditarão a conformação da exploração do serviço; (ii) titular do serviço e dos bens a ele afetos, cuja preservação lhe incumbe e em face de quem o operador em regime público pode postular direitos como o equilíbrio da relação contratual; (iii) ente regulador encarregado não exclusivamente da defesa dos interesses estatais, mas incumbido da tarefa de defesa do usuário, de preservador das linhas gerais de exploração da atividade e ainda mediador dos interesses de todos os agentes envolvidos[78].

Desse modo, ainda é possível afirmar que a disciplina jurídica da provisão de infraestrutura articula-se em torno da noção de serviço público como instrumento da ação do Estado, e que as políticas públicas formuladas para a gestão dessas atividades desenham um ambiente institucional que abriga instrumentos variados que, em uma abordagem regulatória tradicional, visariam impor regras relativas à limitação da entrada e da saída de agentes de um dado mercado, à especificação quanto à qualidade dos produtos fornecidos e ao estabelecimento de fórmulas para a determinação de preços ou tarifas[79].

Nesse novo ciclo de participação privada, prevalece uma mudança de estratégia e objetivos da intervenção estatal. Se, antes,

---

[78] MARQUES NETO, Floriano Azevedo. A nova regulação dos serviços públicos. *In*: **Revista de Direito Administrativo**. Rio de Janeiro, n. 228, abr./jun. 2002, p. 26.

[79] VISCUSI, W. Kip; VERNON, John M; HARRINGTON JR., Joseph E. **Economics of regulation and antitrust**. Cambridge: MIT Press, 1995, p. 307.

tentou-se integrar os serviços públicos a um processo de desenvolvimento integrado, no caso brasileiro mais vinculado aos imperativos da produção econômica e política industrial, agora há uma conjunção entre o fundamento da intervenção baseado nas falhas de mercado e nas chamadas falhas de governo, seguindo a trilha dos países anglo-saxões.

O produto desse processo está na vinculação entre contrato e concorrência. Ou seja, de um lado, a presença das falhas de mercado – enquanto justificativa da intervenção pública alternativa aos objetivos desenvolvimentistas – não pressupõe a prestação estatal plena, já que a ação do Estado pode resguardar-se ao âmbito setorial e é formalizada pelo contrato de concessão. De outro lado, as falhas de mercado poderiam ser compensadas por mecanismos mais "eficientes" do que a regulação estatal, frequentemente associada às falhas de governo. Aqui entram em cena as formas de introdução de concorrência.

Enfim, as esperanças de efetividade e de sucesso dessa estratégia de rearranjo das formas de regulação estatal nos setores de infraestrutura têm-se alicerçado na possibilidade de conciliação entre as regras descritas acima, presentes nas regulamentações dos setores ou nos próprios contratos de concessão, e a construção de mercados concorrenciais na oferta desses serviços[80]. A própria Lei

[80] Na Europa, a relação entre serviço público e concorrência ganhou fôlego com a redação do art. 86, § 2º, do Tratado da Comunidade Europeia: "Les entreprises chargées de la gestion de services d'intérêt économique général ou présentant le caractère d'un monopole fiscal sont soumises aux règles du présent traité, notamment aux règles de concurrence, dans les limites où l'application de ces règles ne fait pas échec à l'accomplissement en droit ou en fait de la mission particulière qui leur a été impartie. Le développement des échanges ne doit pas être affecté dans une mesure contraire à l'intérêt de la Communauté". São citados frequentemente como exemplos dessa relação entre concorrência e serviço público na Europa duas decisões da Corte de Justiça: a decisão Courbeau e Commune d'Almelo. Em ambos os casos, havia restrições à concorrência demandadas, no

de Concessões, em seu art. 16, tenta promover essa conciliação, ao prever que a outorga de concessão ou permissão não terá caráter de exclusividade, salvo no caso de inviabilidade técnica ou econômica justificada.

1.6 Conclusão

Ao longo do século XX, o serviço público alcançou o patamar de técnica ou instrumento de atuação do Estado em esferas antes relegadas ao interesse dos agentes privados. A noção de serviço público, na medida em que se apoiou na ideia de solidariedade social – e, nesse sentido, de redistribuição e universalização – consolidou-se como uma instituição própria do Estado de Bem-estar social.

---

primeiro caso, e praticadas no segundo, por gestores de serviços públicos. No caso Courbeau, a Corte levou em conta a análise do equilíbrio econômico da empresa prestadora dos serviços para avaliar a necessidade da restrição à concorrência em benefício do serviço. Para ela, a inserção de um particular, ainda que em abrangência reduzida, pode causar o desequilíbrio, pois "autorizar empresários particulares a fazer concorrência ao titular de direitos exclusivos nos setores de sua escolha os colocaria em posição de concentrar-se as atividades economicamente rentáveis e de oferecer tarifas mais vantajosas que as praticadas pelos titulares dos direitos exclusivos, quando, diferentemente desses últimos, não estão obrigados a operar uma compensação entre as perdas dos setores não rentáveis e os benefícios dos rentáveis" (Caso n. 390/91, 1993, I-2569). No caso Commune d'Almelo, afirmou-se, novamente, a exigência de que a restrição à concorrência seja indispensável para viabilizar a execução do serviço e que para a análise do impacto da restrição deve-se levar em conta as condições econômicas em que a empresa opera, em particular os custos que a sustentam, e a legislação, particularmente, a ambiental, a que está sujeita (Caso n. 393/92, 1994, I-1521). Para um aprofundamento sobre o tema, ver JUSTEN FILHO, Mônica. **A noção de serviço público no direito europeu**. São Paulo: Dialética, 2003, p. 200-208 e RODRIGUES, Stéphane. Prospective du service public em Europe: le marche interieur, entre concurrence et utilité publique. *In:* **Revue des Affaires Européennes**, n. 2, 1994.

Porém, se de um lado a presença do Estado é um pressuposto essencial para o desenvolvimento de estratégias efetivas de reprodução social, com seus respectivos efeitos redistributivos, de outro ela não é uma condição suficiente ou garantia do processo de socialização das atividades consideradas serviços públicos. Dessa constatação, feita com base na evolução da intervenção do Estado, derivamos que a distinção entre a atividade econômica e o serviço público não reside na "natureza das coisas"; depende do modo como se consideram as necessidades coletivas a ser satisfeitas em determinadas conjunturas históricas. Nas sociedades modernas, o substrato material dos serviços públicos configura-se a partir dos objetivos das políticas públicas e de seus respectivos regimes jurídicos.

Partindo dessa última observação, concluímos que, no Brasil, o debate sobre o serviço público cumpriu um papel mais tímido na instrumentalização da ação do Estado. Isso se deveu, principalmente, aos objetivos e programas desenvolvimentistas de estímulo à industrialização postos em prática pelo Estado brasileiro, em que o acesso universal às comodidades oferecidas era apenas um subproduto dessas estratégias.

Sobre a chamada reforma regulatória, notamos que foi produto das mudanças do papel do Estado em decorrência da crise do padrão keynesiano de intervenção pública. Essa crise levou ao fim do Estado desenvolvimentista no Brasil e do *Welfare State* nos países desenvolvidos, na medida em que foi conduzida politicamente por reformas liberalizantes, resumidas na tríade: desregulação, privatização e abertura comercial.

No âmbito dos serviços de infraestrutura deu-se a superação das teorias da intervenção públicas, baseadas no conceito de falhas de mercado, pelas teorias econômicas da regulação calcadas na categoria de falhas de governo. Esse processo ofereceu um manancial de fundamentos para justificar um processo de desregulação, que, em linhas gerais, substituiu a regulação hierarquizada, tradicionalmente voltada para o controle de preços, entrada e qualidade dos serviços, pela livre-competição no mercado como instrumento regulatório. A legislação antitruste assumia, nesse contexto, a dianteira na regulação dessas atividades.

Analisando a reforma regulatória no Brasil, concluímos que o processo de privatização, condicionado pelos imperativos de liberalização, austeridade fiscal e integração econômica e monetária, primou muito mais pelos aspectos financeiros do que pelas dimensões e implicações sociais e institucionais dos setores.

REFERÊNCIAS

ABRANCHES, Sérgio Henrique. Empresa estatal e capitalismo: uma análise comparada. *In*: MARTINS, Carlos Estevam. **Estado e capitalismo no Brasil**. São Paulo: Hucitec/CEBRAP, 1977.

AGUILLAR, Fernando. **Controle social de serviços públicos**. São Paulo: Max Limonad, 1999.

BIELSCHOWSKY, Ricardo. **Pensamento econômico brasileiro**: o ciclo ideológico do desenvolvimentismo. 4. ed. Rio de Janeiro: Contraponto, 2000.

BUCHANAN, James; TOLLINSON, Robert; TULLOCK, Gordon. **Toward a theory of rent-seeking society**. College Station: Texas A&M University Press, 1980.

CHANG, Ha-Joon. The economics and politics of regulation. *In*: **Cambridge Journal of Economics**, n. 21, 1997.

COHEN, Henry. **Concurrence et services publics dans l'Union Européenne**. Paris: PUF, 1997.

COMPARATO, Fábio Konder. **Ensaios e pareceres de direito empresarial**. São Paulo: Forense, 1978.

_____. Planejar o desenvolvimento: perspectiva institucional. *In*: **Revista de Direito Público**, 21 v., n. 88, out./dez. 1988.

COUTINHO, Diogo Rosenthal. **Regulação e redistribuição**: a experiência brasileira de universalização das telecomunicações. Tese (Doutorado em Direito) – Faculdade de Direito, Universidade de São Paulo, São Paulo, 2003.

COUTINHO, Luciano; REICHSTUL, Henri-Philippe. O setor produtivo estatal e o ciclo. *In*: MARTINS, Carlos Estevam (org.). **Estado e capitalismo no Brasil**. São Paulo: Hucitec/CEBRAP, 1977.

DEMSETZ, Harold. Why regulate utilities?. *In*: **Journal of Law and Economics**, n. 1, abr. 1968, 11 v.

DRAIBE, Sônia. A política social brasileira: diagnósticos e perspectivas. *In*: IPEA/IPLAN. **Para a década de 90**: prioridades e perspectivas de políticas públicas, Brasília, mar. 1990, 7 v.

DU MARAIS, Bertrand. **Droit public de la regulation économique**. Paris: Dalloz, 2004.

FIORI, José Luis. **Voo da coruja**. Rio de Janeiro: Record, 2003.

FURTADO, Celso. **Brasil**: a construção interrompida. 3. ed. Rio de Janeiro: Paz e Terra, 1992.

____. **Teoria e política do desenvolvimento econômico**. 10. ed. São Paulo: Paz e Terra, 2000.

GALBRAITH, John Kenneth. **Capitalismo**. Rio de Janeiro: Zahar, 1964.

GRAU, Eros Roberto. Discurso Neoliberal e a Teoria da Regulação. *In*: CAMARGO, Ricardo Antônio Lucas (org.). **Desenvolvimento econômico e intervenção do Estado na ordem constitucional**: estudos em homenagem ao Professor Washington Peluso Albino de Souza. Porto Alegre: Sergio Antonio Fabris Editor, 1995.

____. **Elementos de direito econômico**. São Paulo: Revista dos Tribunais, 1991.

JUSTEN FILHO, Mônica. **A noção de serviço público no direito europeu**. São Paulo: Dialética, 2003.

KEYNES, John Maynard. O fim do *laissez-faire*. *In*: SZMRECSÁNYI (org.). **John Maynard Keynes**. Coleção Os Grandes Cientistas Sociais. São Paulo: Ática, 1984, 6 v.

KRUEGER, Anne. The political economy of the 'rent seeking' society. *In*: **American Economic Review**, n. 3, 1974, 64 v.

LÉVÊQUE, François. Conceptes économiques et conceptions juridiques de la notion de service public. *In*: KIRAT, Thierry; SERVERIN, Evelyne (orgs.). **Le droit dans l'action économique**. Paris: CNRS Éditions, 2000.

____. **Économie de la réglementation**. Paris: La Découverte, 1998.

MAJONE, Giandomenico. Do Estado positivo ao Estado regulador: causas e consequências de mudanças no modo de governança. *In*: **Revista do Serviço Público**, ano 50, n. 1, jan./mar. 1999.

MARCOU, Gérard. Régulation et service public: les enseignements du droit comparé. *In*: MARCOU, Gérard; MODERNE, Franck. **Droit de la régulation, service public et intégration régionale**. Paris: L'Harmattan, 2005, t. I.

MARQUES NETO, Floriano Azevedo. A nova regulação dos serviços públicos. *In*: **Revista de Direito Administrativo**. Rio de Janeiro, n. 228, abr./jun. 2002.

MARTINAND, Claude. **La régulation des services publics**: concilier éqüite et efficacité. ASPE Europe-ESKA. Coleção Rapports Officiels, 1995.

MODERNE, Franck. Les transcriptions doctrinales de l'idée de service public. *In*: MARCOU, Gérard; MODERNE, Franck (orgs.). **L'Idée de service public dans le droit des États de l'Union Européenne**. Paris: L'Harmattan, 2001.

NUNES, Avelã. **Industrialização e desenvolvimento**: a economia política do "modelo brasileiro de desenvolvimento". São Paulo: Quartier Latin, 2005.

OLIVEIRA, Francisco de. **A economia brasileira**: crítica da razão dualista. São Paulo: Vozes, 1981.

____. **Os direitos do antivalor**: a economia política da hegemonia imperfeita. Petrópolis: Vozes, 1998.

OLSON, Mancur. **The logic of collective action**. Cambridge: Harvard University Press, 1965.

ORTIZ, Gaspar Ariño. Sobre el significado actual de la noción de servicio público y su régimen jurídico: hacia un nuevo modelo de regulación. *In*: ORTIZ, Gaspar Ariño; MARTINEZ, J. M. de la Cuétera; LÓPEZ-MUNIZ, J. L. **El nuevo servicio público**. Madrid: Marcial Pons, 1997.

PELTZMAN, Sam. A teoria econômica da regulação depois de uma década de desregulação. *In*: MATTOS, Paulo (org.). **Regulação econômica e democracia**. O Debate Norte-Americano. São Paulo: Editora 34, 2004.

____. The economic theory of regulation after a decade of deregulation. *In*: BAILY, Martin Neil; WINSTON, Clifford (orgs.). **Brooking papers on economic activity**: microeconomics. Washington: NBER, 1989.

____. Toward a more general theory of regulation. *In*: **Journal of Law and Economics**, n. 2, 1976, v. 19.

POLANYI, Karl. **A grande transformação**: as origens da nossa época. 3. ed. São Paulo: Campus, 2000.

POLANYI, Karl; ARENBERG, Conrad (orgs.). **Les systèmes économiques dans l'histoire et dans la théorie**. Paris: Larousse, 1975.

POSNER, Richard. Theories of economic regulation. *In*: **Bell Journal of Economics and Management Science**, n. 2, 1974, v. 5.

PREBISCH, Raúl. **Capitalismo periférico**: crisis y transformación. México: Siglo Veintiuno, 1988.

____. **Dinâmica do desenvolvimento latino-americano**. 2. ed. Rio de Janeiro: Fundo de Cultura, 1968.

REICH, Norbert. **Mercado y derecho**: teoría y praxis del derecho económico en la República Federal Alemana. Barcelona: Ariel, 1985.

RODRIGUES, Stéphane. Apport(s) du droit communnautaire au droit de la régulation des services publics. *In*: MARCOU, Gérard; MODERNE, Franck. **Droit de la régulation, service public et intégration régionale**. Paris: L'Harmattan, 2005, t. I.

____. Prospective du service public em Europe: le marche interieur, entre concurrence et utilité publique. *In*: **Revue des Affaires Européennes**, n. 2, 1994.

SALGADO, Lucia Helena. **A economia política da ação antitruste**. São Paulo: Singular, 1997.

SALOMÃO FILHO, Calixto. **Direito concorrencial**: as estruturas. São Paulo: Malheiros, 1998.

____. **Regulação da atividade econômica**: princípios e fundamentos jurídicos. São Paulo: Malheiros, 2001.

SCHAPIRO, Mario Gomes. **Política industrial e disciplina da concorrência pós-reformas de mercado**: uma avaliação institucional do ambiente de inovação tecnológica. Dissertação de Mestrado. Faculdade de Direito, Universidade de São Paulo, São Paulo, 2005.

SILVA, Ricardo Toledo. **Elementos para regulação e o controle da infraestrutura regional e urbana em cenário de oferta privada de serviços**. Tese (Livre-Docência em 1996) – Faculdade de Arquitetura e Urbanismo, Universidade de São Paulo, São Paulo, 1996.

____. Público e privado na oferta de infraestrutura urbana no Brasil. *In*: Dossiê: Serviços Urbanos, Cidade e Cidadania, GEDIM – Programa Interdisciplinar. **Globalização econômica e direitos**

no MERCOSUL, p. 3. Disponível em: <www.usp.br/fau/docentes/deptecnologia/r_toledo>. Acessado em: 10-5-2005.

SOUZA, Washington Peluso Albino de. A experiência brasileira de constituição econômica. *In*: **Revista Brasileira de Estudos Políticos**, n. 67-68, jan./jul. 1992.

STIGLER, Joseph. The theory of economic regulation. *In*: **Bell Journal of Economics and Management Science**, n. 2, 1971, v. 2.

____. FRIEDLAND, Claire. What can regulators regulate? The case of electricity. *In*: **Journal of Law and Economics**, out. 1962, v. 5.

TAVARES, Maria da Conceição. **Da substituição de importações ao capitalismo financeiro**: ensaios sobre economia política. 8. ed. Rio de Janeiro: Zahar Editores, 1979.

The economic theory of regulation after a decade of deregulation. *In*: BAILY, Martin Neil; WINSTON, Clifford (orgs.). **Brooking papers on economic activity**: microeconomics. Washington: NBER, 1989.

Theories of economic regulation. *In*: **Bell Journal of Economics and Management Science**, v. 5, n. 2, 1974.

Toward a more general theory of regulation. *In*: **Journal of Law and Economics**, v. 19, n. 2, 1976.

VISCUSI, W. Kip; VERNON, John M.; HARRINGTON JR., Joseph E. **Economics of regulation and antitrust**. Cambridge: MIT Press, 1995.

What can regulators regulate? The case of electricity. *In*: **Journal of Law and Economics**, v. 5, out. 1962.

Why regulate utilities?. *In*: **Journal of Law and Economics**, v. 11, n. 1, abr. 1968.

2 FALHAS DE MERCADO: CAUSAS, EFEITOS E CONTROLES

Cláudia Viegas

Professora do programa de educação continuada e especialização em Direito GVlaw*; economista pela Faculdade de Economia, Administração e Contabilidade da Universidade de São Paulo – FEA/USP; mestre e doutora em economia pela mesma instituição; coordenadora de projetos da área de Economia do Direito da LCA.*

Bernardo Macedo

Professor do programa de educação continuada e especialização em Direito GVlaw*; economista pela Universidade Federal de Minas Gerais – UFMG; mestre e doutor em economia pela UNICAMP; sócio-diretor da LCA Consultores, com dedicação à área de Economia do Direito.*

2.1 Introdução

Concorrência perfeita é a força pela qual a economia atinge uma ótima alocação de recursos[1] sem a necessidade de mecanismos complementares ao funcionamento do próprio mercado (interação entre produtores e consumidores). Para isso, algumas condições são necessárias, tais como: (a) ausência de barreiras à entrada: não há custos diferenciados que devem ser incorridos pelos ingressantes potenciais, mas que não afetam os concorrentes já estabelecidos (FARINA, 2000, p. 43)[2]; (b) produtos são homogêneos: a escolha do consumidor dá-se fundamentalmente por meio do preço do bem, visto que não há distinções significativas entre os bens oferecidos pelos diversos produtores no mercado.

Nessas circunstâncias e com muitos ofertantes, os produtores são *tomadores de preço*, pois não conseguem, individualmente, influenciar o nível de preço de mercado. Este, por sua vez, é resultado da interação entre oferta e demanda,o que representa uma condição de equilíbrio em que essas funções se igualam.

---

[1] Empresas maximizam lucro produzindo no nível de custo médio mínimo. Consumidores maximizam seu bem-estar adquirindo produtos a esse preço mínimo. A economia opera sob a *fronteira de possibilidades de produção* (não há desperdício de recursos: não é possível, no curto prazo, aumentar a produção de um bem sem reduzir a de outro).

[2] Um exemplo de barreira à entrada é a diferenciação causada pela reputação das empresas já estabelecidas.

Além de (a) e (b) supracitados, também é necessário que haja livre-circulação da informação entre os agentes econômicos, de forma que estes sejam capazes de tomar a melhor decisão possível sem incorrer em custos de informação (empresas maximizam lucro e consumidores maximizam bem-estar) e há perfeita mobilidade de fatores.

Diante de um grande número de concorrentes, com produtos relativamente homogêneos, baixas barreiras à entrada, dificilmente os produtores conseguirão estabelecer uma política de preços própria. A *estrutura de incentivos* desta situação é a busca da eficiência produtiva por parte das firmas, visto que qualquer excesso de custos reduzirá lucros, pois o produtor individual não é capaz de alterar o nível de preços de mercado.

Estamos assim em uma situação singular: produtores conseguirão os melhores resultados individuais quando direcionarem seus esforços para redução de custos (eficiência produtiva), com aumento da qualidade e desenvolvimentos tecnológicos recorrentes. Ao repassar isso para os preços, conseguirão ampliar com sucesso sua parcela de mercado. Assim, consumidores também se beneficiam desse esforço na direção da busca de eficiência produtiva, o que aumenta o bem-estar da economia.

Na prática, a economia encontra arranjos intermediários, que respondem às imperfeições nas condições citadas acima (barreiras à entrada, homogeneidade de produtos, informação perfeita e plena mobilidade de fatores). Havendo *falhas de mercado*, o mercado por si só não mais garantirá que a economia esteja no mais alto bem-estar possível.

Nessa situação, deve-se buscar arranjos complementares ao mecanismo de mercado para mitigar os efeitos indesejáveis das *falhas de mercado* e aumentar a eficiência econômica e, consequentemente, o nível de bem-estar.

O objetivo deste artigo é introduzir o conceito de *falhas de mercado*, para mostrar como ele é capaz de distanciar o resultado econômico que se verifica em concorrência perfeita, e quais mecanismos podem ser adotados para minimizar seus efeitos aumentando a eficiência.

Para tanto, o texto está organizado em três partes, além desta introdução e das considerações finais. A primeira explora melhor o mecanismo de mercado propriamente dito, evidenciando a interação entre produtores e consumidores e como esse resultado de mercado é afetado diante de uma política do governo.

Na sequência, apresentam-se algumas situações que causam *falhas de mercado*, ilustradas com exemplos práticos e quais os efeitos danosos delas para a economia. Por fim, a terceira parte apresenta rapidamente noções de regulação econômica como forma de apresentar instrumentos comumente utilizados para mitigar as falhas de mercado apresentadas, e em que mercados regulados elas se fazem presentes.

O objetivo principal é explorar como esses mecanismos regulatórios buscam a construção de uma *estrutura de incentivos*, de forma a aproximar o resultado final na presença de falhas de mercado do que se verificaria em concorrência perfeita. O instrumento apresentado em maior detalhe é a regulação tarifária por *price cap* com fator X.

Em conclusão, é possível lançar luz a aspectos relevantes para o entendimento da economia, bem como sua relação com o Direito e o papel do Estado nos resultados finais. Ademais, o equilíbrio de mercado é resultado de reações individuais (de firmas e consumidores) que estão constantemente reagindo às condições de mercado. Estas, por sua vez, resultam da junção de vários aspectos que interagem entre si, tais como: variáveis técnicas (economias de escala[3], economias de escopo[4]), informação (disponibilidade e custo) e ambiente institucional (*regras do jogo*[5]) em que ficam evidentes aspectos afetos à Economia e ao Direito que interagem e conduzem a atuação e dimensão do Estado na sociedade.

2.2 Excedente do produtor e do consumidor: conceitos e avaliação de políticas públicas

O foco deste item é avaliar situações em que o mercado, por si só, não é capaz de atingir um ótimo resultado, o que torna necessária a busca de arranjos complementares. Ou seja, situações em que *os mercados falham*. Antes, porém, é necessário introduzir o mecanismo de mercado propriamente dito, bem como apresentar uma medida que possa ser usada como *proxy* de *bem-estar*. Uma forma de fazer essa mensuração é por meio do cálculo dos *exceden-*

[3] Economias de escala: propriedade pela qual o custo total médio no longo prazo cai, à medida que a quantidade produzida aumenta (MANKIW, 1999, p. 784). Ou seja, o custo unitário decresce com o aumento da produção. Decorre, em geral, da possibilidade de especialização de funções, indivisibilidades tecnológicas e vantagens pecuniárias associadas à aquisição de matérias-primas e financiamentos (FARINA, 2000, p. 43). Na presença de economias de escala, a forma mais eficiente de se produzir pode não comportar vários produtores. A concentração em um único produtor ou em poucos pode ser feita a custos mais baixos do que se a produção for pulverizada.

[4] Economias de escopo: a produção conjunta de dois ou mais bens resulta em custos menores do que quando tais bens são produzidos de forma separada. Essa característica também afeta, portanto, o nível de concentração de um mercado. A economia de escopo decorre, em geral, da presença de insumos compartilhados e explica a existência de firmas multiproduto (FARINA, 2000, p. 47).

[5] Douglass North define *ambiente institucional* como sendo as "regras do jogo". Tais regras podem ser formais e informais como as normas sociais, regulamentações governamentais e o ordenamento jurídico. Para maiores referências, ver: NORTH, Doglass. **Institutions, institutional change and economic performance**. Cambridge: Cambridge University Press, 1994.

tes do consumidor e do produtor, que passamos a desenvolver agora.

Intuitivamente, o excedente do consumidor representa uma medida de satisfação dada pela diferença entre a quantia que o consumidor está disposto a pagar por um bem e quanto de fato ele desembolsa pela mercadoria ou serviço. Trata-se de algo *subjetivo*, pois envolve o valor que o consumidor atribui a um determinado bem ou serviço. Isso é afetado pelas *preferências* do consumidor, por exemplo.

Já o excedente do produtor oferece uma medida de satisfação representada pela diferença entre o preço que o produtor já seria capaz de ofertar o bem e quanto de fato ele cobra pelo bem ou serviço.

O gráfico 1 ilustra essas duas medidas. O eixo vertical representa o preço do bem, enquanto o eixo horizontal, sua respectiva quantidade. A curva "D" representa a demanda e mostra que quanto maior o preço, menor a quantidade demandada[6]. A curva "O" refere-se à oferta e mostra uma relação positiva entre preço e quantidade: quanto maior o preço, maior a quantidade ofertada. O ponto de encontro entre as duas curvas indica uma situação de *equilíbrio*, em que oferta e demanda se igualam.

Dessa forma, todos os consumidores dispostos a pagar ao menos (Po) pelo bem encontram sua oferta no mercado, bem como todos os ofertantes dispostos a oferecer seu produto ao menos pelo preço (Po) conseguem vendê-lo. Portanto, não há excesso tampouco escassez de oferta/demanda.

Com isso, todos os consumidores que compõem o segmento superior da curva de demanda, acima do ponto de cruzamento, conseguem adquirir o bem. Por outro lado, consumidores do segmento inferior ficam fora do mercado, pois estão dispostos a pagar apenas um

---

[6] Cumpre deixar claro, desde já, que este exemplo simples e intuitivo não é uma regra. Há bens cuja demanda aumenta se o seu nível de preço sobe. São os chamados bens de Giffen: um aumento no preço provoca um aumento na quantidade demandada. Para maiores informações, veja: PINDYCK, S. Robert; RUBINFELD, Daniel L. **Microeconomia**. São Paulo: Prentice Hall, 2002, p. 113-115.

preço abaixo do preço de equilíbrio (Po). Os ofertantes que compõem o segmento da curva de oferta anterior ao ponto de cruzamento conseguem oferecer o bem ao preço de equilíbrio. Já os ofertantes do ramo superior precisam de preços mais altos para conseguir oferecer o bem ou serviço ficando, portanto, de fora deste mercado.

O triângulo "A" representa o excedente do consumidor: a diferença entre o preço que os consumidores desse trecho da curva de demanda estão dispostos a pagar pelo bem e quanto de fato eles pagam (Po)[7]. O cálculo da área desse triângulo oferece essa medida de *satisfação* que é o *excedente do consumidor.*

Já a área do triângulo "B" oferece o *excedente do produtor*: representa a *satisfação* auferida pelos produtores desse trecho da curva de oferta, que são capazes de ofertar o bem em questão a preços menores que o Po, mas conseguem obter esse valor (Po) como retorno pela venda do bem ou serviço[8].

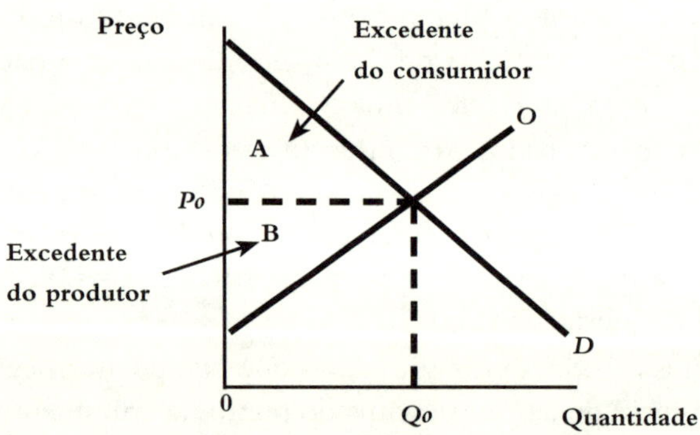

Gráfico 1. Representação dos excedentes.

---

[7] Note que para os consumidores que estão no ponto de intersecção das curvas de oferta e demanda, o excedente do consumidor é zero, pois eles estão pagando pelo bem exatamente aquilo que estão dispostos.

[8] Como no caso dos consumidores, para os produtores que estão exatamente no ponto de intersecção das curvas, o excedente do produtor é zero.

Em conjunto, os excedentes do produtor e do consumidor medem o bem-estar decorrente de um mercado competitivo (PINDYCK; RUBINFELD, 2002, p. 287).

Esse exemplo intuitivo já revela algumas questões importantes: será que todos os bens e serviços podem ser ofertados desta forma, ou seja, ofertantes e demandantes sendo capazes de atingir um ponto de equilíbrio de onde extraem seus excedentes? O que será que pode dificultar tal mecanismo? Como lidar com essas situações?

Antes de se proceder essa investigação, faz-se necessário avaliar qual seria o resultado esperado de uma ação governamental nesse mercado: em primeiro lugar, supõe-se que o governo estipule um preço máximo para o bem que está sendo ofertado, e, após isso, com o intuito de expandir o acesso dessa mercadoria ou serviço, supõe-se que o governo determine um novo preço (Pmax) inferior ao preço de equilíbrio (Po).

Medidas deste tipo não são tão abstratas, incomuns ou remotas quanto possa parecer neste exemplo teórico. Na economia brasileira, por exemplo, a fixação de preços foi um recurso comumente utilizado durante os planos de estabilização econômica que antecederam o Plano Real. Mais recentemente, a Argentina também fez uso de tabelamento de preços com o intuito de conter pressões inflacionárias. Qual o resultado esperado?

De imediato, é intuitivo inferir que os consumidores fiquem mais felizes, pois poderão comprar o bem a um preço menor ainda. Ora, se a definição de excedente do consumidor é justamente a medida dada pela distância entre sua disposição a pagar e o preço efetivamente pago, ao fixar um preço mais baixo, o Governo deixará os consumidores mais felizes (com maiores excedentes). Será?

O gráfico 2 ilustra os efeitos dessa medida. Ao terem de ofertar o produto a um preço mais baixo, alguns produtores deixam o mercado. Assim, a nova quantidade ofertada passa a ser Q_1 (ponto em que a curva de oferta "O" encontra o preço máximo fixado

Pmax). O triângulo "C" representa a perda de excedente dos produtores que saíram do mercado por conta da nova política (não ofertam mais o bem ou serviço, dado que o preço caiu). Essa redução de oferta também diminui o excedente do consumidor, pois agora menos pessoas encontrarão o produto no mercado. Essa perda de excedente do consumidor é dada pela área "B".

Já a área "A" representa uma *transferência* de excedente do produtor para o consumidor. Na situação original, essa área fazia parte do excedente do produtor, pois os ofertantes deste segmento da curva de oferta seriam capazes de ofertar o bem a preços menores, mas conseguiam encontrar demandantes até o preço Po. Agora, os consumidores compram o bem ou serviço não mais ao preço Po, mas sim ao preço Pmax (menor). Sendo assim, esses consumidores que encontram a mercadoria a um preço menor ficam mais felizes que a situação original e os produtores que ainda são capazes de ofertar o bem o fazem a preços menores, reduzindo assim sua satisfação.

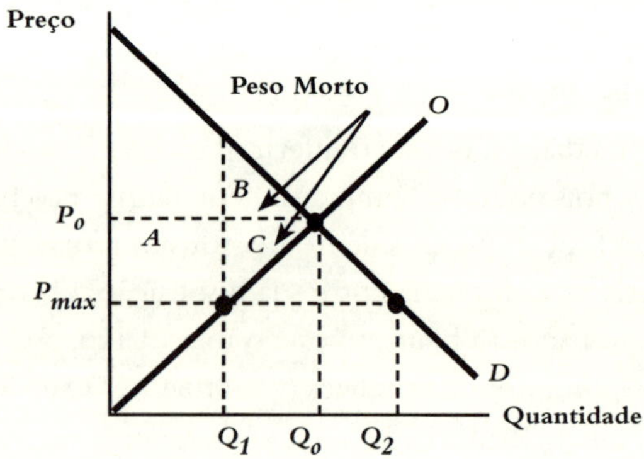

Gráfico 2. Efeito de uma política de fixação de preço máximo.

Como efeito líquido, temos que o ganho dos consumidores é a diferença entre o retângulo "A" (o que ganharam) e o triângulo "B" (o que perderam) e a perda dos produtores é a soma do retângulo "A" e do triângulo "C".

O retângulo "A" é uma perda de bem-estar dos produtores que é transferida aos consumidores. Já os triângulos "B" e "C" representam perdas de bem-estar que não são transferidas nem para produtores, nem para consumidores e nem mesmo para o governo. Mede a perda de satisfação dos consumidores que agora não encontram mais o bem ou serviço no mercado e a perda de satisfação dos produtores que tiveram de deixar de ofertar o bem, por conta da queda de preço.

A soma das áreas "B" e "C" representa o *peso morto*: perda de bem-estar por conta de uma intervenção governamental em um mercado que originalmente estava em equilíbrio.

O efeito líquido para o consumidor dependerá da *elasticidade-preço da demanda*, ou seja, a sensibilidade do consumidor a variações de preços. Se o bem ou serviço em questão não tiver substitutos próximos, por exemplo, o consumidor pode ter uma baixa sensibilidade a preço (demanda inelástica). Isso fará com que a curva de demanda seja mais inclinada que a representada no gráfico 2. Com uma demanda mais elástica a preço, o triângulo "B" (perda de excedente do consumidor) pode ter área superior ao retângulo "A" (transferência de excedente do produtor ao consumidor). Como resultado líquido, o consumidor piorará após a fixação de preços, mesmo estes tendo sido fixados a preços mais baixos que os de equilíbrio.

Essa situação é ilustrada no gráfico 3, em que a curva de demanda mais inclinada indica que, para um mesmo aumento de preço, a queda na quantidade de demanda é menor neste caso do que seria no gráfico 2, ou seja, dada uma variação no preço, a mudança na quantidade demandada é mais modesta, pois o consumidor é menos sensível a preços. Então, com a fixação de um preço abaixo do de equilíbrio, o efeito líquido no bem-estar do consumidor é negativo, pois ele sofre mais com o efeito da queda da produção do que é beneficiado com a redução de preços.

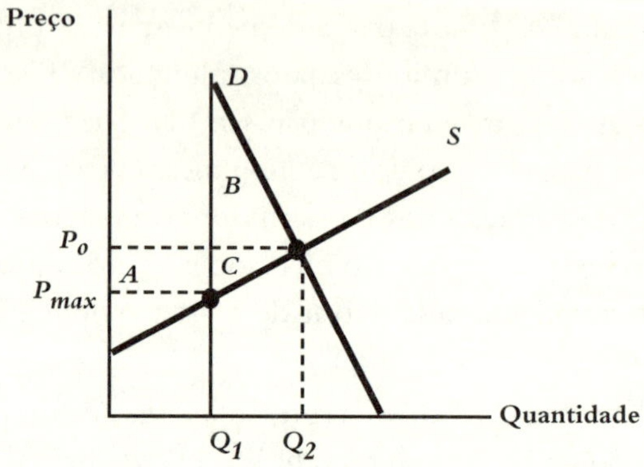

Gráfico 3. Perda de excedente do consumidor.

Voltando ao exemplo prático do congelamento de preços, um dos resultados claros é a escassez de produtos. No Brasil, era comum encontrar produtos apenas com ágio, evidenciando a escassez de oferta. Os consumidores sofriam em filas, além de muitas vezes ficarem privados do consumo de determinados bens. Na Argentina, os recentes apagões energéticos refletem distorções geradas por essa medida: um descompasso entre oferta e demanda. A depender da elasticidade-preço da demanda do consumidor, o efeito líquido da medida pode sim ser negativo.

Se um mercado é capaz de se ajustar de forma autônoma, a intervenção governamental é dispensável e pode, inclusive, gerar distorções e reduzir o nível de bem-estar dos agentes econômicos. Quando os mercados não se ajustam de forma autônoma, mecanismos complementares ao de mercado precisam entrar em funcionamento. Ou seja, por vezes há *falhas de mercado* que impedem que oferta e demanda consigam atingir uma situação de equilíbrio automaticamente. A seguir, apresentamos possíveis fontes de *falhas de mercado*.

2.3 Falhas de mercado

Segundo Sam Peltzman (1989 *apud* FARINA; AZEVEDO; SAES, 1997, p. 119), "a engenhosidade dos economistas assegurou que a lista de fontes potenciais de falhas de mercado nunca se completasse".

Não se pretende aqui, portanto, fazer uma lista exaustiva de falhas de mercado (se é que isso seja possível). Esta seção abordará as mais comumente encontradas: assimetria de informações, externalidades, recursos comuns, bens públicos, e monopólio.

Diante dessas situações, transações mediadas exclusivamente pela variável preço não resultarão em uma *alocação eficiente de recursos*. Ou seja, o resultado final será distinto do obtido em *concorrência perfeita* e a intervenção do Estado, via regulação econômica, ou a busca de contratos mais complexos que aqueles obtidos exclusivamente pelo funcionamento do mecanismo de mercado, serão requeridos para mitigar o efeito das falhas de mercado de forma a aproximar o resultado final daquele obtido em concorrência perfeita.

2.3.1 Assimetria de informação

Quando dois agentes transacionam, o nível de informação disponível a respeito do bem transacionado, bem como o acesso a essa informação entre os agentes são fatores fundamentais para o resultado final: há transação? Há transferência de excedente entre os agentes? Quando uma das partes detém mais informação (quantitativa e/ou qualitativamente) do que outra, o mecanismo de mercado pode não funcionar adequadamente, ou seja, pode ser que vendedores optem por sair do mercado ou que compradores fiquem excessivamente desconfiados sobre a qualidade e as características do bem a ser adquirido e optem por cancelar a compra. Nessa situação em que há uma assimetria de informação entre os agentes, pode ser necessário incluir outros mecanismos e variáveis, além do preço, para que a transação ocorra.

Informações assimétricas são falhas de mercado que podem acarretar dois resultados indesejáveis: *moral hazard* e seleção adversa. No primeiro caso, o problema da assimetria de informação ocorre *após* a transação. No segundo caso, a informação assimétrica está presente *ex ante*. Nos dois casos, o mercado livremente não chegará a uma ótima situação. Pode ser, inclusive, que o produto ou serviço deixe de ser ofertado.

Um exemplo recorrente[9] para ilustrar o problema da seleção adversa diz respeito ao mercado de carros usados. Suponha que há dois tipos de carros: os de alta qualidade (uvas) e os de baixa qualidade (abacaxis). Suponha que os compradores estão dispostos a comprar um carro "uva" por $ 2.500 e um carro "abacaxi" por $ 1.500.

Porém, o consumidor não consegue identificar de forma adequada a qualidade do veículo. Assim, o preço que o comprador está disposto a oferecer por um carro neste mercado depende da probabilidade associada pelo comprador em encontrar um carro "uva" ou um carro "abacaxi". Supondo um comportamento do consumidor diante dessa incerteza (risco), de forma que ele atribua a mesma chance de comprar uma "uva" ou um "abacaxi": nessa situação, o preço que será oferecido a um carro por um comprador nesse mercado será: (0,5) x 2.500 + (0,5) x 1.500 = 2.000.

Supondo, ainda, que os vendedores estejam dispostos a vender um carro "uva" por $ 2.200 e um carro "abacaxi" por $ 1.200, sendo que os vendedores possuem mais informações sobre os veículos que os compradores. Eles sabem o real estado do carro e sabem também classificá-los adequadamente como "uvas" ou "abacaxis". Assim, os vendedores de "uvas" serão incentivados a deixar

---

[9] Para mais referências sobre assimetria de informação, ver AKERLOF, G. A. The market for lemons: quality uncertainty and the market mechanism, **Quarterly Journal of Economics**, Cambridge, v. 84, p. 488-500, 1970.

o mercado, pois o preço oferecido pelos compradores ($ 2.000) é inferior ao preço que os vendedores estão dispostos a oferecer por um carro "uva" ($ 2.200).

A consequência disso é a *seleção adversa*: o carro ruim expulsará o carro bom do mercado. Só serão ofertados carros de baixa qualidade, pois o preço é muito vantajoso para os vendedores de "abacaxis" e muito desvantajoso para os vendedores de "uvas".

O mercado de seguros é outro exemplo comumente utilizado para ilustrar a seleção adversa. Se as companhias de seguros não forem capazes de distinguir minimamente os riscos, os prêmios cobrados poderão ser excessivamente altos de forma que só atrairão perfis de elevado risco. Isso pode, inclusive, inviabilizar a oferta do seguro, que passará a ser um negócio não rentável.

Buscar mais informação ou oferecer mecanismos que não se esgotem no *preço* no ato da transação pode reduzir a seleção adversa. No mercado de carros usados, por exemplo, o uso de *garantias* como algo adicional aos contratos pode sinalizar ao mercado a real qualidade do veículo. Isso reduz, portanto, a assimetria de informação entre as partes e fará com que os consumidores aumentem suas ofertas, pois agora são capazes de atribuir uma probabilidade mais alta para o evento "carro uva".

Assim, um carro "uva" será vendido com algo complementar ao mecanismo de preço: as garantias. Tal mecanismo oferece uma *sinalização*[10] ao mercado capaz de reduzir a assimetria de in-

[10] Uma troca só ocorre se as pessoas percebem que elas conseguirão algo mais valioso do que aquilo que elas estão dando. Para formar tais percepções, os itens a ser trocados têm de ter seus atributos medidos. Algumas medidas são fáceis de obter, outras não. Além disso, essa atividade incorre em custos. Os problemas e os custos de medida afetam significativamente todas as transações econômicas. Erros de medida possuem altos custos para ser eliminados. O valor de um artigo igualmente estimado será diferente se as pessoas gastarem recursos para verificar diferenças. Isso pode alterar o custo do artigo em si e a troca pode permitir transfe-

formação entre compradores e vendedores e desta forma o preço diferenciará os bens no mercado.

Suponha agora que, ao realizar a transação, os agentes tenham o mesmo nível de informação. Porém, *ex post* uma das partes é capaz de ter informação privilegiada, de forma a desviar o resultado final do inicialmente desejado. Neste caso, o resultado será classificado como *moral hazard* ou *risco moral*.

Um exemplo comumente utilizado para ilustrar essa situação diz respeito ao seguro de automóveis. Antes de adquirir um seguro, o proprietário tende a ser muito cuidadoso, tentando evitar ao máximo um sinistro: evita locais perigosos, opta por parar em estacionamentos pagos e não na rua, dirige de forma defensiva, assim como manda a boa prática.

No momento seguinte ao qual adquire o seguro, seu comportamento tende a mudar, pois um sinistro (ou a maior parte dele) agora fica a cargo da seguradora. Isso significa que, sob a ótica da seguradora, o segurado ideal deveria ter o mesmo comportamento de um motorista sem seguro. Na medida em que o segurado sabe mais sobre seu comportamento que a seguradora, o risco moral ocorre justamente porque o motorista acaba tendo incentivos a se comportar de maneira distinta do que a seguradora gostaria.

Por exemplo, o segurado pode pensar que, como já pagou pelo seguro, não vale mais a pena gastar com estacionamento. Há assim um desalinhamento na conduta: aquilo que deixa a segura-

---

rências de renda entre os agentes (excedentes). Aqui, a maximização individual e a maximização conjunta não coincidem. Neste cenário, garantias e reputação do vendedor tornam-se importantes no processo de tomada de preço. Um vendedor que garante seu produto, por exemplo, pode aumentar seu preço não somente pela soma esperada dos custos de reparo, mas pelo prêmio representado pelo custo de o consumidor fazer uma pesquisa *a priori*. BARZEL, Yoram. Measurement cost and the organization of markets. **Journal of Law & Economics**, Chicago, v. 25, issue 1, p. 27-48, 1982.

dora feliz não é o que maximiza o retorno para o segurado. Este, no momento *ex post* à transação, pode passar a ter comportamentos mais arriscados, elevando a chance de um sinistro e, portanto, reduzindo o bem-estar da seguradora. Novamente, como no caso da seleção adversa, a maximização individual e a maximização conjunta não coincidem.

Para atenuar esse efeito, as seguradoras buscam construir uma *estrutura de incentivos*, de forma a alinhar a conduta do segurado com seu interesse. Assim, o segurado passará a agir de forma a maximizar o retorno da seguradora, reduzindo a chance de um sinistro. Descontos na renovação do seguro caso no ano anterior não tenha ocorrido nenhum acidente e descontos em redes de estacionamentos são maneiras que a seguradora encontra de conduzir o segurado a um comportamento menos arriscado.

Isso reduz o risco moral resultante da assimetria de informação *ex post* à transação, pois o segurado passa a ter incentivos para agir da maneira como a seguradora gostaria, mesmo sem que esta tenha meios eficazes de fiscalizar tal conduta por conta da assimetria de informação. A estrutura de incentivos é capaz de fazer com que tanto a seguradora quanto o segurado tenham retornos mais elevados quando se afasta a chance de um sinistro. Com isso, os objetivos ficam alinhados e afasta-se o risco moral. Os resultados da maximização individual aproximam-se dos obtidos na maximização conjunta.

2.3.2 Externalidades

A manifestação de falhas de mercado via externalidades ocorre quando algum fator, resultado da ação de um agente, afeta outros agentes sem que o primeiro o quantifique de forma adequada. De outra forma, o *cálculo privado* para a produção de um determinado bem ou serviço difere do *cálculo social* para a produção desse mesmo bem ou serviço, justamente porque o cálculo privado não leva em consideração todos os efeitos (positivos ou negativos) que tal produção acarreta. Assim, o custo privado, por não considerar adequadamente os componentes que formam o custo social, pode ficar subestimado de forma que a produção do bem ocorra em excesso.

Um exemplo claro de externalidade negativa é a poluição. Ao produzir, as firmas podem não computar o custo da poluição de forma que o custo social fique maior que o custo privado. Assim, a sociedade será penalizada com um nível de poluição elevado.

Como solução, deve-se primeiramente estabelecer os *direitos de propriedade*. Sem isso, não é possível determinar a quem cabe o custo da poluição. A firma tem o direito de produzir da maneira mais competitiva possível, ao menor custo possível, ou a população como um todo tem direito a ar puro?

Se o direito de propriedade for definido em favor da firma, esta continuará adotando a tecnologia disponível, sem grandes incentivos para alterá-la, buscando formas alternativas menos poluentes que implicariam investimentos em pesquisa e desenvolvimento e/ou substituição de equipamentos. Ou, ainda, a compra de filtros que minimizem os efeitos da poluição de forma que o custo da externalidade ficaria por conta da população. Porém, se o direito de propriedade for definido em favor da população, as firmas terão de adotar formas produtivas menos poluentes para reduzir o custo social atrelado à produção do bem ou serviço, mesmo que isso incorra em aumento do custo privado.

No caso de externalidade positiva, a falha de mercado manifesta-se na impossibilidade de apropriação privada do retorno feito a um determinado investimento que, pela falha de mercado, acaba por beneficiar a todos os produtores, mesmo os que não incorreram nos investimentos.

Como resultado, pode-se ter uma situação de subinvestimento. Sem lei de patentes, por exemplo, haverá baixo incentivo para que os produtores dediquem-se à atividade de pesquisa e desenvolvimento para o lançamento de novos produtos, pois tais investimentos poderão beneficiar a todos os produtores, de maneira indiscriminada. Sem uma solução para esse efeito, o resultado final poderá ser um subinvestimento em pesquisa e desenvolvimento.

Na presença de externalidades, não há um mercado organizado capaz de fazer com que o preço da mercadoria reflita adequadamente seu custo. Deve-se criar formas para que as externalidades sejam internalizadas, nos custos do bem ou serviço[11]. A definição de direitos de propriedade (direito a ar puro ou a produzir da forma mais competitiva possível? Direito a usar tecnologia disponível ou direito de ter uma inovação protegida?) é um pré-requisito para isso.

2.3.3 Recursos comuns

Em economia, define-se por recursos comuns os bens não exclusivos e rivais, ou seja, não é possível excluir um consumidor pela capacidade de pagar pelo consumo de um bem ou serviço, mas o consumo de um bem por uma pessoa impede o consumo do mesmo bem por outra.

Os exemplos mais claros e frequentes de bens comuns são os recursos ambientais: não se pode excluir os consumidores, a não ser que sejam definidos direitos de propriedade sobre os bens, mas o consumo de um causa externalidades para outros, como a polui-

[11] O Teorema de Coase, desenvolvido pelo economista Ronald Coase, busca resolver os problemas trazidos na presença de externalidades. Basicamente, segundo o Teorema, se os agentes envolvidos com externalidades puderem negociar (sem custos de transação) a partir de direitos de propriedade bem definidos, poderão chegar a um resultado em que as externalidades serão internalizadas. Para mais detalhes, ver FARINA, E. M. M. Q.; AZEVEDO, Paulo Furquim de; SAES, Maria Sylvia M. **Competitividade**: mercado, Estado e organizações. São Paulo: Singular, 1997; e COASE, R. H. **The Firm, the market, and the law**. Chicago: University of Chicago Press, 1988.

ção ambiental e a extinção de espécies animais pela caça e pesca, por exemplo.

A concessão de direitos de propriedade para bens comuns e a consequente transformação em bem privado podem garantir uma oferta constante deste bem. Sem direito de propriedade, os agentes não têm incentivos em poupar um bem comum e acabam por ser utilizados de forma indiscriminada.

Esse resultado é conhecido como a *tragédia dos bens comuns*: efeito extremo que acontece com os recursos comuns, e com o uso desordenado e competitivo. Neste caso, faltam incentivos para que os indivíduos façam uso socialmente equilibrado dos recursos.

Para mitigar este efeito indesejado, deve-se definir direitos de propriedade que possibilitem, por exemplo, a criação de um mercado ordenado para o recurso comum, evitando seu consumo desenfreado, além da construção de uma estrutura de incentivos em que o melhor resultado para um consumidor particular seja obtido quando este use o recurso comum de forma ordenada.

2.3.4 Bens públicos

Um bem público é definido em economia como sendo um bem *não rival* (o consumo de um bem ou serviço por um indivíduo não impede o consumo do mesmo bem ou serviço por outro) e *não exclusivo* (não é possível excluir um consumidor pela sua capacidade de pagar pelo bem ou serviço)[12].

---

[12] Cumpre esclarecer que nem todos os bens e serviços ofertados diretamente pelo Estado são classificados na Teoria Econômica como bens públicos. Educação, por exemplo, é um bem rival, pois o custo marginal para o fornecimento de educação a um aluno adicional não é zero: os demais estudantes receberão menos atenção à medida que há mais alunos em sala de aula. A educação pública é oferecida por conta das externalidades positivas que gera e não por ser um bem público (PINDYCK; RUBINFELD, 2002, p. 656).

Um claro exemplo é a iluminação pública. Ela serve a vários indivíduos de uma vez (não rival) e não é possível excluir um consumidor, mesmo que ele não esteja em dia com suas obrigações fiscais.

Outra característica é que a inclusão de um consumidor impõe um custo adicional (*custo marginal*) praticamente nulo. Como ofertar e cobrar por esses bens e serviços? Do lado da oferta, além desse efeito de custos marginais praticamente nulos, não se consegue precisar a quantidade consumida individualmente do bem ou serviço. Como efetuar a cobrança?

Não conseguimos dizer qual foi o nosso consumo individual de defesa nacional no último ano. Esse serviço é ofertado a todos, de forma indiscriminada. Os benefícios são usufruídos de forma geral e indivisível, independentemente da vontade individual. Um problema que surge com bens desta natureza é o *efeito carona*, ou seja, individualmente não há incentivos para pagar pelo bem ou serviço, pois este continuará sendo ofertado sem que o indivíduo possa ser excluído do seu consumo.

Com essas características, o mecanismo de mercado falha ao ofertar esses bens. Os seus benefícios são tão amplamente distribuídos que nenhuma firma encontra incentivos para produzi-los e nenhum consumidor individualmente encontra incentivos para comprá-los. Assim, é necessária a atuação do Estado para produzir ou estimular a oferta desses bens e serviços. Pelas suas características, os bens públicos constituem um bom exemplo de externalidades positivas, pois envolvem uma imposição involuntária dos seus benefícios, constituindo, por isso, uma falha de mercado.

2.3.5 Monopólio

A concorrência[13] é a força pela qual os produtores encontram os melhores resultados possíveis quando destinam seus esforços na

---

[13] É relevante neste ponto fazer uma clara distinção entre *concorrência* e *competitividade*. A primeira refere-se a uma característica dos mercados, em que empresas

busca de maior eficiência: produtores buscam ganhos de produtividade que são rapidamente repassados aos produtos para que seja possível aumentar sua parcela de mercado. Assim, a economia encontra dinamismo produtivo (busca de novas tecnologias) e os consumidores conseguem se beneficiar disso (acesso a novos produtos, com preços mais baixos).

Porém, nem sempre as características da produção acomodam vários produtores. Por vezes, a estrutura produtiva mais eficiente implica poucos ou até mesmo um único produtor. Isso ocorre quando há subaditividade de custos (FARINA; AZEVEDO; SAES, 1997, p. 118). Neste caso, o mercado não comporta um grande número de firmas que operam em escala e escopo eficientes. Assim sendo, um grande número de concorrentes não é possível nem desejável, pois implicaria uma situação menos eficiente. Se o número de firmas que minimiza o custo total da indústria é 1 (um), estamos diante de um "monopólio natural" (FARINA; AZEVEDO; SAES, 1997, p. 119).

Estruturas produtivas que necessitam elevados investimentos necessitam produzir e vender grandes quantidades para amortizar os investimentos requeridos. Impor mais produtores pode inviabilizar a produção, pois o retorno pode não ser suficiente para viabilizar os investimentos requeridos. O desafio que se coloca é como fazer com que o consumidor possa se beneficiar do fato de a economia estar operando com eficiência produtiva quando esta é atingida com um número muito restrito de ofertantes.

Um efeito indesejado dessa restrição de ofertantes é a possibilidade de *exercício de poder de mercado* por parte do monopolista, praticando preços elevados e restringindo oferta quando comparado com a situação de concorrência.

---

disputam consumidores. A segunda refere-se a uma característica de uma empresa em particular: sua capacidade de sobreviver ou crescer de forma sustentável (AZEVEDO, 2000, p. 62).

Livremente, a situação de monopólio ocasionará uma transferência de excedente do consumidor para o produtor, além da geração de peso-morto, similar aos exemplos tratados nos gráficos 2 e 3. Quanto menor for a elasticidade-preço da demanda, maior a perda de excedente do consumidor, bem como maior a distância entre o preço praticado pelo monopolista e daquele que seria obtido em concorrência perfeita. Portanto, maior o espaço para o exercício de poder de mercado (restrição de produto e aumento de preço).

Eficiência produtiva, portanto, não implica *equidade*[14]. A equidade, portanto, deve ser a preocupação do Estado para que a economia possa usufruir da *eficiência produtiva*, mas tendo como resultado final uma situação mais equitativa entre produtores e consumidores.

Normalmente, serviços de utilidade pública são monopólios naturais, como o fornecimento de água e eletricidade, por exemplo. No caso da telefonia fixa, deve-se buscar outras formas e promover a concorrência que não por meio da duplicação da estrutura de rede (cabeamento), o que tornaria extremamente custoso e portanto ineficiente a oferta do serviço.

Segundo Milton Friedman (1962, p. 162), "não existe, infelizmente, uma boa solução para o monopólio técnico. Existe apenas uma escolha entre três demônios: o monopólio privado desregulamentado, o monopólio privado regulamentado pelo Estado e a produção estatal" (FRIEDMAN , 1962, p. 162).

A seguir, haverá uma breve discussão sobre aspectos da regulação econômica, buscando identificar formas de mitigar falhas de mercado e, diante de um monopólio natural, como conseguir a eficiência produtiva, mas de forma mais equitativa.

[14] Equidade: distribuição justa da prosperidade econômica entre os membros da sociedade (MANKIW, 1999, p. 784).

2.4 Regulação econômica: princípios e efeitos esperados

De uma maneira simplista, a regulação econômica busca a construção de regras e estruturas de incentivos capazes de mitigar falhas de mercado: emular a situação de concorrência perfeita quando esta não é possível de se estabelecer pelas próprias características do mercado ou do sistema produtivo para o bem em questão.

As falhas de mercado apresentadas anteriormente estão presentes (individualmente ou em conjunto) na maioria dos mercados regulados. A comercialização de alimentos e remédios, por exemplo, carece de regulamentação para reduzir a assimetria de informação entre os agentes.

Situações com assimetria de informação criam o problema da *relação agente-principal*. O bem-estar de um (principal) é afetado pela ação do outro (agente). Como já tratado anteriormente, o resultado da maximização conjunta nesses casos pode diferir da maximização individual, dada a estrutura de incentivos presente. Informações incompletas e custosas dificultam ainda mais a coordenação. No exemplo dado do seguro de automóveis, as seguradoras são o *principal* e os segurados são os *agentes*.

Essa relação "agente-principal" pode ser usada para entender regulação econômica. Os reguladores são os *principais* e os regulados são os *agentes*. Nem sempre o comportamento destes vai na direção de maior eficiência e bem-estar, desejada pelo regulador. Daí a necessidade de construção de uma estrutura de incentivos, de fácil implementação (baixo custo), para alinhar a conduta dos *agentes* (regulados) com o desejo do *principal* (regulador).

São vários os arranjos regulatórios possíveis para alinhar a conduta do regulado na direção de incrementos de eficiência produtiva com maior equidade perante os consumidores. Tais arranjos devem respeitar as especificidades setoriais, bem como as características específicas do mercado em questão. Daí não haver uma receita única para o melhor arranjo regulatório.

Vejamos, por exemplo, o setor elétrico brasileiro. No segmento de geração, a busca pelo resultado idealmente obtido em concorrência ocorre no momento anterior à entrada do agente no setor, por meio dos leilões de energia. Para entrar no mercado de energia, o agente deve ser o vencedor do leilão, cujo critério é o menor preço. Esse preço deverá ser praticado (com as devidas regras de reajuste definidas *ex ante*) durante a execução do contrato.

Dessa forma, é como se a todo instante o agente estivesse sob a influência da concorrência gerada no leilão. O risco de lances elevados (mais distantes da real situação de custo do produtor) é o de ficar fora do mercado. Assim, há incentivos para que o produtor revele sua eficiência em lances mais baixos, aumentando suas chances de sucesso no certame.

No segmento de distribuição de energia, o modelo regulatório adotado é o *price cap* (preço teto) com *fator X*, para o reajuste tarifário. Este é um modelo comumente utilizado para determinação de tarifas em mercados regulados. No Brasil, outros setores também fazem uso de *price cap* com *fator X*, como telefonia fixa e medicamentos.

Vimos que, em concorrência, o produtor encontra os melhores resultados quando destina seus esforços produtivos na busca de incrementos de qualidade e reduções de custo (inovação tecnológica, ganhos de produtividade etc.). E, ainda, há incentivos para o repasse desses ganhos ao consumidor, pois, assim, a sua parcela de mercado aumentará.

Os consumidores ficam satisfeitos com produtos de qualidade, tecnologicamente avançados e preços módicos (alto bem-estar), e os produtores ficam com retornos adequados, suficientes para investir em pesquisa e desenvolvimento na busca de novos ganhos de mercado (eficiência produtiva).

Como conseguir isso nos mercados regulados? É o que busca exatamente o *price cap* com *fator X*: eficiência produtiva e modicidade tarifária.

O regulador elege um indicador de preços para o reajuste tarifário, que em concorrência perfeita seria o "preço de mercado" sob o qual o produtor não tem influência. Ou seja, o produtor é tomador de preço. Aqui, o regulador também é *tomador de preço* ao não conseguir influenciar esse indicador inflacionário.

Tal indicador pode ser um índice geral de preços (atacado ou varejo), ou ainda um índice setorial composto normalmente por uma cesta de índices que reflita mais de perto a evolução dos custos do setor regulado em questão.

Em um mercado em concorrência perfeita, ganhos de eficiência são repassados ao preço do produto. Este é o papel do *fator X* na tarifa. Ou seja, o regulado terá suas tarifas reajustadas de acordo com um índice de preços *descontado de ganhos de produtividade* (reajuste = indicador de inflação – fator X). Isso cria uma estrutura de incentivos para que a empresa regulada busque sempre a eficiência produtiva: se ela ficar abaixo da meta de produtividade estipulada pelo fator X, seus custos cairão menos do que supõe a regra do reajuste tarifário. O que significa que a empresa não conseguirá ter bons resultados, pois seus custos não caíram o suficiente. É o mesmo que acontece quando, em concorrência, uma empresa não consegue seguir as inovações do mercado, quando, por exemplo, seu produto fica caro ou ultrapassado e ela encontra dificuldades. Nessa situação, para manter a sua *competitividade*, a empresa precisa estar buscando constantemente inovações que se traduzam em ganhos de qualidade do produto e/ou redução de custos.

O que acontece, porém, quando a empresa regulada consegue um ganho de produtividade superior ao estipulado no fator X? Neste caso, sua remuneração tarifária poderia ser menor do que o índice de inflação descontado do fator X, visto que seus custos caíram mais, pois seus ganhos de produtividade foram maiores. Assim, o excedente do produtor será mais elevado. É justamente este o incentivo que se espera com o mecanismo de fator X: que as empresas reguladas ultrapassem a meta estipulada pelo regulador e consigam, por um determinado período de tempo, usufruir de ganhos maiores.

Tais ganhos são legítimos à empresa regulada: ela incorreu em custos para conseguir inovações que levem a ganhos de produtividade. O regulador, normalmente, estipula um prazo para a revisão do fator X. Assim, se no momento da revisão tarifária for verificado que os ganhos de produtividade têm sido mais expressivos, a meta é elevada, aumentando assim o desconto na tarifa. Ou seja, aumenta-se a modicidade tarifária: repartição dos ganhos de produtividade entre produtores e consumidores.

Buscar repassar imediatamente a íntegra de ganhos de produtividade para o consumidor não é uma boa solução de longo prazo, pois reduzirá os incentivos dos produtores a buscarem ganhos de produtividade, uma vez que as empresas não conseguirão usufruir dos benefícios. É arriscado, inclusive, que não seja possível à empresa reaver os investimentos feitos para que a produtividade pudesse aumentar.

Daí a relevância do horizonte de tempo do regulador, em que o contrato deve manter-se em equilíbrio ao longo de todo o período. É o caso, por exemplo, dos serviços de utilidade pública, que costumam ter contratos de prazos longos (mais de vinte anos).

Price cap com fator X é um modelo regulatório amplamente utilizado, pois realmente carrega uma estrutura de incentivos poderosa, alinhando a conduta do agente (regulado) ao objetivo do principal (regulador): eficiência produtiva com modicidade tarifária. Além disso, reduz a falha de mercado da assimetria de informação que existe entre regulador e regulado.

Os modelos de *price-cap* com fator X possuem diferenças não apenas no índice de preço utilizado, mas também na forma de apuração da produtividade. Novamente, as especificidades setoriais são muito relevantes na escolha da forma de se apurar produtividade.

Esses modelos também têm o propósito de mitigar a assimetria de informação que existe entre regulador e regulado. É muito difícil inferir caso a caso qual o real ganho de produtividade de uma empresa. Mesmo que haja informações disponíveis, muitas hipóteses são necessárias para os cálculos, o que traz incertezas e imprecisões aos valores.

Para distribuição de energia elétrica, o regulador brasileiro utiliza o método de empresa de referência. De forma simplista, o regulador determina quais seriam os referenciais de custo de uma empresa eficiente e esse passa a ser o modelo que deve ser seguido pela empresa regulada.

Para telefonia fixa, esse modelo não é o mais adequado e tampouco é utilizado. A construção de uma empresa de referência é um processo trabalhoso e demorado. O setor de telecomunicações é muito dinâmico em termos tecnológicos. Portanto, a empresa de referência possivelmente ficaria obsoleta rapidamente não sendo, portanto, um bom parâmetro para as reguladas. O regulador brasileiro adotava até o ano passado o método de índice de produtividade total dos fatores calculado por Fisher (IPTF Fisher) para a determinação do fator X. Desde o ano passado, o método adotado para a determinação do fator X é o índice de produtividade total dos fatores calculado por *Data Envelopment Analysis* – DEA[15].

Nota-se que os aprimoramentos regulatórios são constantes, mas uma meta que deve ser sempre almejada pelos reguladores é a estabilidade regulatória e a transparência. Ela é capaz de conferir um ambiente de negócios de menor risco às empresas, favorecendo, assim, novos investimentos.

Cumpre ressaltar que, por vezes, a própria regulamentação gera impactos negativos que podem, inclusive, reduzir a concor-

[15] Para mais detalhes sobre essas metodologias, ver Contribuição da LCA Consultores à Consulta Pública da ANATEL. *In*: **Norma da metodologia para cálculo do fator de transferência "X", aplicado nos reajustes de tarifas do serviço telefônico fixo comutado, destinado ao uso do público em geral — STFC** n. 17, jun. 2008.

rência. Por exemplo, as regulamentações para o comércio internacional de alimentos podem reduzir a competição ao gerar barreiras não tarifárias.

Além disso, a construção de uma estrutura de incentivos não é tarefa fácil. Portanto, se houver condições para que o mercado possa prover o bem ou serviço em questão com eficiência produtiva, esta deve ser a opção, cabendo ao Estado buscar mecanismos para prover equidade (se esta também não for resultado do mercado).

2.5 Considerações finais

Nem sempre os mercados são capazes de atingir eficiência produtiva e máximo bem-estar. Há várias fontes de falhas de mercado e cada qual exige uma ação distinta como forma de mitigá-la e aprimorar o funcionamento dos mercados.

Por exemplo, a necessidade de definição dos direitos de propriedade para possibilitar a internalização de externalidades e a correta determinação de custos privados quando estes se distanciam dos custos sociais; regras para o uso de recursos comuns e produção de bens e serviços em que o mercado de fato não se mostra capaz de oferecê-los (bens públicos) da forma mais eficiente e equitativa; redução da assimetria de informações para que o preço consiga de fato carregar as informações necessárias para a transação e construção de uma estrutura de incentivos de forma a alinhar as condutas do agente com o objetivo do principal.

A essência da regulação deve ser, do lado da oferta, buscar a construção de um ambiente capaz de premiar condutas que se aproximem do ideal competitivo: a busca de eficiência produtiva. Já do lado do consumidor, deve-se garantir um resultado equitativo, em que os ganhos da eficiência possam ser repartidos entre consumidores e produtores, elevando-se o nível de bem-estar da economia. Um bom arranjo regulatório tem baixo custo de implementação, por lidar bem com a assimetria de informação existente entre regulador e regulado, e apresenta estabilidade e transparência como forma de conferir maior segurança ao ambiente de negócios.

Atingir esses propósitos não é tarefa fácil e impõe constantes desafios à Economia e ao Direito para a construção de um ambiente institucional que confira ao Estado a sua correta dimensão, sobretudo na presença de falhas de mercado, e que dê os corretos incentivos aos agentes econômicos, aproximando ao máximo o resultado da maximização individual daquele obtido com a maximização conjunta.

A complexidade desse exercício está, além da quantidade de variáveis envolvidas, no seu aspecto intertemporal (dinâmico) e interdependente (a cada ação de uma área – Economia *x* Direito – há uma reação da própria área e/ou de outra, conferindo novas ações e novos resultados). Talvez seja justamente esse o ingrediente que torne o estudo desses temas tão fascinante e inesgotável.

REFERÊNCIAS

AKERLOF, G. The market for lemons: quality uncertainty and the market mechanism. **The Quarterly Journal of Economics**, Cambridge, v. 84, p. 488-500, 1970.

BARZEL, Yoram. Measurement cost and the organization of markets. **Journal of Law & Economics**, Chicago, v. 25, issue 1, p. 27-48, 1982.

COASE, R. H. **The firm, the market, and the law**. Chicago: University of Chicago Press, 1988.

FARINA, E. M. M. Q.; AZEVEDO, Paulo Furquim de; SAES, Maria Sylvia M. **Competitividade**: mercado, Estado e organizações. São Paulo: Singular, 1997.

FRIEDMAN, Milton. **Capitalism and freedom**. Chicago: University of Chicago Press, 1962.

MANKIW, N. Gregory. **Introdução à Economia**: princípios de micro e macroeconomia. Rio de Janeiro: Editora Campus, 1999.

NORTH, Doglass. **Institutions, institutional change and economic performance**. Cambridge: Cambridge University Press, 1994.

PELTZMAN, Sam. **The economic theory of regulation after a decade of deregulation**: brooking papers on economic activity. Chicago: University of Chicago Press, número especial, 1989.

PINDYCK, S. Robert; RUBINFELD, Daniel L. **Microeconomia**. São Paulo: Prentice Hall, 2002.

SUTTON, John Sunk. **Costs and market structure**. Cambridge: MIT Press, 1992.

TIROLE, J. **The theory of industrial organization**. Cambridge: MIT Press, 1988.

VISCUSI, W. K.; BERNON, J. M.; HARRINGTONS, J. E. **Economics of regulation and antitrust**. Cambridge: MIT Press.

WILLIAMSON, O. **Economic organization**: firms, markets and policy control. New York: New York University Press, 1986.

ZILBERSZTAJN, Decio; NEVES, Marcos Fava (org.). **Economia e gestão dos negócios agroalimentares**. São Paulo: Pioneira, 2000.

PARTE II – A ENGRENAGEM DA REGULAÇÃO

3 REGULAÇÃO PRÓ-CONCORRENCIAL DE ACESSO A ATIVOS DE INFRAESTRUTURA: REGIME JURÍDICO E ASPECTOS ECONÔMICOS

Paulo L. Casagrande

Professor do programa de educação continuada e especialização em Direito GVlaw; mestre. em Análise Econômica do Direito pelas Universidades de Manchester e Hamburgo; bacharel e doutorando em Direito pela Universidade de São Paulo; ex-coordenador-geral na Secretaria de Direito Econômico do Ministério da Justiça

"Sempre existem dificuldades quando os homens vivem juntos e têm coisas em comum, mas em especial quando têm uma propriedade em comum."

Aristóteles, *Política*

3.1 Introdução

Nas últimas décadas, setores de infraestrutura de diversos países do mundo, inclusive do Brasil, foram submetidos a reformas regulatórias cujo objetivo destacado foi o incremento da competição entre as empresas atuantes em tais indústrias, para, por consequência, incrementar a eficiência no seu funcionamento (PINHEIRO & FUKASAKU, 2000).

O presente artigo analisa um conjunto específico de regras jurídicas contido no arcabouço dessas reformas de caráter liberalizante, a saber, as normas que preveem a obrigação de os proprietários de ativos de infraestrutura oferecerem a terceiros, muitas vezes concorrentes do proprietário, livre acesso ou uso compartilhado desses ativos, sob determinadas condições técnicas e financeiras. Tais normas possuem razoável grau de similitude entre si, não obstante levem em consideração as peculiaridades econômicas dos setores que visam regular.

Neste contexto, este trabalho busca analisar essas normas de diferentes setores a fim de demonstrar seus aspectos em comum, em uma abordagem interdisciplinar entre direito e economia. Para tanto, ele se encontra dividido nas seguintes partes: (i) esta introdução; (ii) uma apresentação breve dos desenvolvimentos históricos que resultaram na implementação de regras de uso compartilhado e livre acesso; (iii) a tensão entre princípios jurídico-constitucionais que informam tais regras regulatórias; (iv) a tensão entre objetivos distintos de política econômica presentes quando da implementação dessas regras; (v) a análise dos mecanismos empregados por regras de livre acesso e compartilhamento compulsório; e (vi) o papel desempenhado pelo direito concorrencial nessas situações. Uma breve conclusão finaliza o trabalho.

3.2 Redes de infraestrutura em setores liberalizados: a importância da regulação de acesso

A importância do instituto do livre acesso decorre de três desenvolvimentos históricos distintos, mas inter-relacionados, ocorridos principalmente na segunda metade do século XX. Em primeiro lugar, inovações tecnológicas em determinados segmentos de setores de infraestrutura permitiram uma diminuição da escala mínima para a exploração economicamente viável dessas atividades. Os exemplos mais importantes desse fenômeno são os setores de telecomunicações e energia elétrica. Novas tecnologias de transmissão de dados e voz permitiram que mais de uma empresa pudesse prestar serviços de telecomunicações. A isso se juntaram crescentes e constantes inovações na área da informática (FARACO, 2001). Já no segundo setor, o desenvolvimento de novos modelos de usinas térmicas, cuja viabilidade financeira era possível a partir de poucos megawatts de capacidade, diminuiu significativamente as barreiras à entrada no segmento de geração de eletricidade (HOCHSTETLER, 1998).

A percepção dessas inovações tecnológicas, por parte da doutrina econômica, foi concomitante e relacionada a alguns desenvolvimentos teóricos dessa disciplina que questionavam de maneira incisiva (i) a identificação imediata e necessária entre o conceito de monopólio natural – principal justificativa para regulação[1] – e tais setores de infraestrutura, predominante à época; e (ii) a necessidade de

[1] Um monopólio natural é habitualmente definido pela teoria econômica como o mercado no qual a demanda é atendida da maneira menos custosa possível à sociedade por uma única empresa. Essa situação verifica-se quando a produção de

regulação de algumas atividades econômicas com características competitivas. Quanto ao primeiro aspecto, estudos de organização industrial sobre os aspectos econômicos desses setores propugnavam que, por conta de tais desenvolvimentos tecnológicos, haveria espaço para que determinados segmentos pudessem ser abertos a maior concorrência (OGUS, 1994, cap. 14; BERRINGER, 2004, cap. 1). Essa "segmentação" entre atividades competitivas e outras que ainda exigiam regulação para lidar com os aspectos de monopólio natural foram aplicadas a outros setores que não haviam passado por transformações tecnológicas tão significativas, como o de petróleo e gás natural, na tentativa de se incrementar sua eficiência. Esses estudos estavam vinculados a outra linha de investigação teórica, de caráter mais profundo, a qual questionava a própria legitimidade do emprego da regulação para lidar com problemas econômicos – a "teoria econômica da regulação" (*economic theory of regulation*) (PELTZMAN, 1989; PRIEST, 1993). A regulação promovida pelo Estado, geralmente justificada pelo "interesse público" em proteger o consumidor do poder econômico das grandes empresas, era empregada, de acordo com tal teoria, justamente para beneficiar tais empresas, garantindo-lhes altas tarifas e barreiras regulamentares à entrada de novos concorrentes. Em vez de represen-

determinado bem apresenta *retornos crescentes de escala*, ou seja, o custo médio para a produção de uma unidade adicional sempre diminui com o aumento do montante produzido. Isso decorre principalmente da existência de altos custos fixos para a produção desse bem, custos esses que são tanto mais bem recuperados quanto maior for o número de unidades do bem vendidas. Levando tal característica em conta, a regulação estatal nesses casos resulta de um dilema de política pública: por um lado, é desejável ter somente uma empresa fornecendo o serviço, já que tal organização é a mais eficiente para tanto; por outro, o fornecedor terá enorme poder de mercado por conta da falta de concorrência. Portanto, os governos decidem por prestar eles mesmos o serviço ou empregar regulação econômica para impedir que as empresas ajam de forma monopolística, de forma que os usuários consumam o serviço sob preços e condições razoáveis (OGUS, 1994, p. 287-8).

tarem ações públicas para resolver "falhas de mercado", as medidas regulatórias eram elas mesmas consideradas "falhas de governo", pois, ao contrário do que alegavam seus defensores, não promoviam a melhoria do bem-estar dos cidadão que visavam proteger.

Nesse contexto de forte crítica acadêmica à intervenção estatal na economia, bastante significativa nos Estados Unidos da década de 70 do século passado, iniciou-se o terceiro fenômeno histórico relevante para a presente discussão: a reforma do Estado, que pode ser entendida como "um processo de redução do tamanho do Estado, envolvendo a delimitação de sua abrangência institucional e a redefinição de seu papel" (PEREIRA, 1997). A estagnação econômica dos anos 1970 e 1980 nos países desenvolvidos deu justificativas para a discussão pública quanto às formas de gestão de políticas econômicas empregadas até então. Ante esse quadro, governos conservadores nos Estados Unidos (Reagan) e Reino Unido (Thatcher) passaram a promover reformas regulatórias de caráter liberalizante, as quais, muitas vezes, incluíam processos de privatização de empresas estatais, com o objetivo de incrementar a eficiência do funcionamento de diversos setores e assim impulsionar a economia estagnada (FIANI, 1997). A partir da década de 1990, também a União Europeia, por meio de uma série de diretivas e regulamentos, buscou liberalizar os setores de infraestrutura de seus países-membros para, além de dar maior dinamismo a esses setores, suportar o programa de integração econômica comunitária (BERRINGER, 2004; GERADIN, 2006). Quanto aos países em desenvolvimento, graves crises fiscais dificultaram sobremaneira a capacidade financeira do Estado para intervir na economia, o que foi empregado como justificativa para a promoção de reformas regulatórias e privatizações (PEREIRA, 1997 e FIANI, 1997).

Como resultado desses três desenvolvimentos, passou-se a organizar os setores de infraestrutura não mais como monólitos verticalmente integrados completamente regulados, mas como indústrias que, ao menos em determinados segmentos, podiam operar na forma de um mercado concorrencial. Reconhecia-se que alguns segmentos (geralmente os compostos pelos elementos de rede) ainda detinham características de monopólio natural: como as redes de transmissão e distribuição de energia elétrica, os dutos de petróleo e gasodutos de gás natural, a rede local de telefonia fixa, os trilhos usados no transporte ferroviário.

Setor	Atividades que geralmente não são competitivas	Atividades que geralmente são competitivas
Gás	Transmissão de gás em alta pressão Distribuição local de gás	Produção de gás Estoque de gás (em alguns países) Atividades de revenda e comercialização de gás
Energia elétrica	Transmissão de eletricidade em alta voltagem Distribuição local de eletricidade	Geração de eletricidade Atividades de revenda e comercialização de eletricidade
Telecomunicações	Enlace local em algumas áreas Terminação de chamadas em outras redes	Serviços de longa distância; serviços móveis; serviços de valor adicionado Serviços de conexão ao enlace local a clientes corporativos de grande tráfego, especialmente em áreas de grande densidade
Serviços postais	Entrega porta a porta de correspondências não urgentes em áreas residenciais	Transporte de correspondências; entrega de correspondências urgentes Entrega de correspondências a clientes corporativos de alto volume, especialmente em áreas de grande densidade
Aviação civil	Acesso a pistas, como *slots* de pousos e decolagens	Operação de aeronaves Manutenção; serviços de comissária
Ferrovias	Infraestrutura de estradas de ferro e de sinalização	Operação de trens Manutenção
Transporte marítimo	Infraestrutura portuária (em algumas cidades)	Serviços de pilotagem; serviços de estivagem

Fonte (OECD, 2002): com modificações.

Quadro 1. Setores que apresentam componentes competitivos e não competitivos.

Consequentemente, embora em tese possível a concorrência entre empresas operantes em determinados segmentos das indústrias, tal concorrência só é factível se essas empresas estiverem interconectadas a uma mesma rede (ou outro ativo de caráter essencial), à qual também se ligam os consumidores dos produtos e serviços por elas produzidos/prestados. É evidente a dependência que tais empresas têm dessa rede, imprescindível e impossível de ser duplicada de forma economicamente viável. Nesse contexto, a liberalização pretendida só pode fazer sentido se a todos for garantido o acesso a essa rede essencial, em condições razoáveis e não discriminatórias. Sem isso, não pode haver relações de mercado. E como o proprietário dessa rede detêm efetivo poder econômico, decorrente da relação de dependência entre a rede e seus usuários, os institutos do livre acesso e do compartilhamento compulsório passaram a ser implementados em praticamente todos os processos de reforma regulatória de setores de infraestrutura.

A inspiração para a adoção de regulação de acesso se deu com base na doutrina das instalações essenciais (*essential facilities doctrine*), teoria jurídica do direito antitruste norte-americano que começou a ser desenvolvida por via jurisprudencial no início do século XX (OECD, 2006; POSSAS, 2008). De acordo com tal doutrina, o detentor de um ativo do qual outras empresas dependam para desenvolver suas respectivas atividades econômicas pode ser obrigado a fornecer a tais empresas o acesso a esse mesmo ativo caso se recuse voluntariamente a fazê-lo. Todavia, não é qualquer tipo de ativo que pode ser classificado como uma *essential facility*. Geralmente, o ativo tem características típicas de monopólio natural[2]: economias de escala significativas e duplicação antieconômica. Além disso, para que haja obrigação de oferta de acesso com base nas regras concorrenciais, quatro condições devem estar presentes: (i) o controle da instalação essencial por um monopolista; (ii) a

[2] Ver nota 1.

impossibilidade de o concorrente duplicar economicamente tal instalação; (iii) a efetiva recusa de acesso praticada pelo monopolista; e (iv) a existência de condições técnicas e econômicas para o fornecimento de acesso a concorrentes (como capacidade excedente, por exemplo) (HOVENKAMP, 2005). Uma vez cumpridos tais requisitos, o acesso a tal ativo pode ser concedido a concorrentes com base no direito concorrencial. Tal doutrina também é aceita na União Europeia e em outros países (JONES SUFRIN, 2004, p. 475; OECD, 2006), bem como no Brasil[3].

Todavia, o caráter reativo das normas de direito concorrencial muitas vezes não é suficiente para se implementar efetiva concorrência em diversos dos setores de infraestrutura. É necessária a atuação mais proativa do Estado para tanto, por meio de regras regulatórias inspiradas na doutrina das *essential facilities*, mas que exijam *ex ante* dos detentores de tais ativos a oferta de acesso a terceiros e que determinem em que condições tal acesso deve se dar (SALOMÃO FILHO, 2002). A depender somente da aplicação do direito concorrencial, a implementação de efetiva concorrência nesses setores corre grande risco de ser ineficaz[4].

3.2.1 Livre acesso e compartilhamento compulsório: finalidades e aspectos específicos

Uma vez apresentados os principais fatores que levaram à adoção das regras de livre acesso e uso compartilhado em diversos

---

[3] *Vide* acórdão do Conselho Administrativo de Defesa Econômica — CADE no Recurso Voluntário n. 08700.001291/2003-29 (Brasil Telecom *vs.* Embratel).

[4] Exemplo bem conhecido da concretização desse risco foi a reforma do setor de telecomunicações na Nova Zelândia, que se fiou somente nas regras gerais de direito concorrencial para incrementar a concorrência no setor. Depois de disputas entre a empresa incumbente e a entrante, que encontrou fortes dificuldades para entrar no mercado, o governo neozelandês decidiu implementar regulação de acesso específica (FARACO, 2005).

setores de infraestrutura, é importante apresentar em maior grau de detalhe as principais características desses institutos. Além disso, deve ser melhor explicitada a diferença entre o conceito de *livre acesso* e o de *uso compartilhado* de redes.

O conceito de *livre acesso* envolve a obrigação de o proprietário de determinado ativo de infraestrutura contratar com terceiros (i) a *conexão* dos equipamentos desses terceiros ao referido ativo e (ii) o *fornecimento de serviços* suportados por tal ativo. Assim, uma empresa de telecomunicações de telefonia local pode ser obrigada a contratar com empresa de telefonia de longa distância a interconexão entre as duas redes e o serviço de comunicação de voz entre o terminal do usuário ligado à rede local até o ponto de interconexão entre as duas redes. Outro exemplo é obrigar o detentor de linha de transmissão elétrica a contratar com gerador de energia elétrica a conexão com a usina geradora e o transporte da energia produzida ao sistema de transmissão. Além das obrigações mencionadas, a regulação pode envolver também os preços pelos quais o acesso e os serviços de transporte devem ser fornecidos, bem como as condições técnicas dos mesmos.

A principal justificativa para as regras de livre acesso foi apresentada acima: o fornecimento de acesso sob condições razoáveis e preestabelecidas a determinada rede ou outro ativo que apresenta aspectos de monopólio natural é condição fundamental para que os agentes atuantes nos segmentos competitivos da indústria possam concorrer entre si e acessar o consumidor final.

Já a obrigação de *uso compartilhado* (ou compartilhamento compulsório) representa restrição ainda maior na liberdade dos agentes econômicos a ela sujeitos, pois implica a oferta compulsória de parte da capacidade operacional da infraestrutura a terceiros, geralmente sob condições técnicas e financeiras definidas pelo regulador. Trata-se de espécie de *aluguel compulsório* de capacidade, cuja principal justificativa é permitir que concorrentes prestem serviços semelhantes aos do detentor do ativo, de forma a lhe impor pressões competitivas e, assim, disciplinar seu poder de mercado sem que tenham de construir infraestrutura concorrente àquela já existente. Tal duplicação de infraestrutura seria excessivamente dispendiosa do ponto de vista social, em virtude da presença de aspectos de monopólio natural. Um exemplo típico do setor de telecomunicações é a obrigação de a empresa de telefonia local alugar parte de sua capacidade das redes que servem os consumidores finais a empresas concorrentes, para que estas também prestem serviços de telefonia local e outros correlatos, como conexão à Internet em banda larga pela tecnologia ADSL. Sem a obrigação de compartilhamento, seria economicamente inviável às empresas concorrentes construírem redes de telecomunicações paralelas à da empresa já estabelecida para alcançar o consumidor final.

Os detalhes sobre como a regulação lida com tais problemas serão indicados no item 3.5 abaixo. Antes de analisar esses aspectos, é importante apresentar o núcleo conceitual de duas discussões bastante presentes quando se trata de regras pró-concorrenciais em setores de infraestrutura: a *tensão jurídica* entre a garantia ao direito de propriedade e as limitações impostas ao exercício desse direito por regras de acesso; e a *tensão econômica* entre incentivos ao investimento privado em infraestrutura e o incremento à concorrência por regras de acesso. A apresentação desses dilemas ajuda a compreender diversos aspectos da regulação de acesso e de compartilhamento apresentados posteriormente.

3.3 A tensão jurídica: livre-concorrência *versus* propriedade privada

É fácil perceber que as regras de livre acesso e compartilhamento apresentadas de forma genérica acima põem em contraposição dois princípios previstos constitucionalmente como informadores da ordem econômica: o da *garantia à propriedade privada* e o da *livre-concorrência*. Isso porque tais regras nada mais são que claras restrições ao direito de propriedade e à correlata liberdade de contrato (GRAU, 2007) do proprietário do ativo ao qual se quer garantir acesso. Desse modo, a compreensão de como esses princípios podem ser sopesados é de fundamental importância para a compreensão do regime jurídico das regras regulatórias sob análise.

3.3.1 Garantia à propriedade privada

O conteúdo da propriedade privada é definido, em princípio, pelas normas civis de direito privado, que, em termos gerais, seguem a fórmula prescrita desde os romanos: ao proprietário é lícito usar, gozar e dispor de forma livre a coisa objeto da propriedade (art. 1.228 do Código Civil). A Constituição da República determina que a propriedade privada é um dos princípios da ordem econômica (art. 170, II), e prescreve em cláusula pétrea que o direito de propriedade é uma das garantias fundamentais invioláveis do cidadão (art. 5º, XXII). A análise do texto constitucional e de decisões do Supremo Tribunal Federal que serão referidas adiante indicam que o núcleo dessa garantia tem dupla natureza: ao Estado não cabe adotar medidas que descaracterizem o direito de propriedade privada ou promovam desapropriação sem justa e prévia indenização ao particular (a não ser em casos excepcionais); e, ao mesmo tempo, deve o Estado impedir que outros particulares restrinjam de maneira injustificada o pleno exercício do direito de propriedade pelo seu titular.

O segundo aspecto da garantia ao direito de propriedade é cumprido pelo Estado com as regras tradicionais de direito privado, criminal e processual que buscam evitar o roubo, o furto e as diversas formas de esbulho possessório[5]. Todavia, é o primeiro as-

[5] "A alegação de ofensa à garantia dominial impõe, para efeito de seu reconhecimento, *a análise prévia da legislação comum*, pertinente à regência normativa do direito de propriedade (...)" (AI 338.090-AgR, Rel. Min. Celso de Mello, j. em 12-3-2002, *DJ*, 12-4-2002); "Ordem pública a se traduzir na tutela dos superiores bens

pecto que mais de perto nos interessa, pois prescreve clara obrigação de *non facere* ao Estado, impondo limites à sua capacidade de criar regras e adotar medidas que restrinjam a propriedade privada. Nesse sentido, só pode o Estado promover a desapropriação de bens particulares mediante justa e prévia indenização, na forma da lei (art. 5º, XXIV)[6]. Além disso, não podem ser criados tributos com efeito de confisco (art. 150, IV). Mas quais são esses limites quando se tratam de restrições à propriedade que buscam incrementar a concorrência em determinada atividade econômica?

3.3.2 Princípio da livre-concorrência como fundamento para regras de livre acesso

Para responder a essa pergunta central à presente análise, é necessário, primeiro, identificar o fundamento constitucional para que o Estado possa editar regras de promoção da concorrência e, a seguir, identificar como isso se compatibiliza com a garantia da propriedade privada.

O teor do princípio da livre-concorrência é bem mais complexo de precisar que o de propriedade privada, já que envolve direitos difusos, e não um direito privado. Para melhor entender o conteúdo desse princípio, é importante destacar uma premissa fundamental da ordem econômica estabelecida pela Constituição de 1988, qual seja, a de que uma economia de mercado, com decisões descentralizadas pelos agentes econômicos, é a melhor forma de organização da economia, e de que ela só pode funcio-

---

jurídicos da incolumidade das pessoas e do *patrimônio*, constituindo-se explícito 'dever do Estado, direito e responsabilidade de todos' (art. 144 da CF/88)". (HC 91.016-SP, Rel. Min. Carlos Britto, j. 13-11-2007, Primeira Turma – grifo nosso).

[6] A exceção à regra da indenização prévia se encontra no art. 184 da Constituição, que prevê a desapropriação-sanção de imóveis rurais pelo não cumprimento da função social da propriedade.

nar de maneira minimamente adequada se houver rivalidade entre os agentes econômicos em seus esforços para disponibilizar e adquirir bens e serviços no mercado[7]. Tal rivalidade só pode acontecer se não for indevidamente impedida pelo Estado (por meio de regras injustificadamente restritivas) ou pelos próprios agentes econômicos, por meio de acordos anticompetitivos entre si (principalmente cartéis) ou práticas abusivas por aqueles que detenham poder econômico.

É essa organização econômica que o princípio da livre-concorrência busca resguardar. Para isso, esse princípio possui tanto um teor de *garantia* (i. e., de limite à ação estatal em relação à esfera privada) quanto de *diretriz* (determinação para prestação positiva do Estado). Quanto à primeira faceta, ela obriga o Estado a *garantir* a livre-concorrência. Assim, ao Estado é defeso impor regras à iniciativa privada que injustificadamente restrinjam sua liberdade de concorrer no mercado. Exemplo claro da aplicação desse princípio é a Súmula n. 646 do Supremo Tribunal Federal, a qual estabelece que "[o]fende o princípio da livre-concorrência lei

[7] Nas palavras de SILVA (2007, p. 788), "a Constituição declara que a ordem econômica é fundada na valorização do trabalho humano e na iniciativa privada. Que significa isso? Em primeiro lugar quer dizer precisamente que a Constuição consagra uma economia de mercado, de natureza capitalista, pois a iniciativa privada é um princípio básico da ordem capitalista. Em segundo lugar, significa que, embora capitalista, a ordem econômica dá prioridade aos valores do trabalho humano sobre todos os demais valores da economia de mercado". Já BASTOS (2000, p. 449-450) leciona nos seguintes termos: "No mundo há dois sistemas fundamentais que disputam o privilégio de ser o adotado na organização da vida econômica. O sistema socialista, calcado na propriedade coletiva dos meios de produção (...); o outro fundado na propriedade privada dos meios de produção, na iniciativa privada e na livre concorrência (...) A nossa ordem econômica pertence a este último modelo".

municipal que impede a instalação de estabelecimentos comerciais do mesmo ramo em determinada área"[8].

Já a *diretriz* constitucional relativa à livre-concorrência determina que o Estado deve implementar regras que impeçam que a livre-concorrência seja injustificadamente restringida por práticas de agentes privados, obrigação esta detalhada no art. 173, § 4º, da Constituição[9]. Tal obrigação é cumprida primordialmente pela implementação das normas de defesa da concorrência, a mais importante delas é a Lei n. 8.884/94, conhecida como Lei de Defesa da Concorrência.

Todavia, tal diretriz também se reveste na autorização ao Estado para que resguarde a livre-concorrência por meio de regras de cunho regulatório, e não somente concorrencial. Dentre os valores que podem ser empregados pelo Estado para informar a

[8] É importante, aqui, apresentar a relação que tal aspecto do princípio da *livre-concorrência* tem com o da *livre iniciativa*. Embora possa haver certa semelhança entre ambos, eles não se confundem. O princípio da livre iniciativa determina que indivíduos podem desenvolver qualquer atividade econômica, cumpridos, quando existentes, requisitos legais específicos (art. 170, § 1º). Esses requisitos, por sua vez, não podem ser desarrazoados a ponto de subtrair completamente a liberdade de iniciativa e tornar inócua a garantia constitucional: "Assim, a faculdade atribuída ao Estado de criar normas de intervenção estatal na economia (...) não autoriza a violação ao princípio da livre iniciativa, fundamento da República (art. 1º) e da Ordem Econômica (art. 170, *caput*)". (Voto, Ministro Carlos Velloso (Relator), Recurso Extraordinário n. 422.491-2-DF, Segunda Turma, j. 6-12-2005; *DJ* 24-3-2006). No caso da súmula apresentada, há certa relação entre tal garantia com a da livre-concorrência: ao Estado é defeso tanto restringir injustificadamente que o particular acesse e desenvolva determinada atividade econômica (garantia da livre iniciativa) quanto agentes econômicos atuantes em determinada atividade econômica concorram entre si (garantia da livre-concorrência).

[9] Constituição, art. 173, § 4º: "A lei reprimirá o abuso do poder econômico que vise à dominação dos mercados, à eliminação da concorrência e ao aumento arbitrário dos lucros".

edição de normas regulatórias, o incremento da concorrência é certamente candidato privilegiado, ante a presunção de que o mercado concorrencial é a melhor forma de organização da economia. Desse modo, as regras de acesso e compartilhamento compulsórios de redes de infraestrutura possuem respaldo constitucional no princípio da livre-concorrência. O Estado, no exercício de sua função de "agente normativo e regulador da atividade econômica" (CF, art. 174, *caput*), pode promover maior rivalidade entre tais agentes por meio de regras pró-concorrenciais, com base no princípio da livre-concorrência[10].

Não obstante, tais normas não podem implicar desrespeito à garantia do direito de propriedade. Este é um limite importante para as mesmas. Neste momento, demonstrado o fundamento das regras regulatórias pró-concorrenciais, é necessário voltar à análise da garantia ao direito de propriedade para que se possa entender as hipóteses em que podem ser "encaixadas" às regras de livre acesso e compartilhamento compulsório.

3.3.3 Função social da propriedade dos bens de produção

O principal elemento normativo a permitir restrições à propriedade para o incremento da concorrência é o *princípio da*

[10] "RECURSO EXTRAORDINÁRIO. FARMÁCIA. FIXAÇÃO DE HORÁRIO DE FUNCIONAMENTO. ASSUNTO DE INTERESSE LOCAL. A fixação de horário de funcionamento para o comércio dentro da área municipal pode ser feita por lei local, visando o interesse do consumidor *e evitando a dominação do mercado por oligopólio*. Precedentes. Recurso extraordinário não conhecido." (Recurso Extraordinário n. 189170-SP, Rel. Min. Marco Aurélio, j. 1º-2-2001, Segunda Turma). Embora a medida possa ser questionada quanto aos possíveis impactos econômicos (afinal, pode-se estar protegendo grupo de empresas locais que agem coordenadamente, em vez de permitir a entrada de nova empresa que queira prestar serviços fora dos horários acordados), não parece restar dúvida de que o STF entende que regras de caráter regulatório que buscam promover a concorrência, de forma a beneficiar o consumidor, são constitucionais.

função social da propriedade (SALOMÃO FILHO, 2001). Em ambos os dispositivos prescrevendo garantias à propriedade privada (arts. 5º e 170), há a determinação de que a propriedade deve cumprir sua função social. Todavia, em virtude do caráter distinto dessas duas garantias – a do art. 5º e a do art. 170, II –, o conteúdo da função social a ser cumprida em cada caso é diferente.

Isso porque a Constituição prevê regras distintas para diferentes formas de propriedade privada, a *individual* e a *de bens de produção*. A previsão do art. 5º, XXII, refere-se à primeira, por se tratar de expressão da individualidade, ao passo que o art. 170, II, da CF trata precipuamente da propriedade privada de *bens de produção* (GRAU, 2007, p. 231), condição fundamental para o sistema capitalista de produção. Ambas são importantes para o bom funcionamento de uma economia de mercado, mas é por conta da segunda modalidade de propriedade privada que há decisões *descentralizadas* quanto às questões fundamentais em qualquer economia ("o que", "como" e "para quem produzir"), em vez de planificação econômica geral e central.

Levando isso em consideração, bem como a importância social do segundo tipo de bem, a função social da propriedade de bens de produção possui maior densidade que aquela aplicável à propriedade individual. No caso da propriedade individual, basta que o bem seja usado de maneira não abusiva, sem interferir no direito alheio e, quando for o caso, cumprindo com condicionantes pontuais de ordem pública. Já a aplicação do princípio da função social da propriedade aplicável aos bens de produção permite maior intervenção na propriedade, de acordo com Grau (2007, p. 245 – grifo no original):

> O que mais releva enfatizar, entretanto, é o fato de que o princípio da *função social da propriedade* impõe ao proprietário – ou a quem detém o poder de controle, na empresa – o dever de exercê-lo em benefício de outrem e não, apenas, de não o exercer em prejuízo de outrem. Isso significa que a *função social da propriedade* atua como

fonte da imposição de comportamentos positivos – prestação de fazer, portanto, e não, meramente, de *não fazer* – ao detentor do poder de defluir da propriedade.

Desse modo, embora as regras de livre acesso e de compartilhamento compulsório afetem de forma direta liberdades intrínsecas ao direito de propriedade, tais regras possuem como fundamento a conformação da propriedade de bens de produção à sua função social. No caso de certos ativos de infraestrutura, a legislação de regência pode, portanto, determinar que a função social a ser por eles cumprida compreenda o suporte ao desenvolvimento de um mercado competitivo em determinado setor, com base no princípio da livre-concorrência[11].

Por outro lado, o princípio da função social da propriedade *pressupõe* essa propriedade mesma. Assim, as normas regulatórias que imponham a obrigação de compartilhamento e acesso não podem afetar o direito de propriedade a ponto de desfigurá-lo. Há um limite a ser respeitado com base na garantia à propriedade privada. Uma analogia útil pode ser feita com a figura da "limitação administrativa", caracterizada como forma de restrição ao direito de propriedade imposto por norma abstrata, geralmente baseada no poder de polícia do Estado[12]. Exemplos claros são restrições à liberdade de construir impostas por regras de planejamento urbano. Quando tal limitação administrativa à propriedade privada possui o claro efeito de retirar do proprietário a utilidade prática do bem

[11] No caso do setor de telecomunicações, essa previsão é explícita: "III — o direito de propriedade sobre as redes é condicionado pelo dever de cumprimento de sua função social." (Lei n. 9.472, de 16 de julho de 1997).

[12] Segundo DI PIETRO (2000, p. 126), "[a]s limitações podem, portanto, ser definidas como medidas de caráter geral, impostas com fundamento no poder de polícia do Estado, gerando para os proprietários obrigações positivas ou negativas, com o fim de condicionar o exercício do direito de propriedade ao bem-estar social".

afetado, equipara-se tal limitação à desapropriação, obrigando o Estado a indenizar o particular em montante equivalente à totalidade do valor do bem. Por outro lado, se isso não ocorrer, deve o particular suportar o ônus da limitação sem direito a indenização[13].

A análise acima demonstra que, embora haja evidente tensão entre a regulação pró-concorrencial de acesso, de um lado, e a garantia do direito de propriedade privada, de outro, o direito compatibiliza tais elementos por meio do princípio da função social da propriedade. Mediante essa análise sistemática das normas constitucionais, é possível verificar que as regras de caráter pró-concorrencial podem, sim, conviver com a garantia à propriedade privada, de forma a que esta não seja alegada para frustrar iniciativas de reforma e, ao mesmo tempo, não seja eliminada por esse mesmo tipo de reforma.

3.4 A tensão econômica: incremento da concorrência *versus* incentivo a investimentos privados

De nada adiantará a fundamentação jurídica de regras regulatórias de livre acesso e compartilhamento compulsório pela compatibilização de princípios aparentemente contraditórios se os incentivos dados aos agentes econômicos não forem suficientes para concretizar os objetivos visados por essas regras mesmas. E para compreender a dinâmica desses incentivos, é necessário explicitar

---

[13] "Se a restrição ao direito de construir advinda da limitação administrativa causa aniquilamento da propriedade privada, resulta, em favor do proprietário, o direito à indenização. Todavia, o direito de edificar é relativo, dado que condicionado à função social da propriedade. Se as restrições decorrentes da limitação administrativa preexistiam à aquisição do terreno, assim já do conhecimento dos adquirentes, não podem estes, com base em tais restrições, pedir indenização ao poder público." (Recurso Extraordinário n. 140.436-SP, Rel. Min. Carlos Velloso, j. 25-5-1999, Segunda Turma, *DJ*, 6-8-1999.

um conflito fundamental com o qual devem lidar: de um lado, o estímulo a investimentos privados em ativos de infraestrutura, extremamente necessário em países em desenvolvimento que não disponham de (ou não desejam empregar) recursos orçamentários para a expansão desses ativos; e, de outro, o uso compartilhado desse mesmo tipo de ativo que as regras pró-concorrenciais sob análise implicam.

Esse conflito tem por causa duas características econômicas extremamente importantes de investimentos em ativos de infraestrutura. A primeira é a *especificidade de ativo* (*asset specificity*), que pode ser definida como a impossibilidade econômica de determinado investimento ser empregado para outros usos ou ser transportado para ser usado em outro local (WILLIAMSON, 1985, cap. 1). Exemplo disso é um gasoduto, que não pode ser empregado em outra finalidade que não o transporte de gás natural, e, uma vez construído, modificar sua localização é economicamente inviável. De igual maneira pode ser dito de redes de transmissão e distribuição de energia elétrica, redes de telefonia local, ou mesmo outros ativos que não integrem uma rede, como portos marítimos e aeroportos, por exemplo. Já a segunda característica a ser destacada é o *longo tempo de amortização* desse tipo de investimento, já que a construção de ativos de infraestrutura geralmente envolve grande quantidade de recursos que não podem ser recuperados em poucos anos.

A importância de tais características para relações econômicas é destacada pela assim chamada "Economia dos Custos de Transação – ECT" (*Transaction Costs Economics*), escola do pensamento econômico que fornece instrumental analítico bastante útil na compreensão dos motivos pelos quais regras pró-concorrenciais podem restringir incentivos para investimentos privados em infraestrutura. Quando investimentos caracterizados por especificidade de ativos e longo tempo de amortização estão presentes, duas variáveis distintas, mas inter-relacionadas, afetam diretamente a decisão de investir: a *incerteza* e a possibilidade de *comportamento oportu-*

nista de outras partes contratantes[14]. É intuitivo entender a importância dessas variáveis. Quanto maior o grau de incerteza em relação a fatores econômicos futuros (nível de demanda, preços dos insumos, riscos políticos etc.), menor o incentivo de promover esse tipo de investimento – afinal, por que afundar capital em investimento cujo retorno, que necessariamente se dará a longo prazo, é muito incerto e, consequentemente, arriscado? A mesma relação inversa se dá quando uma das partes da relação econômica tiver condições de agir de maneira oportunista após os investimentos terem sido feitos. O governo, por exemplo, pode alterar a forma de cálculo das tarifas, diminuindo-as para obter maior aprovação dos usuários/eleitores[15]; concorrentes ou outros agentes do mercado podem buscar se utilizar da infraestrutura sem arcar com os custos fixos de construção e manutenção da mesma.

Regras de caráter pró-concorrencial afetam ambas as variáveis. O incremento da concorrência em um setor econômico na-

[14] De acordo com a teoria econômica — particularmente aquela associada à ECT —, o oportunismo é característica marcante da ação humana nas relações sociais e se caracteriza como a busca do interesse próprio com fraude. "More generally, opportunism refers to the incomplete or distorted disclosure of information, especially to calculated efforts to mislead, distort, disguise, obfuscate, or otherwise confuse." (WILLIAMSON, 1985, p. 47). Em tradução livre: "Mais genericamente, o oportunismo se refere à apresentação incompleta ou distorcida de informações, especialmente a esforços calculados para enganar, distorcer, fingir, ofuscar ou de outro modo confundir". Como a possibilidade desse tipo de comportamento sempre existe entre partes de um contrato, é necessário criar mecanismos para lidar com esse problema, pois, de outro modo, tais contratos não serão celebrados. Uma importante contribuição da ECT para a análise jurídica é explicitar como regras jurídicas são estabelecidas (ou podem ser aprimoradas) para lidar com comportamentos oportunistas de agentes econômicos e outros atores sociais (ZILBERSTAJN *et al.*, 2002).

[15] Ver SPILLER (1996), que ressalta a importância de regras regulatórias estáveis para promover investimentos em setores de infraestrutura.

turalmente aumenta o grau de incerteza relacionado a investimentos nesse mesmo setor. Fatores fundamentais para cálculo de investimentos como demanda e preço futuros são muito mais incertos em um ambiente concorrencial que em um setor em que há monopólio legal ou exclusividade, por exemplo[16].

Quanto à outra variável, tanto a edição mesma de regras pró-concorrenciais pode caracterizar-se como comportamento oportunista por parte do órgão regulador quanto as faculdades por elas outorgadas a concorrentes, clientes ou fornecedores podem permitir aos mesmos agir de maneira oportunista. Assim, determinada atividade pode ser outorgada a particular sob condição de exclusividade, mas, após a inversão em ativos de infraestrutura, tal condição é cancelada pelo governo e a novos agentes é permitido atuar no mercado, com a garantia de livre acesso aos ativos construídos pelo até então monopolista. Os novos concorrentes, por sua vez, certamente não têm incentivos para pagar por todos os custos incorridos na construção da nova infraestrutura, e, respaldados na garantia do livre acesso (ou do compartilhamento compulsório), podem querer pagar somente os custos variáveis associados ao

[16] Essa é a principal justificativa para o caráter de *exclusividade* muitas vezes associado a concessões de serviço público: o operador do serviço tem maior garantia do retorno de seu investimento por ser fornecedor único em determinada região, submetendo-se, todavia, à regulação tarifária para que não abuse de seu poder de mercado. O princípio do equilíbrio econômico-financeiro do contrato de concessão, associado à política tarifária, possui a mesma justificativa econômica de diminuição do grau de incerteza para incentivar investimentos. Não obstante, essa mesma segurança pode levar a distorções, nomeadamente ao investimento excessivo em ativos de infraestrutura, com o objetivo de tão somente aumentar os lucros da empresa regulada, sem que a prestação do serviço requeira. Esse fenômeno é conhecido na teoria econômica como efeito "Averch-Johnson" (AVERCH; JOHNSON, 1962); ver também BREYER (1982, cap. 2); OGUS (1994, p. 307-309).

fornecimento de acesso, sem contribuição para os expressivos custos fixos necessários à manutenção da infraestrutura[17]. Por conseguinte, os usuários do serviço optarão por contratar com os concorrentes – que, com menores custos, podem apresentar tarifas mais baixas – em vez da empresa líder, que perderá faturamento, mas manterá seus custos com a implantação da infraestrutura. Trata-se de claro exemplo do problema do "carona" (*free riding*), bastante discutido na literatura econômica e que pode representar justificativa para adoção de medidas que restrinjam a concorrência (VALLETTI; ESTACHE, 1999). Por fim, é possível que, ao visar incrementar a concorrência por meio de custos de entrada menores, regras regulatórias diminuam o valor pago ao detentor da instalação essencial a tal nível que suas receitas se tornem insuficientes para cobrir todo o investimento feito na implementação da infraestrutura, o que diminui incentivos para futuras inversões.

É crucial neste ponto destacar a intrínseca relação entre o conflito econômico e o conflito jurídico exposto acima. Do ponto de vista da doutrina econômica, o direito de propriedade é visto como um conjunto de faculdades outorgadas a indivíduos para agir em relação a um bem, cuja configuração influencia o seu comportamento em relação aos outros indivíduos, em particular nas relações econômicas[18]. Em uma perspectiva mais específica,

---

[17] Ver nota 1 sobre monopólio natural.

[18] Um artigo seminal sobre a análise econômica do direito de propriedade é o de DEMSETZ (1967). Levantamento sobre alguns dos principais artigos a discutir a teoria econômica nessa área pode ser encontrada em FURUBOTN & PEJOVICH (1972). Este cita Alchian, que afirma que "in the essence, economics is the study of property rights over scarce resouces...the allocation of scarce resources in a society is the assignment of rights to uses of resources...the question of economics, or of how prices should be determined, is the question of how property rights should be defined and exchanged, and on what terms". Em tradução livre: "na essência, a economia é o estudo dos direitos de propriedade sobre recursos escassos... a alocação de recursos escassos em uma sociedade é a outorga de direitos

pode-se afirmar que uma das principais características do direito de propriedade é outorgar ao proprietário o benefício financeiro residual da exploração do bem (que, de maneira simplificada, é o lucro ou o prejuízo decorrente de tal exploração, para o qual o fator risco é fundamental)[19]. Ora, regras de caráter pró-concorrencial, mesmo que devidamente justificadas pelo princípio da função social da propriedade, impactam essas faculdades e, consequentemente, afetam os incentivos de atuais ou futuros proprietários de ativos com características de *essential facilities* em setores regulados. Dependendo de como tais regras forem impostas, elas podem de tal maneira prejudicar o resultado financeiro residual decorrente do direito de propriedade que proprietários (atuais e, principalmente, futuros) não buscarão mais investir nesse tipo de ativo.

Fica claro, portanto, que o incremento da concorrência pode representar dilema importante para políticas públicas relacionadas a setores de infraestrutura: por um lado, o aumento da concorrência pode permitir maior grau de dinamismo no funcionamento do setor e maiores alternativas para o consumidor; por outro, tal concorrência pode impedir novos investimentos em infraestrutura, o que, em países em desenvolvimento, é particularmente importante. É relevante deixar claro que esse dilema existe, e deve ser levado em conta, mas, assim como o de natureza jurídica, ele não é intransponível. Há diversos exemplos de regras de caráter pró-concorrencial que podem não impactar de maneira negativa incentivos

para o uso de recursos... a questão da economia, ou de como os preços devem ser determinados, é a questão de como os direitos de propriedade devem ser definidos e comercializados, e em que termos."

[19] GROSSMAN & HART (1986) apresentam a importância dessas características para se compreender os incentivos de empresas distintas quando da estipulação de contratos que envolvem investimentos com características de especificidade de ativos, bem como das vantagens e desvantagens entre esse cenário e a integração (concentração econômica) entre ambas as empresas.

a investimentos ou até mesmo fazer com que as empresas se sintam pressionadas a expandir suas infraestruturas para competir melhor. Isso depende das peculiaridades econômicas do setor em consideração e da situação específica, mas, em diversas situações, regras bem elaboradas podem lidar bem com o dilema, o qual, não obstante, estará presente.

3.5 Mecanismos de regulação de acesso

> *"É claramente melhor que a propriedade seja privada, mas o uso dela deve ser comum; e a tarefa do legislador é criar nos homens essa disposição benevolente."*
> Aristóteles, *Política*

Uma vez delineados a importância e os antecedentes da regulação de acesso a redes de infraestrutura, seus aspectos gerais e principais preocupações concorrenciais, bem como os dilemas fundamentais de caráter jurídico e econômico que tais regras apresentam, é necessário mostrar os detalhes dos principais mecanismos empregados por esse tipo de regulação. Por um lado, buscar-se-á apresentar essas regras em maior grau de detalhe, precisando as preocupações concorrenciais subjacentes e demonstrando as tensões jurídicas e econômicas há pouco explicadas. Por outro lado, a análise ainda se dará em nível de certa generalidade, pois se quer fornecer instrumental analítico que permita compreender as regras existentes em diferentes subsistemas normativos setoriais, sem que as peculiaridades aplicáveis a um setor desnecessariamente dificultem o entendimento das regras de outro.

Neste momento, é apropriado distinguir melhor os problemas a serem enfrentados pela regulação em virtude da presença ou não de empresas verticalmente integradas (i. e., que atuam em dois ou mais segmentos relacionados à jusante ou a montante na mesma cadeia produtiva de determinado bem ou serviço). Quando o ativo do qual dependem outros agentes econômicos é detido por empresa que não é verticalmente integrada, o principal problema a lidar é como controlar o poder de mercado por ela detido na oferta do acesso a tal ativo. O principal incentivo que tal empresa possui é o de abusar de sua posição monopolista, cobrando preços supracompetitivos pelo acesso. Logo, as regras regulatórias têm por objetivo lidar com esse incentivo principal, geralmente por meio de regulação tarifária, tanto para oferta de acesso quanto para compartilhamento de elementos de infraestrutura[20].

Já em situações em que a empresa detentora do ativo essencial é verticalmente integrada, atuando também em segmentos competitivos, seus incentivos são bem mais complexos, haja vista possuir interesse em maximizar seus lucros por meio da atuação concomitante em dois ou mais mercados relacionados verticalmente, sendo que em ao menos um deles ela possui efetivo poder de mercado por deter uma instalação essencial. Desse modo, várias são as possibilidades que tal empresa possui para abusar de sua posição dominante em relação ao acesso à instalação essencial:

a) *recusa de contratar*, de forma a impedir a concorrentes o acesso à infraestrutura de caráter essencial e, assim, garantir o poder de mercado também no segmento competitivo;
b) *discriminação*, por meio da oferta de condições privilegiadas a uma coligada em detrimento de concorrentes à jusante ou à montante no mercado, de forma a aumentar o custo desses rivais em relação à empresa do mesmo grupo empresarial (prática conhecida como "estrangulamento econômico" ou *price squeeze*);
c) *subsídio cruzado*, em que o monopolista beneficia-se de receitas obtidas de maneira mais segura no segmento monopolizado (por meio de tarifas reguladas) para dimi-

[20] Ver nota 1.

nuir o preço dos serviços oferecidos em concorrência com outros agentes;

d) *venda casada,* em que se exige de concorrentes que adquiram serviços ou produtos além do necessário, apenas para lhes aumentar os custos de operação e, assim, impor-lhes desvantagem competitiva.

Fica evidente que a empresa monopolista possui tanto os *meios* quanto os *incentivos* para criar diversas restrições a outras empresas e, assim, minar o objetivo de política pública de se incrementar a concorrência em um determinado setor. Em vista de tais incentivos, as regras regulatórias e a respectiva fiscalização de sua aplicação devem ser bem mais complexas para lidar com essa gama de hipóteses e de fato criar condições para o incremento da concorrência em determinado setor. Além de controlar o preço de oferta (obrigatória), devem ser tomadas precauções para evitar práticas discriminatórias ou subsídios cruzados entre atividades reguladas e competitivas, bem como impedir a imposição de vendas casadas[21].

3.5.1 Regulação de acesso na ausência de integração vertical do monopolista

O principal problema para a regulação de acesso a ativos de infraestrutura controlados por empresas não verticalizadas é o típi-

---

[21] A decisão de permitir ou não que tal empresa seja verticalmente integrada não será analisada em detalhe aqui; ela será considerada como um dado. Há vantagens e desvantagens em uma estrutura verticalmente integrada. A principal vantagem é que tal estrutura pode implicar importantes eficiências na prestação do serviço, diante de *economias de escopo* resultantes da integração entre os segmentos monopolizados e concorrenciais. Por outro lado, tal integração dificulta sobremaneira a regulação de acesso (POSSAS, 2008), como será demonstrado no item 5.2 abaixo. Os custos resultantes das dificuldades de implementação de regulação de acesso em virtude da existência de empresa monopolista verticalmente integrada é fator importante a ser levado em consideração quando da reforma regulatória de determinado setor.

co dilema na definição de tarifas para serviços prestados em regime de monopólio natural: qual o preço eficiente a ser definido, de forma a impedir o abuso da posição dominante do monopolista e ao mesmo tempo cobrir de maneira apropriada os custos fixos incorridos na construção do ativo?

Um exemplo bastante simples para entender essa situação advém do setor aéreo brasileiro. A prestação de serviço de transporte aéreo de passageiros ou cargas depende, basicamente, de duas atividades: o transporte aéreo em si, pelas companhias aéreas (TAM, Gol, Azul, OceanAir etc.), e o fornecimento de infraestrutura aeroportuária, sendo a Empresa Brasileira de Infraestrutura Aeroportuária – INFRAERO, empresa pública federal, a principal desse setor no Brasil[22]. Cada aeroporto é um ativo com fortes características de monopólio natural, já que, em regra, cada cidade possui apenas um aeroporto e as companhias aéreas não têm outra opção que não usar os serviços daquele aeroporto se quiserem atender determinada localidade ou região. Desse modo, a INFRAERO (ou outra operadora aeroportuária, como é o caso dos aeroportos de Porto Seguro/BA e Maringá/PR) possui efetivo poder de mercado, e, portanto, tem condições de cobrar preços supracompetitivos para maximizar seus lucros. Levando isso em conta, a regulação do setor aéreo prevê que a Agência Nacional de Aviação Civil – ANAC, órgão regulador setorial, possui competência para "estabelecer o regime tarifário da exploração da infraestrutura aeroportuária" (Lei n. 11.182, de 27-9-2005, art. 8º, XXV). Não obstante, a INFRAERO não tem incentivos econômicos para cobrar desta ou daquela empresa aérea preços mais baixos ou mais altos que das outras, ou impedir que uma delas tenha acesso ao aeroporto, já que não explora serviços de transporte aéreo em concorrência com tais empresas nem é associada a uma delas em particular. Portanto, esse

[22] Há também o controle de tráfego aéreo, de responsabilidade do Comando da Aeronáutica, mas que não será tratado aqui.

tipo de discriminação não precisa ser ponto de preocupação da ANAC quando da definição das tarifas aeroportuárias[23].

Nesse contexto, a principal questão para o regulador é definir uma tarifa de acesso eficiente, que deve cobrir os custos com o investimento, incentivar novos investimentos (se necessários) e, por outro lado, tornar a tarifa a mais baixa possível para facilitar que as empresas usuárias desse serviço – no caso em tela, as companhias aéreas –, concorrendo entre si, possam cobrar preços finais menores, permitindo que mais pessoas adquiram tais serviços e, possivelmente, mais empresas consigam entrar nesse mercado. Além disso, deve garantir-se que tais tarifas não sejam definidas de maneira discriminatória, de forma a beneficiar injustificadamente uma determinada empresa ou grupo de empresas. Ambas as tensões indicadas acima se fazem presentes: resguardar a *propriedade* (investimentos realizados) ao mesmo tempo que o ativo cumpra sua *função social* atendendo ao máximo de pessoas possível, por meio de incentivo à concorrência (não discriminação e preços os mais baixos possíveis), o qual, no entanto, deve também incentivar novos investimentos, principalmente se o acesso a esse ativo for restrito em virtude de falta de capacidade.

Há vários mecanismos tarifários desenvolvidos pela teoria econômica e prática regulatória para tanto: tarifação pelo *custo do serviço*, em que a tarifa é definida com base em valor destinado a custear os investimentos e os custos variáveis de operação adicionada de montante para remuneração do concessionário, o que constituirá sua margem de lucro; *preço teto* (ou *price cap*), no qual o

---

[23] A Política Nacional de Aviação Civil — PNAC, aprovada pelo Decreto n. 6.780, de 18 de fevereiro de 2009, prevê que o Governo federal buscará "promover a participação da iniciativa privada na construção, operação e exploração de aeroportos, no todo ou em partes" (item 3.6.a). Caso tais concessões sejam adquiridas por empresas aéreas — que já demonstraram interesse em administrar aeroportos —, a ANAC passará a ter de lidar com os possíveis problemas de discriminação.

valor é fixado (com alguma relação com o custo), e prevê-se que os reajustes anuais das tarifas praticadas pela concessionária dar-se-ão com base em um índice geral de preços (e não aos custos específicos da empresa regulada) e, em revisões periódicas, serão verificados os ganhos de eficiência da concessionária durante o período de forma a que sejam repassados ao consumidor; dentre outros[24]. Não cabe aqui detalhar cada um deles; o que se quer explicitar são as considerações de política pública subjacentes a tais mecanismos, importantes para a compreensão dos detalhes de sua implementação.

Por outro lado, outros aspectos – além do preço – podem ter impacto concorrencial importante e devem ser levados em consideração pelo órgão regulador, principalmente quando o acesso a um determinado ativo de infraestrutura é *congestionado*: àquele determinado nível de preços, a demanda por acesso excede a capacidade do ativo para tanto. Caso não haja concorrência plena no segmento competitivo (por se caracterizar como um oligopólio, por exemplo), as regras de acesso a esse ativo congestionado podem

causar importantes distorções concorrenciais, aumentando, por exemplo, o poder de mercado de agente que já o detenha de forma significativa. Nesses casos, os reguladores buscam criar mecanismos para que o acesso a esse ativo congestionado se dê de maneira *não discriminatória*, geralmente adotando uma de duas abordagens possíveis para a alocação pró-concorrencial de direitos de acesso a esse ativo escasso: mecanismos de *mercado* (p. ex. leilões) ou mecanismos *administrativos* (por alocação pelo regulador) (OECD, 2006).

Ainda no setor aéreo, no qual, na maioria das vezes, a concorrência entre as companhias aéreas tem caráter oligopólico, há o exemplo da alocação de horários para pousos e decolagens (conhecidas como *slots*). Por questões de segurança operacional, os aeroportos só podem permitir um número limitado de pousos e deco-

[24] Para uma análise detalhada desses mecanismos, ver PIRES & PICCININI (1998) e VALLETTI & ESTACHE (1999).

lagens no período de uma hora. Há alguns aeroportos brasileiros nos quais, em determinadas horas do dia, a demanda por *slots* é maior do que a capacidade para atendê-la – sendo o principal exemplo o de Congonhas, na cidade de São Paulo. A fim de lidar com essa situação, a ANAC aprovou a Resolução n. 2, de 3 de julho de 2006, a qual estabelece mecanismo de alocação *administrativa,* de caráter pró-concorrencial, composta por um sistema de *rodízio* que busca facilitar a entrada de novas empresas aéreas nesses aeroportos[25]. Todavia, em outros países há iniciativas para que essa mesma questão seja resolvida por meio de mecanismos de *mercado*, fazendo um leilão para venda de *slots*, os quais seriam adquiridos pelas empresas interessadas a pagar o maior preço pelo mesmo, ou permitindo que

[25] À época da finalização deste artigo, a ANAC travava verdadeira batalha judicial para redistribuir *slots* em Congonhas com base em sua Resolução n. 2/2006. A agência planejou sessão pública de sorteio de *slots* tanto em fins de semana quanto em dias úteis, estes mais demandados por empresas aéreas. Tais *slots* em dias úteis eram originalmente operados pela empresa Pantanal, que em 2008 passou por processo de recuperação judicial e, por conta das dificuldades financeiras, não atingiu a frequencia operacional necessária para mantê-los, nos termos da Resolução n. 2/2006. A Agência decidiu então redistribuí-los, junto com outros disponíveis aos fins de semana, no início de 2010, com o objetivo de permitir a entrada de novas empresas nesse aeroporto. Todavia, a Pantanal foi adquirida em dezembro de 2009 pela TAM, a maior empresa aérea brasileira, e com base no argumento de que passaria a ter condições de operar tais *slots*, entrou com ação judicial para impedir a sessão de sorteio. De acordo com anúncio para imprensa no *site* da ANAC, "[p]ara garantir os direitos de todas as empresas interessadas, a ANAC pretende distribuir em uma única sessão os 355 *slots* disponíveis: 40 durante a semana — o período mais requisitado pelas empresas e passageiros em Congonhas —, 173 aos sábados e 142 aos domingos. Todos os 40 horários durante a semana estavam alocados para a Pantanal e agora estão na disputa judicial. A distribuição dos *slots* somente dos finais de semana prejudicaria as escolhas dos voos pelos competidores, por isso a ANAC decidiu aguardar a decisão do STJ sobre o caso" (ANAC, 2010). Esse exemplo deixa evidente como o acesso a determinado ativo congestionado pode ter fortes implicações concorrenciais.

sejam negociados entre companhias aéreas mediante compra e venda[26-27].

Vê-se, portanto, que as principais questões a ser levadas em consideração para se definir regras de livre acesso a ativos de infraestrutura controlados por empresas não verticalizadas é a definição do *preço de acesso* e, em caso de ativos congestionados, da *forma de distribuição de direitos de acesso*, os quais devem ser estabelecidos de maneira não discriminatória para não criar distorções artificiais de concorrência no segmento da indústria que dependa do acesso àquele ativo e, ao mesmo tempo, prover incentivos para investimentos na expansão da capacidade do ativo, se necessários.

3.5.2 Regulação de acesso na presença de integração vertical do monopolista

O processo de reforma regulatória/privatização dos principais setores de infraestrutura no Brasil permitiu a manutenção de empresas atuantes simultaneamente em segmentos competitivos e monopolizados (PIRES & PICCININI, 1999). Este é caso de setores como telecomunicações (PIRES, 1999; POSSAS, 2008), petróleo e gás natural (TAVARES et al., 2003), transporte ferroviário

[26] Ver, por exemplo, documento recente da Comissão Europeia a respeito do tema, sobre a possibilidade de os Estados-Membros permitirem esse tipo de abordagem (EUROPEAN COMMISSION, 2008).

[27] Um sucedâneo a essas abordagens pode ser, também, aumentar o preço de acesso ao aeroporto para esses horários, ou, havendo outros aeroportos que poderiam servir de alternativa para o aeroporto congestionado, aumentar as tarifas de seu acesso para incentivar as empresas a procurarem por outro aeródromo. Trata-se de medidas também previstas no PNAC (ver nota 23), o qual determina que o governo deverá "propor medidas que permitam a utilização eficiente da infraestrutura aeroportuária, tais como diferenciação tarifária entre os diversos aeroportos ou em um mesmo aeroporto nos horários de maior demanda" (item 3.6.a).

(LIMA & PASIN, 1999) e, em menor grau, energia elétrica (CASAGRANDE, 2003). Como comentado acima, a regulação tem agora de lidar com um problema muito mais complexo: o da discriminação nas condições de acesso ao ativo por parte do monopolista, que tem tanto *incentivos* quanto os *meios* para praticar atos discriminatórios com vistas a excluir seus concorrentes no segmento competitivo da indústria. Nesse caso, não basta controlar preços supracompetitivos para acesso ao ativo monopolizado; é necessário ativamente impedir práticas de fechamento do mercado pelo agente dominante, tais como estrangulamento econômico, recusa de contratar, subsídios cruzados e venda casada. As tensões jurídicas e econômicas apresentadas na primeira parte do trabalho fazem-se ainda mais presentes, com a camada adicional de complexidade que são os incentivos para práticas exclusionárias por parte da empresa dominante.

Quando o ativo essencial é detido por empresa verticalizada, a distinção entre livre acesso e acesso compartilhado torna-se relevante, pois são nesses setores que esta última obrigação é geralmente imposta pela empresa dominante. Assim, este tópico será dividido de acordo com a forma de regulação de acesso analisada. Como se buscará demonstrar, ambas são semelhantes em diversos aspectos, mas o compartilhamento compulsório, por se caracterizar intervenção mais profunda no direito de propriedade, é geralmente empregado em situações em que a mera garantia de livre acesso não é suficiente para assegurar a entrada de novas empresas em condições razoáveis. A fim de ilustrar alguns dos pontos apresentados, exemplos do setor de telecomunicações serão utilizados.

3.5.2.1 Livre acesso

Vários são os aspectos a que se deve atentar o regulador quando da definição das características do livre acesso em setores cuja empresa dominante é verticalmente integrada: a quais elementos do ativo essencial é que se dará a garantia de livre acesso? Qual o *preço* a ser cobrado? E se a firma dominante resolver discriminar concorrentes por meio da piora na *qualidade* do acesso? Essas questões devem ser respondidas porque a firma monopolista tem diversas alternativas para implementar estratégias discriminatórias contra empresas entrantes. Por outro lado, regras muito permissivas podem diminuir incentivos a investimentos em nova infraestrutura e facilitar a entrada de empresas ineficientes.

3.5.2.1.1 Amplitude do acesso

O primeiro aspecto a ser analisado é a *amplitude* do livre acesso. É difícil fazer considerações genéricas a respeito desse elemento de regras de livre acesso porque essa avaliação é extremamente dependente das peculiaridades técnicas e econômicas de cada setor. Se se trata de um ativo na forma de uma rede, é necessário identificar quais elementos de tais redes e em que medida deverão ser ofertados às empresas entrantes. Se não – tal como portos, aeroportos, terminais de transporte de produtos –, é importante verificar quais serviços devem ser oferecidos ou qual a capacidade deve ser alocada para as outras empresas. Quando se tratar de ativo congestionado, considerações semelhantes àquelas indicadas no item 3.5.1 acima deverão ser feitas, com o complicador de que o detentor do ativo tem fortes incentivos para discriminar concorrentes. De todo modo, esse aspecto pode ser crucial em determinados setores para que efetiva concorrência prevista na reforma regulatória seja implementada. Se a amplitude desse acesso não for suficiente para a entrada de empresas eficientes, o objetivo de incremento de rivalidade no setor não será concretizado. Por outro lado, se a amplitude de tal acesso for exagerada, a intervenção no direito de propriedade – e, consequentemente, nas características financeiras da exploração desse ativo – impactará de maneira negativa os incentivos para novos investimentos ou mesmo a recuperação dos investimentos já feitos.

Exemplo desse tipo de preocupação pode ser observado na regulação do setor de telecomunicações. Nele, todas as redes dos diferentes prestadores devem estar interligadas entre si, de forma a permitir a comunicação entre os usuários de diferentes redes. Isso se dá por meio da *interconexão*, mecanismo de livre acesso, o qual a Lei Geral de Telecomunicações (Lei n. 9.472, de 1997) determina ser *obrigatório* entre as redes das diferentes operadoras (arts. 145 a 153), em condições livremente pactuadas entre as empresas. Não obstante, para garantir que haja condições técnicas para a interconexão, o Regulamento Geral de Interconexão[28] prevê que não basta que uma empresa ofereça um ponto de interconexão para outra; é necessário que outros elementos, tais como espaço físico, energia elétrica e outros equipamentos estejam disponíveis no local, de forma a viabilizar tecnicamente a interconexão (arts. 32 a 37).

A principal exceção à regra de liberdade contratual fica por conta do acesso às redes de telefonia local, que possui características de *essential facility*[29]. Como as concessionárias locais de telefonia

[28] Resolução ANATEL n. 410, de 11 de julho de 2005.

[29] "*While the description of the local configuration of the public switched network must constantly be adjusted to reflect technological change, the key point that we will emphasize is that* some elements of the local network, such as the link close to customer premises, are essentially a fixed cost, and that because they are crucial parts of the network, law makers and regulators have been preoccupied with the access of all telecommunications actors to these elements." (LAFFONT & TIROLE, 2000, p. 12 — grifo no original). Em tradução livre: "*Enquanto a descrição da configuração local da rede pública de telefonia comutada deve ser constantemente ajustada para refletir mudanças tecnológicas, o ponto central que nós vamos destacar é que* alguns elementos da rede local, tais como a conexão próxima aos domicílios dos clientes, são essencialmente um custo fixo, e que por serem parte crucial da rede, os legisladores e reguladores têm se preocupado com o acesso a esses elementos por todos os atores do setor de telecomunicações".

fixa[30] detêm poder de mercado frente às operadoras de outros serviços de telecomunicações (telefonia de longa distância, telefonia móvel, acesso à Internet em banda larga etc.), a ANATEL regula condições de preço e outros aspectos da interconexão às redes locais[31]. O poder de mercado das concessionárias de telefonia local é fator marcante do setor de telecomunicações e sua identificação permite compreender melhor os outros exemplos a ser apresentados abaixo.

---

[30] Convém, aqui, expor simplificadamente os regimes para a prestação de serviços de telecomunicações previstos pela LGT. Esta classificou esses serviços com base em dois critérios: (i) do interesse a que servem; e (ii) do regime de prestação. Pelo critério do interesse a que servem, os serviços podem ser classificados como sendo de *interesse restrito* ou de *interesse coletivo*, conforme a abrangência da sua prestação. Pelo critério do regime de prestação a que estão submetidos, os serviços podem ser prestados no *regime público* e no *regime privado*. A diferença entre os dois está na maior imposição de encargos e controles aos prestadores de serviços de telecomunicações no regime público, como cumprimento de metas de universalização do serviço, controle de tarifas e reversibilidade de bens à União, devendo ser sempre prestados sob concessão ou permissão (a última somente aplicável em casos excepcionais). Além disso, a prestação e continuidade desses serviços é garantida pelo Governo federal. Atualmente, o único serviço sob este regime é o de telefonia fixa prestado pelas empresas privatizadas sucessoras do Sistema Telebrás. Desse modo, essas operadoras possuem contrato de concessão com a Anatel. Já os serviços prestados no regime privado são pautados nos princípios relacionados à livre iniciativa. Os preços são livremente estipulados pela prestadora, a qual não possui obrigação de universalização dos serviços e os presta por meio de autorização por tempo indeterminado (MARQUES NETO, 2000). As concessionárias locais de STFC são as empresas Telefônica (estado de São Paulo); e Oi/Brasil Telecom (regiões Centro-Oeste, Nordeste, Norte e Sudeste — exceto São Paulo). A Embratel, embora também seja concessionária de STFC, herdou as redes de serviços de longa distância, o que faz com que não tenha expressiva rede local.

[31] A principal norma a reger esse aspecto é o regulamento de remuneração pelo uso de redes de prestadoras do Serviço Telefônico Fixo Comutado — STFC, aprovado pela Resolução n. 458, de 8 de fevereiro de 2007.

3.5.2.1.2 Preço de acesso

Em segundo lugar, o *preço* de acesso deve ser definido. Trata-se do aspecto mais importante da regulação de acesso: se for muito alto, dificultará a entrada de novas empresas que podem competir com o monopolista verticalmente integrado; se for muito baixo, poderá não cobrir todas as despesas com a construção do ativo e incentivará a entrada de muitas empresas, provavelmente menos eficientes que a empresa já estabelecida.

A primeira alternativa em relação ao preço de acesso é deixá-lo livre, para que as partes o negociem. Há alguns casos em que essa política pode ser apropriada, mas trata-se de situação rara, ainda mais envolvendo empresas verticalmente integradas, já que os incentivos para que prejudiquem seus clientes de acesso são, em regra, muito fortes. Assim, a definição do preço de acesso por ente regulador é geralmente a opção de política regulatória mais adequada.

Há vários modelos econômicos empregados para a definição da tarifa de acesso nesses casos. Fala-se em métodos Ramsey, ECPR, preço teto, dentre outros. A análise dos detalhes econômicos de cada uma dessas fórmulas não convém a este trabalho de caráter preponderantemente jurídico[32]. O que se pode, no entanto, destacar é que, para a boa avaliação de cada um deles, uma informação é de fundamental importância: os *custos* incorridos pela empresa monopolista para o provimento daquele serviço, tais como custos fixos de instalação e manutenção do ativo, custos variáveis, custos de oportunidade quando da prestação de acesso a terceiros etc.

A importância da identificação desses custos decorre de dois problemas. O primeiro é o conflito econômico apresentado no início deste trabalho: o custo é elemento fundamental da equação

[32] Detalhes sobre tais modelos podem ser encontrados em (ARMSTRONG, 2002). A análise do desenvolvimento da precificação de acesso no setor de telecomunicações brasileiro está em (MATTOS, 2005).

financeira feita pelo proprietário para calcular seu residual (lucro), atual e futuro. Como demonstrado acima, essa questão está intimamente relacionada ao conflito entre livre-concorrência e direito de propriedade, já que o custo incorrido pelo proprietário do ativo para sua construção e manutenção é fator essencial para a quantificação do valor do objeto desse direito.

O segundo, ainda mais importante, é que a escolha quanto à alocação desses custos dentre as diversas atividades desenvolvidas pela empresa verticalmente integrada pode permitir a esta implementar estratégias exclusionárias eficazes, tais como estrangulamento econômico ou preços predatórios por meio de subsídios cruzados. Não é dificil identificar exemplos desse tipo de estratégia. Se a regra regulatória determina, por exemplo, que o preço de acesso a uma rede vai ser uma forma de *cost plus*, a firma monopolista pode alocar maior parte dos seus custos sob o serviço regulado e, assim, inflar as tarifas de acesso, o que dificulta a entrada de novas empresas. Também é possível associar tal prática com subsídio cruzado, em que as rendas mais seguras advindas das tarifas de cobrança de acesso são empregadas para sustentar as atividades no segmento competitivo, no qual se cobra preços artificialmente mais baixos que seus concorrentes já que estes não têm acesso a essa outra fonte de recursos.

Resta evidente que a correta quantificação dos custos associados à prestação dos serviços pela empresa dominante é de fundamental importância para se definir o preço de acesso apropriado. No entanto, os reguladores sofrem de forte *assimetria de informação*[33]

[33] Em economia, assimetria de informação entre duas partes envolvidas em determinada transação ou relacionamento econômico refere-se à situação em que uma das partes detém informação que, se fosse de conhecimento da outra parte, faria com que esta mudasse seu comportamento. Sobre a assimetria de informação de reguladores em relação às empresas reguladas, ver VISCUSI *et al*, 2005.

em relação às empresas reguladas, já que lhes é muito difícil averiguar como os custos são alocados na contabilidade da empresa.

Em virtude dessa assimetria informacional pró-regulados, os reguladores geralmente exigem das firmas monopolistas medidas para aumentar a transparência de sua contabilidade, a fim de que tais custos possam ser mais realisticamente avaliados. Assim, há normas que podem exigir a completa *separação contábil* entre atividades competitivas e monopolistas desenvolvidas pela empresa. Pode-se também exigir que tais atividades sejam exploradas por pessoas jurídicas distintas (o que por vezes é chamado de *separação estrutural* ou *societária*), o que dificulta ainda mais a prática de subsídios cruzados entre atividades reguladas e não reguladas.

Mais uma vez, o setor de telecomunicações fornece exemplo interessante desse tipo de discussão. Recentemente, em virtude da reformulação de diversas normas do setor, discutiu-se a possibilidade de se exigir que as concessionárias de telefonia local constituíssem pessoa jurídica específica para explorar esse serviço[34]. No Brasil, as concessionárias de telefonia fixa local são verticalmente integradas – i. e., prestam tanto telefonia local quanto outros serviços em concorrência com outras empresas usuárias da rede local. Com base nesse fato, e nas dificuldades de implementar-se efetiva concorrência em alguns segmentos do setor de telecomunicações (OECD, 2008), a ANATEL cogitou obrigar as concessionárias de telefonia fixa local a se organizar como sociedades de propósito específico, a qual, não obstante, poderia ser coligada a outras sociedades que explorassem outros serviços em concorrência com as demais empresas. A *rationale* para tal medida seria facilitar a fiscalização da agência na oferta a terceiros de acesso à rede local, em comparação com o atual quadro de separação contábil[35]. No en-

[34] Consulta Pública n. 23, de 13 de junho de 2008, cujo objeto foi a revisão do Plano Geral de Outorgas, aprovado pelo Decreto n. 2.534, de 2 de abril de 1998.

[35] Cf. Resolução n. 396, de 31 de março de 2005, que aprova o Regulamento de Separação e Alocação de Contas — RSAC.

tanto, estudo específico encomendado pela agência apontou que as eventuais vantagens com tal medida deveriam ser sopesadas com desvantagens dela decorrentes, tais como aumento de custo tributário, diminuição das possíveis economias decorrentes da operação conjunta de diversos serviços e ausência de exemplos relevantes na experiência internacional[36] Além disso, concessionárias locais se opuseram fortemente à proposta, que, a seu ver, seria desnecessária ante a já existente separação contábil entre serviços e o impacto que tal medida teria no equilíbrio econômico-financeiro da concessão[37]. Ao final, a separação estrutural aventada pela ANATEL não foi implementada[38].

Mesmo que se criem mecanismos eficazes para diminuir a assimetria de informação a níveis aceitáveis, há ainda um último problema no que se refere à quantificação dos custos a ser levados em consideração para a definição do preço de acesso: seriam considerados os custos *históricos* incorridos para a construção do ativo, devidamente corrigidos pela inflação, ou seriam os custos *futuros* os quais a empresa dominante despenderia para a criação de infraestrutura semelhante à ofertada aos concorrentes? Dependendo do caso concreto trata-se de questão extremamente importante, pois, em diversas situações, o custo histórico é significativamente maior que o custo de duplicar a infraestrutura, em virtude de desenvolvimentos tecnológicos e de variação do valor dos insumos empregados. Por um lado, a definição do preço de acesso com base nos custos futuros (também chamado de custo incremental de longo

[36] Centro de Gestão e Estudos Estratégicos, 2008.

[37] Ver *Gazeta Mercantil* (2008), e contribuição da Associação Brasileira das Operadoras do Serviço Telefônico Fixo Comutado — ABRAFIX e da Brasil Telecom à Consulta Pública n. 23/2008, disponível no sítio eletrônico da ANATEL (<www.anatel.gov.br>).

[38] *Vide* Decreto n. 6.654, de 20 de novembro de 2008, que aprovou o novo Plano Geral de Outorgas.

prazo) é atraente, pois força o monopolista a somente investir em tecnologias avançadas de menor custo para expandir a rede e impede que entrantes paguem o custo de decisões passadas que podem ter sido ineficientes e, consequentemente, excessivamente custosas[39]. Por outro lado, essas decisões podem ter sido tomadas em época em que a regulação garantia o retorno do investimento por meio da exploração exclusiva do bem, em que se não previa o novo regime de concorrência com novas empresas[40].

3.5.2.1.3 Qualidade de acesso

Mas a definição desses dois importantes aspectos não bastam, pois o detentor da instalação essencial ainda pode prejudicar a empresa entrante por meio de outros elementos do acesso, notadamente a *qualidade*. Caso o controle dessa variável não esteja presente, estratégia discriminatória racional é cumprir com os preços estabelecidos mas afetar a atuação dos concorrentes por meio de piora na qualidade do acesso, impedindo que tenham condições de atuar de maneira apropriada no segmento aberto à competição com o monopolista.

Também neste caso o setor de telecomunicações pode fornecer um exemplo útil. O Regulamento Geral de Interconexão possui regras específicas sobre os padrões de qualidade nas interconexões, os quais "devem permitir o cumprimento das metas de

---

[39] Tais decisoes podem ter sido tomadas em época de forte regulação em que a empresa monopolista tenha investido em ativos fixos mais do que o necessário em virtude do efeito Averch-Johnson (ver nota 16);

[40] Nesse caso, fala-se da necessidade de se recuperarem os "custos de transição" (*stranded costs*). Para mais informações sobre essa discussão — que evidentemente tem forte conexão com a tensão jurídica tratada no item 3 deste trabalho —, ver VALLETTI & ESTACHE, 1999 e ROSE-ACKERMAN & ROSSI, 2000.

qualidade estabelecidas na regulamentação [dos serviços]"[41] (art. 18). Além disso, prevê que "em cada Ponto de Interconexão deve ser assegurada disponibilidade operacional mensal superior a 99,8%, sendo esta definida como a relação entre o tempo em que o sistema apresenta características técnicas e operacionais especificadas e o tempo total considerado" (art. 30).

3.5.2.2 Compartilhamento compulsório

Em algumas situações, a mera garantia de livre acesso não é suficiente para que um grau mínimo de concorrência desejável em determinado setor se instale. É necessária intervenção mais incisiva, o que obriga o detentor de infraestrutura essencial a ofertar parte da *capacidade* do ativo a concorrentes, de modo a garantir que estes tenham condições de atuar no mercado e, assim, impor maior pressão competitiva sobre a empresa dominante.

A necessidade de se implementar regras de compartilhamento compulsório depende muito das características técnicas e econômicas do setor, bem como do grau de concorrência que se pretende implementar. Em algumas situações, é praticamente impossível estabelecer concorrência sem o compartilhamento de infraestrutura. Exemplo disso é o setor ferroviário: como é em regra ineficiente ter dois trilhos paralelos ligando duas localidades, a maneira mais simples para implementar concorrência nesse setor é permitir que empresas possam prestar serviços de transporte de cargas ou passageiros pela passagem de seu material rodante (locomotivas, vagões) sobre os trilhos da empresa dominante. Seria complicado haver efetiva concorrência nesse setor se as novas em-

---

[41] Diversos dos serviços regulados pela ANATEL possuem Planos Gerais de Metas de Qualidade — PGMQ, tais como os serviços de telefonia fixa, móvel e de televisão por assinatura.

presas só pudessem ofertar serviços de transporte que fossem operados em sua quase totalidade pelo próprio operador dominante.

Já em outras situações, embora seja possível prestar serviços concorrentes apenas com o livre acesso, o regulador pode entender necessário empregar regras de compartilhamento compulsório para incrementar a concorrência. Esse tipo de medida mais incisiva tende a ser empregada em situações em que a empresa dominante é verticalmente integrada, onde os problemas para implementação da concorrência são evidentes, como demonstrado acima.

Não obstante serem mecanismos distintos, as questões a ser enfrentadas para implementar compartilhamento compulsório são bastante semelhantes às de livre acesso. É necessário identificar a extensão do compartilhamento, seu grau de desagregação (para que a empresa entrante não seja obrigada a compartilhar ativos de que não necessita para prestar seu serviço), os detalhes técnicos de funcionamento e, acima de tudo, o preço do "aluguel" pela capacidade compartilhada. Dependendo das peculiaridades do setor, o compartilhamento pode ser mais fácil de ser estruturado que o livre acesso. A questão da qualidade, por exemplo, pode ser menos importante, já que o serviço será de fato prestado pela empresa entrante, não pela dominante. Todavia, a definição do preço do "aluguel" e os detalhes de desagregação podem tornar-se mais complexos.

Mesmo que de maneira resumida, vale a pena analisar os principais desenvolvimentos relacionados ao regime de compartilhamento da rede de telefonia local. Em seu art. 155, a LGT prevê que, "[p]ara desenvolver a competição, as empresas prestadoras de serviços de telecomunicações de interesse coletivo deverão, nos casos e condições fixados pela Agência, disponibilizar suas redes a outras prestadoras de serviços de telecomunicações de interesse coletivo". Assim, ao contrário da interconexão, o compartilhamento de redes só será obrigatório nos casos e condições previstos por regras editadas pela agência reguladora (FARACO, 2005).

Em um primeiro momento, de 1998 a 2001, não havia qualquer regra que obrigasse o compartilhamento da rede de Serviço Telefônico Fixo Comutado – STFC local. Quando da liberalização total do setor de telefonia para novas empresas em 2002[42], a norma que regulamentou a outorga de novas autorizações – Resolução n. 283, de 29 de novembro de 2001 – determinou o direito de as novas autorizatárias exigirem o compartilhamento das redes locais e de longa distância das concessionárias, com preços regulados por meio de preço teto[43].

Tratou-se de iniciativa sobremaneira tímida, incapaz de incrementar a concorrência no setor (BOULOS, 2003). No âmbito de um processo administrativo específico envolvendo conflito entre operadoras, a ANATEL determinou às concessionárias de STFC local que oferecessem alternativas de compartilhamento da rede local a terceiros, por meio do Despacho da Superintendência de Serviços Públicos n. 172/2004[44]. Tratou-se de medida de alguma

[42] O setor de telecomunicações teve modelo de liberalização progressiva em que, no início, houve limite no número de empresas autorizadas a atuar em cada serviço. Em um primeiro momento, logo após a privatização do Sistema Telebrás (que deu lugar às concessionárias de STFC privadas), foi promovida licitação para outorgas para quatro novas empresas de telefonia fixa (conhecidas como "espelhos"), com áreas equivalentes àquelas das quatro concessionárias. O regime de duopólio incumbentes-espelhos foi temporário, durando apenas até 2002. A partir do primeiro dia desse ano, a ANATEL estava autorizada, pelo Plano Geral de Outorgas — PGO, a outorgar novas autorizações de telefonia fixa, sem limite de número (CASAGRANDE, 2004).

[43] Art. 10 da referida Resolução. Os preços, na forma de preço-teto, eram estipulados pela então vigente Norma n. 30/96 do Ministério das Comunicações.

[44] Ver Agência Nacional de Telecomunicações (2004). Nesse despacho, a Agência regulou duas formas de acesso à rede local, mais precisamente ao lacete local (*local loop*), que é o conjunto de fios de cobre entre a central telefônica e as instalações dos usuários finais; o *full unbundling*, em que a operadora de telefonia local aluga pares de fios de sua rede de acesso a assinantes para outras prestadoras, de forma que o par alugado fica integralmente dedicado à outra prestadora; e o *line*

eficácia, que permitiu maior dinamismo na prestação de serviços de banda larga. Outra medida da ANATEL, esta de caráter mais abrangente, foi a edição do novo Regulamento de Exploração Industrial de Linha Dedicada – EILD (aprovado pela Resolução n. 402, de 27-4-2005). EILD é o nome técnico para o compartilhamento de redes de telecomunicações. O antigo regulamento de EILD previa somente os preços máximos para acordos livremente negociados[45]. Já o novo estipula regras específicas para grupos detentores de Poder de Mercado Significativo – PMS[46], os quais devem obrigatoriamente ofertar a terceiros elementos de rede em condições reguladas (incluindo o preço, calculado com base em custos de longo prazo). Foram consideradas detentoras de PMS todas as concessionárias de telefonia fixa[47].

Não obstante, tais medidas não parecem ter surtido os efeitos desejados. Relatório recente da Organização para Cooperação e Desenvolvimento Econômico – OECD, com avaliação da regulação de diversos setores no Brasil, indica que o nível de competição nas telecomunicações não é adequado[48]. Assim, a agência de-

sharing, em que o par de fios alugado passa a ser compartilhado entre a operadora de telefonia local, que continua provendo o serviço telefônico local em uma faixa de frequência baixa, e outra prestadora, que oferece um serviço de banda larga (ADSL) operando em uma faixa de frequência alta no mesmo par de fios.

[45] Norma n. 30, aprovada pela Portaria do Ministério das Comunicações de n. 2.506, de 20 de dezembro de 1996.

[46] PMS foi definido como "posição que possibilita influenciar de forma significativa as condições do mercado relevante, assim considerada pela Anatel".

[47] Resolução n. 437, de 8 de junho de 2006.

[48] OECD indica que "difficulties in the implementation of local unbundling and high tariffs imposed on new entrants wishing to utilise the local loop may be producing a bottleneck to the wider diffusion of ADSL broadband" (p. 153). "The current implementation of a cost-based mechanism in 2008 is a welcome measure, but effective implementation requires more regulatory powers for the

terminou, como uma de suas metas em seu Plano Geral de Atualização da Regulamentação – PGR[49], a implantação de meios mais efetivos de *unbundling* das redes locais. Não há muita especificidade quanto ao conteúdo dessas futuras regras, apenas indicação de que elas serão implementadas em até dois anos, preverão diversas formas de desagregação e implementarão modelo de acompanhamento permanente das ofertas de rede[50]. Desnecessário dizer que tal medida encontra resistência nas concessionárias de STFC local. Diretor de uma das concessionárias alegou que "na Alemanha e nos Estados Unidos, fizeram [unbundling] e tiveram que voltar atrás. A facilidade de entregar (serviços) de graça inibe o investimento (...) E o Brasil ainda é um país que está construindo sua infraestrutura" (VALOR ECONÔMICO, 2008). Em suas manifestações na consulta pública que antecedeu a edição do PGR, a associação que congrega as concessionárias de telefonia defende que as regras atuais de compartilhamento são suficientes, mas, se novas forem adotadas, "devem ser tomadas precauções [para que]

agency. Current mechanisms do not offer sufficient flexibility and leeway for the agency to intervene. Strengthening these powers could help improve competition and also services for new entrants and users of services. This could serve to further facilitate the diffusion of broadband access." (2008, p. 326). Na versão em português: "as dificuldades na implementação de um compartilhamento da rede local e altas tarifas impostas às novas empresas entrantes que desejam utilizar a última milha, podem estar agindo como um gargalo para a difusão mais ampla da banda larga ADSL". "A atual implantação de um mecanismo baseado em custos para 2008 é uma medida bem-vinda, mas a implantação eficaz requer mais poderes regulatórios para a agência. Os mecanismos em andamento não oferecem flexibilidade e margem suficientes para a intervenção da agência. Ao se fortalecer estes poderes, poder-se-ia melhorar a competição e também os serviços para novos concorrentes e usuários dos serviços. Isso poderia servir para facilitar a difusão do acesso à banda larga".

[49] Aprovado pela Resolução da Anatel n. 516, de 30 de outubro de 2008.

[50] Item V.10 do PGR.

não prejudiquem novos investimentos em rede, aplicando o conceito de desagregação somente sobre as redes já completamente amortizadas"[51].

Como se pode verificar, pela análise dos exemplos retirados do setor de telecomunicações, a implementação de efetiva concorrência em um setor em que a empresa dominante é verticalmente integrada traz uma série de desafios. Além disso, também é possível identificar, nas diversas questões apresentadas, as tensões jurídicas e econômicas apresentadas acima (itens 3.4 e 3.5) e que estão intimamente ligadas à regulação de acesso nesses setores.

3.6 O papel do direito concorrencial

Embora o tema deste artigo sejam as regras regulatórias sobre o acesso a ativos essenciais, ele estaria incompleto se não tratasse do papel do direito concorrencial em casos que envolvam disputas sobre esse tipo de acesso. Isso por um motivo muito simples: há diversos casos que envolvem conflitos desse teor que são apresentados para as autoridades de defesa da concorrência, principalmente quando partes afetadas entendem que as regras regulatórias não são suficientes para impedir práticas anticoncorrenciais pelas empresas dominantes. Como ficou demonstrado no item 3.5.2 acima, monopolistas verticalmente integrados têm fortes incentivos e condições para implementar práticas anticoncorrenciais exclusionárias. Desse modo, esta última parte visa apresentar, ainda que brevemente, o âmbito de aplicação das regras gerais de direito concorrencial sobre atividades reguladas por regras de acesso e compartilhamento compulsório.

[51] Contribuição da Associação Brasileira das Operadoras do Serviço Telefônico Fixo Comutado — ABRAFIX à Consulta Pública n. 22, de 16 de junho de 2008, disponível no sítio eletrônico da Agência (<ww.anatel.gov.br>).

Ao contrário do que ocorre com as normas que regulam setores de infraestrutura, o direito concorrencial é aplicável a todas as atividades econômicas[52]. Assim, a principal questão a ser enfrentada quando da análise de conflitos envolvendo o acesso a ativos de infraestrutura é verificar em que medida as normas gerais de defesa da concorrência se compatibilizam com a regulação setorial de acesso. Por conseguinte, é necessário verificar em que medida os órgãos de defesa da concorrência têm competência para avaliar esses conflitos.

De acordo com a jurisprudência do Conselho Administrativo de Defesa Econômica – CADE, não há que se falar em qualquer imunidade antitruste no direito brasileiro (ROCHA & OLIVEIRA, 2003). Tal posicionamento é suportado pelo fato de nenhuma das normas que regem setores excluir explicitamente a aplicação de normas concorrenciais no setor. Ao contrário, diversas delas afirmam que as regras gerais de defesa da concorrência são plenamente aplicáveis aos setores que buscam regular, e algumas

[52] A lei básica em matéria concorrencial no Brasil é a de n. 8.884, de 11 de junho de 1994, com fundamento no art. 173, § 4º, da Constituição. Por meio dela, instituiu-se o assim chamado Sistema Brasileiro de Defesa da Concorrência — SBDC, formado pelo Conselho Administrativo de Defesa Econômica — CADE, autarquia vinculada ao Ministério da Justiça, e duas secretarias ministeriais que o auxiliam, a Secretaria de Direito Econômico — SDE, do Ministério da Justiça, e a de Acompanhamento Econômico — SEAE, do Ministério da Fazenda. O CADE funciona como tribunal administrativo responsável por exercer tanto o controle de estruturas (concentrações econômicas decorrentes de fusões e aquisições) quanto o de condutas anticoncorrenciais (cartéis, abuso de posição dominante etc.), em qualquer setor da economia brasileira. Ele é auxiliado nessa tarefa pelas duas secretarias mencionadas. A SDE é o principal órgão de investigação de práticas anticoncorrenciais e emite pareceres em casos de controle de estruturas. A SEAE pode auxiliar a SDE nas investigações de condutas, e necessariamente emite pareceres em caso de estruturas.

preveem a necessidade de as agências reguladoras cooperarem com os órgãos antitruste[53].

Essa posição é apropriada, pois é plenamente possível (e provável) que empresas reguladas incorram em práticas anticoncorrenciais previstas na Lei de Defesa da Concorrência. Todavia, em algumas situações, o CADE reconhece que a regulação setorial pode de tal maneira controlar o comportamento da empresa regulada que ela não tem condições de praticar infrações concorrenciais. Em voto bastante esclarecedor envolvendo caso de supostas práticas unilaterais exclusionárias no setor de telecomunicações, o Conselheiro Roberto Pfeiffer afirmou:

> (...) a atuação do CADE somente poderia ser afastada quando o órgão regulador esgotasse totalmente o controle concorrencial das condutas dos administrados a ela submetidos (...) Assim, não se alegue que pela simples existência de normas expedidas pelo órgão regulador não poderiam as Representadas estarem infringindo a ordem econômica. Mesmo em setores regulados, o CADE deve sim atuar na defesa da concorrência. (...) [o CADE] poderia sim punir os agentes regulados caso estes, a pretexto de cumprimento da norma reguladora, cometam atos de abuso de posição dominante ou outra conduta anticoncorrencial. Porém, o simples cumprimento da norma reguladora, sem qualquer configuração de deturpação ou abusividade, não teria o condão de configurar infração contra a ordem econômica[54].

[53] Ver, por exemplo, Lei n. 9.427/96, art. 3º, parágrafo único, que determina à Agência Nacional de Energia Elétrica – ANEEL "articular-se com a Secretaria de Direito Econômico do Ministério da Justiça", e art. 7º da LGT, que prevê que "as normas gerais de proteção à ordem econômica são aplicáveis ao setor de telecomunicações quando não conflitarem com o disposto nesta Lei".

[54] Votos, Processos Administrativos n. 53500.001821/2002 (Embratel/Intelig *vs.* Telesp); n. 53500.001823/2002 (Embratel/Intelig *vs.* Telemar) e n. 53500.001824/2002 (Embratel/Intelig *vs.* Brasil Telecom). O acórdão, de 14 de setembro de 2005, confirmou esse entendimento.

Como fica claro, o CADE entende que sua competência para identificar práticas anticoncorrenciais em um setor só fica prejudicada quando as normas regulatórias preveem todas as variáveis concorrenciais da empresa regulada, ao menos aquelas relevantes para a análise da prática em questão. Em outro julgamento, dessa vez envolvendo alegação de preço abusivo ao consumidor final atendido por concessionária de distribuição de gás natural, o CADE, ao analisar que a regulação do setor restringia significativamente o comportamento da empresa regulada, arquivou o caso, afirmando que "não podendo as empresas agirem de outra forma, não se pode acusá-las de infração à ordem econômica por meio da dominação de mercado ou aumento abusivo de lucro"[55]. Todavia, se as empresas têm algum grau de liberdade para determinar sua conduta a qual está sendo impugnada como anticoncorrencial, podem os órgãos de defesa da concorrência investigar o caso.

A posição do CADE segue o posicionamento apresentado pioneiramente por SALOMÃO FILHO (2001), que, após analisar duas doutrinas americanas de imunidade antitruste implícita (*State Action* e *Pervasive Power*), assim propõe:

> Consequentemente, os atos fiscalizatórios ou normativos das agências não podem ser objeto de discussão nos órgãos concorrenciais. Isso não significa que os atos dos particulares submetidos às agências regulatórias não possam ser objeto de análise. Podem e devem ser revistos pelos órgãos de defesa da concorrência, na medida em que o controle concorrencial não tenha sido extenso ou profundo o suficiente[56].

---

[55] Acórdão, Processo Administrativo n. 08012.006207/98-48 (Companhia Álcalis e outras *vs.* CEG), de 31 de janeiro de 2001.

[56] Este posicionamento foi inicialmente apresentado em SALOMÃO FILHO (1998). Diversos dos votos de conselheiros do CADE em casos envolvendo setores regulados mencionam essas obras.

Conclui-se, portanto, que sempre que a empresa dominante regulada tiver liberdade (mesmo que limitada) para definir variáveis concorrenciais, atos em relação a tais variáveis podem ser caracterizados como infrações à ordem econômica, desde que subsumíveis às hipóteses de condutas ilícitas tipificadas pela Lei de Defesa da Concorrência.

3.7 Conclusão

O tema da regulação pró-concorrencial de acesso é extremamente importante na análise do regime jurídico aplicável a setores de infraestrutura submetidos a reformas de caráter liberalizante.

Em vez de se concentrar nos detalhes das regras peculiares de um setor específico, este trabalho buscou explicitar as principais questões jurídicas e econômicas subjacentes às discussões que envolvem a elaboração, a implantação e a fiscalização de tais regras. Com isso, procurou-se facilitar os esforços de estudantes, pesquisadores e formuladores de política pública que estejam buscando compreender melhor tais conjuntos de normas.

Ao se concentrar em uma visão mais genérica, buscou-se dar ao leitor elementos para identificar as similaridades dessas regras existentes em diversos arcabouços regulatórios setoriais. Por privilegiar a análise dos pressupostos e tensões jurídico-econômicos envolvidos nas discussões do tema, procurou-se contribuir com estas indicando a necessária ponderação ao se lidar com essas regras. Assim, fica mais fácil identificar posições simplistas tanto para proteger excessivamente o direito de propriedade quanto para alargar em demasia o acesso obrigatório a ativos de infraestrutura, as quais, quando positivadas em normas jurídicas, podem trazer sérios problemas ao funcionamento desses setores que tão importantes são para a economia do país.

REFERÊNCIAS

AGÊNCIA NACIONAL DE AVIAÇÃO CIVIL. **Distribuição de slots em Congonhas é remarcada para a próxima quarta-feira**. Disponível em: <http://www.anac.gov.br/imprensa/distribuicaoSlot.asp>. Acessado em: 7 fev. 2010, Brasília: ANAC, 2010.

AGÊNCIA NACIONAL DE TELECOMUNICAÇÕES. **Anatel anuncia condições e valores para desagregação das redes de telefonia local**. Brasília: ANATEL, 2004.

ARMSTRONG, M. The theory of access pricing and interconnection. *In*: **Handbook of telecommunications economics**. Amsterdam: Elsevier, 2002. Disponível em: <http://www.econ.ucl.ac.uk/papers/working_paper_series/0208.pdf>.

AVERCH, H. & JOHNSON, L.L. Behavior of the firm under regulatory constraint. *In*: **The American Economic Review**, 52 (5), 1052-1069, 1962.

BASTOS, C. R. **Curso de direito constitucional**. 21. ed. São Paulo: Saraiva, 2000.

BERRINGER, C. **Regulierung als erscheinungsform der wirstschaftsaufsicht**. München: C.H. Beck, 2004.

BOULOS, E.A.T. Concorrência e regulação no serviço telefônico fixo comutado – um balanço. *In*: ROCHA, B. M. (org.). **A regulação da infraestrutura no Brasil**. São Paulo: Thomson/IOB, 2003.

BREYER, S.G. **Regulation and its reform**. Cambridge: Harvard University Press, 1982.

CASAGRANDE, P.L. Controle estrutural no setor de telecomunicações. *In*: **Revista do IBRAC**, 11(1), 50-70, 2004.

______. Reforma e crise no setor elétrico brasileiro: aspectos concorrenciais. *In*: ROCHA, B. M. (org.). **A regulação da infraestrutura no Brasil**. São Paulo: Thomson/IOB, 2003.

CENTRO DE GESTÃO E ESTUDOS ESTRATÉGICOS. **Diagnóstico e balanço das vantagens e desvantagens da separação empresarial – relatório final**. Brasília: CGEE, 2008.

DEMSETZ, H. Toward a theory of property rights. *In*: **The American Economic Review**, 57(2), 347-359, 1967.

DI PIETRO, M. S. Z. **Direito administrativo**. São Paulo: Atlas, 2000.

EUROPEAN COMMISSION. **Communication on the application of regulation (EEC) n. 95/93 on common rules for the allocation of slots at Community airports, as amended**. Brussels: European Commission, 2008.

FARACO, A.D. Disciplina jurídica da concorrência e o acesso às redes de telecomunicações. *In*: **Revista Eletrônica de Direito Administrativo Econômico**, (3), 2005. Disponível em: <http://www.direitodoestado.com/revista/REDAE-3-AGOSTO-2005-ALEXANDRE%20DITZEL.pdf>.

______. **Regulação e direito concorrencial**: uma análise jurídica da disciplina da concorrência no setor de telecomunicações. Tese de Doutorado, Faculdade de Direito. Universidade de São Paulo, São Paulo, 2001.

FIANI, R. Teorias da regulação econômica: estado atual e perspectivas econômicas. *In*: **Texto para discussão/ Núcleo de Regulação do IEI.** UFRJ, 1997.

FURUBOTN, E.G. & PEJOVICH, S. Property rights and economic theory: a survey of recent literature. *In*: **Journal of Economic Literature**, 10(4), 1137-62, 1972.

GAZETA MERCANTIL. **Operadoras ameaçam ir à justiça contra revisão de regras**. 25 ago. 2008, C7.

GERADIN, D. **Twenty years of liberalization of network industries in the European Union:** where do we go now? SSRN, 2006. Disponível em: <http://ssrn.com/abstract=946796>. Acessado em: 25 jan. 2009.

GRAU, E.R. **A ordem econômica na Constituição de 1988**: interpretação e crítica. São Paulo: Malheiros, 2007.

GROSSMAN, S.J. & HART, O.D. The costs and benefits of ownership: a theory of vertical and lateral integration. *In*: **The Journal of Political Economy**, 94(4), 691, 1986.

HOCHSTETLER, R.L. **A reforma do setor elétrico no Brasil**: as perspectivas de introdução de competição no segmento de geração. Dissertação de Mestrado. Faculdade de Economia, Administração e Contabilidade, Universidade de São Paulo, 1998.

HOVENKAMP, H. **Federal antitrust policy**: the law of competition and its practice. West Group, 2005.

JONES, A. & SUFRIN, B. **EC Competition Law**. 2. ed. Oxford, 2004.

LAFFONT, J. & TIROLE, J. **Competition in telecommunications**. Cambridge: MIT Press, 2000.

LIMA, E. & PASIN, J. Regulação no Brasil: colocando a competitividade nos trilhos. **Revista do BNDES**, 6(12), 188, 1999.

MARQUES NETO, F. Direito das telecomunicações e ANATEL. *In:* SUNDFELD C.A. (org.). **Direito administrativo econômico**. São Paulo: Malheiros, 2000.

MATTOS, C. A proposta do governo em interconexão e *unbundling* na renovação dos contratos de concessão em telecomunicações em 2006. *In*: **Anais do XXXIII Encontro Nacional de Economia**. São Paulo: ANPEC – Associação Nacional dos Centros de Pós-graduação em Economia, 2005. Disponível em: <http://ideas.repec.org/p/anp/en2005/107.html>.

OECD. **Access to key transport facilities**, 2006. Disponível em: <http://www.oecd.org/dataoecd/39/14/37981556.pdf>. Acessado em: 25 jan. 2009.

______. OECD. **Brazil – strengthening governance for growth**. Paris, 2008.

______. **Restructuring public utilities for competition**, 2002. Disponível em: <http://www.oecd.org/dataoecd/6/60/19635977.pdf>. Acessado em: 25 jan. 2009.

OGUS, A. **Regulation**: legal form and economic theory. Oxford: Oxford Unversity Press, 1994.

PELTZMAN, S. The economic theory of regulation after a decade of deregulation. *In*: **Brookings papers on economic activity**: microeconomics, 1. 1-49, 1989.

PEREIRA, L.C.B. **A reforma do estado dos anos 90**: lógica e mecanismos de controle. MARE, Ministério da Administração Federal e Reforma do Estado, 1997.

PINHEIRO, A.C. & FUKASAKU, K. **A privatização no Brasil**: o caso dos serviços de utilidade pública. Rio de Janeiro: OECD, Development Center, BNDES, FINAME BNDESPAR, 2000.

PIRES, J.C.L. **Políticas regulatórias no setor de telecomunicações**: a experiência internacional e o caso brasileiro. BNDES, 1999.

PIRES, J.C.L. & PICCININI, M.S. A regulação dos setores de infraestrutura no Brasil *In*: **A economia brasileira nos anos 90**. Rio de Janeiro: BNDES, 1999.

______. Modelos de regulação tarifária do setor elétrico. *In*: **Revista do BNDES**, 5(9), 1998.

POSSAS, M.L. Regulação de acesso, integração vertical e práticas anticompetitivas: o caso das telecomunicações no Brasil. *In*: **A revolução do antitruste no Brasil**: a teoria econômica aplicada a casos concretos – II. São Paulo: Singular, 2008.

PRIEST, G.L. Origins of utility regulation and the theories of regulation debate. *In*: **The Journal of Law and Economics**, 36, 289, 1993.

ROCHA, B.M. & OLIVEIRA, H.N.C. Balanço da articulação entre órgãos de defesa da concorrência e agências reguladoras de infraestrutura. *In*: ROCHA B. M. (org.). **A regulação da infraestrutura no Brasil**. São Paulo: Thomson IOB, 2003.

ROSE-ACKERMAN, S. & ROSSI, J. Disentangling deregulatory takings. *In*: **Virginia Law Review**, 86, 1435-1495, 2000.

SALOMÃO FILHO, C. **Direito concorrencial**: as estruturas. São Paulo: Malheiros, 1998.

______. **Regulação da atividade econômica**: princípios e fundamentos jurídicos. São Paulo: Malheiros, 2001.

SILVA, J.A.D. **Curso de Direito constitucional positivo**. 29. ed. São Paulo: Malheiros, 2007.

SPILLER, P.T. A positive political theory of regulatory instruments: contracts, administrative law or regulatory specificity? *In*: **Southern California Law Review**, 69, 477-515, 1996.

TAVARES, M.P.; ROCHA, B.M. & CORRÊA, O.C.S. Princípio do livre acesso e investimentos no mercado de gás natural. *In*: ROCHA B. M. (org.). **A regulação da infraestrutura no Brasil**. São Paulo: Thomson/IOB, 2003.

VALLETTI, T.M. & ESTACHE, A. **The theory of access pricing**: an overview for infrastructure regulators. The World Bank, 1999. Disponível em: <http://ideas.repec.org/p/wbk/wbrwps/2097.html>. Acessado em: 25 jan. 2009.

VALOR ECONÔMICO. **Supertele planeja investir R$ 30 bilhões**. 30 maio 2008, B3.

VISCUSI, W.K.; HARRINGTON, J.E. & VERNON, J.M. **Economics of regulation and antitrust**. 4. ed., Cambridge: MIT Press, 2005.

WILLIAMSON, O.E. **The economic institutions of capitalism**. New York: Free Press, 1985.

ZILBERSTAJN, Decio *et al.* Apresentação do Projeto "Diálogos FEA & Largo de São Francisco" – relevância para transformação das instituições no Brasil contemporâneo. *In*: **Revista de Direito Mercantil, Industrial, Econômico e Financeiro**, 126, 101-111, 2002.

4 IMPACTOS CONCORRENCIAIS DAS TARIFAS DE USO DE REDE LOCAL (TU-RL) NO MERCADO DE SERVIÇOS DE TELECOMUNICAÇÕES DE LONGA DISTÂNCIA

Arthur Barrionuevo Filho

Coordenador e professor do programa de educação continuada e especialização em Direito GVlaw; professor de Economia na Escola de Direito de São Paulo da Fundação Getulio Vargas – DIREITO GV; mestre em Economia de Empresas pela Fundação Getulio Vargas – SP; doutorado em Economia pela Universidade de São Paulo e pós-doutorado pela Universidade de São Paulo.

4.1 Introdução

O objetivo deste artigo é discutir os efeitos que a fixação do valor de uma tarifa de interconexão por uma empresa dominante, incumbente, que detém a propriedade de uma rede de telecomunicações pode, potencialmente, ter sobre a concorrência nos mercados cujos serviços dependem da utilização desta rede.

Para tanto, utiliza-se o Processo Administrativo n. 53500-001821, de 22 de abril de 2002, instaurado pela ANATEL, a partir de representação de operadoras de serviço de chamadas de longa distância[1], com o objetivo de apurar a existência de prática anticoncorrencial por parte das empresas operadoras de Serviço Telefônico Fixo Comutado – STFC Local (Telefônica, Telemar e Brasil Telecom), que também operam o serviço de Longa Distância Nacional. Na presente análise considerar-se-á particularmente os efeitos sobre os mercados da região III do Plano Geral de Outorgas – PGO, ou seja, o Estado de São Paulo.

Consideram as Representantes (Embratel e Intelig) que as empresas de STFC Local são detentoras de uma *essential facility*[2], a

---

[1] A representação conjunta foi realizada pela Empresa Brasileira de Telecomunicações — Embratel e Intelig Telecomunicações Ltda.— Intelig.

[2] "Essential Facility" é a denominação para os ativos necessários à prestação de um serviço, que são propriedade de uma empresa com posição dominante e que não podem ser duplicados por um rival, a um custo economicamente viável. A classificação de um ativo como *essential facility* depende de pressupostos, que são

rede local necessária para atender a demanda de serviços de telecomunicações (a denominada última milha), o que lhes confere uma posição dominante nos mercados dependentes desta infraestrutura. Deste modo, como as concessionárias de STFC, além de operar STFC Local, também operam serviços de Longa Distância Nacional, há uma integração vertical entre as divisões destas empresas que lhe permitiriam realizar práticas de exclusão verticais, as quais, segundo as Representantes, se concretizariam em:

> (i) "A prática de *subsídios cruzados* consiste no aumento artificial dos custos dos rivais, ou sua manutenção em patamar elevado, mediante alguma forma de discriminação de preço de acesso contra os concorrentes nos mercados-alvo da prática. Ela implica a *fixação do preço do acesso ou interconexão* (por hipótese, um insumo essencial e insubstituível em condições competitivas) *para eventuais concorrentes*, potenciais ou efetivos, no mercado-alvo, em *nível superior àquele oferecido para 'si mesma'* (sua divisão relacionada verticalmente) ou sua subsidiária atuante no mesmo mercado-alvo. Sua racionalidade econômica está na 'alavancagem' de poder de mercado sobre o mercado-alvo, com o objetivo de dificultar ou até inviabilizar (dependendo do nível em que é fixado o preço do insumo 'acesso') a operação rentável de concorrentes com isso assegurando a obtenção permanente de posição dominante e lucros extraordinários".

> (ii) "A prática de *subsídios cruzados* ocorre entre serviços em mercados relacionados verticalmente, a partir das receitas obtidas por uma incumbente de serviços prestados com base numa posição dominante (normalmente associada a uma instalação essencial). Aqui não há necessariamente recusa de acesso a concorrentes, mas

---

geralmente aceitos e que foram deduzidos do caso MCI Communications Corp. *vs.* AT&T (464 US 891, 1983): "(1) control of the essential facility by a monopolist; (2) a competitor's inability practically or reasonably to duplicate the essential facility; (3) the denial of the use of the facility to a competitor; and (4) the feasibility of providing the facility".

uma tentativa de alavancagem de poder de mercado entre segmentos distintos, em que a incumbente tenta extrair benefícios de sua posição dominante e poder de mercado no fornecimento de um insumo para *subsidiar predatoriamente* o serviço oferecido a 'jusante' (p. ex., oferecendo-o gratuitamente ou a *preço abaixo do custo marginal*) em detrimento dos concorrentes efetivos ou potenciais. Embora nem sempre subsídios cruzados sejam necessariamente prejudiciais à concorrência ou redutores de eficiência, no caso específico desta Representação o efeito anticompetitivo deste tipo de conduta é prejudicial à concorrência, tendo em vista que inviabiliza a sobrevivência de concorrentes no mercado-alvo e a entrada de novos concorrentes".

"Observe-se que, no presente caso, e de forma inovadora em relação ao descrito na literatura sobre o assunto, o subsídio cruzado entre os serviços local e de longa distância pode, como mostrado adiante, estar sendo *utilizado para manutenção dos custos dos rivais em patamares elevados*, configurando a prática descrita acima como 'price squeeze', em lugar da discriminação de preços que é, per se, vedada pela Regulamentação do setor de telecomunicações".[3] (grifos nossos)

Essas acusações colocam as seguintes questões concorrenciais: (i) se as tarifas praticadas pelas concessionárias na prestação de serviços de STFC Longa Distância aos consumidores finais, e as tarifas de uso de rede de STFC Local (TU-RL) – todas elas reguladas pela ANATEL – apontam para provas ou indícios de existência de situação de *price squeeze*, como entende a Representação; (ii) se as informações econômico-financeiras das operações de STFC Local e Longa Distância Nacional das concessionárias evidenciam a existência de subsídios cruzados, seja por retorno do capital "extraordinário" (quer dizer, significativamente acima da taxa normal de retorno) na prestação do serviço de STFC Local, seja, como diz a

[3] Representação Embratel-Intelig, p. 10 e 11.

Representação, por praticar "preço abaixo do custo marginal" na prestação do serviço de STFC Longa Distância Nacional; (iii) por fim, se é possível alterar os valores de TU-RL e TU-RIU (Tarifa de Uso da Rede Interurbana) sem considerar a manutenção do equilíbrio econômico-financeiro das concessionárias e das metas de universalização já atingidas.

Para responder a essas questões, discute-se na seção dois, a seguir, a definição das condutas de *price squeeze* e de subsídio cruzado, o tratamento dado a elas na jurisprudência internacional e como elas têm sido aplicadas no contexto de setores regulados; na seção três, serão analisados os demonstrativos econômico-financeiros da divisão de STFC Longa Distância de uma operadora incumbente (a Telefônica na Região III do PGO), para demonstrar os efeitos em sua rentabilidade dos atuais níveis tarifários, ao mesmo tempo em que se apontam os motivos da situação econômico-financeira da Embratel à época da alegada infração. Finalmente, na seção quatro far-se-á uma conclusão.

4.2 As condutas de *price squeeze* e subsídio cruzado

4.2.1 Mercados relevantes envolvidos

A avaliação de uma situação (concentração ou conduta) concorrencial inicia pela definição dos mercados relevantes envolvidos. Ou seja, aqueles serviços (ou produtos) que em determinada área geográfica são considerados como substitutos próximos por parte dos consumidores. No caso presente, a definição por parte das Representantes delimita dois mercados relevantes: (i) o mercado de interconexão para acesso à rede de telefonia local e (ii) o mercado de serviços de telefonia de longa distância intrarregional[4].

[4] Representação Embratel-Intelig, p. 12.

De fato, partindo do comportamento do consumidor – como é usual quando se utiliza o teste do monopolista hipotético –, seria melhor definir dois serviços de varejo e um de atacado. Os serviços de varejo são: (i) serviço de ligações locais e (ii) serviço de ligações de longa distância[5]. Estes dois serviços estão integrados, pois a prestação do serviço de STFC Longa Distância depende do uso da rede local.

O uso da rede local de terceiros ocorre porque essas instalações locais têm características de *essential facility*, caso contrário, cada empresa deveria construir sua rede completa. Todavia, dada essa característica, pode-se definir também um mercado de atacado, cujo "serviço" é o uso da rede local do incumbente, demandado por prestadores de serviços que concorrem com ele na prestação dos serviços de voz local e de longa distância ao usuário final.

A definição do mercado relevante geográfico por parte das Representantes é o "mercado de serviços de telefonia de longa distância intrarregional". Sabe-se que o Plano Geral de Outorgas[6] delimitou geograficamente a prestação de serviços de STFC Longa Distância por parte das empresas prestadoras do serviço de STFC

[5] Note-se que as telecomunicações a que nos referimos dizem respeito ao transporte de voz, não de dados, ou seja, fazem alusão à situação dos mercados de telecomunicações à época do Processo. Mercados como o de serviço de acesso à banda larga ainda eram inexistentes.

[6] No caso dos serviços de longa distância nacional, o art. 10 do Plano Geral de Outorgas — PGO estabeleceu quatro regiões geográficas para a atuação das concessionárias. O território nacional foi dividido em três grandes áreas, regiões I, II e III para a prestação de serviços de telefonia local e de longa distância, além delas, existe no caso da longa distância a região IV que abrange todo o país. Portanto, para as concessionárias das regiões I, II e III existiram, até a concretização das metas de universalização, dois tipos de serviço de LDN: intrarregional, quando as localidades de origem e de destino estão dentro da mesma região, que estavam autorizadas a prestar e, inter-regional, quando a localidade de origem está em uma região e a de destino em outra, serviço que não poderiam prestar.

Local. O estabelecimento dessas regiões para a prestação de serviços de STFC Longa Distância teve caráter provisório, pois a exposição de motivos da LGT reconhece uma limitação – que deve ser temporária – à concorrência interáreas nos serviços de longa distância, posteriormente referendada no Plano Geral de Outorgas:

> Haveria, portanto, competição entre as empresas regionais e a EMBRATEL. Essa competição não ocorreria, inicialmente, entretanto, nos serviços locais (restritos às empresas regionais e aos novos operadores) nem nos de longa distância interáreas de concessão e internacional (restrito à EMBRATEL e aos novos operadores)[7].

Assim, a caracterização do mercado relevante geográfico por parte das Representantes no caso do STFC Longa Distância, de um lado, reflete a situação existente no período 1997-2001, tem-se que, se não for devidamente ponderada, pode levar a distorções na caracterização das condutas das empresas Representadas, criando impressão de infração onde não existe. Por exemplo, no caso da Telefônica, que atua na Região III no STFC Local e no STFC Longa Distância Nacional (até recentemente, apenas intrarregião III), teve até o ano de 2001 sua estrutura de receitas na longa distância distorcida por essa restrição.

O fato de a operação de Longa Distância da Telefônica se limitar à Região III (o Estado de São Paulo), fez com que a empresa completasse uma parcela de ligações D3 e D4 (de valor unitário mais elevado, por envolverem maior distância entre os pontos de chamada e destino) muito menor do que as empresas Embratel e Intelig, que já atuavam em todo o território nacional (Região IV). Isso criou uma *relação artificial entre receitas e despesas* no serviço de Longa Distância desta empresa.

Considerando tal peculiaridade, pode-se então examinar a possibilidade de existência das infrações de *price squeeze* e de subsídio cruzado.

---

[7] Exposição de Motivos da Lei n. 9.472/97, p. 18.

4.2.1.1 A conduta de price squeeze *e subsídio cruzado*

As Representantes caracterizam a conduta da Telefônica e das outras duas Concessionárias de STFC Local como de exclusão de concorrentes, baseadas em sua interpretação dos efeitos da magnitude das tarifas praticadas pelas mesmas nos serviços de STFC Local e Longa Distância, e pelo fato de que elas fixavam o valor de TU-RL de acordo com o máximo permitido pela ANATEL.

Segundo as Representantes, ao praticar o valor máximo de TU-RL permitido, as Concessionárias, ou (i) discriminam as outras empresas, cobrando um valor mais baixo de TU-RL para a operadora de Longa Distância de sua propriedade; ou (ii) se não discriminam, cobrando o mesmo valor de TU-RL para todas empresas, subsidiam a sua operadora de Longa Distância com os lucros da tarifa de interconexão[8].

[8] "Não obstante, existem evidências claras de que a estrutura de tarifas vigente – a relação entre o valor da TU-RL paga pelas Representantes à Representada e os valores das tarifas pagas pelos usuários finais da telefonia de longa distância – só é viável economicamente para a TELEFÔNICA se a discriminação efetivamente ocorrer, cobrando das Representantes uma tarifa de uso de rede local abusiva, ou seja, que reflete não os custos efetivos de prestação destes serviços, mas sim uma estratégia de manutenção dos custos dos rivais em níveis artificialmente elevados, como será evidenciado a partir das informações apresentadas na seção V. Isso significa que a Representada tem conseguido tornar-se mais agressiva na prática de descontos aos usuários finais a partir de uma conduta discriminatória contra as Representantes, que pode se materializar em dois procedimentos alternativos:

'(i) a operadora de longa distância da Representada paga à sua própria operadora local uma tarifa de uso de rede local significativamente menor do que a paga pelas Representantes, o que caracteriza discriminação'.

'(ii) a operadora de longa distância da Representada paga à sua própria operadora local uma tarifa de uso de rede local igual à paga pelas Representantes, mas os eventuais prejuízos na longa distância são compensados por uma alta margem – lucros extraordinários – obtida na TU-RL, configurando um subsídio cruzado'.

A falha deste argumento está na lógica de considerar como condição suficiente para a caracterização da infração o fato de a Tefefônica praticar o valor máximo de TU-RL[9], como se ele implicasse que teremos obrigatoriamente ou (i) ou (ii). O valor da TU-RL pode ser igual para todos (como será demonstrado adiante), o que tornaria (i) falso, sem que, por isso, (ii) seja necessariamente verdadeiro, ou seja, exista subsídio cruzado.

O motivo é que mesmo se – por hipótese – o valor da TURL for elevado, fato a ser comprovado após o exame de custos fixos, variáveis e receitas totais (assinaturas, valores de pulsos e de interconexão) das operadoras de STFC Local, isso não significa que a operação de STFC Local gera recursos para transferir à operação de STFC Longa Distância (seus custos fixos têm de ser cobertos pelas outras receitas, que podem ser insuficientes para tal). Isso não significa também que a operação de STFC Longa Distância seja necessariamente deficitária, pois isso depende da comparação do valor da interconexão (TU-RL) com a tarifa média cobrada dos consumidores de STFC Longa Distância.

É possível uma situação, mesmo com o valor da TU-RL elevado, em que não exista subsídio porque, de um lado, a operação Local não gera necessariamente excedente, e, de outro, a operação de Longa Distância não é obrigatoriamente deficitária, o que tornaria (ii) também falso. Portanto, a partir do valor atual da TU-RL, as proposições (i) e (ii) podem ser falsas ou verdadeiras. Para chegar

---

Seja na forma específica de (i) ou de (ii), a conduta da Representada é a mesma: a cobrança de uma tarifa de uso de rede local excessiva e injustificadamente elevada das Representantes, com o objetivo e o efeito de limitar sua capacidade de competir efetivamente no mercado-alvo de STFC de longa distância intrarregional. É importante notar que se trata de uma prática que não apenas gera prejuízos para as Representantes, mas também para o mercado como um todo e, em última análise, para os usuários finais. (...). (Representação Embratel-Intelig, p. 15 e 16).

[9] Ato previsto no Contrato de Concessão e, portanto, autorizado pela ANATEL.

a uma conclusão, é imprescindível a análise dos fatos, a situação econômico-financeira das operações Local e de Longa Distância, realizada nas próximas seções.

Antes disso, porém, é importante definir claramente as condutas de exclusão, utilizando a jurisprudência disponível. A conduta denominada *price squeeze*, conforme a *American Bar Association*[10], foi examinada no caso *US v. Aluminum Co. of America (Alcoa)* de 1945. A Alcoa detinha um monopólio na produção de lingotes de alumínio, que eram em parte usados para a produção de folhas de alumínio pela Alcoa e em parte vendidos para terceiros, que também produziam folhas, concorrendo com a própria Alcoa. A acusação de *price squeeze* surgiu do fato de que o preço do lingote comprado da Alcoa, mais o custo de transformação incorrido pelas empresas concorrentes, era maior do que o preço da folha de alumínio vendida pela Alcoa.

O cerne da acusação era da manipulação de preços do insumo e do produto final, com o objetivo de excluir a concorrência (note-se que não era apenas de um preço de insumo muito alto, mas de manipulação de preços do insumo e do produto final), ao não permitir que a diferença entre o valor recebido dos consumidores finais e o valor pago pelos insumos seja suficiente para cobrir os custos da operação e remunerar o capital empregado. Posteriormente, essa doutrina foi utilizada basicamente no setor elétrico para discutir diferenças de preço da energia no atacado e no varejo (onde se ressalta o caso *FPC v. Conway Co*, 426 US 271, 1976).

Para verificar a existência dessa infração, foram desenvolvidos três testes, oriundos do caso *US v. Alcoa*: (a) teste do valor faturado; (b) teste do preço de transferência; e (c) teste da taxa de retorno comparativa. O teste (a) compara os preços da empresa investigada

[10] **American Bar Association, Antitrust Law Developments (Fourth)**, 1997, p. 267-269 e 212.

no atacado e no varejo: assim, se o preço do atacado for maior que o do varejo, conclui-se pela existência de infração (no presente caso, seria necessário comparar a TU-RL com a média ponderada dos valores cobrados do usuário de STFC Longa Distância); o teste (b) pergunta se a firma verticalmente integrada teria lucro ao comprar o insumo ao preço de atacado que pratica para terceiros e vender o produto final ao seu preço de varejo: assim sendo, se tiver lucro, não há *price squeeze* (aplicado ao presente caso, se o valor médio ponderado da tarifa para o usuário de STFC Longa Distância, menos o valor das duas TU-RL gera lucros); o teste (c) compara as margens de lucro nas operações de atacado e de varejo para verificar se existem diferenças muito significativas entre ambas.

Quanto ao subsídio cruzado, é definido como uma situação onde uma empresa que tem posição dominante em um mercado e lucros monopolistas no mesmo utiliza parte destes lucros para transferir recursos para outra divisão da empresa, que atua em mercado competitivo. Este subsídio é necessário, pois a divisão que atua no mercado competitivo não consegue cobrir seus custos com o nível de preços vigente.

Segundo Larouche[11], o subsídio cruzado tem efeitos anticompetitivos, seja quando uma operação monopolista subsidia uma divisão que atua em mercado não relacionado, seja quando a operação monopolista favorece uma subsidiária verticalmente integrada (o que pode ocorrer via discriminação de preços ou por sustentar o *price squeeze*, permitindo que sua divisão baixe preços sem cobrir os custos). Como se vê, *price squeeze* e subsídio cruzado são infrações parentes próximas entre si, e a sua prevenção é feita de forma conjunta.

---

[11] Larouche, P. **Competition Law and Regulation in European Telecommunications**. Portland (US): Hart Publishing, 2000, p. 235-237.

No caso de telecomunicações, a preocupação com a prevenção de *price squeeze* e de subsídio cruzado está presente nos EUA[12] e na União Europeia[13]. Na União Europeia, para evitar a possibilidade de subsídio cruzado, nos casos de aquisições envolvendo a Atlas e a Phoenix/Global One (Decisões n. 96/546 e 96/547 da Comissão Europeia de 17-7-1996), foram estabelecidas as seguintes condições para as empresas envolvidas: as subsidiárias não poderiam alocar despesas, custos, depreciação ou empréstimos na empresa matriz; além disso, venderiam produtos ou serviços para a empresa matriz, ao mesmo preço que utilizavam para terceiros.

A separação de atividades, tornando seus custos transparentes, e a obrigação de não discriminação de preços para terceiros (veja-se Comissão Europeia, *Access Notice,* 1998) têm sido consideradas como suficientes para evitar essas práticas. Existe apenas um caso recente de *price squeeze* analisado pela Comissão Europeia, da Deutsche Telekom (DT) de 1996, em que se considerou que as novas tarifas propostas pela empresa no mercado corporativo eram baixas, tendo em vista o valor da interconexão cobrado pela DT (*Press Release* IP 96/543).

As principais conclusões que podem ser retiradas da análise da jurisprudência são as seguintes:

(i) os casos de *price squeeze* são extremamente raros fora de setores regulados (depois do caso Alcoa em 1945, são praticamente inexistentes nos EUA e existem apenas dois casos na União Europeia, nos últimos quarenta anos);

(ii) nos setores regulados, mais recentemente, também se tornaram praticamente inexistentes, dado que se considera que a

---

[12] *Vide* FCC, VII. **Pricing of Interconnection and Unbundled Elements** (<www.fcc.gov>).

[13] *Vide* Larouche, P. **Competition Law and Regulation in European Telecommunications**. 2000.

separação e a transparência dos custos mais a obrigação de não discriminar preços têm sido eficientes para evitar essas infrações;

(iii) o caso *Alcoa* estabeleceu critérios gerais para a análise da infração de *price squeeze*, em que o fundamental não é o preço do insumo, mas a relação entre este e o preço médio pago pelos consumidores finais.

Na próxima seção, usando esses critérios de definição de infração para os casos de *price squeeze* e subsídio cruzado, serão analisados, a partir dos dados fornecidos pela Telefônica, a relação entre os preços de interconexão e pagos pelos consumidores finais e os resultados da operação de STFC Longa Distância.

4.3 Níveis tarifários e a rentabilidade das operadoras de longa distância

A análise dos efeitos concorrenciais do nível das tarifas de interconexão e cobradas do usuário final de STFC Longa Distância deve considerar os seguintes aspectos: (a) em primeiro lugar, a evolução dos valores máximos permitidos pela ANATEL para o uso de rede local TU-RL e para as tarifas de uso final, para verificar se a prática dos preços máximos tem diminuído o valor apropriado pelas operadoras de longa distância; (b) em segundo lugar, a verificação dos valores de TU-RL cobrados da operação de longa distância da Telefônica e de terceiros, para averiguar se existe discriminação de preços; (c) em terceiro lugar, avaliação dos retornos do grupo Telefônica e da operação de Longa Distância para verificar a existência de subsídio cruzado.

4.3.1 Evolução da TU-RL e das tarifas de longa distância

Para implementar o novo modelo que deveria vigorar após a privatização, os valores de assinaturas, habilitação e tarifas por uso foram alterados. Na prestação de serviço de STFC Longa Distância, a forma de remuneração do serviço mudou de uma repartição das receitas entre operadoras locais e a Embratel, para uma situação em que esta última receberia a totalidade do valor pago pelos consumidores e tarifas de interconexão às operadoras locais. Esta forma de tarifação era consistente com o novo modelo de separação vertical e de incentivo à concorrência entre operadoras, definido pela Lei Geral de Telecomunicações. Entretanto, a mudança provocaria uma transferência de renda muito significativa das operadoras locais para a Embratel.

Com isso, a própria ANATEL reconheceu a insuficiência do valor da TU-RL para o equilíbrio econômico-financeiro das Concessionárias de STFC Local e autorizou, durante alguns anos, que fosse adicionada uma parcela para manter o equilíbrio econômico-financeiro das operadoras locais – que deveriam cumprir metas de universalização significativas.

Para tanto, foi criada a Parcela Adicional Transitória –, PAT um valor que foi adicionado temporariamente a TU-RL. A ideia foi preservar o equilíbrio econômico-financeiro das operadoras por meio da tarifa de interconexão, em vez de aumentar ainda mais os valores cobrados na assinatura e nos pulsos. Para evitar distorções neste valor, foi estabelecido um cronograma, primeiro para extinguir a PAT (até 2001), e depois para reduzir o valor da TU-RL (entre 2002 e 2005), como se pode ver na tabela 1. Isso significou uma queda, em valores reais, de 63% (de R$ 0,045 para R$ 0,017) entre 1998 e 2005[14].

[14] Deve-se destacar que todos os valores, bem como suas reduções, foram conhecidos pelo mercado antes da privatização do Sistema Telebrás, e foram fundamentais para o cálculo do valor pago nos leilões de privatização para cada uma das empresas.

	1998	*1999*	*2000*	*2001*	*2002*	*2003*	*2004*	*2005*
TU-RL	0,036	0,036	0,036	0,0342	0,03078	0,02616	0,02093	0,01674
PAT	0,009	0,007	0,005	0,0040				
Total	0,045	0,043	0,041	0,0382	0,03078	0,02616	0,02093	0,01674

Tabela 1. Evolução da TU-RL e PAT. Valores Reais de 1998 (R$ / minuto)

Fonte: Resolução 33 da ANATEL.

No gráfico 1, conforme análise realizada a partir dos demonstrativos de resultados da Embratel, pode-se verificar também que a diferença entre as receitas de serviços de longa distância e dos custos de pagamento de interconexão aumentou com o decorrer do tempo. Como custos e receitas tendem a crescer na mesma proporção com o tráfego, pois cada ligação paga duas TU-RL, pode-se verificar que a evolução da tarifa média recebida foi superior à do valor médio pago por interconexão.

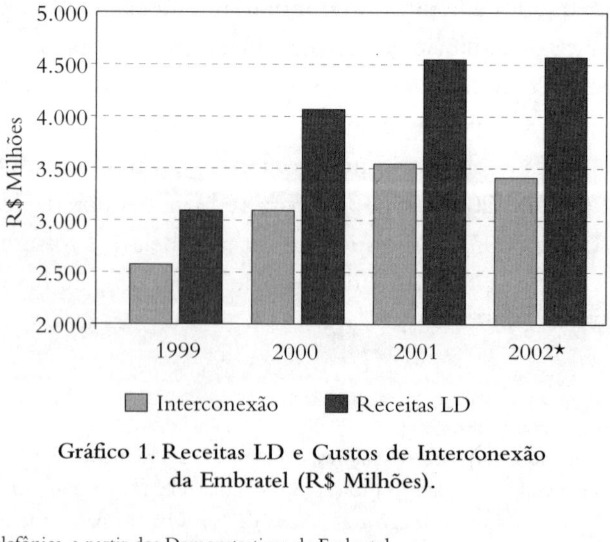

Gráfico 1. Receitas LD e Custos de Interconexão da Embratel (R$ Milhões).

Fonte: Telefônica, a partir dos Demonstrativos da Embratel.

Essas evidências não são compatíveis com a hipótese colocada pela Representação sobre preço elevado de TU-RL (quando se considera também a PAT, que é fortemente declinante e de forma mais rápida do que o valor médio das receitas de longa distância) e de existência de *price squeeze* (ao contrário, aumenta a margem entre o valor cobrado do consumidor pelas ligações de longa distância e o valor de interconexão).

4.3.2 Discriminação de tarifas

A Representação para caracterizar a conduta infrativa tem como primeira hipótese a discriminação de tarifas, ou seja, a Telefônica praticaria valores de TU-RL para as companhias de Longa Distância – Embratel e Intelig – diferentes daqueles cobrados para a sua própria operação de Longa Distância.

Para averiguar essa hipótese, são analisados os valores máximos definidos pela ANATEL para as operadoras de telefonia local nos anos de 2000 e 2001. O Ato n. 9.444, de 19 de junho de 2000, e o Ato n. 17.149, de 21 de junho de 2001, estabeleceram as seguintes tarifas (TU-RL, em R$/minuto) líquidas de impostos, reproduzidas na tabela 2.

	Jun/2000	*Jun/2001*
TELESP	0,04439	0,04820
CTBC	0,05068	0,05500
CETERP	0,05968	0,05500

Tabela 2. Tarifas Definidas pela ANATEL.

Fonte: ANATEL.

Para verificar se os valores cobrados pela Embratel e pela Intelig são superiores aos cobrados para a divisão de Longa Distância Nacional da Telefônica, foi utilizada a distribuição do tráfego de longa distância da Telefônica, em minutos, para o ano de 2001 que está na tabela 3, a partir da qual se chega à distribuição de unidades de TU-RL. No ano de 2001 foram considerados dois períodos em que tarifas distintas estavam em vigência – o primeiro e o segundo semestres do ano. Os dados são das empresas do Grupo Telefônica (TELESP, CTBC – Companhia Telefônica da Borda do Campo e a CETERP – Companhia Telefônica de Ribeirão Preto).

	Total TU-RL
1º Semestre 2001	6.911.773
2º Semestre 2001	7.597.739
Total 2001	14.509.512

Tabela 3. Tráfego Mil Minutos por Ano para Longa Distância Telefônica.

Fonte: Grupo Telefônica.

Do mesmo modo, na tabela 4 temos o total dos gastos com tarifas de interconexão para o ano de 2001 da Telefônica Longa Distância.

	Total TU-RL
1º Semestre 2001	308.874
2º Semestre 2001	368.580
Total 2001	677.454

Tabela 4. Custos para a Telefônica LD.

Fonte: Grupo Telefônica.

Desta forma, pode-se calcular o custo de uma unidade de TU-RL e compará-la com o custo desta mesma unidade de TU-RL para a Embratel e a Intelig. O cálculo destes valores é apresentado na tabela 5 a seguir.

	2000/2 e 2001/1	*2001/2*
Telefônica LD*	0,04469	0,04851
Outras Prestadoras**	0,04439	0,04820
Diferença	0,676%	0,643%

* TU-RL paga a Telesp, CTBC, CETERP.

** TU-RL paga a Telesp.

Tabela 5. Cálculo da TU-RL paga pela Telefônica LD e por Outras Prestadoras.

Fonte: Grupo Telefônica.

O principal resultado mostrado por esta tabela é que ao longo do segundo semestre de 2000, bem como do primeiro semestre de 2001, a TU-RL média cobrada pela Telefônica (Telesp, CTBC e CETERP) das suas operações de longa distância apresentava uma diferença insignificante, e para maior, em relação à TU-RL paga por terceiros. Isso ocorre em função das diferentes tarifas de TU-RL praticadas por cada uma das operadoras locais. Logo, a acusação das Representantes não se sustenta para este período. A conclusão é que, a partir dos demonstrativos financeiros, não se observam diferenças tarifárias que pudessem caracterizar discriminação nos valores de TU-RL com o objetivo de excluir concorrentes.

4.3.3 Subsídios cruzados

Os subsídios cruzados, no presente caso, são as formas pelas quais as operações de telefonia local poderiam gerar lucros elevados o suficiente para permitir que as operações de longa distância gerassem prejuízo, ou pelo menos uma lucratividade muito inferior à de mercado. A existência ou não desta conduta depende da análise das operações de longa distância da Telefônica.

O gráfico 2 indica a composição das receitas das operações de longa distância da Telefônica em 2001.

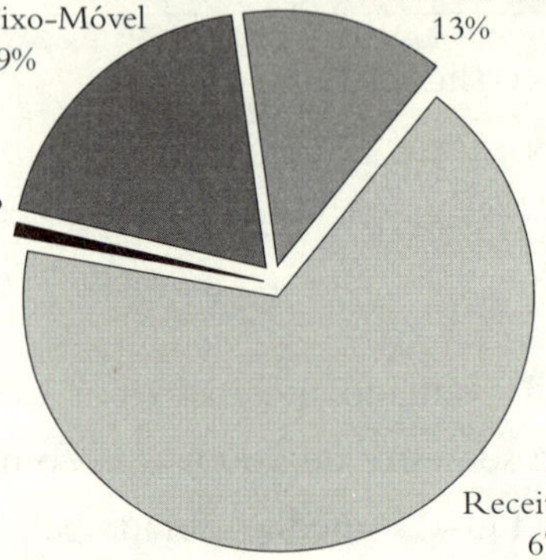

Gráfico 2. Receitas da Telefônica longa distância no ano 2001.

Fonte: Grupo Telefônica.

Pode-se notar que cerca de dois terços das receitas das operações de longa distância da Telefônica são obtidos com a prestação do serviço de telefonia de longa distância intrarregião. Do restante, 13% são oriundos das receitas pela remuneração pelo uso da rede interurbana (TU-RIU) da Telefônica na região por parte de outras operadoras, cerca de 19% é resultante dos serviços de telefonia de longa distância para telefones celulares, sendo o remanescente das receitas as ligações interurbanas originadas de telefones públicos.

Em primeiro lugar, deve-se observar que esta composição de receitas é motivada pela limitação dos serviços de Longa Distância à Região III, que ainda existia em 2001. Na tabela 6, pode-se ver o cálculo do valor médio da ligação por minuto de cada uma das operadoras. O fato de as operadoras de STFC Local, até o início daquele ano, estarem restritas a prestar o serviço dentro de sua região, ocasionou que apresentassem uma maior proporção relativa de tarifas D1 (distância menor do que 50 km, no horário normal valendo R$ 0,12/minuto) e D2 (distância entre 50 e 100 km, no horário normal valendo R$ 0,21/minuto) que a Embratel, que já prestava o serviço em todo o território nacional, portanto, com maior participação relativa de tarifas D3 (distância entre 100 e 300 km, no horário normal, valendo R$ 0,32/minuto) e D4 (distância maior do que 300 km, no horário normal, valendo R$ 0,37/minuto). O valor de uma D4 no horário normal é três vezes o de uma D1.

Empresa	*Tarifa média de longa distância*
Embratel	22
Brasil Telecom	14
Telemar	13
Telefônica	13

Tabela 6.Valor Médio da Ligação de Longa Distância (R$/minuto).

Fonte: Balanço das empresas, análise do Grupo Telefônica.

É importante ressaltar que a Embratel e a Intelig, pelo Plano Geral de Outorgas – PGO detiveram, em regime de duopólio, a quase totalidade do tráfego D4 (acima de 300 km) existente no Brasil, por causa da exclusividade de operar em todo o território nacional[15]. Apenas como exemplo, a diferença entre estrutura de tráfego implicava que o valor da tarifa média da Telefônica deveria crescer 69% para atingir o mesmo valor que a Embratel.

---

[15] O modelo regulatório, cristalizado no PGO, destinou ao duopólio, exercido pela Embratel e pela Intelig, o tráfego entre as principais capitais brasileiras no horário comercial (que apresenta as melhores margens, pois é provavelmente o mais inelástico).

Valor Bruto dos Serviços Prestados	**1.803,38**
Ligações Fixo-Fixo (LDN)	1.208,89
Ligações Fixo-Celular	339,29
Remuneração Uso de Rede – TU-RIU	229,94
Ligações Telefones Públicos	25,26
(-) Impostos	(446,74)
Valor Líquido dos Serviços Prestados	**1.356,65**
Consumo Intermediário	**1.242,78**
Depreciação	213,92
Remuneração Uso de Rede – Mesma Prestadora	677,45
Remuneração Uso de Rede – Outras	111,36
Aluguel de Infraestrutura	2,22
Despesas Comercialização	146,13
Despesas Gerais e Administrativas	30,58
Outras Despesas	61,12
Remuneração Líquida do Capital	113,40

Tabela 7. Demonstrativo de Resultados Tefefônica LDN (ano 2001) (R$ milhões).

Fonte: Grupo Telefônica.

Para avaliar a existência de subsídios cruzados, deve-se verificar como a operação de longa distância da Telefônica remunera o seu capital. Em outras palavras, deve-se avaliar se a Telefônica, com o atual sistema de tarifas para o usuário final e para a interconexão, consegue gerar um valor adicionado positivo, de forma a remunerar o seu capital adequadamente em longa distância. Com os dados dos demonstrativos econômico-financeiros reportados pela Telefônica à ANATEL, é possível apurar os resultados apontados na tabela 7.

As primeiras linhas desta tabela mostram os valores dos serviços que a Telefônica presta aos consumidores e usuários de rede para serviços de voz. Nas linhas indicadas como consumo intermediário, por sua vez, estão os dados referentes ao custo direto dos bens e serviços consumidos no processo de fornecimento dos serviços. Foram incluídos também os valores referentes à remuneração da mão de obra e despesas gerais e administrativas, de modo que, ao retirar da receita operacional líquida o consumo intermediário, chega-se a uma medida próxima à margem operacional própria. assim sendo, não é possível chegar a um valor mais acurado de retorno, pois não é possível determinar o valor de resultados financeiros (diferença entre receitas e despesas financeiras) por divisão operacional e chegar ao lucro líquido gerado pela longa distância.

Assim, para assegurar que o valor gerado pelas operações de longa distância da telefônica não exclui outras empresas, é necessário garantir que esta margem operacional própria, que remunera o capital, seja positiva. Neste caso, observa-se que o valor resultante é positivo com uma magnitude de R$ 113,40 milhões.

No entanto, para que se possa determinar uma posição sobre a existência ou não de subsídios cruzados, resta uma última questão: ainda que as operações de longa distância da Telefônica consigam gerar um retorno positivo para o capital, é necessário avaliar se este retorno é adequado, tendo-se em vista a remuneração normal de mercado para o capital. Para tanto, deve-se determinar o retorno sobre a base de ativos desta unidade de negócios.

Como os demonstrativos apresentados à ANATEL não têm um valor de base de ativos, foi realizada uma estimativa aproximada, obtida a partir dos valores para a depreciação e de uma expectativa de vida média dos ativos como sendo de 12 anos (tempo considerado adequado pelos técnicos da Telefônica). Desta forma, para um valor de depreciação de R$ 213,92, como mostrado acima, estima-se uma base de ativos da ordem de R$ 2.567 milhões.

Para chegar à remuneração normal do capital, um candidato natural para servir de padrão de comparação é o custo médio ponderxado do capital (*Weighted Average Cost of Capital* – WACC)[16],

[16] Uma apresentação sobre o tema se encontra em Brealey & Myers. **Principles of Corporate Finance**. US: McGraw-Hill, 2000.

que mede de forma aproximada qual é a remuneração requerida pelos donos do capital da empresa – os acionistas (capital próprio) e os credores (capital de terceiros). Entretanto, no Brasil, dado o valor elevado da taxa de juros básica, esse retorno seria extremamente elevado, de modo que o descartamos como parâmetro, pois hoje poucas atividades industriais conseguem esse nível de retorno. Outra comparação possível é a de taxa de retorno de 12% a.a. sobre o capital próprio, que foi utilizada no passado como parâmetro para setores regulados. Como, possivelmente, nenhuma empresa esteja conseguindo este retorno atualmente, considerou-se melhor uma comparação com os indicadores da Telefônica e das principais empresas do setor.

	Rentabilidade s/ Ativo ano 2000	*Rentabilidade s/ P.L. ano 2000*
Brasil Telecom PN	3,6	6,7
Telemar PN	6,3	7,5
Telesp Operac. PN	7,4	11,3

Tabela 8. Rentabilidade do Ativo e do Patrimônio Líquido (ano 2000) (em %).

Fonte: Economática.

A Economática disponibiliza a rentabilidade sobre o ativo e sobre o patrimônio líquido no ano de 2000 para as principais empresas de telecomunicações, como se vê na tabela 8. Nenhuma delas consegue um retorno de 12% sobre o patrimônio líquido, muito menos de 18%, que é a taxa de juros básica no ano.

No caso atual, como não existe uma "estrutura de capital" (relação entre passivo e patrimônio líquido) da divisão de serviços de longa distância, compara-se o resultado obtido pela margem operacional própria sobre o valor do investimento (que representa a maior parte do Ativo). A margem operacional própria sobre o ativo (R$ 113,40 milhões / R$ 2.567 milhões) implica um retorno aproximado de 4% em 2001. Uma comparação mais adequada deveria descontar o valor de IR e o pagamento de juros da margem operacional própria. De qualquer forma, tendo em vista a distorção pelo lado da receita (a já mencionada, baixa proporção de D3 e D4), que compensa o item anterior, considera-se que o retorno sobre o ativo não é muito diferente do conjunto das atividades de telecomunicações de empresas como Brasil Telecom, Telemar e Telesp Operac.

De modo que se pode concluir, baseado nos demonstrativos de resultados, que não existem sequer indícios, seja da discriminação de preços, seja da existência de lucros extraordinários da empresas de STFC Local ou de prejuízos da operação de longa distância da Telefônica, que pudessem caracterizar a existência de subsídios cruzados.

4.3.4 A situação econômico-financeira da Embratel

Um indício adicional sobre a existência da infração poderiam ser os resultados das operadoras de longa distância não integradas e verificar até que ponto a sua evolução reflete problemas operacionais em consequência de tarifas pagas e recebidas. A análise será centrada no caso da Embratel, porque ela é a maior prestadora de serviços de longa distância, sendo responsável por mais de dois terços do total de ligações de longa distância no país em 2001 e também porque é a única que publica dados financeiros regularmente, pelo fato de ser uma Sociedade Anônima.

O sistema Economática mostra dados da empresa a partir do terceiro trimestre de 1998, logo após a privatização. A partir daí, com os dados sobre o Demonstrativo de Resultados do Exercício, foram calculados os seguintes valores para o Lucro Antes do Imposto de Renda – LAIR, e para o Lucro Líquido – LL, para cada um dos trimestres após a privatização da Embratel. Estes dados são apresentados no gráfico 3.

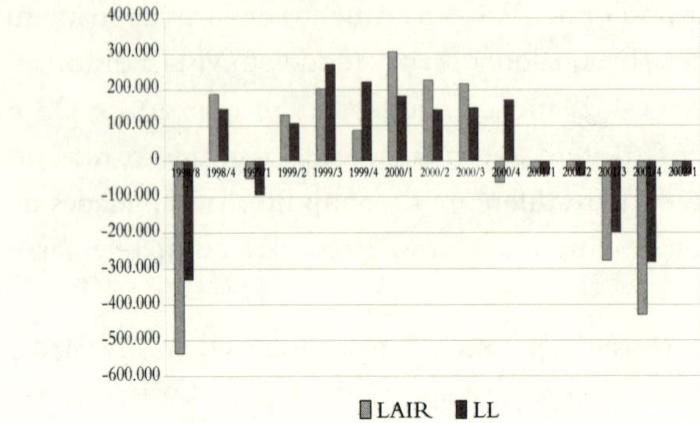

Gráfico 3. Evolução do lucro da Embratel.

Fonte: Economática.

Além desses indicadores de rentabilidade, também foi construído, com base em dados anuais, o *Earnings Before Interest, Taxes, Depreciation and Amortization* (Lucro Antes dos Juros, Impostos, Depreciação e Amortização) – EBITDA, para os anos de 1998 a 2001. Os resultados estão representados no gráfico 4 a seguir.

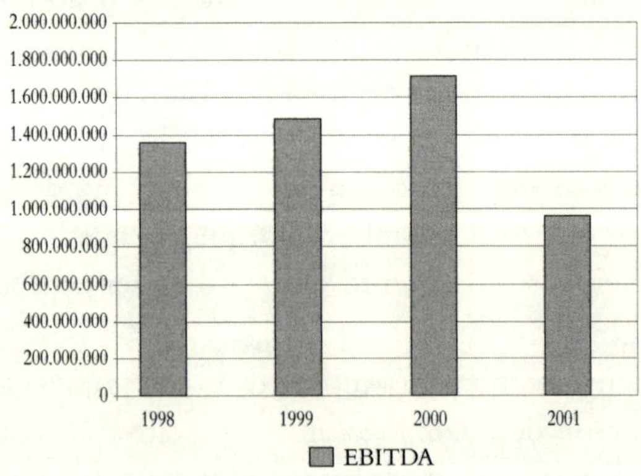

Gráfico 4. Evolução do EBITDA da Embratel.

Fonte: Economática.

Ao contrário do que afirma a Representação, o fato de começar a receber o total da receita advinda dos consumidores finais e pagar os valores de TU-RL teve um impacto fortemente positivo sobre sua rentabilidade. Este foi inclusive um motivo pelo qual, inicialmente, as regras do programa de privatização criaram uma "parcela transitória" adicionada ao valor da TU-RL, para evitar que a transferência de renda das operadoras locais para a Embratel fosse ainda maior.

Esse lucro positivo se mantém, por sua vez, até o último trimestre de 2000. Durante o ano de 2001, no entanto, a rentabilidade da Embratel começa a se deteriorar, apresentando somente uma melhora no último trimestre daquele ano. Em 2001, o EBITDA da empresa acaba reduzindo-se para cerca de 60% do valor do ano anterior. Note-se que a competição intrarregional começou já em 1998 após a privatização, entretanto, até 2000 os lucros da Embratel eram crescentes, mesmo com o valor de interconexão em queda (TU-RL mais PAT).

Para analisar quais são as causas do declínio da rentabilidade após 2000, utilizaremos uma série de indicadores de rentabilidade, de forma a determinar as fontes desta piora. mais especificamente, concentraremo-nos nos seguintes indicadores: margem bruta; margem operacional própria; margem operacional e margem líquida[14].

[14] a) Margem Bruta: $MB = \frac{LB}{RLO}$

b) Margem Operacional Própria: $MPO = \frac{L - SG\&A}{RLO}$

c) Margem Operacional: $MO = \frac{LB - SG\&A - RF - RNO}{RLO}$

d) Margem Líquida: $ML = \frac{LB - SG\&A - RF - RNO}{RLO}$

Em que:
RLO = Receita Líquida Operacional (Receita Bruta menos Impostos sobre Vendas).
LB = Lucro Bruto
SG&A = Despesas Operacionais e Administrativas
RF = Resultado Financeiro (Diferença entre Receitas Financeiras e Despesas Financeiras)

O lucro bruto é calculado como a diferença entre a receita líquida operacional, mencionada acima, e o custo dos produtos vendidos – dentro do qual estão incluídos os custos de interconexão, as TU-RL e as TU-RIU pagas pela Embratel. Ou seja, entre os indicadores de rentabilidade aqui utilizados, eles são afetados pela evolução da TU-RL por meio da variação da margem bruta. Qualquer variação desses índices, para mais ou para menos, superior à variação da margem bruta, tem outras causas que não a TU-RL.

A vantagem desta formulação é que o uso desses indicadores, pela sua própria definição, permite analisar o impacto de várias despesas – tais como o resultado financeiro, as despesas administrativas e as despesas não operacionais – sobre a lucratividade da Embratel. Ou seja, pode-se determinar, por exemplo, o papel das despesas administrativas sobre a lucratividade da empresa, por meio da diferença entre a margem bruta e a margem operacional própria. Os valores para este indicador calculados para cada trimestre a partir do quarto trimestre de 1998, com exceção do primeiro trimestre de 1999, onde os dados são inexistentes, estão no gráfico 5.

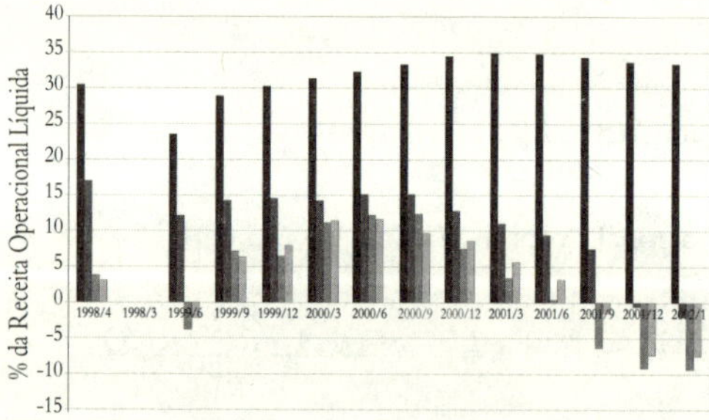

Gráfico 5. Evolução das margens bruta e operacional da Embratel.

Fonte: Economática.

RNO = Resultado Não Operacional (Despesas Não Operacionais, Imposto de Renda e Despesas com Participação de Minoritários).

Inicialmente, observa-se que, ao longo do período 1999-2001, a margem bruta[17] se mantém praticamente constante, crescendo para um nível superior a 30%. No entanto, a margem líquida – que retira da margem bruta o total das despesas administrativas, se reduz ao longo do período – se reduz de uma média de 15% para um valor próximo de zero no segundo semestre de 2001.

A partir do quarto trimestre de 2000, a margem bruta se mantém constante entre 30% e 35% da receita operacional líquida. No entanto, a margem operacional própria (que retira as despesas administrativas da margem bruta) começa a declinar. Desta forma, temos uma indicação que as despesas administrativas e operacionais começaram a impactar negativamente a rentabilidade da empresa deste trimestre em diante.

Retirando do total das receitas os gastos financeiros, a situação fica ainda mais complicada. A partir de meados de 2000, a margem operacional (que desconta as despesas financeiras da margem operacional própria) desloca-se de um máximo de cerca de 12% da receita líquida operacional, para um valor fortemente negativo de aproximadamente 10%. Um comportamento similar é observado pela margem líquida. Desta forma, o resultado financeiro também tem um peso muito importante sobre a evolução da lucratividade ao longo do período pós-privatização.

Assim sendo, pode-se concluir que a lucratividade da empresa em questão vem caindo sistematicamente ao longo do período, por causa, principalmente, de dois fatores. O primeiro deles é o aumento das despesas operacionais com vendas e com a administração, e o segundo está relacionado com as despesas financeiras. Ou seja, não se relaciona à mudança da proporção entre o preço

[17] Definida como o lucro bruto como fração da receita líquida operacional — por sua vez, igual à receita bruta menos impostos sobre vendas.

médio ao consumidor final das ligações de longa distância e o valor da TU-RL, que seria essencial para caracterizar a infração de *price squeeze*.

4.4 Nota conclusiva: condutas, estrutura tarifária e universalização

A conclusão a que se pode chegar, depois da análise da lógica dos argumentos e dos fatos trazidos pela Representação, é a de que não existiram fundamentos para as hipóteses de conduta infrativa proposta pelas Representantes, pois:

(i) O valor da TU-RL, mesmo se fosse considerado alto, não implicaria logicamente que: (a) houvesse discriminação de preços ou (b) subsídio cruzado. O *price squeeze* se caracteriza pela manipulação de preços de insumos e de produto final, não pela existência de um preço elevado de insumo.

(ii) Os demonstrativos financeiros mostram que *não houve discriminação de preços*, o valor de TU-RL cobrado da Telefônica longa distância é equivalente ao cobrado da Embratel.

(iii) Os demonstrativos de resultados da Telefônica longa distância mostram que inexistem subsídios cruzados, pois a taxa de retorno sobre os ativos desta operação é semelhante ao de outras operadoras de STFC. Além disso, as operações de STFC Local da Telefônica não apresentam lucros significativamente maiores dos que a média.

Os demonstrativos de resultados da Embratel demonstram que sua queda de rentabilidade é decorrente não do efeito de preços de insumos (TU-RL) ou de tarifas cobradas de usuários finais, mas por problemas de inadimplência e de administração de dívida. Diante disso, não há como caracterizar efeitos danosos à concorrência advindos de condutas da operação de longa distância da Telefônica.

REFERÊNCIAS

AMERICAN BAR ASSOCIATION. **Antitrust Law Developments** (Fourth), 1997. Disponível em: <http://www.abanet.org>.

BRASIL. Ministério das Comunicações. **Representação Embratel-Intelig**. Agência Nacional de Telecomunicações.

BRASIL. Presidência da República. Casa Civil. **Decreto n. 6.654, de 20 de novembro de 2008**. Plano Geral de Outorgas. Disponível em: <http://www.planalto.gov.br/ccivil_03/_Ato2007-2010/2008/Decreto/D6654.htm>. Acessado em: 30 out. 2009.

BRASIL. **Lei n. 9.472/97**. Disponível em: <http://www.jusbrasil.com.br/legislacao/103340/lei-9472-97>. Acessado em: 31 out. 2009.

BRASIL. Ministério das Comunicações. **Resolução n. 33, de 13 de julho de 1998**. Agência Nacional de Telecomunicações. Disponível em: <http://www.anatel.gov.br/Portal/verificaDocumentos/documento.asp?numeroPublicacao=9380&assuntoPublicacao=Resolu%E7%E3o%20n.%BO%2033&caminhoRel=Cidadao-Biblioteca Acervo%20Documental&filtro=1&documentoPath=biblioteca/resolucao/1998/res_033 98.htm>. Acessado em: 31 out. 2009.

BRASIL. Ministério das Comunicações. **Ato n. 9.444, de 19 de junho de 2000**. Agência Nacional de Telecomunicações. Disponível em: <http://www.anatel.gov.br>.

BRASIL. Ministério das Comunicações. **Ato n. 17.149, de 21 de junho de 2001**. Agência Nacional de Telecomunicações. Disponível em: <http://www.anatel.gov.br>.

BREALEY; MYERS. **Principles of Corporate Finance**. US: McGraw-Hill, 2000.

ECONOMÁTICA. Disponível em: <http://www.economatica.com>.

EUROPEAN COMMISSION. **Decisões n. 96/546 e 96/547 da Comissão Europeia de 17-7-1996**. Disponível em: <http://ec.europa.eu>.

EUROPEAN COMMISSION. **Access Notice**, 1998. Disponível em: <http://ec.europa.eu>.

FEDERAL COMMUNICATIONS COMMISSION. **VII. Pricing of Interconnection and Unbundled Elements**. Disponível em: <http://www.fcc.gov>.

GRUPO TELEFÔNICA. Disponível em: <http://www.telefonica.com.br>.

LAROUCHE, P. **Competition Law and Regulation in European Telecommunications.** Portland (US): Hart Publishing, 2000.

5 TRÁFEGO MÚTUO E DIREITO DE PASSAGEM COMO INSTRUMENTOS PARA COMPARTILHAMENTO DE INFRAESTRUTURA NO SETOR FERROVIÁRIO

Caio Mário da Silva Pereira Neto

Professor do programa de educação continuada e especialização em Direito GVlaw; *professor de Direito Econômico da Escola de Direito de São Paulo da Fundação Getulio Vargas – DIREITO GV; professor da Sociedade Brasileira de Direito Público – SBDP; mestre (Masters of Law – LL.M.) e doutor (Doctor of Juridical Science – J.S.D) em Direito pela Universidade de Yale (EUA); advogado.*

Luis Felipe Valerim Pinheiro

Professor do programa de educação continuada e especialização em Direito GVlaw; *professor da Sociedade Brasileira de Direito Público – SBDP; mestre em Direito Econômico e Financeiro pela Universidade de São Paulo – USP; advogado.*

Mateus Piva Adami

Mestre em Direito do Estado pela Universidade de São Paulo – USP; advogado.

5.1 Introdução

O transporte ferroviário representa um segmento de importância estratégica indiscutível para o desenvolvimento econômico do país, considerando sua capacidade de reduzir sensivelmente os custos de transporte de cargas e promoção de ganhos na eficiência produtiva das demais atividades econômicas.

Como se sabe, este setor da economia caracteriza-se como uma "indústria de rede", dependendo de determinados bens essenciais para sua exploração (e. g., malha ferroviária e demais recursos operacionais), cuja duplicação por outros agentes tende a ser difícil em diversas situações.

Isso ocorre porque a atratividade do modal de transporte ferroviário depende fundamentalmente da expansão da malha ferroviária, e que dificilmente um único particular – ou mesmo o Estado – conseguiria realizar todos os investimentos necessários para atingir esse objetivo, o que leva a uma pluralidade de agentes atuantes nesse setor.

Assim, o aumento de produtividade do setor de transporte ferroviário depende da execução de alguns instrumentos regulatórios que visem à integração entre as malhas ferroviárias e à eliminação de restrições operacionais.

Quanto a esse aspecto, há uma semelhança grande com outros setores da economia, como telecomunicações ou energia elétrica, por exemplo, em que devem existir regras claras para nortear a integração das redes, com vistas a viabilizar a prestação de serviços públicos da forma mais eficiente possível.

No contexto brasileiro, o atual modelo de exploração dos serviços concedidos prevê a existência de diversas malhas regionais, outorgadas por meio de concessões a concessionários distintos. Segmentaram-se, sob a ótica das malhas, uma série de pontos de origem e destino de interesse dos usuários, por exemplo, centros produtores de bens conectados a portos ou a grandes mercados consumidores. Nesse contexto, pontos de origem localizados em uma malha podem ter interesse em pontos de destino localizados em outra malha.

Assim, torna-se fundamental a adequada implantação de instrumentos regulatórios para a realização de compartilhamento da infraestrutura ferroviária, a fim de que uma determinada concessionária ou, em alguns casos, um usuário de grande porte possa acessar a malha concedida pela União a outra pessoa jurídica.

Durante os anos de 2003 e 2004, a Agência Nacional de Transportes Terrestres – ANTT desenvolveu ações com vistas a otimizar a operação da malha ferroviária por meio do tráfego mútuo e do direito de passagem, o que culminou com a edição da Resolução n. 433, de 17 de fevereiro de 2004.

Mais recentemente, tem-se observado manifestações de setores do governo federal no sentido de rever e de aprimorar alguns aspectos das concessões de serviço público de transporte ferroviário, com vistas a promover algum grau de competitividade nesta atividade e redução de tarifas para os usuários finais[1]. Um dos pontos

---

[1] RITTNER, Daniel. Governo discute engavetar Ferroanel e alterar regras do setor ferroviário. **Valor Econômico**, São Paulo, 17 mar. 2008. Disponível em: <http://www.valoronline.com.br/ValorImpresso/MateriaImpresso.aspx?tit=Governo%20far%E1%20reforma%20geral%20na%20concess%E3o%20de...&dtmateria=11/02/2009&codmateria=5412256&codcategoria=195&tp=869135697&p=0&t=12px> e RITTNER, Daniel. Governo vai alterar regras para ferrovias. **Valor Econômico**, São Paulo, 11 fev. 2009. Disponível em: <http://www.valoronline.com.br>. Acesso em: 26 out. 2009.

mais relevantes no âmbito dessa discussão diz respeito justamente à interconexão ou compartilhamento das malhas ferroviárias para fins de prestação do serviço público.

A promoção do compartilhamento da malha ferroviária tende a propiciar a eficiência em sua exploração e ganho de competitividade do modal ferroviário em comparação com os demais meios de transporte. Conforme referido acima, a legislação prevê duas formas distintas para a realização do referido compartilhamento[2], a saber, o *tráfego mútuo* e o *direito de passagem*, que constituem graus distintos de ingerência na malha da concessionária acessada.

Conforme será detalhado mais adiante, no *tráfego mútuo* a concessionária acessante realiza o transporte até um ponto de entrada na malha da concessionária acessada, sendo que, a partir daí, o transporte é complementado pela detentora da via – ou seja, ocorre o intercâmbio de vagões ou, excepcionalmente, de carga entre concessionárias, sendo que uma acaba por não trafegar na malha de outra concessionária. Nesse mecanismo, ocorre o compartilhamento de recursos operacionais, sendo que a concessionária detentora da malha acessada efetivamente realiza uma parcela do transporte contratado pelo usuário. Por sua vez, no *direito de passagem*, a concessionária acessante adentra na malha acessada com sua própria tração, ou seja, compartilha-se apenas a via propriamente dita, com a definição prévia de um sistema de licenciamento de trens[3].

---

[2] Neste estudo, utilizaremos a expressão "compartilhamento de infraestrutura" para designar tanto o tráfego mútuo quanto o direito de passagem, embora, conceitualmente, o primeiro seja sensivelmente mais amplo que o segundo, por envolver outros recursos operacionais (e.g., tração).

[3] A seguir, fazemos referência às atuais definições regulamentares presentes na Resolução ANTT n. 433/2004, que serão objeto de aprofundamento neste estudo:

"Art. 2º Para efeito desta Resolução, serão adotadas as seguintes definições: I — tráfego mútuo: é a operação em que uma concessionária, necessitando ultrapas-

Embora ambos os institutos constituam espécies de compartilhamento de bens essenciais para o serviço de transporte ferroviário, as concessionárias acessadas tendem a preferir a primeira espécie (em função da menor intervenção sobre as suas vias), enquanto as acessantes a segunda (em função, primordialmente, de variação nos custos e no tempo para promoção do transporte).

De fato, como se verá adiante, as condições para oferecimento das duas espécies de compartilhamento e os direitos envolvidos são objeto de divergência entre as concessionárias, que, inclusive, já demandaram a intervenção do órgão regulador – ou mesmo do Poder Judiciário – para determinar, em casos concretos, qual a solução que deveria ser adotada.

Frise-se que as alterações e os aprimoramentos dos referidos institutos regulatórios pela ANTT não podem prescindir de uma análise que considere as competências e os limites legais para atuação desta Agência, bem como dos direitos e garantias dos atuais concessionários, inclusive, no tocante ao atual regime de exclusividade das concessões do serviço de transporte ferroviário.

O objetivo do presente artigo é descrever a disciplina legal e regulatória atual destes dois institutos do setor ferroviário brasi-

sar os limites geográficos de sua malha para complementar uma prestação de serviço público de transporte ferroviário, compartilha recursos operacionais, tais como material rodante, via permanente, pessoal, serviços e equipamentos, com a concessionária em cuja malha se dará o prosseguimento ou encerramento da prestação de serviço, mediante remuneração ou compensação financeira; e II — direito de passagem: é a operação em que uma concessionária, mediante remuneração ou compensação financeira, permite a outra trafegar na sua malha para dar prosseguimento, complementar ou encerrar uma prestação de serviço público de transporte ferroviário, utilizando a sua via permanente e o seu respectivo sistema de licenciamento de trens".

leiro, bem como explorar os aspectos relevantes de casos concretos envolvendo tais mecanismos, a fim de avaliar seus contornos jurídicos e os espaços existentes para seu aprimoramento como meio de promoção do serviço de transporte ferroviário. Ademais, procura-se apontar aspectos fundamentais a ser atentados pela ANTT no processo de aprimoramento do direito de passagem e sua relação com o tráfego mútuo.

Nas páginas seguintes, analisaremos as linhas gerais da disciplina do tráfego mútuo e do direito de passagem na legislação e nos contratos de concessão vigentes, conjugada com a garantia de exclusividade na prestação do serviço pelos atuais concessionários (tópico II, *infra*). Após, verificaremos como a ANTT disciplinou o direito de passagem e o tráfego mútuo por meio da Resolução n. 433, de 17 de fevereiro de 2004 (tópico III, *infra*). A seguir, serão analisados dois conflitos entre concessionárias sobre tais institutos que ensejaram a intervenção do órgão regulador (tópico IV, *infra*). Pontuaremos, à luz do exposto, algumas sugestões para aperfeiçoamento do direito de passagem como instrumento regulatório relevante para a promoção do compartilhamento de bens indispensáveis ao serviço de transporte ferroviário (tópico V, *infra*). Ao final, sintetizaremos nossas conclusões (tópico VI, *infra*).

5.2 Tráfego mútuo e direito de passagem na legislação e nos contratos de concessão e a exclusividade na prestação dos serviços ferroviários

Inicialmente, é preciso delimitar a disciplina legal do tráfego mútuo e o direito de passagem, bem como a amplitude das competências da ANTT para regular esses institutos.

5.2.1 Caracterização do tráfego mútuo e do direito de passagem na legislação e nos contratos de concessão e os limites à regulamentação da ANTT

O estudo da legislação e dos contratos de concessão[4] ajuda a balizar os limites da competência regulatória da ANTT em relação à disciplina do tráfego mútuo e do direito de passagem, inclusive no que tange à resolução de conflitos entre concessionárias.

Enquanto a legislação é um parâmetro intransponível para a atuação do órgão regulador, os contratos de concessão constituem um parâmetro condicionante da atuação da ANTT na solução de divergências, mas podem ter suas cláusulas regulamentares modificadas ao longo do tempo, para efeitos futuros, por meio de aditamento ou do exercício de seu poder normativo. Contudo, a eventual alteração dos contratos pode implicar a relativização ou subtração de benefícios econômicos das concessionárias, sendo passíveis de concretização apenas após negociações destas e contrapartidas por parte do Poder Público.

Feita essa observação, passa-se à análise da legislação e dos contratos de concessão, especialmente no que tange à disciplina de tráfego mútuo e direito de passagem.

A legislação específica não traz uma conceituação precisa desses dois mecanismos, conforme se extrai da Lei n. 10.233, de 5 de junho de 2001:

> Art. 25. Cabe à ANTT, como atribuições específicas pertinentes ao Transporte Ferroviário: (...) V – *regular e coordenar a atuação dos concessionários, assegurando neutralidade* com relação aos interesses dos usuários, orientando e disciplinando o *tráfego mútuo e o direito de passagem de trens de passageiros e cargas e arbitrando* as questões não resolvidas pelas partes.

---

[4] O presente estudo considera apenas a disciplina do serviço de transporte ferroviário prevista nos contratos de concessão celebrados a partir de 1996.

Por sua vez, os contratos de concessão (celebrados em 1997) fazem referência a uma relação de subsidiariedade entre o tráfego mútuo e o direito de passagem, considerando que o segundo seria empregado apenas diante da *impossibilidade* de se realizar o primeiro[5]. O Decreto n. 1.832, de 4 de março de 1996 (ou "Regulamento de Transportes Ferroviários"), possui redação semelhante[6] e deixa margem para que as Administrações Ferroviárias estipulem os termos dos contratos, aberta a possibilidade de intervenção do Poder Concedente – atualmente realizada pela ANTT.

Desse contexto, extrai-se que a legislação conferiu à ANTT a prerrogativa de disciplinar o conteúdo desses conceitos, bem como de solucionar conflitos entre as partes durante esse tipo de pactuação. Isso deve ocorrer em linha com as demais disposições legais e regulamentares.

A legislação pertinente é bastante ampla e permeada de conceitos jurídicos indeterminados, os quais podem receber detalhamento infralegal – em função da regulamentação do Poder Executivo e da prerrogativa de a ANTT regular o tráfego mútuo e o direito de passagem. É inequívoco que a competência para a regulação da atividade pressupõe, entre outras formas de atuação, a expedição de atos normativos voltados a concretizar os desígnios legais.

---

[5] "Cláusula 9.1 — XXII *Garantir tráfego mútuo* ou, *no caso de sua impossibilidade, permitir o direito de passagem* a outros operadores de transporte ferroviário, mediante a celebração de contrato, dando conhecimento de tais acordos à concedente no prazo de 30 dias. Serão definitivas as exigências que a concedente venha a fazer com relação às cláusulas de tais contratos referentes ao controle do abuso de poder econômico e à segurança do tráfego ferroviário" (texto extraído do contrato de concessão da Malha Sul).

[6] "Art. 6º As Administrações Ferroviárias são obrigadas a operar em tráfego mútuo ou, no caso de sua impossibilidade, permitir o direito de passagem a outros operadores. § 1º As condições de operação serão estabelecidas entre as Administrações Ferroviárias intervenientes, observadas as disposições deste Regulamento. § 2º Eventuais conflitos serão dirimidos pelo Ministério dos Transportes."

Portanto, observa-se que a ANTT dispõe de competência para *regular* e *coordenar* a atuação das concessionárias de transporte ferroviário, inclusive no que tange ao *compartilhamento da malha ferroviária*, observada a *neutralidade* em relação aos interesses dos usuários. Essa prerrogativa deve levar em consideração a relação de *subsidiariedade* entre o tráfego mútuo e o direito de passagem presente nos contratos de concessão e no Decreto n. 1.832/96.

Note-se que tanto os contratos de concessão quanto o Decreto n. 1.832/96 são anteriores à atual disciplina dada pela Lei n. 10.233/2001. Portanto, é preciso ter cuidado ao aplicar conceitos trazidos pela legislação superveniente aos contratos já firmados e em execução, sob pena de desconsiderar direitos assegurados às atuais concessionárias.

Veja-se que não há uma contrariedade *a priori* entre a legislação posterior e a vigente à época da celebração dos contratos de concessão. Em outras palavras, é possível buscar a neutralidade dos interesses dos usuários paralelamente à observância da relação de subsidiariedade entre o tráfego mútuo e o direito de passagem[7].

Desse modo, o manuseio dos conceitos de *neutralidade* e *subsidiariedade* pelo órgão regulador determina o equilíbrio da re-

[7] Deve-se notar, contudo, que poderia haver discussão quanto à validade do Decreto n. 1.832/96 diante da promulgação da Lei n. 10.233/2001, em função da suposta equalização da relação entre tráfego mútuo e direito de passagem. Diante da inexistência de uma distribuição de competências clara na legislação entre o Poder Executivo e a Agência Reguladora, seria possível sustentar: (i) a impossibilidade de expedição de um Decreto presidencial sobre um aspecto específico, considerando que a norma atribui à Agência o poder para disciplinar essa relação; e (ii) a inviabilidade de adicionar um elemento, por meio de Decreto presidencial, não previsto na legislação. Assim, a ANTT não seria obrigada a observar a prevalência do tráfego mútuo sobre o direito de passagem, o que ampliaria as possibilidades de regulação e intervenção. Conforme já apontado, essa discussão não se aplicaria às atuais concessões que foram formatadas com esta relação de subsidiariedade de forma expressa.

lação entre o direito de passagem e o tráfego mútuo, diante do que pode vir a ser caracterizado como uma situação de *impossibilidade* para o atendimento de uma solicitação de compartilhamento de recursos operacionais por meio do tráfego mútuo, conforme previsto no Decreto n. 1.832/96 e nos contratos de concessão.

Aí reside certa margem discricionária relativa para a atuação da Agência, tanto para edição de normas voltadas à coordenação das concessionárias quanto para a intervenção em casos concretos. Atualmente, tal atuação pode ser feita sem avançar sobre a prevalência do tráfego mútuo prevista no Decreto n. 1.832/96 e nos contratos de concessão. Contudo, é certo que o órgão regulador, no exercício de sua competência, deve compatibilizar sua atuação com outras disposições legais e com direitos assegurados às concessionárias – como é o caso da exclusividade de exploração da atividade, que será tratada no próximo item.

É importante destacar que o Poder Judiciário já teve a oportunidade de se manifestar no sentido de que a imposição do compartilhamento de infraestrutura em situações concretas deve respeitar os limites contratuais, sendo vedada qualquer imposição por meio de decisão em caso concreto que descaracterize a forma de exploração do serviço originalmente pactuada[8-9]. Essa decisão cha-

[8] "PROCESSUAL CIVIL. ADMINISTRATIVO. MANDADO DE SEGURANÇA. AGRAVO DE INSTRUMENTO. CONTRATO DE CONCESSÃO. NOTIFICAÇÃO QUE IMPÕE MEDIDAS QUE MODIFICAM A FORMA DE EXPLORAÇÃO DA MALHA FERROVIÁRIA DEFINIDA NO CONTRATO. PRORROGAÇÃO DO PRAZO. ILEGALIDADE. TRÁFEGO MÚTUO. DIREITO DE PASSAGEM. NECESSIDADE DE OBSERVÂNCIA DAS DISPOSIÇÕES CONTRATUAIS. 1. *Não se afigura razoável a intervenção da ANTT, de forma sucessiva e perene, nas cláusulas do contrato de concessão, tendo em vista que o poder de arbitrar conflitos, conferido à referida Agência pela Lei 10.233/01, não permite que seja alterada indefinidamente a forma de exploração da malha ferroviária objeto do contrato.* 2. Tendo a concessionária garantido o tráfego de mútuo aos outros operadores de transporte ferroviário, é ilegal a imposição pela ANTT do regime

ma a atenção para alguns aspectos que devem ser levados em consideração na disciplina dos mecanismos de tráfego mútuo e direito de passagem, conforme segue: (i) respeito às regras legais e contratuais previamente definidas; (ii) clareza quanto à caracterização da "impossibilidade" que leve ao emprego do direito de passagem em detrimento ao tráfego mútuo; e (iii) desempenho efetivo na prestação do serviço público de transporte ferroviário. Há que se harmonizar esses três aspectos para que o compartilhamento de infraestrutura ferroviária surta seus regulares efeitos sem ofender o

---

de direito de passagem, posto que o contrato de concessão expressamente prevê que sua adoção somente ocorrerá na impossibilidade da concessionária assegurar o tráfego mútuo. 3. Não se pode admitir que a pretexto de dirimir eventuais conflitos entre as concessionárias, a ANTT imponha à agravante ônus excessivos, em razão da forma de disciplina que entendeu correta para solucionar os dissensos havidos, em detrimento das disposições contratuais. 4. Agravo de instrumento provido." (BRASIL. Tribunal Regional Federal da 1ª Região. Agravo n. 2003.01.00.031873-1, j. em 1-3-2004).

[9] Conforme se extrai da referida decisão (fls. 3-4): "Com efeito, não se vislumbra razoabilidade na intervenção da ANTT, de forma sucessiva e perene, nas cláusulas do contrato de concessão celebrado entre a União e a MRS Logística S/A, tendo em vista que o poder de arbitrar conflitos, conferido à Agência pela Lei 10.233/01, não permite que seja alterada indefinidamente a forma de exploração da malha ferroviária objeto do contrato. Com efeito, o contrato de concessão deve ser observado, e em sua cláusula nona, na parte que trata das obrigações da concessionária, está expressamente descrito que a MRS Logística S/A deve garantir tráfego mútuo ou assegurar o direito de passagem a outros operadores de transporte ferroviário, na hipótese de sua impossibilidade, mediante a celebração de contrato. (...) Tendo a concessionária garantido o tráfego mútuo para as outras concessionárias, não se observa justificativa plausível para determinar a imposição do regime de direito de passagem pela ANTT. Não se pode admitir que, a pretexto de dirimir eventuais conflitos entre as concessionárias, a ANTT imponha a MRS Logística S/A ônus excessivos, em razão da forma de disciplina que entendeu correta para solucionar os dissensos havidos, deixando de observar as disposições estabelecidas no contrato de concessão" (BRASIL. Tribunal Regional Federal da 1ª Região. Agravo n. 2003.01.00.031873, j. em 1-3-2004).

direito das concessionárias caracterizado no contrato de concessão e prejudicar o serviço público prestado.

Por outro lado, não se pode, por exemplo, sustentar que a mera disponibilidade do tráfego mútuo pela concessionária acessada seria suficiente para inviabilizar a imposição do direito de passagem. É preciso avaliar se efetivamente a prestação do serviço público para o interessado no direito de passagem é adequada sob a ótica do desempenho operacional – segundo critérios fixados pelo órgão regulador.

Em suma, o atual marco regulatório do serviço de transporte ferroviário é relativamente vago quanto à delimitação da disciplina de tráfego mútuo e direito de passagem. No entanto, está caracterizada a relação subsidiária do direito de passagem em relação ao tráfego mútuo. Assim, compete à ANTT aplicar tal premissa nos litígios concretos surgidos entre concessionárias e considerá-la em qualquer iniciativa de aprimoramento da regulamentação de tais institutos, inclusive no tocante à situação de "impossibilidade" de oferecimento de tráfego mútuo.

5.2.2 Direito de exclusividade na exploração das concessões do serviço de transporte ferroviário: limites à caracterização do tráfego mútuo e do direito de passagem pela ANTT

Um dos aspectos essenciais para definição das características do tráfego mútuo e do direito de passagem diz respeito à exclusividade que as concessões de serviço de transporte ferroviário possuem em relação ao seu objeto. Embora a Lei n. 8.987, de 13 de fevereiro de 1995, preveja que as concessões de serviços públicos não serão realizadas, como regra, em caráter de exclusividade[10], a

[10] "Art. 16. A outorga de concessão ou permissão não terá caráter de exclusividade, salvo no caso de inviabilidade técnica ou econômica justificada no ato a que se refere o art. 5º desta Lei."

Lei n. 10.233/2001 adotou tal modelo exclusivo como padrão[11], em linha com o que já estava previsto nos contratos de concessão[12].

Tais previsões de exclusividade constituem direitos das concessionárias que devem ser observados pelo órgão regulador no caso de solução de eventuais conflitos e, também, na anunciada tentativa de aprimoramento do direito de passagem como instrumento para promoção do ganho de eficiência neste serviço público.

Nesse contexto normativo e também contratual, parece claro que o acesso à malha ferroviária de outrem para completar a prestação do serviço, por qualquer um dos mecanismos citados, não ofende o direito de exclusividade das concessionárias. Contudo, este modelo de exploração dos serviços não permite que uma concessionária faça o caminho contrário, ou seja, faça uso do direito de passagem ou do tráfego mútuo para dar início a um transporte ferroviário na malha de outrem, podendo terminá-lo em sua própria malha ou naquela pertencente a um terceiro.

Assim, o conteúdo mínimo da regra de exclusividade assegurada às concessionárias reflete-se como a preferência sobre o transporte de cargas que se origine em sua própria malha. Esse é um limite objetivo que deve ser observado pela ANTT no exercício de sua competência para a regulação do tráfego mútuo e do

---

[11] "Art. 34-A. As concessões a serem outorgadas pela ANTT e pela ANTAQ para a exploração de infraestrutura, precedidas ou não de obra pública, ou para prestação de serviços de transporte ferroviário associado à exploração de infraestrutura, terão caráter de exclusividade quanto a seu objeto e serão precedidas de licitação disciplinada em regulamento próprio, aprovado pela Diretoria da Agência e no respectivo edital."

[12] Cláusula 18ª: "A CONCESSÃO tem caráter de exclusividade da exploração e do desenvolvimento do transporte ferroviário de carga pela CONCESSIONÁRIA na faixa de domínio da MALHA SUL. A exclusividade não impedirá a travessia da faixa de domínio por outras vias, respeitadas as normas legais e as condições de operação da CONCESSIONÁRIA" (texto extraído do contrato de concessão da Malha Sul).

direito de passagem, seja na elaboração de atos normativos ou na resolução de conflitos entre agentes setoriais.

Visto um panorama geral da legislação e da disciplina contratual dos institutos ora em comento, passa-se à análise da atual disciplina da ANTT.

5.3 Resolução ANTT n. 433/2004: aspectos gerais

Com a finalidade de disciplinar os institutos do tráfego mútuo e do direito de passagem, a ANTT editou a Resolução n. 433, de 17 de fevereiro de 2004. Essa norma aborda, principalmente, os seguintes temas: (i) objetivos e definições dos mecanismos de compartilhamento de infraestrutura (arts. 1º e 2º); (ii) necessidade e conteúdo mínimo dos contratos operacionais e mecanismos de controle (arts. 3º, 4º, 12 e 13); (iii) disciplina do compartilhamento da responsabilidade por acidentes e produtividade (art. 5º); (iv) acesso à ANTT para a resolução de conflitos que envolvem a celebração de contratos de tráfego mútuo e direito de passagem (arts. 6º a 10); (v) atuação da Agência em caso de suspensão do tráfego (art. 11); e (vi) possibilidade de acesso dos usuários com elevado grau de dependência à infraestrutura (art. 15).

A seguir serão descritos alguns aspectos jurídicos relevantes relacionados à Resolução ANTT n. 433/2004, com vistas a propiciar um panorama da regulamentação em vigor.

5.3.1 Objetivos e conceitos: limites à extensão do tráfego mútuo e do direito de passagem

Conforme já referido acima, o objetivo da Resolução ANTT n. 433/2004 é disciplinar os mecanismos de tráfego mútuo e direito de passagem de forma a viabilizar a integração do Sistema Ferroviário Federal, definidos da seguinte forma:

> Art. 2º Para efeito desta Resolução, serão adotadas as seguintes definições: I – tráfego mútuo: é a operação em que uma concessionária, necessitando ultrapassar os limites geográficos de sua

malha para complementar uma prestação de serviço público de transporte ferroviário, compartilha recursos operacionais, tais como material rodante, via permanente, pessoal, serviços e equipamentos, com a concessionária em cuja malha se dará o prosseguimento ou encerramento da prestação de serviço, mediante remuneração ou compensação financeira; e II – direito de passagem: é a operação em que uma concessionária, mediante remuneração ou compensação financeira, permite a outra trafegar na sua malha para dar prosseguimento, complementar ou encerrar uma prestação de serviço público de transporte ferroviário, utilizando a sua via permanente e o seu respectivo sistema de licenciamento de trens.

Segundo essas definições, o *tráfego mútuo* é a operação de compartilhamento de infraestrutura ferroviária que abrange também os recursos operacionais da concessionária acessada para ser efetivado. Por sua vez, o *direito de passagem* restringe-se à cessão da própria via, de acordo com o sistema de licenciamento de trens da concessionária acessada.

Observa-se que, em sede regulamentar, a ANTT tratou paritariamente das duas formas de compartilhamento de malha entre as concessionárias[13], em um sinal de que o meio utilizado para atingir a finalidade (terminar o transporte na rede de outrem) foi deixado para a decisão dos particulares. Assim, não há óbice regulatório para que as partes pactuem, espontaneamente, que um determinado compartilhamento ocorrerá por meio de direito de passagem – sem que caracterizem a impossibilidade de utilização do tráfego mútuo.

---

[13] Ao contrário do que ocorria na regulamentação anterior, veiculada pela Resolução ANTT n. 44, de 4 de julho de 2002, que previa a subsidiariedade entre os mecanismos como padrão: "Art. 7º Descumprido o contrato de tráfego mútuo, ou caso se mostre, injustificadamente, inviabilizada a sua celebração, a concessionária que se julgar prejudicada deverá comunicar o fato à ANTT, por intermédio de requerimento, objetivando a solução do conflito ou pleiteando o exercício do direito de passagem".

O problema surge na existência de eventuais conflitos entre as concessionárias, inclusive quando não houver entendimento quanto ao meio para viabilizar a terminação do transporte (e. g., tráfego mútuo ou direito de passagem)[14]. Nessa situação, segundo a disciplina legal, regulamentar e contratual vigentes, a ANTT verificará se há "impossibilidade" para a realização do tráfego mútuo, além dos aspectos técnicos e econômicos que afetem a celebração do direito de passagem, a fim de solucionar o conflito posto.

É importante esclarecer, desde já, que a delimitação do conceito de "impossibilidade" pode ser realizada por meio de regulamentação prévia e geral sobre o assunto, a fim de tornar mais transparentes e objetivos os parâmetros utilizados pela ANTT para garantir a prioridade do tráfego mútuo sobre o direito de passagem. Uma alternativa a esta solução geral e *ex ante* seria a construção casuística, ou seja, a delimitação do conceito de "impossibilidade" *ex post*, a partir da decisão de casos concretos. Assim, tal conceito seria delimitado mediante a resolução sucessiva de conflitos, até a formação de uma interpretação por parte do órgão – que terminaria por limitar sua própria discricionariedade, por força do princípio da isonomia e da vinculação aos seus próprios precedentes.

A primeira alternativa parece ter a vantagem de propiciar maior segurança jurídica e tratamento isonômico para os agentes setoriais. Entretanto, a Resolução ANTT n. 433/2004 não seguiu por esse caminho, ao deixar em aberto os critérios para a caracterização da "impossibilidade" de realização de tráfego mútuo, o que remete para a segunda alternativa (e. g., construção dos conceitos a partir de precedentes).

---

14 Resolução ANTT n. 433/2004: "Art. 6º Na impossibilidade da realização de acordo entre as Concessionárias para a operação em tráfego mútuo ou de direito de passagem, a concessionária ou os usuários que se sentirem prejudicados poderão apresentar à ANTT requerimento propondo a solução do conflito".

De qualquer forma, é importante consignar que a regulamentação atual não parece permitir a adoção de um sistema em que o tráfego mútuo tivesse uma prioridade absoluta em detrimento do direito de passagem.

Outro traço marcante nos conceitos acima transcritos diz respeito à delimitação do uso dos mecanismos para *prosseguir, complementar* ou *encerrar* uma prestação de serviço público de transporte ferroviário.

Essas definições presentes na Resolução ANTT n. 433/2004 deixam claro que os mecanismos estão voltados apenas a viabilizar o término do tráfego – seja efetivamente na malha da concessionária acessada ou na de uma terceira concessionária. A redação da Resolução ANTT n. 433/2004 está alinhada com a garantia ao direito de exclusividade relativo ao objeto da concessão presente no art. 16 da Lei n. 10.233/2001, bem como nos contratos de concessão, na medida em que compõe o cerne do direito de exploração concedido pela União o acesso às cargas que dão entrada na malha da concessionária. Assim, uma determinada concessionária poderá solicitar o tráfego mútuo ou o direito de passagem apenas de cargas próprias originadas em suas respectivas malhas.

Desse modo, por mais que a regulamentação anterior não fosse clara quanto a esse ponto, não seria possível interpretar a extensão do tráfego mútuo e do direito de passagem de forma distinta. A modificação desse equilíbrio, conforme tem sido cogitado[15], aparentemente não pode ser feita sem a participação ativa de todos os interessados, com a repactuação de condições contratuais inicialmente outorgadas pela União.

---

[15] RITTNER, Daniel. Governo discute engavetar Ferroanel e alterar regras do setor ferroviário. **Valor Econômico**, São Paulo, 17 mar. 2008. Disponível em: <http://www.valoronline.com.br>. Acesso em: 26 out. 2009; e RITTNER, Daniel. Governo vai alterar regras para ferrovias, **Valor Econômico**, São Paulo, 11 fev. 2009. Disponível em: <http://www.valoronline.com.br>. Acesso em: 26 out. 2009.

5.3.2 Os contratos operacionais específicos

A Resolução ANTT n. 433/2004 prevê que a adoção dos mecanismos de tráfego mútuo e o direito de passagem devem estar devidamente positivados em contratos próprios, os quais a norma designa como Contratos Operacionais Específicos, que devem conter, necessariamente, determinadas cláusulas, como, por exemplo, composição dos valores praticados, critérios de partilha das receitas produzidas, prazo de validade, critérios para rateio da produtividade, bem como sanções por atrasos e outros descumprimentos contratuais[16].

Todos os contratos, bem como seus aditivos, devem ser encaminhados à ANTT em até 30 dias após sua celebração[17]. Essa obrigação permite que o órgão regulador disponha de grande acesso a informações relacionadas à formação dos contratos, bem como as condições de contratação, o que torna viável a coerção de situações que possam gerar tratamento não isonômico e a imposição de eventuais cláusulas abusivas entre os agentes regulados.

Compete à ANTT, ainda, o acompanhamento da execução dos contratos, bem como do desempenho das concessionárias na execução de operações de tráfego mútuo e direito de passagem[18]. A obtenção de dados relacionados ao volume de carga transportada e dos valores praticados permite que o órgão tenha uma percepção apurada do nível de integração da malha ferroviária. Além disso, também viabiliza a identificação de eventuais necessidades de mudança no modelo de compartilhamento de infraestrutura.

Em especial, considerando que a obrigação de vínculo contratual abrange inclusive concessionárias pertencentes a um mesmo

---

[16] Cf. art. 3º, *caput* e § 2º, e art. 4º, ambos da Resolução ANTT n. 433/2004.

[17] Cf. art. 4º, parágrafo único, da Resolução ANTT n. 433/2004.

[18] Cf. arts. 12 e 13 da Resolução ANTT n. 433/2004.

grupo econômico[19], a ANTT, em tese, disporia de elementos para verificar indícios de práticas discriminatórias na pactuação de tráfego mútuo e direito de passagem.

É imprescindível que o órgão regulador desempenhe um papel ativo na vigilância de tais práticas, uma vez que impactam os custos de transporte e, eventualmente, podem tornar o valor final desinteressante para o usuário – o que, a um só tempo, o exclui da prestação do serviço público e compromete a expansão do uso do modal ferroviário.

5.3.2.1 Compartilhamento de responsabilidade por acidentes e produtividade

Outro aspecto bastante relevante no que tange aos contratos de tráfego mútuo e direito de passagem diz respeito ao compartilhamento de responsabilidades por acidentes e pela produtividade gerada. A importância do método de compartilhamento decorre do fato de o contrato de concessão prever metas tanto para a redução de acidentes quanto para o aumento da produtividade da malha concedida. O descumprimento das referidas metas pode acarretar a aplicação de sanções por parte da ANTT[20] – o que torna essa questão bastante relevante para as concessionárias.

Em relação à distribuição do quantitativo relacionado aos acidentes, não parece haver outra solução senão a atribuição à concessionária que lhe deu causa – em linha com a previsão da Resolução ANTT n. 433/2004[21]. Nesse caso, a responsabilidade é apurada por

---

[19] Cf. art. 3º, § 1º, da Resolução ANTT n. 433/2004.

[20] As sanções são aplicadas com base nos critérios estabelecidos pela Resolução ANTT n. 288, de 10 de setembro de 2003.

[21] Art. 5º da Resolução ANTT n. 433/2004: "Observado o disposto em cada Contrato de Concessão, para efeito de cálculo e apuração de índices de acidentes e de meta de produção de transporte, com vistas à verificação do cumprimento

meio de inquérito conduzido conjuntamente pelas concessionárias envolvidas, sendo o resultado encaminhado à Agência[22].

As metas de produção de transporte são aferidas por meio das toneladas por quilômetro útil – TKU transportadas pela concessionária. No caso de tráfego mútuo, determina-se que a produção seja computada proporcionalmente à distância percorrida na malha de cada uma das concessionárias atuantes no transporte, desde que a forma de cálculo esteja prevista no contrato operacional específico[23].

Por sua vez, no caso do compartilhamento da infraestrutura por meio de direito de passagem, a produtividade é, a princípio, computada em favor da concessionária responsável pelo transporte (via de regra a concessionária acessante). A norma faculta o compartilhamento da produtividade com a concessionária acessada, desde que haja previsão no contrato operacional específico[24].

de metas contratuais, os quantitativos de acidentes e de tonelada quilômetro útil — TKU serão calculados da seguinte forma: I — acidente, tanto no tráfego mútuo quanto no direito de passagem, será computado para a Concessionária responsável pela sua causa (...)".

[22] Resolução ANTT n. 1.431, de 26 de abril de 2006: Art. 8º: "No caso de acidente ferroviário em operação compartilhada da infraestrutura ferroviária são previstos os seguintes procedimentos: I — O inquérito ou sindicância será realizado em conjunto pelos integrantes do compartilhamento; II — No caso de acidente grave, a cópia do laudo do inquérito deverá ser enviada à ANTT pela concessionária responsável pela via, no prazo previsto no § 1º do art. 6º".

[23] Art. 5º da Resolução ANTT n. 433/2004: "(...) II — para a produção de transporte — TKU: a) no tráfego mútuo, será registrada proporcionalmente entre as concessionárias coparticipantes, levando-se em consideração a distância percorrida nos trechos administrados por cada uma delas, desde que constante do Contrato Operacional Específico a forma de apuração da produção entre as concessionárias (...)".

[24] Art. 5º da Resolução ANTT n. 433/2004: "(...) II — para a produção de transporte — TKU: (...) b) no direito de passagem, a produção deverá ser computada

5.3.2.2 *Solução de conflitos: importância do papel do órgão regulador*

A impossibilidade de celebração do contrato de compartilhamento de infraestrutura ferroviária pode levar as concessionárias e os usuários a pleitear que a ANTT atue para remover os óbices causadores do conflito. O acesso dos interessados ao órgão regulador é essencial em setores regulados, principalmente no que tange a conflitos relacionados ao compartilhamento de infraestrutura – que podem resultar na exclusão de usuários da prestação dos serviços –, tendo em vista a *expertise* técnica específica dos órgãos.

A Resolução ANTT n. 433/2004 prevê uma primeira fase voltada à conciliação das partes[25]. Em caso de impossibilidade de resolução amigável do conflito, será instaurado um procedimento de arbitragem pela própria ANTT, o qual levará em consideração tanto aspectos técnicos quanto econômicos relacionados ao caso em análise[26]. Outra hipótese de acesso ao órgão decorre da instauração de litígios quando da adaptação dos contratos em curso à época da publicação da resolução, caso a adequação à norma superveniente venha a gerar atritos entre as partes[27].

A princípio, os litígios são solucionados por meio de uma comissão de arbitragem, cuja decisão pode ser revista por meio de

para a Concessionária responsável pelo transporte, podendo ser considerada para a Concessionária cedente do direito de passagem parcela proporcional ao uso dos recursos de infraestrutura, desde que haja previsão no Contrato Operacional Específico".

[25] Cf. art. 6º da Resolução ANTT n. 433/2004.

[26] Resolução ANTT n. 433/2004: "Art. 8º: No processo de arbitragem, a ANTT considerará entre outros os seguintes elementos: custos, demandas, histórico de transportes, características da operação, condições da via permanente, material rodante, sinalização, comunicação, pátios, terminais, estações, clientes e tipos de produtos".

[27] Cf. art.14 da Resolução ANTT n. 433/2004.

pedido de reconsideração e recurso, respectivamente. Contudo, uma alteração posterior da Resolução ANTT n. 433/2004 permitiu que a diretoria colegiada do órgão regulador avocasse a decisão dos processos de arbitragem, a qualquer momento, sempre que a questão envolvesse um interesse público relevante, com amplos poderes para reformar decisão ou entendimento até então adotado pela comissão de arbitragem[28].

5.3.2.3 *Suspensão de tráfego: possibilidade de adoção de medidas cautelares pelo órgão regulador*

A existência de desentendimento operacional entre as concessionárias envolvidas em uma operação de compartilhamento de infraestrutura ferroviária pode levar à intervenção da ANTT quando resultar na suspensão do tráfego – fato que pode ser caracterizado como falha na prestação do serviço público.

Desse modo, diante de um perigo para continuidade do serviço público, abre-se a hipótese para que o órgão regulador intervenha cautelarmente na situação que ensejou o óbice à prestação do serviço, atuação que encontra fundamento tanto na Lei n. 10.233/2001[29] como na Lei Federal n. 9.784, de 29 de janeiro de 1999[30].

Nessa linha, a Resolução ANTT n. 433/2004 prevê que, sem prejuízo da abertura de processo administrativo sancionatório, a ANTT pode determinar a adoção das medidas necessárias para a manutenção da operação compartilhada da infraestrutura ferrovi-

---

[28] Cf. art. 9º-A, com a redação acrescida pela Resolução ANTT n. 895, de 15 de março de 2005.

[29] "Art. 78-B. O processo administrativo para a apuração de infrações e aplicação de penalidades será circunstanciado e permanecerá em sigilo até decisão final. Art. 78-C. No processo administrativo de que trata o art. 78-B, serão assegurados o contraditório e a ampla defesa, permitida a adoção de medidas cautelares de necessária urgência."

[30] "Art. 45. Em caso de risco iminente, a Administração Pública poderá motivadamente adotar providências acauteladoras sem a prévia manifestação do interessado."

ária, de forma a garantir a continuidade do serviço público. O órgão regulador pode, inclusive, determinar a presença de um representante nos pontos de conflito, a fim de proporcionar solução imediata para eventuais controvérsias, sem que haja impacto no transporte ferroviário[31].

5.3.2.4 Usuários com elevado grau de dependência

Por fim, um último aspecto relevante da Resolução ANTT n. 433/2004 diz respeito à disciplina para o acesso à malha por usuários caracterizados com elevado grau de dependência do modal ferroviário[32]. Para a obtenção dessa qualificação, os usuários interessados devem demonstrar, alternativamente, que: (i) não disponham de outro modal economicamente viável para o desempenho de suas atividades; ou (ii) realizem investimentos na malha ferroviária[33].

[31] "Art. 11. A suspensão do tráfego decorrente de desentendimento operacional entre as partes poderá ensejar a abertura de processo administrativo para apuração de responsabilidades e aplicação de penalidades decorrentes. § 1º No processo administrativo serão assegurados o contraditório e a ampla defesa, permitida a adoção de medidas cautelares de necessária urgência. § 2º A ANTT, caso entenda necessário, poderá manter representante nos principais pontos de conflitos visando garantir a operação do fluxo de transportes sem interrupção e arbitrar os conflitos entre as partes."

[32] "Art. 15. No caso de comprovada inviabilidade da realização do transporte pela concessionária nos termos desta Resolução, é assegurado aos usuários com elevado grau de dependência do serviço público de transporte ferroviário de carga, cadastrados nesta ANTT na forma regulamentar, que dispuserem de tração e vagões, o direito de trafegar, mediante remuneração à concessionária da malha utilizada, e em caráter excepcional, com a prévia autorização da ANTT, sendo de inteira responsabilidade da concessionária a condução do trem, sua segurança e o seu respectivo sistema de licenciamento de trens."

[33] Resolução ANTT n. 350, de 18 de novembro de 2003: "Art. 2º Será considerado usuário com elevado grau dependência do serviço público de transporte

Atualmente, a ANTT reconhece que 18 empresas possuem "elevado grau de dependência" do modal ferroviário[34], enquadradas em alguma das duas hipóteses regulamentares acima descritas.

Diante da impossibilidade de atendimento de um usuário enquadrado como de elevado grau de dependência, permite-se o acesso direto à malha concedida, para que a prestação do serviço público não seja obstada por uma impossibilidade técnica da concessionária. Essa alternativa é possível desde que o usuário possua os vagões e tração necessários para a realização do transporte. A responsabilidade pela realização do transporte permanece integralmente ao encargo da concessionária.

Esse tipo de solução permite que os interessados na utilização do modal ferroviário realizem diretamente os investimentos necessários para a expansão dos serviços de acordo com suas necessidades[35]. Trata-se de um mecanismo importante que garante a realização de investimentos na malha concedida, justamente em locais onde há demanda e ausência de capacidade de atendimento, independentemente da capacidade econômica da concessionária.

ferroviário de cargas aquele que: I — para recebimento ou despacho de produtos ou insumos, não disponha de outro modal que seja técnica e economicamente viável, face a competitividade de seu negócio, depender da disponibilidade do transporte ferroviário; ou II — realize ou se comprometa a realizar investimentos nas malhas concedidas, em instalações industriais, logísticas, de infraestrutura ou material rodante para o uso de transporte ferroviário".

[34] Conforme informação presente no *site*: <http://www.antt.gov.br/concessaofer/listacadastrados_ferrovias.asp>. Acesso em 30-4-2009.

[35] Os investimentos na malha ferroviária são disciplinados pela Resolução ANTT n. 2.695, de 13 de maio de 2008.

5.4 Análise de casos

Para ilustrar a aplicação das normas e conceitos discutidos acima, foram selecionados dois casos em que a ANTT foi instada a solucionar conflitos envolvendo o compartilhamento de infraestrutura ferroviária por concessionárias. A análise casuística ajuda a identificar a forma com que o órgão regulador tem atuado nas hipóteses em que as partes não conseguem chegar a um consenso quanto à partilha de suas malhas e recursos operacionais. Portanto, trata-se de atuações da Agência no sentido de intervir onde não havia disciplina específica do direito de passagem de interessados sobre a malha da concessionária.

5.4.1 Resolução ANTT n. 945/2005

A Resolução ANTT n. 945, de 4 de maio de 2005, versa sobre a resolução de conflitos instaurada entre a Ferrovia Bandeirantes S.A. – FERROBAN, integrante do Grupo América Latina

Logística – ALL, e a MRS Logística S.A. MRS, relacionada a acesso aos terminais do Porto de Santos, especialmente entre os trechos Perequê – Conceiçãozinha e Perequê – Valongo.

Nesse caso, a ANTT considerou que o aumento dos custos operacionais, o tempo de rotação de material rodante, o tempo despendido com a operação do tráfego mútuo, as inconsistências técnicas e operacionais podem ser avaliados para fins de se determinar a utilização de uma ou outra forma de compartilhamento de tráfego[36]. Assim, a análise indicou que a redução da eficiência

[36] Resolução ANTT n. 945/2005: "CONSIDERANDO que a movimentação de vagões em tráfego mútuo, quando comparada com o direito de passagem, causa à concessionária responsável pelo transporte significativo adicional de custo operacional, implicando ainda aumento do tempo de rotação da frota de material rodante, prejudicando, assim, a prestação adequada do serviço público; CONSIDERANDO que nas operações ferroviárias nas vias situadas nas margens direita

operacional do serviço público de transporte ferroviário, em função da adoção do tráfego mútuo – opção preferida pela concessionária acessada, à luz do valor agregado pela prestação do serviço –, pode ser considerada como uma "impossibilidade" apta a determinar a utilização do regime de direito de passagem.

Com base nessa premissa, a ANTT determinou que o compartilhamento de infraestrutura no trecho objeto do litígio deve ser realizado sob a forma de *direito de passagem*, em face da inadequação das operações de tráfego mútuo para garantir a prestação adequada do serviço público em face das características do caso concreto.

O órgão regulador estabeleceu, ainda, a forma de cálculo para a remuneração da MRS pelo uso de sua infraestrutura pela Ferroban[37], bem como determinou a celebração de contratos operacionais específicos[38] entre as partes envolvidas.

É interessante notar que, além de autorizar a realização de obras, inclusive para a implantação do "terceiro trilho"[39] em certos

e esquerda do Porto de Santos verificou-se a existência de demora nas operações em tráfego mútuo, que desaconselham a adoção deste tipo de procedimento quando se almeja o escoamento eficiente, de acordo com os aspectos mercadológicos, operacionais e estratégicos, da safra agrícola do País".

[37] Resolução ANTT n. 945/2005: "Art. 2º Estabelecer que nas operações em DIREITO DE PASSAGEM, a que se refere o art. 1º, a MRS será remunerada pela operadora do Trem-Tipo, mediante pagamento de tarifa calculada de acordo com a fórmula apresentada a seguir: P = (0,0087453 x d) + 2,2616, onde: P = Pagamento em Reais, por tonelada transportada; d = distância percorrida em km".

[38] Pelo que se depreende da decisão, existem ao menos duas situações distintas que geram a necessidade de celebração de contratos operacionais específicos de direito de passagem, a saber: (i) circulação de cargas originárias da Ferroban nos trechos Perequê — Conceiçãozinha e Perequê — Valongo; e (ii) captação de carga na malha da Ferroban pela MRS.

[39] A inserção do "terceiro trilho" permite a passagem tanto de trens adaptados à bitola larga quanto à bitola métrica, o que elimina limitações técnicas à realização

trechos, a Resolução n. 945/2005, em seu art. 5º[40], prevê autorização para os trens da MRS darem início ao transporte de cargas por meio da malha da Ferroban.

Adicionalmente, pela Resolução ANTT n. 945/2005, a MRS poderá originar outros fretes por meio de direito de passagem na malha da Ferroban, sempre mediante o regime de preferência desta última. Ou seja, a Ferroban tem preferência para originar fretes em sua malha, mas, caso não consiga ou não tenha interesse em fazê-lo, a MRS poderá excepcionalmente realizar o transporte.

Note-se que a decisão da ANTT parece assumir as premissas acima expostas sobre a exclusividade, na medida em que permitiu o início do tráfego pela MRS na malha da Ferroban apenas por causa da alegada "incapacidade operacional"[41] desta concessionária,

---

do direito de passagem — ao menos as relacionadas com o padrão adotado para os trilhos.

[40] "Art. 5º Autorizar a circulação, em regime de DIREITO DE PASSAGEM, de trens da MRS em vias da FERROBAN no acesso aos pátios e terminais de PEDERNEIRAS e Campinas, compreendendo CNAGA, REPLAN, PAULÍNIA, complementando o atendimento a clientes da FERROBAN, nos referidos trechos.

§ 1º Em cumprimento ao disposto nos Contratos de Concessão e visando ao atendimento de clientes da Malha Paulista até que a FERROBAN esteja capacitada a atender suas demandas, a MRS poderá circular em outros trechos daquela malha, em regime de direito de passagem, respeitado o direito de preferência da FERROBAN sendo, obrigatoriamente, as condições de transporte objeto de contrato operacional específico."

[41] Resolução ANTT n. 945/2005: "CONSIDERANDO a incapacidade operacional da FERROBAN, neste momento, para prestar serviço adequado em parte da malha concedida; CONSIDERANDO ter a MRS manifestado interesse em atender clientes e usuários instalados na área de abrangência da Malha Paulista; CONSIDERANDO que a FERROBAN não vem realizando de forma adequada os serviços de transporte ferroviário de cargas nos trechos Jundiaí—Boa Vista Velha e Bauru—Panorama, embora tenha sido notificada e autuada; e CONSIDERANDO o interesse manifestado pela MRS em realizar os serviços de manutenção da via no trecho Jundiaí—Boa Vista Velha (...)".

a partir da identificação da impossibilidade de a Ferroban atender adequadamente os usuários inseridos em sua malha. Configura-se, portanto, uma situação excepcional retratada tanto na instituição de autorização de natureza precária à MRS quanto na garantia de preferência à Ferroban na prestação do serviço ferroviário das cargas com tráfego iniciado em sua malha.

Nesse caso, pode-se dizer que houve uma flexibilização temporária ao direito de exclusividade da Ferroban no transporte ferroviário de cargas originado em sua malha – ainda que sujeita à observância de seu direito de preferência. Não parece ser possível, contudo, sustentar que a ANTT possa, em qualquer caso, determinar a flexibilização do início do transporte ferroviário, à luz do disposto na legislação e nos contratos de concessão.

O caso é bastante interessante, uma vez que: (i) ilustra uma situação de "impossibilidade" de compartilhamento de infraestrutura por meio do tráfego mútuo, calcada em inconvenientes operacionais e econômicos – funcionando como um indicativo do entendimento do órgão regulador quanto a esse aspecto —; e (ii) usa a "incapacidade operacional" como fundamento para flexibilizar o direito de exclusividade da concessionária detentora da malha, ao permitir a origem de tráfego em sua área de atuação.

5.4.2 Resolução ANTT n. 1.250/2005

Outro conflito objeto de interferência por parte da ANTT foi entre a Estrada de Ferro Carajás – EFC e a Companhia Ferroviária do Nordeste – CFN, envolvendo o acesso aos terminais do Porto de Itaqui, inseridos na malha da CFN, pela EFC. O litígio entre a EFC e a CFN já fora objeto de uma arbitragem anteriormente constituída. Contudo, a Comissão designada não levou em consideração, em sua proposta de solução, o pagamento de tarifa pelo direito de passagem – uma vez que as partes teriam acordado, inicialmente, que a contrapartida ocorreria em trilhos[42]. Durante o procedimento, as partes manifestaram ao órgão regulador a ausência de interesse em uma solução com base nos pressupostos até então adotados.

Com base nesse contexto, com vistas a garantir a normalidade do fluxo de transporte das mercadorias exportadas pelo porto em questão, o órgão regulador expediu uma medida cautelar por meio da Resolução ANTT n. 1.250/2005. A referida resolução fixou os valores a ser praticados pelo acesso da EFC à CFN, em regime de direito de passagem[43], em determinadas faixas horárias[44], além de estabelecer a competência desta última para a realização do licenciamento de trens[45] – até decisão final da Comissão, em um prazo de seis meses.

A decisão final foi veiculada pela Resolução ANTT n. 1.733, de 21 de novembro de 2006, que modificou sensivelmente a decisão tomada em caráter liminar. Por exemplo, os valores devidos em função do exercício do direito de passagem da EFC foram revistos, sendo determinado o pagamento retroativo à publicação da Resolução ANTT n. 1.250/2005. Também foram suspensas as restrições de horário para a circulação dos trens da EFC em alguns terminais, condicionada à apresentação com ao menos duas horas de antece-

---

[42] Resolução ANTT n. 1.250, de 21 de dezembro de 2005: "CONSIDERANDO que a Comissão de Arbitragem, nomeada pela Portaria n. 13, de 26 de janeiro de 2005, não efetuou estudos relativos às tarifas a serem praticadas no regime de direito de passagem, acatando o pagamento do direito de passagem em trilhos, conforme anteriormente acordado entre as partes; CONSIDERANDO os novos elementos apresentados pelas concessionárias, manifestando o desinteresse na solução do conflito conforme constava da proposta inicial de arbitragem".

[43] Cf. art. 1º da Resolução ANTT n. 1.250/2005.

[44] Cf. art. 2º da Resolução ANTT n. 1.250/2005.

[45] Cf. art. 4º da Resolução ANTT n. 1.250/2005.

dência à CFN. A competência para a realização do licenciamento de trens permaneceu com a CFN.

Adicionalmente, a Resolução ANTT n. 1.733/2006 estabeleceu que a produtividade das operações geradas pela EFC em regime de direito de passagem seria computada a seu favor, para fins de aferição quanto ao cumprimento de suas metas – disposição também com efeito retroativo à publicação da Resolução ANTT n. 1.250/2005.

Por fim, a intervenção da Agência cessou com a publicação da Resolução ANTT n. 1.991, de 25 de abril de 2007, que acolheu as condições estipuladas no contrato operacional específico negociado entre a EFC e a CFN e determinou a revogação da Resolução ANTT n. 1.733/2006.

Essa decisão ilustra alguns aspectos que podem gerar conflitos entre as concessionárias no estabelecimento de condições de compartilhamento de recursos operacionais, a saber: (i) valores cobrados; (ii) coordenação dos trens; e (iii) incorporação da produtividade a cada uma das partes. Com isso, em caso de aprimoramento da Resolução ANTT n. 433/2004, o órgão regulador poderá atentar para a disciplina prévia de tais aspectos, com vistas a evitar futuros conflitos e, se existentes, reduzir as incertezas quanto ao seu deslinde.

5.4.3 Aspectos passíveis de aperfeiçoamento pela regulação da ANTT

Considerando a exposição acima, bem como a análise dos casos concretos, é possível tecer algumas considerações com a finalidade de propor pontos em caso de eventual aperfeiçoamento da disciplina do tráfego mútuo e do direito de passagem pela ANTT.

Respeitada a relação subsidiária do direito de passagem em relação ao tráfego mútuo e a exclusividade das atuais concessionárias em dar início ao tráfego em sua própria malha[46], um primeiro aspecto fundamental seria a disciplina mais precisa do que pode ser considerado como "impossibilidade" de realização do tráfego mútuo, apto a ensejar o compartilhamento subsidiário na forma do direito de passagem. Nesse sentido, os casos concretos acima analisados indicam alguns fatores que podem ser tratados pela ANTT, como, por exemplo: (i) aumento sensível dos custos operacionais; (ii) tempo de rotação de material rodante; e (iii) tempo despendido com a operação do tráfego mútuo.

A regulamentação desse conceito ajudaria a conferir maior segurança jurídica ao regime de compartilhamento de tráfego ferroviário, balizando a contratação do compartilhamento pelas concessionárias e tornando os critérios claros que seriam considerados pela ANTT na avaliação de eventuais conflitos.

Há que se notar, ainda, que as partes podem chegar diretamente a um acordo para a realização do direito de passagem – principalmente se houver estímulos adequados para isso. Nesse sentido,

a partilha da produtividade pode ser considerada como um indutor para o estímulo ao uso compartilhado de infraestrutura, uma vez que as concessionárias teriam um incentivo em maximizar a utilização de suas malhas. Seria interessante que a regulamentação previsse outras formas de tornar mais atrativa para a concessionária acessada a viabilização do direito de passagem, inclusive, mediante a realização dos investimentos necessários pelos solicitantes do direito de passagem.

[46] Observe-se que não se ignora a possibilidade de alteração com efeitos futuros das condições de prestação do serviço ferroviário por meio da modificação, pelo Poder Concedente, de cláusulas regulamentares dos contratos de concessão. Contudo, nestes casos, a alteração deve ser promovida de forma expressa pela ANTT e resguardando previamente o imprescindível equilíbrio econômico-financeiro dos referidos contratos de concessão. Por outro lado, as próprias concessionárias detentoras da malha podem anuir com a realização do início do tráfego em sua malha por outra concessionária, o que se fará de forma acordada entre as partes.

Nesse sentido, a regulamentação poderia prever um sistema de compartilhamento mais dinâmico e voltado a: (i) atribuir uma parcela mínima da produtividade à concessionária acessada; (ii) garantir que a concessionária acessante demande apenas o volume de tráfego mais próximo possível de suas efetivas necessidades; e (iii) penalizar a concessionária acessante em caso de utilização superior ou inferior da capacidade demandada.

Tais medidas podem contribuir para que as concessionárias detentoras da infraestrutura busquem aumentar suas receitas decorrentes do compartilhamento – sem investir em material rodante e em sua operação –, o que elevaria a utilização da malha ferroviária como um todo, com ganhos de eficiência neste modal de transporte.

Uma outra forma de estimular o aproveitamento das malhas pela via do direito de passagem seria pela regulamentação do modelo de precificação do direito de passagem e do regime de investimentos de terceiros nas vias, investimentos estes necessários para a efetivação do compartilhamento. Assim, por exemplo, a ferrovia acessada pode ter um "gargalo" que impede a cessão de faixas adicionais para uma ferrovia acessante. Idealmente, a disciplina de investimentos deveria estimular que a ferrovia acessante realizasse os investimentos necessários para eliminar o gargalo existente, viabilizando a cessão de mais faixas pela ferrovia acessada, sem prejuízo de sua eficiência operacional. Isso garantiria a otimização da malha ferroviária, com a realização de investimentos distribuídos pelos diversos operadores envolvidos.

Embora a Resolução ANTT n. 2.695, de 13 de maio de 2008, já discipline a realização de investimentos na malha, é possível criar previsões mais específicas, como, por exemplo, a definição de critérios gerais para a amortização desse tipo de aporte pela concessionária acessante da malha de outrem.

Ademais, seria interessante que a ANTT previsse um procedimento específico para a realização da arbitragem, em linha com a postura adotada por outros órgãos reguladores[47] – inclusive para evitar controvérsias relacionadas à inobservância do direito à ampla defesa e ao devido processo legal. Igualmente, a norma poderia prever prazos expressos para a tomada de decisão e movimentação processual pelos próprios agentes públicos. Ambas as medidas contribuiriam para que os litígios não se estendessem por um prazo longo, o que poderia, inclusive, afastar potenciais interessados no uso do modal ferroviário.

É certo que o poder concedente poderia buscar modificações mais profundas na sistemática do setor. Contudo, conforme já mencionado, quaisquer alterações mais drásticas devem observar os direitos das concessionárias e, consequentemente, estarão sujeitas à participação ativa de todos os interessados.

5.5 Conclusões

O tráfego mútuo e o direito de passagem são mecanismos de compartilhamento de infraestrutura extremamente relevantes para a integração e o desenvolvimento do sistema ferroviário nacional, principalmente diante das características da malha ferroviária brasileira.

Qualquer análise sobre tais institutos regulatórios não pode ignorar a relação de subsidiariedade do direito de passagem em relação ao tráfego mútuo, que determina o emprego, *a priori*, do segundo mecanismo em detrimento do primeiro, quando disponibilizado pela concessionária acessada.

Deve-se observar que não basta a mera disponibilidade do tráfego mútuo para o afastamento do emprego do direito de pas-

[47] Veja-se, por exemplo, a Resolução n. 410, de 11 de julho de 2005, da Agência Nacional de Telecomunicações — Anatel, que trata a interconexão no setor de telecomunicações.

sagem, uma vez que as condições operacionais devem ser adequadas a permitir que o modal ferroviário seja atrativo para os usuários. Nesse sentido, é salutar a edição de regulamentação prévia e em abstrato pela ANTT a respeito das condições que definiriam uma situação de "impossibilidade" para realização do tráfego mútuo, considerando aspectos técnicos, operacionais, de segurança de tráfego e econômicos.

Ademais, é preciso ter em mente que o modelo atual das concessões foi estruturado sobre a premissa do direito de exclusividade na exploração da malha ferroviária, cuja observância implica restrições e condicionamentos no compartilhamento da infraestrutura, sobretudo no tocante à prerrogativa de a concessionária dar início a um tráfego em sua própria malha.

Há, portanto, um equilíbrio entre a necessidade de interligação do sistema ferroviário nacional, dentro de condições atrativas aos usuários, e o direito de exclusividade das concessionárias sobre suas malhas. Não obstante, nota-se que a legislação contempla algum espaço discricionário para que a ANTT identifique a melhor forma de harmonizar os direitos e deveres das concessionárias com vistas a maximizar a utilização do modal ferroviário.

Há ao menos um caso em que a ANTT determinou o emprego do direito de passagem em detrimento do tráfego mútuo, fundada no fato de que o serviço público seria prestado de forma inadequada se mantida a adoção do segundo mecanismo de compartilhamento de infraestrutura. Esse é um importante precedente que ilustra como a "impossibilidade" técnico-operacional pode ensejar a imposição do regime de direito de passagem.

Da análise da regulamentação vigente e da casuística, é possível indicar que alguns pontos da regulamentação vigente da ANTT podem ser aperfeiçoados, especialmente em relação a: (i) regulamentação das condições de "impossibilidade" de atendimento do tráfego mútuo para fins de imposição do direito de passagem; (ii) definição de um modelo adequado de precificação do direito de passagem pelas concessionárias acessadas; (iii) criação de mecanismo mais dinâmico de compartilhamento de produtividade que estimule a cessão das malhas de forma espontânea pelas concessionárias; (iv) implantação de regras específicas para os investimentos na malha que visem à ampliação de capacidades com vistas ao direito de passagem; e (v) definição de procedimentos mais claros no sistema de resolução de conflitos.

É importante frisar, por fim, que quaisquer modificações que busquem de alguma forma relativizar direitos legais ou contratualmente previstos não podem ser implantadas unilateralmente pelo Poder Público, sem a devida participação democrática e, quando for o caso, anuência dos concessionários quanto às repercussões econômicas que surjam a partir das alterações promovidas pela ANTT.

REFERÊNCIAS

BRASIL. Ministério dos Transportes. Agência Nacional de Transportes Terrestres. Resolução n. 44, de 4 de julho de 2002. Disponível em: <http://www.antt.gov.br>. Acesso em: 26 out. 2009.

BRASIL. Ministério dos Transportes. Agência Nacional de Transportes Terrestres. Resolução n. 350, de 18 de novembro de 2003. Disponível em: <http://www.antt.gov.br>. Acesso em: 26 out. 2009.

BRASIL. Ministério dos Transportes. Agência Nacional de Transportes Terrestres. Resolução n. 433, de 17 de fevereiro de 2004. Disponível em: <http://www.antt.gov.br>. Acesso em: 26 out. 2009.

BRASIL. Ministério dos Transportes. Agência Nacional de Transportes Terrestres. Resolução n. 895, de 15 de março de 2005. Disponível em: <http://www.antt.gov.br>. Acesso em: 27 out. 2009.

BRASIL. Ministério dos Transportes. Agência Nacional de Transportes Terrestres. Resolução n. 1.431, de 26 de abril de 2006. Disponível em: <http://www.antt.gov.br>. Acesso em: 26 out. 2009.

BRASIL. Ministério dos Transportes. Agência Nacional de Transportes Terrestres. Resolução n. 288, de 10 de setembro de 2003. Disponível em: <http://www.antt.gov.br>. Acesso em: 27 out. 2009.

BRASIL. Ministério dos Transportes. Agência Nacional de Transportes Terrestres. Resolução n. 945, de 4 de maio de 2005. Disponível em: <http://www.antt.gov.br>. Acesso em: 27 out. 2009.

BRASIL. Ministério dos Transpores. Agência Nacional de Transportes Terrestres. Resolução n. 2.695, de 13 de maio de 2008. Disponível em: <http://www.antt.gov.br>. Acesso em: 27 out. 2009.

BRASIL. Ministério dos Transportes. Agência Nacional de Transportes Terrestres. Resolução n. 1.250, de 21 de dezembro de 2005. Disponível em: <http://www.antt.gov.br>. Acesso em: 27 out. 2009.

BRASIL. Ministério dos Transportes. Agência Nacional de Transportes Terrestres. Resolução n. 1.733, de 21 de novembro de 2006. Disponível em: <http://www.antt.gov.br>. Acesso em: 27 out. 2009.

BRASIL. Ministério dos Transportes. Agência Nacional de Transportes Terrestres. Resolução n. 1.991, de 25 de abril de 2007. Disponível em: <http://www.antt.gov.br>. Acesso em: 27 out. 2009.

BRASIL. Ministério das Comunicações. Agência Nacional de Telecomunicações. Resolução n. 410, de 11 de julho de 2005. Disponível em: <http://www.anatel.gov.br>. Acesso em: 27 out. 2009.

BRASIL. Congresso Nacional. Lei n. 10.233, de 5 de junho de 2001. Brasília, DF, **DOU** de 6 de junho de 2001. Disponível em: <http://www.planalto.gov.br/ccivil/LEIS/LEIS_2001/L10233.htm>. Acesso em: 26 out. 2009.

BRASIL. Congresso Nacional. Lei Federal n. 9.784, de 29 de janeiro de 1999. Brasília, DF, **DOU** de 1 de fevereiro de 1999. Disponível em: <http://www.planalto.gov.br/ccivil_03/Leis/L9784.htm>. Acesso em: 26 out. 2009.

BRASIL. Decreto n. 1.832, de 4 de março de 1996. Brasília, DF, **DOU** de 5 de março de 1996. Disponível em: <http://www.antf.org.br/news/ap_regulatorio/DECRETO1.832.pdf>. Acesso em: 26 out. 2009.

BRASIL. Tribunal Regional Federal da 1ª Região. Agravo n. 2003.01.00.031873-1, j. em 1-3-2004. Disponível em: <http://www.trf1.jus.br>. Acesso em: 26 out. 2009.

BRASIL Congresso Nacional. Lei n. 8.987, de 13 de fevereiro de 1995. Brasília, DF, **DOU** de 14 de fevereiro de 1995. Disponível em: <http://www.planalto.gov.br/ccivil_03/Leis/L8987.htm>. Acesso em: 26 out. 2009.

RITTNER, Daniel. Governo discute engavetar Ferroanel e alterar regras do setor ferroviário. **Valor Econômico**, São Paulo, 17 mar. 2008. Disponível em: <http://www.valoronline.com.br/ValorImpresso/MateriaImpresso.aspx?tit=Governo%20far%E1%20reforma%20geral%20na%20concess%E3o%20de...&dtmateria=11/02/2009&codmateria=5412256&codcategoria=195&tp=869135697&p=0&t=12px>. Acesso em: 26 out. 2009.

______. Governo vai alterar regras para ferrovias. **Valor Econômico**, São Paulo, 11 fev. 2009. Disponível em: <http://www.valoronline.com.br>. Acesso em: 26 out. 2009.

6 REGULAÇÃO TARIFÁRIA: PRINCÍPIOS INTRODUTÓRIOS

Cláudio R. Lucinda

Professor Doutor da Faculdade de Economia, Administração e Contabilidade de Ribeirão Preto da Universidade de São Paulo; bacharel em Economia pela Universidade de São Paulo; mestre e doutor em Economia de Empresas pela Fundação Getulio Vargas de São Paulo.

6.1 Introdução

A regulação de preços é uma das formas pelas quais a ação governamental no domínio econômico pode ocorrer. No presente artigo, serão explorados alguns princípios que norteiam a ação governamental no sentido de determinação de preços de produtos ou serviços.

O primeiro dos princípios analisados diz respeito, especificamente, à necessidade ou à atratividade da ação regulatória sobre preços. Em especial, uma das principais preocupações será com o que torna a ação regulatória desejável em alguns preços – como o de água e eletricidade – e não desejável em outros, a exemplo da maior parte dos produtos de consumo.

Compreendido o sentido da regulação, o passo seguinte consiste na discussão de quais seriam os instrumentos disponíveis para a regulação de preços, ou seja, quais são os mecanismos consagrados pela experiência internacional para a determinação dos preços a ser estabelecidos ao longo do tempo.

Após isso, passa-se à discussão de um caso específico, qual seja, o do estabelecimento de regras tarifárias para a evolução dos preços dos serviços locais de longa distância nacional e internacional, após a privatização do Sistema Telebrás, em 1998. Por fim, a quinta seção apresenta a conclusão do presente trabalho.

6.2 Regulação de preços: motivação

O primeiro ponto a ser considerado na presente análise refere-se às razões para o Estado utilizar os seus poderes para o estabelecimento de preços de produtos ou serviços.

A opinião predominante na literatura econômica[1] é a de que, independentemente das motivações dos reguladores, a ação governamental no domínio econômico tende a gerar resultados não tão eficientes quanto os obtidos a partir da interação entre agentes diretamente responsáveis pelas consequências de suas decisões. Desta forma, a intervenção direta do Estado no estabelecimento de preços somente deve ocorrer se existirem razões fortes para tanto. Em geral, essas razões podem ser agrupadas em duas categorias: (a) preços altos – a ação da empresa se dá de tal forma que os preços resultantes são acima dos níveis competitivos, por meio do exercício unilateral do poder de mercado; (b) ameaça anticompetitiva – além do exercício unilateral do poder de mercado, pode haver o risco que a empresa produtora do bem ou serviço se engaje em atividades com o fito de limitar a concorrência no setor.

Tais problemas, quando considerados de forma isolada, não deveriam ser objeto de regulação de preços, sendo principalmente o objeto da ação dos órgãos de defesa da concorrência – no Brasil, o Sistema Brasileiro de Defesa da Concorrência – SBDC. O que torna a necessidade de regulação de preços diferente da ação de controle de condutas é que, na maior parte das vezes, a regulação de preços se dá em setores nos quais o simples controle de condutas não garante que as duas categorias referidas não ocorram.

A principal razão para isso é que, por causa das características do setor, as empresas reguladas são conhecidas como **monopólios naturais**: setores em que a produção do bem ou serviço se dá de forma mais barata se realizada em uma única empresa. Com isso, o papel da competição – tanto a efetiva, de eventuais competidores

[1] Para uma análise mais aprofundada deste ponto, recomenda-se VISCUSI, W. K.; VERNON, J. M.; HARRINGTON JR., J. E. **Economics of Regulation and Antitrust**. 2. ed. Cambridge: MIT Press, 2001, em especial o capítulo sobre empreendimentos públicos.

já instalados, quanto a potencial – em disciplinar as ações das empresas já instaladas fica reduzido.

A caracterização dos setores como monopólios naturais depende da inter-relação entre dois tipos de características do setor: a tecnologia e a demanda tecnológica do setor e a demanda. Do lado das características tecnológicas, dois elementos são especialmente importantes: os retornos de escala e as economias de escopo.

6.2.1 Monopólios naturais: características tecnológicas

Formalmente, retornos de escala constituem-se em uma propriedade da função de produção de uma empresa, que denota o montante do aumento na produção que obteríamos, caso a quantidade de todos os insumos utilizados por ela subitamente aumentasse em uma mesma proporção. Pode-se classificar os retornos de escala em três grandes categorias: (a) retornos decrescentes de escala; (b) retornos constantes de escala; e (c) retornos crescentes de escala.

Quando se afirma que uma empresa possui retornos crescentes de escala, significa dizer que, caso seja aumentada a quantidade de todos os insumos em uma mesma proporção, a quantidade produzida aumenta – só que em uma proporção maior que a do aumento dos insumos.

Um exemplo de processo de produção com características de retornos crescentes de escala envolve o transporte de petróleo por oleodutos. Existe uma relação matemática entre o tamanho do cilindro que constitui o oleoduto[2] e o volume que pode ser transportado por ele[3]. Esta relação matemática implica que se adicio-

---

[2] A área correspondente ao "cano" que consiste a parede do cilindro é igual a $2\pi R \times L$, em que R é o raio do cilindro e L o comprimento do mesmo e π é igual a 3,14159, aproximadamente.

[3] O volume transportado por este mesmo cilindro é igual a $\pi R^2 \times L$, tendo os símbolos o mesmo significado que na nota de rodapé anterior.

narmos mais material às paredes do oleoduto, de forma a dobrar a sua circunferência, o volume transportado mais do que dobra.

No entanto, nem sempre é tão clara assim a determinação de como são os retornos de escala. Muitas vezes, o fator determinante para a existência dos mesmos é a maior especialização no uso dos insumos. Por exemplo, ao se dobrar a quantidade de vendedores em uma loja, juntamente com a área da mesma e todos os outros insumos, é possível que a quantidade vendida mais do que dobre, pois alguns vendedores podem se dedicar somente ao atendimento aos fregueses, enquanto outros ao fechamento das compras, um terceiro grupo à elaboração dos pacotes, e assim por diante.

Esses resultados possuem uma relação direta com o que foi mencionado anteriormente. Caso o setor possua retornos crescentes de escala, o custo total é decrescente com a quantidade produzida. Com retornos constantes de escala, o custo total é linearmente crescente com a quantidade produzida. Caso o setor possua retornos decrescentes de escala, o custo total é crescente com a quantidade produzida, de forma mais rápida que no caso dos retornos constantes de escala.

Formalmente, pode-se definir a existência de retornos crescentes de escala da seguinte forma: supondo que, em um dado instante do tempo, seja produzida uma quantidade Q. Existem retornos crescentes de escala se, ao dividirmos esta quantidade Q em duas partes, a sua produção sendo responsabilidade de empresas diferentes, o custo total de produção eleva-se em relação ao que verificaríamos com a produção em uma empresa só. Algebricamente, tem-se que:

$$CT(Q) < CT(Q_1) + CT(Q_2)$$

$$Q = Q_1 + Q_2$$

Até agora as atenções se centraram ao caso de que existe apenas um produto, e os insumos adquiridos são utilizados apenas para ele. No entanto, na maior parte das empresas isso não é verdade. Com uma mesma quantidade de insumos, pode-se ter dois ou mais produtos ou serviços sendo oferecidos no mercado. Nesta seção será discutido como se pode estender a argumentação aqui apresentada para o caso da produção conjunta.

Para tanto, inicialmente se deve estabelecer algumas categorias de produção conjunta. Em primeiro lugar, pode-se ter a produção conjunta com base em características técnicas. Tais características técnicas podem ser de tal sorte que a produção pode ser o resultado de insumos comuns – por exemplo, uma mesma sala de aula pode ser utilizada para o oferecimento de cursos executivos e aulas de graduação, ainda que os serviços sejam realizados com professores diferentes.

Por outro lado, pode-se ter o caso de que todos os insumos sejam comuns ao processo, e o próprio processo gera mais de um produto, que seria o caso de produtos comuns. Um exemplo dessa situação é o da produção de álcool, que gera subprodutos como o bagaço da cana e o vinhoto, produto este que, se não devidamente tratado, é altamente poluidor.

Essas causas podem ser combinadas com a suposição de comportamento maximizador dos agentes, de forma a gerar a seguinte função de produção multiproduto. Supondo a existência de dois produtos, denominados 1 e 2, a função de produção multiproduto seria então:

$$Q_1 = f(Q_2, K, L, MP, T, \ldots)$$

$$Q_2 = g(Q_1, K, L, MP, T, \ldots)$$

Em que K, L, MP e T denotam as quantidades de capital, trabalho, matéria-prima e tecnologia disponíveis para a empresa como um todo. Também podemos determinar as funções custo total e custo médio em uma versão multiproduto. A única diferença entre elas e as suas contrapartidas acima apresentadas é que, em vez de dependerem apenas da quantidade produzida, elas dependem da quantidade de todos os produtos ou serviços oferecidos. Nesse caso, as funções ficariam sendo $CT(Q_1, Q_2)$ e $CMe(Q_1, Q_2)$.

As funções custo total e custo médio também possuem uma importância especial, pois elas mostram as chamadas economias de escopo. Geralmente, observa-se em um setor economias de escopo quando o custo de produção de dois – ou mais – serviços é menor quando eles são realizados por uma única empresa do que quando eles são realizados por empresas separadas. Utilizando a mesma notação, temos economias de escopo quando:

$$CT(Q_1,Q_2)<CT(Q_1,0)+CT(Q_2,0)$$

Da mesma forma que existem economias de escopo, pode--se ter deseconomias de escopo, em que o custo total de produção de dois ou mais produtos aumenta quando eles são oferecidos por uma mesma empresa, em relação ao que seria observado caso tivéssemos a produção realizada em empresas separadas.

6.2.2 Monopólios naturais: demanda

É importante notar que essas noções de economias de escala e escopo devem ser contextualizadas no tempo e com relação às condições de demanda, na medida em que os mesmos setores podem apresentar economias de escala para alguns volumes de produção e deseconomias de escala para outros.

Isso faz com que as economias de escala sejam importantes, na maior parte das vezes, em conjunção com o volume demandado aos preços de mercado. Caso a um dado volume demandado se observe que uma empresa tenha tido retornos crescentes de escala, mesmo atendendo sozinha a essa demanda, isto é, uma indicação de que, dadas aquelas condições, o setor se comporta como um monopólio natural.

Por outro lado, nada impede também que, com o aumento da demanda pelo produto ou serviço, a empresa comece a se encontrar em uma situação em que existem deseconomias de escala. Nesse caso, a entrada de concorrentes começa a se tornar possível e a indústria deixaria de ter o seu caráter de monopólio natural.

Tendo definido as principais características do setor que pede por regulação, passa-se à discussão de quais são os instrumentos disponíveis para implementar essa regulação de preços.

6.3 Instrumentos de regulação de preços

O primeiro passo para a discussão da atratividade dos diferentes instrumentos de regulação de preço é detalhar quais objetivos podem ser perseguidos na ação regulatória. Em geral, a ação regulatória é movida por três grandes objetivos, nem sempre coincidentes. Isso implica que parte da prática regulatória é encontrar, por meio das suas ações, um equilíbrio entre eles que seja adequado às características da sociedade.

O primeiro dos grandes objetivos da regulação envolve os chamados **objetivos financeiros**. De uma forma geral, tais objetivos estão relacionados com a capacidade dos entes regulados em auferir receitas para assegurar a operação continuada do empreendimento. Ou seja, o atendimento desse objetivo implica a geração de receita por parte das empresas, tais que sejam suficientes para cobrir os custos operacionais, bem como os investimentos presentes e futuros considerados como necessários.

Para a operacionalização desses objetivos, usualmente o processo regulatório estabelece um valor mínimo de receitas a ser alcançado com a evolução dos preços regulados, a chamada "exigência de receita". Idealmente, a regulação de preços também não deve permitir que a entidade regulada aufira receitas além deste nível.

Em paralelo a isso, há outro conjunto de objetivos, os chamados **objetivos de eficiência econômica**. O princípio norteador deste grupo é o oferecimento eficiente dos serviços aos usuários, sendo que eficiência deve ser entendida no sentido econômico do termo[4].

Dentro dessa definição de eficiência, pode-se utilizar de três direções possíveis de análise. A primeira delas, a *eficiência alocativa*, implica que a regulação de preços deve ser estruturada de tal sorte que os produtos ou serviços regulados sejam oferecidos à sociedade pelos produtores de menor custo e que, além disso, eles devem ser adquiridos pelos consumidores que mais os valorizem. O paradigma usual de comparação neste caso são os preços que prevaleceriam em um contexto de competição perfeita encontrado em livros-texto de economia.

A segunda dimensão segundo a qual a eficiência econômica pode ser entendida é a chamada *eficiência produtiva*. Nesse sentido, pode-se dizer que a regulação econômica atende a este objetivo se a entidade regulada utiliza, para a produção de uma quantidade de bens e serviços, a composição mais eficiente – em geral, a de menor custo – para a sua produção. Alternativamente, a regulação econômica promoveria a eficiência econômica se induzisse a produção da maior quantidade de produtos e serviços que fosse tecnicamente possível, dada a quantidade de fatores de produção e matérias-primas utilizadas pela empresa.

Relacionada com a segunda, mas ainda tendo relevância independente como um objetivo de eficiência econômica, tem-se a *eficiência dinâmica*. Em especial, significa dizer que se deve garantir que o ente regulado não apenas consiga produzir os seus serviços da forma mais eficiente no momento corrente, mas também que essa eficiência consiga se manter na medida em que temos mudanças nas condições tecnológicas do setor. Em especial, o que queremos

[4] Para os economistas, o conceito de eficiência diz respeito à relação entre fins e meios. Do ponto de vista deles, uma situação é eficiente se não é possível conseguir mais dos "fins" com os meios existentes.

dizer aqui é que a regulação de preços deveria ser estruturada também de tal sorte a permitir que a empresa consiga absorver as inovações tecnológicas do setor, permitindo a realização de investimentos em pesquisa e desenvolvimento e melhoras na produtividade.

O terceiro dos grandes tipos de objetivos que precisam ser equilibrados no desenho da regulação de preços diz respeito aos **objetivos de equidade**. Em especial, tais objetivos dizem respeito a uma distribuição justa dos benefícios do produto ou serviço oferecido pelo ente regulado.

Essa equidade pode ser atingida de duas formas: a primeira delas está relacionada à distribuição dos ganhos auferidos pela operadora com o consumidor. Tal redistribuição pode se dar tanto pelas garantias de expansão do serviço às comunidades que correntemente não desfrutam dos mesmos quanto pela redistribuição dos ganhos de produtividade da operadora na forma de preços mais baixos. Tal equidade é conhecida como *equidade operadora-consumidor*.

O segundo tipo de equidade, denominado *equidade consumidor-consumidor*, trata do atendimento de forma similar aos diferentes grupos de consumidores, garantindo a eles acesso aos diferentes serviços de forma similar.

Após esse passeio por objetivos tão amplos, fica clara a razão do ponto levantado ao começo desta seção sobre a impossibilidade do atendimento completo de todos os objetivos ao mesmo tempo. Por exemplo, um atendimento completo do objetivo de equidade provavelmente implicará o estabelecimento de preços tais que tornem a rentabilidade da operadora bastante baixa, colocando em risco o objetivo de eficiência produtiva e os objetivos financeiros.

Assim sendo, parte da arte do desenho da regulação, mais uma vez, é conseguir fazer um desenho regulatório no qual estes objetivos sejam coordenados. Para que isso ocorra, em muitos casos, é necessário o uso de mais de um mecanismo de regulação de preços ou é recomendada a preferência de um deles sobre os outros.

A forma pela qual a literatura econômica trata desses instrumentos, bem como os seus mecanismos de implementação, será descrita na seção a seguir.

6.3.1 Regulação por taxa de retorno (*cost-plus*)

A primeira das abordagens a ser observada é a chamada *regulação por taxa de retorno* – também conhecida por regulação *cost-plus*. De uma forma geral, a regulação por taxa de retorno se baseia em uma metodologia bastante simples: determina-se, com base em uma revisão dos custos operacionais e financeiros da empresa, bem como os dados sobre os investimentos planejados pela mesma e a taxa de retorno considerada como "adequada" pelo regulador, a chamada "exigência de receita", mencionada no item anterior.

Esta taxa de retorno adequada deveria ser suficiente para remunerar a chamada *base de ativos remuneráveis*, apenas em um nível compatível com o observado em outros empreendimentos de risco similar.

Determinada a exigência de receita, o passo seguinte seria o estabelecimento de tarifas para os produtos ou serviços que, dado o comportamento passado dos consumidores, permitiriam à empresa regulada atingir este objetivo.

Embora simples, esta abordagem possui alguns problemas. O primeiro deles é a *falta de incentivo para a minimização dos custos*. Em especial, uma vez que os preços são colocados de forma a cobrir os custos operacionais e financeiros, além de permitir uma taxa razoável de retorno, temos que, se uma operadora decide investir na redução dos seus custos, isso implicaria não um aumento na rentabilidade da operadora, mas sim uma redução nas tarifas.

Ainda que se possa argumentar que este resultado esteja de acordo com o princípio da equidade operadora-consumidor mencionado anteriormente, é preciso ter em mente que, ao eliminar o incentivo para a adoção de medidas no sentido de aumentar a eficiência – maiores lucros –, será difícil se observar vigorosas medidas de aumento de eficiência. Este é um exemplo clássico de situação em que dois objetivos colidem frontalmente.

Da mesma forma, devemos observar uma redução nos incentivos por parte da operadora para se engajar em atividades com o fito de melhorar a qualidade dos serviços. Uma vez que estes investimentos em melhora da qualidade dos serviços não necessariamente se traduzem em melhoras nos lucros da empresa.

Em terceiro lugar, temos que este tipo de regulação acaba por induzir um *viés de capital* nas decisões da empresa.

Podemos entender melhor este viés de capital se levarmos em consideração que, se a empresa aumentar os seus investimentos de capital, isso implicará um aumento dos custos associados com a remuneração destes investimentos, reduzindo sua rentabilidade. Isso pode impelir o regulador a compensar esta redução por meio de um aumento nos preços dos produtos ou serviços. O viés de capital também é conhecido por Efeito Averch-Johnson, em homenagem aos dois economistas que primeiro documentaram este fenômeno.

Finalmente, um dos problemas deste tipo de regulação implica elevados custos. Uma vez que os preços dos serviços são calculados a partir dos custos operacionais, financeiros e de uma taxa de retorno considerada como adequada, passa a ser necessária uma ação continuada por parte do regulador para o monitoramento destes custos. Em consequência deste fato, também é de se esperar a resposta do regulador a eventos externos à operação da empresa.

6.3.2 Regulação por preço teto (*price-cap*)

Passemos então ao segundo dos métodos de determinação de tarifas e preços de serviços regulados – o chamado preço teto (*price-cap*). Basicamente, este sistema consiste em uma fórmula para a determinação do reajuste máximo permitido para os serviços de um operador ao longo de um determinado número de anos.

Atualmente, o método *price-cap* é utilizado em muitos serviços regulados, e algumas das razões pelas quais este método ganhou preferência dos reguladores estão expostas a seguir:

a) gera incentivos para maior eficiência por parte da firma;

b) simplifica o processo regulatório;

c) dá maior flexibilidade na estrutura de preços;

d) limita a intervenção do regulador na operação cotidiana do operador;

e) permite que tanto a operadora quanto o consumidor se beneficiem de ganhos de produtividade;

f) protege os consumidores e os competidores por meio da limitação do aumento de preços; e

g) limita a possibilidade de subsídios cruzados.

Em termos de implementação básica, podemos caracterizar o *price-cap* a partir da seguinte fórmula para a variação máxima de preços em um determinado ano:

$$\Delta\%Tarifa = \Delta\%Infl. - X$$

Sendo que o termo $\Delta\%Tarifa$ refere-se ao aumento máximo permitido, $\Delta\%Infl.$ à taxa de variação de preços da economia – medida conforme algum índice cujas propriedades discutiremos mais adiante – e X é um fator de desconto, usualmente determinado de forma a refletir os ganhos de produtividade da empresa regulada, e que denominaremos *fator de produtividade*.

Podemos notar que, diferentemente da regulação por taxa de retorno discutida anteriormente, este regime de regulação fornece incentivos para uma operação eficiente do ente regulado. Supondo que os preços do restante da economia cresçam a uma taxa idêntica de $\Delta\%Infl.$, a menos que a operadora se engaje em atividades que impliquem reduções de custos iguais ou maiores ao termo X, a empresa regulada acabaria por testemunhar reduções em seus lucros.

Da mesma forma, ao poder apropriar-se dos ganhos de produtividade que reduzam seus custos além dos *X* mencionados anteriormente, a empresa tem incentivo para se engajar nestas atividades.

Ainda que possuidor de várias vantagens em relação às suas alternativas, para a implementação bem-sucedida da metodologia, alguns desafios precisam ser vencidos. Em primeiro lugar, há uma questão de perspectiva: deve-se utilizar dados passados para o cálculo dos dois termos $\Delta\%Infl.$ e *X*, ou então adotar uma abordagem prospectiva para estes valores. Idealmente, deveria haver um ponto de vista prospectivo, em que a variação permitida para os preços dos serviços deveria refletir valores vigentes no futuro e não no passado.

No entanto, a prática regulatória sobre o tema mostra que a abordagem prospectiva é mais utilizada apenas para o cálculo do fator de produtividade. Em geral, a variação percentual dos preços utilizada no cálculo do índice é igual à variação dos preços no período imediatamente anterior à nova determinação das tarifas.

Além dos pontos discutidos anteriormente, deve-se ter em mente alguns detalhes operacionais referentes aos dois itens do preço teto a ser determinado.

O principal deles diz respeito a como lidar com o fato de que muitos dos entes regulados oferecem vários serviços ao consumidor. Pode-se ter, neste caso, ou a aplicação de diferentes regras para cada um dos produtos ou serviços oferecidos ou a aplicação da regra a uma cesta de produtos. Este ponto voltará a ser abordado mais adiante, quando do estudo de caso sobre a regulação de preços na telefonia fixa.

Para ilustrar a aplicação do preço teto a uma cesta de serviços, poder-se-ia ter uma cesta composta por dois produtos, A e B, em uma proporção 75%-25%. Adicionalmente, deve-se imaginar que a aplicação da regra do preço teto estipule uma elevação nos preços da ordem de 2%, enquanto a empresa regulada propõe aumentos de 1% e 4% aos dois serviços. Neste caso, o aumento agregado da cesta seria de 1,01×0,75+1,04×0,25=1,0175, ou 1,75%. Desta forma, o aumento estaria dentro do permitido.

Ainda que aparentemente equivalentes, existem algumas diferenças entre o primeiro e o segundo métodos mencionados. No segundo método, a aplicação do preço teto por cesta de serviços dá espaço para que as empresas façam o chamado "rebalanceamento", ou seja, dentro do aumento máximo permitido para a cesta, a redução nos preços de alguns serviços permite grandes aumentos no preço dos outros. Por exemplo, supondo que os preços do primeiro serviço, com a participação de 75% na cesta, estivessem constantes, isso permitiria que a empresa pudesse propor aumentos de até 8% no segundo e, ainda assim, manter-se dentro do reajuste máximo permitido.

Começando com o primeiro termo, Δ*%Infl.*, temos de responder à pergunta: dentro da enorme quantidade de índices em uma economia moderna, qual deles deveria ser escolhido para a determinação dos preços?

Existem alguns critérios que tornam algumas alternativas de índice mais atraentes do que outras. Em especial, a prática regulatória recomenda preferência a índices de preços que possuam as seguintes propriedades:

a) refletir os custos da operadora;

b) ser originário de uma fonte independente e crível;

c) fácil disponibilidade do índice;

d) simplicidade de compreensão;

e) consistência com a produtividade total da economia.

Usualmente, na prática regulatória observa-se duas grandes linhas de ação: a primeira delas se baseia no uso de índices gerais de preços. No caso brasileiro, este caminho foi seguido para a determinação de preços do Sistema Telefônico Fixo Comutado – STFC quando da privatização do sistema Telebrás. Naquele momento, o índice utilizado foi o IGP-DI, que tem a propriedade de refletir a variação de preços de forma ampla da economia.

A segunda linha de ação envolve a construção de algum índice que representaria apenas a variação dos preços pertinentes ao setor regulado. Dessa forma, a variação de preços incorporada em $\Delta\%Infl.$ é referente apenas aos custos e aos serviços fornecidos pela empresa.

Outro problema, especialmente relevante para o caso de empresas localizadas em países em desenvolvimento, diz respeito ao papel da taxa de câmbio. Uma vez que operadoras de serviços localizadas nestes países possuem pouca geração de tecnologia, usualmente parte importante dos custos é denominada em moeda estrangeira.

Da mesma forma, a literatura econômica – especialmente a macroeconômica[5] – é farta na documentação de casos em que a taxa de câmbio se altera violentamente durante períodos curtos de tempo. Esses dois efeitos, se não levados em consideração adequadamente por parte da autoridade regulatória, podem implicar importantes perdas para o ente regulado, podendo até tornar impossível a continuidade da operação da empresa.

Para isso, em alguns casos se faz alguma adaptação na regra básica do *price-cap* para permitir parte do repasse das variações cambiais aos preços do ente regulado.

Após a discussão do primeiro termo, o índice de inflação, passa-se à análise do segundo, o fator de produtividade, denominado fator *X*. A ideia básica por trás desse valor é que ele deveria ser um desafio para a operadora regulada. Ou seja, ele não poderia ser tão baixo que a operadora teria lucros excessivos, impedindo que grande parte dos ganhos de produtividade se transforme em reduções reais de preço aos consumidores. Da mesma forma, ele não

---

[5] A descrição detalhada desses casos é tão vasta que foge ao escopo deste trabalho.

pode ser tão alto que coloque em risco os objetivos financeiros da regulação, impedindo que os seus acionistas desfrutem de retornos compatíveis com o perfil de risco do empreendimento regulado.

Em geral, o valor final do fator *X* é calculado a partir de dois elementos. O primeiro deles é denominado *ajustamento básico*, e deveria refletir o desempenho histórico de ganhos de produtividade da operadora ou do setor como um todo. A partir desse valor básico, são incorporados fatores adicionais, de forma a refletir mudanças esperadas no ambiente de competição futuro, sejam elas por causa de mudanças regulatórias ou de introdução de novos serviços ou operadores. Tais ajustamentos são chamados *fatores adicionais* e, uma vez que são muito específicos ao setor e ao momento em que a regulação é implementada, o foco somente se voltará ao cálculo do ajustamento básico.

Com relação ao ajustamento básico, a primeira possibilidade de cálculo é baseada nos dados históricos da operadora regulada. Para a realização deste cálculo, é empregada a metodologia de produtividade total dos fatores, que seria uma medida da eficiência de uma operadora, uma indústria ou uma economia no emprego dos insumos para a geração de uma dada quantidade de produtos ou serviços para os consumidores finais.

Este índice pode ser aproximado pela razão Q/Z, sendo que o termo Q representa um índice que agregaria os bens produzidos pela empresa, enquanto Z representa um índice agregando os insumos consumidos pela empresa.

Se uma empresa apresenta ganhos de produtividade, deveriam ser observados aumentos continuados na razão Q/Z ao longo do tempo. Essa variação poderia ser utilizada para a determinação do ajustamento básico. Finalmente, não apenas se deve fazer ajustes referentes ao diferencial de produtividade do setor regulado em relação ao restante da economia. Deve-se, também, ter em mente que a evolução dos preços dos insumos pode distorcer adicionalmente os cálculos de produtividade das empresas. Assim sendo, alterações significativas nos preços dos insumos podem modificar a composição do conjunto de insumos da empresa regulada, podendo esconder ganhos "genuínos" de produtividade – aqueles derivados do esforço do ente regulado em reduzir custos – ou inadvertidamente superestimar tais ganhos.

Finalmente, para os casos em que o desempenho histórico das operadoras não seja um guia confiável para o desempenho futuro das empresas reguladas – seja porque o setor era estatal, seja porque o período imediatamente anterior se caracterizou pela eliminação de importantes ineficiências na produção –, uma alternativa seria o uso de comparação internacional dos ganhos de produtividade entre as empresas. Neste caso, seria necessária a compilação de um conjunto de resultados na experiência internacional sobre o setor para a avaliação dos ganhos de produtividade. Esta abordagem é a do *benchmark regulatório*.

Com relação à regra do preço teto, um último ponto importante que precisa ser analisado é decorrente do fato de que, por estipular uma taxa máxima de reajuste, devemos ter em mente que uma regra de *price-cap* deve ser válida apenas para um determinado período. Desta forma, duas questões se colocam: (a) qual é a duração do preço teto? – qual é o período máximo de vigência dos parâmetros do modelo?; e (b) como pode ser determinado o valor das tarifas para o produto ou cesta de produtos no momento inicial do *price-cap*.

Em relação à duração do regime de preço teto, quanto maior for a duração do regime, mais incentivos para o aumento de produtividade. Quanto maior o período coberto por um dado conjunto de parâmetros para o modelo, uma vez que os ganhos de produtividade tendem a ser cumulativos, maior é a parcela retida pela empresa na forma de maior lucratividade.

Com isso, podemos ter maior eficiência produtiva. No entanto, é impossível estabelecer valores prospectivamente para estes parâmetros que sejam consistentes por um longo período de tempo. Quanto mais longo for o período de vigência de um dado valor para o fator *X*, mais incerteza teremos se ele continuará atendendo aos objetivos descritos anteriormente.

O último ponto fundamental da aplicação da regra de preço teto para a regulação de serviços envolve o estabelecimento dos preços no momento inicial da regulação. Uma vez que a regra do preço teto se refere especialmente à evolução das tarifas ao longo do tempo, se em algum momento esta regra de evolução for aplicada em uma tarifa exageradamente elevada, isso pode colocar a perder os objetivos pretendidos pelo regulador.

E o que poderia ser a métrica adequada para este valor? Existe um consenso na literatura de que estas tarifas devam refletir alguma medida de custos da empresa. Em especial, o que se deve ter em mente é a associação do preço de um serviço regulado aos custos associados com a provisão do mesmo. Dentro dessa ideia de custos, incluem-se os custos operacionais – aqueles associados com a provisão efetiva do serviço – bem como os custos de capital – decorrentes da necessidade de o empreendedor obter um retorno do seu investimento compatível com o perfil de risco do empreendimento regulado.

Independentemente da forma de construção destes custos – se custos históricos, custos de engenharia ou custos econômicos –, o principal foco será a análise das metodologias específicas para a determinação da estrutura de custos da empresa regulada.

O trabalho tratará especialmente das duas metodologias de custos mais conhecidas na literatura aplicada de regulação:

a) modelo dos custos integralmente alocados (*Fully Allocated Cost* ou *Fully Distributed Cost*, conhecidos como FAC ou FDC);

b) modelo do custo incremental de longo prazo (*Long-Run Incremental Cost*, ou LRIC).

O primeiro método, dos custos integralmente alocados, baseia-se na contabilização histórica dos custos, com ajustamentos feitos para os casos em que o valor de mercado de um determinado ativo difira substancialmente do valor apropriado no momento da aquisição do mesmo.

Ainda que bastante simples, este método possui algumas limitações. A primeira delas é que, na maior parte das vezes, os custos históricos são um guia fraco para o comportamento dos custos do produto ao longo do período de vida útil do plano de tarifas. Além disso, os custos históricos podem representar um histórico de operação ineficiente do ente regulado.

Finalmente, tais custos históricos, se adotados como base para a precificação de um serviço, podem implicar a sanção de uma operação ineficiente do ente regulado. Uma vez que esta ineficiência foi repassada para os preços, o incentivo para a eliminação das mesmas torna-se reduzido.

Outro problema diz respeito à forma pela qual alguns custos são apropriados aos produtos ou aos serviços. Em muitos casos – as telecomunicações são um exemplo clássico disso –, tem-se que um mesmo ativo – por exemplo, a rede fixa – é necessário para o fornecimento de dois ou mais serviços ao consumidor final. Neste caso, um dos problemas clássicos da forma de precificação de serviços pelo FDC surge: a forma de alocação dos custos comuns aos diferentes serviços.

Existem várias formas pelas quais estes custos poderiam ser alocados entre os diferentes serviços. No entanto, estas formas são essencialmente arbitrárias, não existindo alguma definitiva e aceita pela literatura sobre como fazê-lo. Além do mais, tal distribuição de custos comuns pode tornar-se um elemento importante na negociação dos preços dos serviços finais, em que a empresa regulada tenderia a usar a distribuição de custos comuns como uma forma de se conseguir aumentos em alguns serviços.

O segundo tipo de custo comum na prática associada com o regime de preço teto é o chamado custo incremental de longo prazo. Na sua forma mais simples, o custo incremental de longo prazo é o adicional de custos – incluindo eventuais acréscimos necessários para ampliação de base de ativos fixos – associados com uma dada variação na quantidade produzida. Ou seja, é igual ao custo total supondo-se que esta variação (também conhecida como incremento) tenha sido produzida, *descontado* do custo total na suposição que este incremento não tenha sido produzido.

Nota-se que a noção de incremento é flexível o suficiente para que se possa utilizar esta metodologia para calcular o custo incremental de: (a) uma unidade do serviço; (b) um ativo necessário para a produção do serviço; ou ainda (c) um produto ou serviço como um todo.

Ainda que flexível e consoante com os princípios da teoria econômica em que a noção de custo marginal possui um papel importante, existem alguns problemas associados à implementação desta metodologia. O primeiro dos problemas é relacionado com o fato de que os elementos necessários para o cálculo do custo incremental não são facilmente encontráveis nos sistemas de contabilidade usualmente utilizados pelas empresas reguladas. Em geral, para a implementação deste método, são necessárias informações que precisam ser construídas a partir dos dados da empresa, com graus diferentes de dificuldade.

Depois de detalhadas duas das principais metodologias utilizadas na regulação de preços, o passo seguinte é discutir quais são as outras abordagens utilizadas para se regular preços em um mercado regulado.

6.3.3 Outras abordagens à regulação de preços

A principal dessas metodologias é a chamada *discricionariedade*. Na verdade, a discricionariedade pode ser entendida como a regulação dos preços com base especificamente no melhor julgamento da autoridade regulatória. Este tipo de regulação usualmente é acompanhado da propriedade pública do ente regulado. Neste caso, a estrutura tarifária responde menos a considerações de eficiência econômica ou equilíbrio financeiro da empresa regulada.

Considerações políticas, como a consolidação de relações de patronagem, ou macroeconômicas – como, por exemplo, a contenção da inflação –, tomam a frente dos motivos de eficiência econômica na determinação tarifária.

De maneira evidente, tais mudanças de objetivos não são sem custos. Usualmente, o estabelecimento de tarifas com base em critérios políticos leva a efeitos daninhos sobre a qualidade do serviço, bem como à sua disponibilidade aos consumidores.

No caso das telecomunicações, a fixação discricionária dos preços dos serviços tendeu a gerar uma oferta bastante reduzida dos serviços e preços fortemente subsidiados. Em especial, tal metodologia de estabelecimento de tarifas fez com que as suas partes fixas em telecomunicações (tanto a taxa para a adesão à rede de telecomunicações quanto a assinatura mensal) fossem fixadas em níveis bastante reduzidos.

Da mesma forma, a fixação discricionária das tarifas levou a uma elevação forte dos preços – em relação aos custos marginais – das chamadas de longa distância. Usualmente, porém, o aumento dos preços neste nicho de serviços não era capaz de compensar a redução nas tarifas de adesão e manutenção.

Nesse caso, estes preços fizeram com que a demanda por adesão à rede, bem como o número de usuários ativos, fosse muito maior do que a capacidade de atendimento do ente regulado; no caso da telefonia, o mecanismo que igualava a oferta à demanda de adesões ao serviço de telecomunicações era o tamanho da fila de espera.

Não apenas o baixo preço da adesão induzia a um excesso de demanda; o preço da assinatura mensal muito reduzido também fazia com que, em um determinado período de tempo, houvesse um número de assinantes ativos muito maior do que a capacidade da rede. O mecanismo, neste caso, que fazia com que a quantidade ofertada de serviços de rede se igualasse à quantidade demandada era a própria dimensão da rede, ou seja, neste caso a qualidade do serviço diminuía.

6.4 Estudo de caso

Nesse momento, faz-se necessário analisar os elementos específicos decorrentes da aplicação dos conceitos anteriormente descritos com um caso específico – a regulação de preços das operadoras do Serviço Telefônico Fixo Comutado – STFC, após a privatização do Sistema Telebrás.

A metodologia de reajuste tarifário nesse caso está no Capítulo XI dos Contratos de Concessão: "a cada intervalo não inferior a 12 (doze) meses, por iniciativa da ANATEL ou da Concessionária, (...) as tarifas poderão ser reajustadas". Em especial, trataremos dos seguintes tipos de serviço do denominado Serviço Telefônico Fixo Comutado:

a) local;

b) longa distância nacional – LDN;

c) longa distância internacional – LDI.

Uma vez que cada modalidade de serviço possui diversas variedades, a metodologia aplicada em cada um dos casos é a do preço teto de uma cesta de serviços, como discutida anteriormente.

No caso do serviço local, temos que a cesta considerada como "serviço local" é composta por três elementos: (i) a assinatura; (ii) a habilitação; e (iii) os pulsos locais, ou seja, é estabelecida uma taxa máxima de reajuste de uma cesta composta por 1/36 do valor da tarifa de habilitação da linha, o valor de um mês de assinatura e o número de pulsos do plano básico oferecido por todas as operadoras. A fórmula básica, constante nos contratos de concessão, é:

$$\left(\frac{HAB_t}{36} + ASS_t + n_{0t} \times P_t\right) \leq (1-k)F_t\left(\frac{HAB_{t0}}{36} + ASS_{t0} + n_{00} \times P_0\right)$$

Em que:

a) HAB_t: média ponderada dos três tipos de taxa habilitação de linhas no instante *t*: residencial, não residencial e tronco;

b) ASS_t: média ponderada dos três tipos de assinatura mensal: residencial, não residencial e tronco;

c) n_{0t}: número de pulsos faturados por assinatura do plano básico local;

d) P_t: valor do pulso;

e) $F_t = \dfrac{IGP\text{ - }DI_t}{IGP\text{ -}DI_{t0}}$;

f) *k*: denominado, nos contratos, de "fator de transferência". Na prática, funciona como o fator *X* mencionado anteriormente. No período entre o começo da concessão até 31-12-2000 este valor era igual a zero, e entre 1-1-2001 e 31-12-2005 este valor seria igual a 0,01 – ou seja, apenas 99% da variação do IGP-DI seria transferida para a cesta de produtos.

Ainda dentro do serviço local, no caso dos contratos de concessão, para o caso das tarifas de interconexão, a cesta é referente aos diferentes horários do dia em que o pulso é roteado pelo trecho local da rede:

$$\sum_{i=1}^{24}\left(TU - RL_{jt} \times M_{jt0}\right) \leq (1-k)F_t \sum_{i=1}^{24}\left(TU - RL_{jt0} \times M_{jt0}\right)$$

Em que:

a) $TU\text{ - }RL_{jt}$: valor da tarifa de uso da rede local para o horário *j* no instante *t*;

b) M_{jt0}: quantidade de minutos no horário $_j$ no instante $_{t0}$ – no caso, primeiro de abril de 1998;

c) $F_t = \dfrac{IGP\text{ - }DI_t}{IGP\text{ - }DI_{t0}}$;

d) *k*: denominado, nos contratos, de "fator de transferência". Na prática, funciona como o fator *X* mencionado anteriormente. Neste caso, o fator é crescente:

i) de 1-1-2000 a 31-12-2000: Zero;

ii) de 1-1-2001 a 31-12-2001: 0,05;

iii) de 1-1-2002 a 31-12-2002: 0,1;

iv) de 1-1-2003 a 31-12-2003: 0,15;

v) de 1-1-2004 a 31-12-2005: 0,2.

No caso do serviço de longa distância, o serviço é bastante homogêneo, mas a diferença é referente às distâncias que a ligação percorre. Uma vez que, no caso do Plano Básico de Tarifas de Longa Distância, existiam cinco degraus tarifários correspondentes às diferentes distâncias que uma ligação de longa distância nacional percorre, a cesta de tarifas não se refere apenas aos diferentes horários do dia, mas também aos diferentes degraus tarifários correspondentes às distâncias. Desta forma, a regra de evolução dos preços é dada por:

$$\sum_{i=1}^{5}\sum_{j=1}^{24}\left(T_{ijt}\times\frac{M_{ijt0}}{MT_{t0}}\right)\leq(1-k)F_t\times\sum_{i=1}^{5}\sum_{j=1}^{24}\left(T_{ijt0}\times\frac{M_{ijt0}}{MT_{t0}}\right)$$

Em que M_{ijt0} diz respeito ao número de minutos correspondentes ao par horário j e distância i no plano básico de serviço de longa distância nacional em 1-4-1998. Da mesma forma, MT_{t0} diz respeito ao número de minutos totais em 1-4-1998.

Finalmente, T_{ijt} diz respeito à tarifa correspondente ao par horário j e distância i no instante t do tempo, correspondendo o instante $_{t0}$ a 1-4-1998. Além dessa restrição, existia uma ressalva adicional sobre o preço de cada tarifa correspondente a um par horário-distância:

$T_{ijt} \leq T_{ijt0} \times 1{,}05 \times F_t$

A restrição acima significa que cada tarifa, individualmente, não pode subir mais do que 5% além da variação do IGP-DI, impedindo assim o rebalanceamento tarifário.

Com relação ao fator *k*, também foi estabelecida uma trajetória crescente ao longo do tempo:

a) até 31-12-2000 – igual a 0,02;

b) de 1-1-2001 a 31-12-2003 igual a 0,04;

c) de 1-1-2004 a 31-12-2005 igual a 0,05.

Para o caso das tarifas de interconexão na rede interurbana, a metodologia é exatamente igual.

O estabelecimento dos valores tarifários iniciais, por sua vez, também teve aspectos interessantes para a regulação tarifária. Antes de 1995, as tarifas estavam claramente desbalanceadas, apresentando não apenas uma forte defasagem dos preços em relação à evolução da inflação no período, mas também pelo forte subsídio cruzado das ligações locais por parte das ligações de longa distância. A tabela a seguir mostra o nível do desequilíbrio:

	Telebrás (1995)	Nível Internacional
Assinatura Residencial (US$/Mês)	0,63	6 a 8
Assinatura Comercial (US$/Mês)	7,43	12 a 28
Pulso (3 minutos, US$/Mês)	0,029	0,1
Interurbano (US$/Minuto)	0,26	0,20 a 0,50
Internacional para Estados Unidos (US$/ Minuto)	1,94	1,12

Fonte: NOVAES (2000).

Tabela 1. Tarifas Telebrás e Internacionais.

Evidentemente, a aplicação de um mecanismo de preço teto sobre uma estrutura tarifária tão distorcida levaria apenas à inviabilidade das operadoras reguladas. Ainda segundo Novaes (2000), em 1995 a receita por linha das operadoras estaduais era de US$ 591, inferior ao valor observado para as operadoras argentinas (US$ 830), para a Telefónica del Peru (US$ 981) e US$ 720 para as operadoras locais americanas.

Com isso, iniciou-se um processo de recomposição tarifária, com aumentos de cinco vezes (500%) na assinatura residencial e 80% a chamada local em novembro de 1995. O minuto da ligação interurbana subiu relativamente menos, apenas 22%, e o minuto da ligação internacional teve seu preço reduzido em 32% por causa da eliminação do ICMS cobrado pelos estados.

O segundo movimento de recomposição de tarifas deu-se em maio de 1997, com elevações adicionais no serviço de assinatura residencial (209%), ligação local (34% no pulso) e reduções nos valores das tarifas de longa distância nacional (-34%) e longa distância internacional (-48%).

Com relação às tarifas de acesso, os valores iniciais foram estabelecidos após processo de consulta pública, uma vez que, antes de 1995, o regime vigente era o de compartilhamento de receita. Neste regime, a operadora local tinha direito a uma parte da receita correspondente ao tráfego que saía de sua rede local.

6.5 Conclusões

No presente artigo, buscamos apresentar brevemente os princípios pelos quais os governos interferem nas ações dos agentes econômicos no que tange aos preços que eles cobram.

Inicialmente, discutimos quais seriam as características de um mercado conducente à ação regulatória sobre preços, focalizando na sua motivação principal – a dificuldade de o processo competitivo alcançar um equilíbrio com preços próximos aos custos marginais e pouca ineficiência econômica. Dentre as possíveis causas desse fenômeno, uma delas se torna o motivo para a ação regulatória: a existência de monopólios naturais, usualmente decorrentes de economias de escala ou de escopo.

Tendo estabelecido quais são as características de um setor que incita à ação regulatória, passamos a discutir quais são os instrumentos disponíveis para a realização de tal tarefa. Para avaliarmos esses instrumentos, como uma primeira etapa foi necessário rever quais são os objetivos que precisam ser equilibrados pela autoridade regulatória:

i) objetivos financeiros;

ii) objetivos de eficiência econômica;

iii) objetivos de equidade.

Considerando estes objetivos, em alguns pontos contraditórios, e tendo que levá-los em conta simultaneamente, o passo seguinte foi tratar dos principais métodos de regulação de preços, em especial o regime de regulação de taxa de retorno (*cost-plus*) e o de preço teto (*price-cap*).

Este último, cada vez mais utilizado por reguladores pelo mundo como forma de regulação de preços, foi empregado no estudo de caso brasileiro referente ao estabelecimento de uma estrutura de preços para o Serviço Telefônico Fixo Comutado – STFC durante a privatização do Sistema Telebrás em 1998.

REFERÊNCIAS

INTVEN, H. (2000). **Telecommunications regulation handbook**. The World Bank, Washington. Disponível em: <http://www.worldbank.org/>.

INTERNATIONAL TELECOMMUNICATIONS UNION (ITU). ICT. Regulation Toolkit. Disponível em: <http://icttoolkit.infodev.org/en/index.html, 2006>.

NOVAES, Ana. Privatização do setor de telecomunicações no Brasil. *In*: PINHEIRO, Armando Castelar; FUKASAKU, Kiichiro (org.). **A privatização no Brasil**: o caso dos serviços de utilidade pública. Rio de Janeiro: BNDES-OCDE, fevereiro de 2000.

VISCUSI, W. K.; VERNON, J. M.; HARRINGTON JR., J. E. **Economics of regulation and antitrust**. 3. ed. Cambridge, MIT Press, 2000.

Parte III – Questões Institucionais da Regulação Econômica

7 REVISÃO JUDICIAL DOS ATOS DAS AGÊNCIAS REGULADORAS: UMA ANÁLISE DA JURISPRUDÊNCIA BRASILEIRA

Daniel Wei Liang Wang

Professor do programa de educação continuada e especialização em Direito GVlaw; mestre em Direito Constitucional pela Universidade de São Paulo – USP.

Juliana Bonacorsi de Palma

Professora do programa de educação continuada e especialização em Direito GVlaw; Professora da Faculdade de Direito da Universidade São Judas Tadeu; mestre em Direito Administrativo pela Universidade de São Paulo – USP; pesquisadora da Escola de Direito de São Paulo da Fundação Getulio Vargas – DIREITO GV.

Daniel Gama e Colombo

Mestre em Direito Econômico pela Universidade de São Paulo – USP; Coordenador-Geral de Especialização da Escola Nacional de Administração Pública.

7.1 Introdução

A ideia deste trabalho surgiu a partir de nossas leituras e reflexões acerca do debate sobre a revisão judicial dos atos das agências reguladoras. Realizando um levantamento desta literatura, notamos que, em geral, os trabalhos carecem de uma informação que, seguramente, é das mais importantes para as conclusões aplicáveis ao caso brasileiro: o comportamento do Judiciário brasileiro frente a pedidos de revisão dos atos regulatórios[1]. Em outras palavras, conhece-se pouco sobre a realidade da revisão judicial dos atos de agências reguladoras no Brasil. Em face da ausência desses dados, os autores que trabalham esse tema no direito brasileiro frequentemente aproveitam a experiência de outros países para delimitar parâmetros ao controle judicial das agências reguladoras (VERISSIMO, 2006; ARAGÃO, 2006; BINENBOJM, 2005). A literatura nacional referente ao controle dos atos regulatórios tende a analisar a questão de forma teórica e inspirada no debate sobre o tema que ocorreu fora do Brasil, principalmente nos Estados Unidos.

[1] Para fins deste trabalho, tomamos o termo "revisão" do ato regulatório em um sentido amplo, abarcando tanto a invalidação ou a suspensão dos efeitos do ato quanto a modificação ou sua substituição por outra decisão dos Tribunais. A expressão "ato regulatório" refere-se aos atos emanados das Agências Reguladoras no exercício de competência regulatória, qualquer que seja a sua natureza (normativa, fiscalizatória, sancionatória etc.). Por vezes, utilizaremos o termo "regulação" como sinônimo de atos regulatórios.

Esses são obviamente aspectos importantes da questão, mas é fundamental que suas hipóteses e afirmações sejam testadas a partir de um estudo sistemático e organizado da jurisprudência brasileira neste assunto[2]. Eventualmente, alguns julgados são citados, mas de maneira muitas vezes casuística e com a função de ilustrar ou reforçar um argumento ou posicionamento. Ressente-se, portanto, da ausência de uma pesquisa que busque analisar a jurisprudência não com função meramente ilustrativa, mas tentando entender como o Judiciário brasileiro tem de fato se comportado quando provocado para declarar a ilegalidade ou garantir a aplicabilidade de um ato de agência reguladora.

O presente artigo tem o intuito de colaborar com os esforços no preenchimento desta lacuna. Acreditamos que esta pesquisa de jurisprudência vem para enriquecer o debate teórico, propiciando análises descritivas ainda mais próximas à realidade brasileira. Uma fonte de inspiração para o trabalho foi MATTOS (2005, p. 195), ao sugerir que seria interessante uma pesquisa da jurisprudência brasileira sobre o controle judicial dos atos das agências reguladoras, o que permitiria "estabelecer os termos do debate comparativo" do fenômeno no Brasil e em outros países. Tentamos fazer, portanto, uma pesquisa ampla e, na medida do possível, completa, não só coletando e analisando o maior número possível de decisões pertinentes, mas também pesquisando em um grande número de tribunais.

Tendo em vista o objetivo traçado, este texto se estrutura da seguinte forma: (i) na segunda parte, que sucede esta introdução,

---

[2] Houve uma tentativa de construir um método de análise e utilização da jurisprudência sem incorrer em citações ilustrativas, casuísticas e enviesadas, em que são utilizadas quase exclusivamente algumas decisões que corroboram a argumentação previamente elaborada, sendo ignoradas decisões contrárias ou mesmo a relevância de uma dada sentença ou acórdão dentro do contexto decisório do Judiciário como um todo (OLIVEIRA, 2003).

realizamos uma revisão da literatura sobre o controle judicial dos atos regulatórios; (ii) a terceira parte apresenta os pressupostos e critérios metodológicos utilizados para a pesquisa, esclarecendo nossas fontes de informação, método de coleta empregado e a forma de compilação e análise dos dados; (iii) a quarta parte traz os resultados da pesquisa de jurisprudência e tenta mostrar o comportamento do Judiciário nesses casos; e, por fim, (iv) na quinta parte encontram-se nossas conclusões.

7.2 Revisão da literatura sobre o controle judicial dos atos regulatórios

7.2.1 A experiência norte-americana

Conforme apontado na introdução, faltam estudos jurisprudenciais sobre a revisão judicial dos atos de agências reguladoras no Judiciário brasileiro. Portanto, como etapa preliminar, mostra-se útil uma breve incursão sobre os trabalhos que estudaram o tema com base na jurisprudência norte-americana, com a finalidade de termos parâmetros para a realização de nossa pesquisa.

O estudo de jurisprudência sobre o controle judicial dos atos regulatórios é bastante forte nos Estados Unidos, por duas razões: o modelo de Administração Pública com formulação de políticas por meio de agências reguladoras com alto grau de autonomia tem predominado por muitas décadas (HUMPHRIES & SONGER, 1999, p. 207); e a tradição de se reconhecer no Judiciário uma instituição importante para o controle dos atos dessas agências como forma de garantia da separação de Poderes e de controle da Administração (SUNSTEIN, 1984, p. 53).

A jurisprudência nos Estados Unidos é estudada por meio dos chamados *leading cases,* que são decisões proferidas principalmente pela Suprema Corte e que servem de parâmetro para as decisões da própria, assim como de instâncias inferiores. O primeiro *leading case* relacionado ao tema é de 1944, *Skidmore v. Swift &*

Co., em que a Suprema Corte reconhece que, em regra, as decisões das agências reguladoras são tomadas por agentes com mais experiência e *expertise*, e baseadas em amplas investigações e informações, elementos que muito dificilmente teriam os juízes para decidir.

Contudo, a Corte reconheceu, neste caso, algumas circunstâncias em que cabe a revisão judicial dos atos das agências reguladoras, que podem ser identificadas por meio dos seguintes testes:

1) completude dos fatos considerados para a tomada de decisão;

2) validade do raciocínio;

3) consistência com atos anteriores ou posteriores da agência.

Em 1984, foi julgado o caso *Chevron, Inc. v. National Resource Defense Council*, considerado atualmente o *leading case* nos Estados Unidos sobre a matéria (VERISSIMO, 2006, p. 398). Este caso define que a possibilidade de revisão de um ato de agência reguladora pelo Judiciário deve passar por três testes (OSTER, 2008, p. 1286):

1) verificar se o texto legal é, de fato, aberto e permite várias interpretações. Se a norma legal for clara, então tanto a agência quanto o Judiciário devem respeitá-la e a discussão não precisa seguir. Se a norma for ambígua, é porque há um espaço para a escolha de políticas (*policies*) por parte da agência e, em matéria de políticas, não há o certo e o errado, mas o razoável e o irrazoável;

2) se de fato a norma não aparece de forma clara, deve-se testar a razoabilidade da interpretação dada pela agência reguladora para avaliar se não foi uma interpretação "arbitrária" ou "caprichosa";

3) os juízes devem levar em consideração a *expertise* técnica das agências, portanto, quando um ato regulatório for questionado não com base na margem de escolha dada pela lei, mas centrado em análises técnicas, esse questionamento não deve prosperar.

Além dos *leading cases*, foi fundamental para determinar a forma como ocorre a revisão judicial dos atos de agências nos Estados Unidos o *Administrative Procedure Act* – APA, que estabeleceu a *substantial evidence doctrine*. Essa doutrina proclama que deve haver uma deferência por parte do Judiciário à decisão da agência quando essa for tomada com base em fatos substanciais, cabendo aos magistrados um controle mais procedimental que de conteúdo (HUMPHRIES & SONGER, 1999, p. 209).

O reconhecimento do Judiciário como instância de controle das agências reguladoras levou ao desenvolvimento da *hard look doctrine*, construção jurisprudencial favorável a um controle mais detido do processo de tomada de decisão e do conteúdo dispositivo da regulação (BINENBOJM, 2005, p. 5). Além da checagem de legalidade, a *hard look doctrine* serve como método de teste de efetividade das medidas regulatórias, pois ela defere ao juiz legitimidade para requerer das agências reguladoras a exposição dos benefícios da regulação ou a justificativa de alguns possíveis ônus, como o custo da regulação ou de um pontual problema que pode advir da atividade ordenadora do Estado (SUNSTEIN, 1984, p. 53). São os seguintes mecanismos de controle de que o juiz pode se valer para analisar o ato regulatório conforme a *hard look doctrine*:

a) controle da motivação do ato regulatório;

b) controle da efetiva consideração, pelas agências, dos argumentos apresentados pelas partes e interessados no processo administrativo;

c) controle da consistência, na medida em que casos semelhantes devem apresentar soluções regulatórias semelhantes;

d) controle das decisões "arbitrárias" ou "caprichosas".

Ressalte-se, porém, que o exercício desse forte controle judicial encontra limites legais, pois o próprio APA[3] e diversas leis

---

[3] Segundo o § 701 do APA, é defesa a revisão judicial nos casos em que a lei estabelecer a preclusão da revisão judicial (*statutory preclusion review*) ou se a ação da Agência Reguladora questionada em juízo estiver compreendida na esfera de discricionariedade deferida por lei. *In verbis*: "This chapter [revisão judicial] applies, according to the provisions thereof, except to the extent that: (1) statutes

estabelecem situações em que é proibido o controle judicial de certos atos regulatórios (*statutory preclusion of review*). O amplo controle jurisdicional dos atos regulatórios, especialmente sobre o conteúdo dispositivo, dá-se somente nos espaços em que a deferência não se impõe por expressa determinação legal (STRAUSS, 1989, p. 217).

7.2.2 Debate teórico no Brasil

A ideia de separação de Poderes está na base do controle judicial da Administração Pública. Dada a necessidade de equilíbrio harmônico entre os Poderes para o satisfatório cumprimento das finalidades públicas pelo Estado, que requer a fixação de limites ao controle judicial da atividade administrativa, teorias foram construídas com o propósito de estabelecer parâmetros para a revisão judicial da atividade administrativa. Embora se reconheça a inviabilidade de se definir em um plano puramente teórico e apriorístico os critérios objetivos que balizarão a atuação do magistrado em todos os casos (VERISSIMO, 2006, p. 408), buscaremos identificar quais os principais parâmetros delimitados pelos especialistas no tema para, posteriormente, confrontar com os critérios adotados na jurisprudência brasileira.

No contexto regulatório, o controle judicial destaca-se como relevante elemento de análise exatamente por se revestir de contornos próprios e ensejar discussões que envolvem questões sensíveis ao direito regulatório, como a capacidade institucional das agências reguladoras e a efetividade da regulação.

A criação de agências reguladoras no âmbito da estrutura burocrática do Estado brasileiro contextualiza-se na passagem da política de intervenção direta no domínio econômico por meio de

---

preclude judicial review; or (2) agency action is commited to agency discretion by law".

empresas estatais – que marca o estado empresário – para o processo de privatização e desestatização encadeado pela reforma do Estado. Com forte influência do direito norte-americano, as agências reguladoras foram instituídas com a finalidade comum de regular determinados setores da economia, sendo dotadas, para tanto, de atributos que permitem tanto uma efetiva disciplina da atividade econômica, com atratividade de investimentos privados, quanto novas formas de relacionamento da Administração com o cidadão quando do exercício do poder de autoridade, relacionamento esse matizado por transparência, participação e responsabilidade. Assim, os marcos regulatórios que instituíram as agências reguladoras no Brasil conferiram-lhes: um regime especial de independência (política, administrativa, econômica e orçamentária), autonomia em relação à administração direta, especialidade técnica e permeabilidade (MARQUES NETO, 2005, p. 3).

O relacionamento entre agências reguladoras e Judiciário, cujo ponto de contato se dá principalmente no controle judicial dos atos regulatórios, mostra-se relevante na medida em que a amplitude da revisão judicial pode acabar por colocar em risco a efetividade da regulação, no caso extremo de um cenário de ampla ou plena revisão dos atos regulatórios pelo Judiciário.

Ademais, se a necessidade de conferir previsibilidade e segurança jurídica na regulação foi um dos fatores determinantes da criação de agências reguladoras dotadas de autonomia e independência, natural que essa mesma ordem de preocupação se manifeste no controle judicial dos atos regulatórios. Recorrentes revisões judiciais da regulação, especialmente no caso dos atos de caráter técnico, podem obstaculizar a realização de investimentos privados de longo prazo nos setores, por diminuir a previsibilidade e a segurança jurídica do mercado regulado.

Especificamente em relação ao controle judicial das agências reguladoras, as correntes teóricas podem ser divididas em duas grandes tendências: o *ativismo judicial* e a *deferência judicial*.

7.2.2.1 O ativismo judicial

O debate sobre o controle das agências reguladoras pelo Poder Judiciário resgata o arcabouço teórico que se desenvolveu acerca do controle judicial dos atos administrativos. Apesar de constituírem um tipo especial de ato administrativo, os atos regulatórios não deixam de ser assim considerados para todos os efeitos de disciplina jurídica, razão pela qual teses clássicas do controle judicial dos atos administrativos são hoje empregadas na análise jurisdicional do ato regulatório.

As *teorias do controle judicial dos atos administrativos* surgiram para delimitar a fronteira entre o exercício do poder discricionário pela Administração e o controle procedido pelo Judiciário. Elas buscam delimitar o âmbito de apreciação do *mérito administrativo* pelo Poder Judiciário. Basicamente, duas ordens de perguntas pautam a construção teórica do controle judicial: (i) O Judiciário pode rever os atos administrativos? (ii) Até onde pode ir o exame ou a reforma judicial da decisão administrativa?

O mérito administrativo consiste no espaço de apreciação subjetiva deferida pelo ordenamento jurídico à Administração Pública para decidir nos casos de discricionariedade. Para tanto, critérios como equidade, razoabilidade, proporcionalidade, economicidade e moralidade, por exemplo, podem compor a margem de decisão administrativa. No geral, os múltiplos critérios são resumidos pela doutrina no binômio oportunidade e conveniência, o que reforça o sentido político do mérito defendido por alguns publicistas, que impediria sua análise pelo Judiciário, limitado ao exame de legalidade (FAGUNDES, 2005, p. 180).

A *teoria da insindicabilidade do mérito administrativo* parte da premissa de que legalidade e discricionariedade são elementos contrapostos, razão pela qual o mérito administrativo não poderia ser examinado pelo Judiciário, pois é pautado no juízo de oportunidade e conveniência, e não no de legalidade. Trata-se da elaboração mais tradicional do tema, com base na qual as posteriores teorias de controle se desenvolveram. Sua formulação original indica um limitado controle judicial, pois apenas os atos vinculados (nos quais o único comportamento a ser adotado pela Administração encontra-se inteiramente regrado em lei) poderiam ser objeto de análise jurisdicional. Contudo, a tendência que se evidencia no plano doutrinário é de ampliação do controle judicial dos atos administrativos.

Com a previsão de diversas competências administrativas ao Estado, que estabeleceram deveres de prestação estatal positiva baseados em normas de textura aberta e dispositivas de relativa margem de liberdade para a atuação administrativa, o poder discricionário se fortaleceu e, consequentemente, intensificou o controle judicial da Administração Pública. Isso resulta da antípoda autoridade – liberdade, pela qual o aumento do poder determina também o aumento do controle sobre esse mesmo poder. Como reflexo do crescimento das atividades governamentais e do emprego de normas de textura aberta, aumentou a defesa do ativismo judicial no controle dos atos administrativos.

Dessa forma, as teorias construídas neste momento de incremento do controle judicial da Administração Pública serviram para respaldar o controle mais incisivo do Judiciário sobre a decisão administrativa. Intensifica-se a defesa do controle judicial dos atos administrativos por meio da formulação de diversas teorias ampliativas do controle da discricionariedade.

A *teoria dos elementos do ato administrativo* corresponde à primeira manifestação de aumento do controle judicial da Administração Pública (BINENBOJM, p. 197). Por essa tese, certos elementos do ato administrativo – competência, forma e finalidade – não admitiriam qualquer margem de apreciação subjetiva do administrador, pois seriam sempre vinculados. Dessa forma, os elementos vinculados dos atos discricionários passaram a ser objeto de controle judicial, o que determinou a ampliação da revisão jurisdicional.

Pela *teoria do desvio de poder*, o Judiciário seria a instância legítima para indicar a finalidade legal da regra de competência do ato discricionário objeto de análise; caso se constate descompasso entre o resultado do ato e a finalidade legal, o Judiciário poderia invalidá-lo.

De acordo com a *teoria dos motivos determinantes*, o Judiciário poderia avaliar os motivos (fatos jurídicos) que ensejaram a decisão administrativa quanto à existência dos mesmos e à adequação do ato emanado com as circunstâncias de fato. A aplicação dessa teoria confere amplo poder de controle judicial dos atos administrativos, sendo geralmente usada para indicar eventual desproporcionalidade entre a medida que levou à produção do ato e seu conteúdo.

Em compasso com a tendência de intensificação do argumento de controle judicial dos atos administrativos, recentemente ganha força a tese de controle da discricionariedade por meio de *princípios*, notadamente os da razoabilidade (MELLO, 2008, p. 952) e da supremacia do interesse público sobre o interesse privado (DI PIETRO, 2001, p. 227). Esse tipo de controle teve notável recepção acadêmica e alimentou a preocupação legítima com os efeitos da invalidação, modificação ou substituição da decisão administrativa pelo Judiciário com base em princípios.

A primeira das vertentes do controle jurisdicional dos atos regulatórios – *ativismo judicial* – sobrevaloriza o papel institucional do Poder Judiciário no controle da Administração Pública, reconhecendo plena aplicabilidade do princípio da inafastabilidade do Poder Judiciário previsto no art. 5º, XXXV, da Constituição Federal, pelo qual "a lei não excluirá da apreciação do Poder Judiciário lesão ou ameaça a direito".

Mello, um dos maiores partidários desta linha de entendimento, considera o preceito constitucional como a "pedra de toque da ordenação normativa brasileira" (2008, p. 943), pois a proteção judicial engendrada pelo dispositivo consistiria no mecanismo primeiro de garantia da legalidade da atuação administrativa. Como consequência, todos os atos regulatórios seriam passíveis de revisão judicial, em sensível diminuição ou afastamento das teses de deferência.

O ativismo judicial propicia um forte controle pelo Judiciário dos atos praticados pelas agências reguladoras, com ampla margem de revisão judicial do procedimento para formação do ato regulatório e da decisão administrativa em si considerada.

A favor da tese do controle mais intenso da atividade regulatória estão os argumentos de que a revisão judicial impede a captura do regulador, contribui para a legitimação das decisões administrativas, evita e sana ilegalidades, além de corroborar para a racionalização da tomada de decisão regulatória (GUERRA, 2005).

7.2.2.2 A deferência judicial

Tradicionalmente, as construções teóricas sobre o controle judicial da atividade administrativa apoiam-se em três pressupostos: crença na noção de mérito administrativo, possibilidade de diferenciar vinculação de discricionariedade conforme a margem de liberdade conferida em lei para a atuação administrativa e existência de uma metodologia de controle empregada pelo Judiciário, o exame de legalidade.

Verissimo (2006, p. 408) aponta que a divisão, ainda muito difundida, entre análise de mérito e de legalidade, em que esta é própria do Judiciário e aquela é alheia à atividade jurisdicional, parece superada e pouco útil para pensarmos o tema da revisão judicial dos atos das agências reguladoras. O conceito de legalidade amplia-se e vai além do mero controle das formas de atuação da Administração, passa também a regular o mérito da atividade. Portanto, já não se tem claro onde termina a análise da legalidade e onde começa a de mérito. A resultante implosão da dicotomia vinculação-discricionariedade dá lugar aos *graus de vinculação à juridicidade*, com imediata repercussão sobre o controle judicial da Administração, que afastaria respostas binárias do tipo controla –

não controla para acolher diferentes escalas de controle à disposição do Judiciário.

Consoante esta abordagem, tal controle seria realizado pela estipulação de critérios que, quando presentes, determinariam uma postura mais ou menos incisiva do Judiciário no controle da atividade regulatória. Dessa forma, atributos como participação no processo administrativo, consenso entre regulador e regulado na tomada de decisão, tecnicidade envolvida, impacto regulatório ou potencialidade de gravame de direitos individuais passam a ser considerados por alguns autores com a finalidade de estabelecer a medida do controle judicial dos atos regulatórios. A definição desses critérios consiste em relevante pauta do atual direito regulatório.

A segunda forma de se considerar o controle judicial dos atos regulatórios corresponde, portanto, à *deferência judicial*, decorrência de uma visão mais crítica a respeito da revisão judicial dos atos regulatórios, com clara preocupação em afirmar a capacidade institucional das agências reguladoras frente ao Poder Judiciário. Os efeitos do controle jurisdicional mais incisivo da regulação também são considerados por esta vertente, de forma que a qualidade da regulação importa e tem direta relação com as características do ente de que emana. Pela deferência à decisão regulatória, o Judiciário pode, inclusive, deixar de analisar o conteúdo do ato regulatório em algumas situações específicas.

De uma forma geral, a postura de deferência funda-se na característica da especialidade técnica da agência reguladora. Dado o amplo conhecimento técnico detido pela agência, composta por agentes públicos especializados e em contato direto com as questões técnico-regulatórias trazidas pelos regulados, esta seria mais capacitada para deliberar sobre assuntos eminentemente técnicos em comparação com o Judiciário. Suas decisões seriam, portanto, revestidas de maior tecnicidade e consentâneas com as finalidades ínsitas do setor.

Assim, o juiz poderia deixar de apreciar um ato regulatório caso entendesse que a agência reguladora detém maior legitimidade, competência ou responsabilidade para apreciar a situação concreta levada a juízo (VERISSIMO, 2006, p. 408). Aduz o autor que o Judiciário, ao reconhecer sua própria incapacidade institucional para versar sobre determinadas matérias técnicas quando comparado às agências reguladoras, pode adotar uma postura de deferência à decisão regulatória. Embora não estipule um critério para fixar os casos de deferência, o autor salienta que alguns fatores podem ser considerados pelo juiz para aumentar o grau de *self-restraint* do órgão jurisdicional, quais sejam: grau de seriedade, imparcialidade, comprometimento, abertura democrática, legalidade e transparência dos procedimentos da agência, bem como a coerência do ato regulatório apreciado com a forma de atuação consolidada (VERISSIMO, 2006, p. 413).

BINENBOJM propõe a adoção de *standards* no controle judicial que devem ser mais intensos quanto (i) maior for a restrição aos direitos fundamentais ou (ii) maior for a objetividade do comando legal. Ao contrário, deverá ser mais leve (i) se a matéria analisada tiver caráter técnico, (ii) quanto mais política for a solução administrativa ou (iii) quanto maior foi o grau de abertura da tomada de decisão à participação administrativa (BINENBOJM, 2006, p. 235-236).

Em razão do caráter técnico-especializado das agências reguladoras, o Judiciário deveria adotar uma postura de deferência ao conteúdo do ato regulatório desde que a forma de aplicação da norma fosse duvidosa ou a interpretação do regulador se mostrasse razoável (ARAGÃO, 2006, p. 350-351). Esta formulação aproxima-se da tese norte-americana de deferência judicial à interpretação legal dada pela agência reguladora no caso *Chevron*.

O controle judicial das agências reguladoras reavivou os debates em torno da *discricionariedade técnica*. Fundados em conhecimento técnico, os atos regulatórios das agências não se submeteriam ao controle judicial; trata-se de critério tido como alheio à legalidade que determinaria um comportamento de deferência por parte do Judiciário. Ainda, haveria deferência judicial em relação à escolha procedida pelo regulador por uma dentre várias técnicas possíveis para dispor sobre uma situação concreta, caso o desenvolvimento científico da matéria conferisse ao regulador multiplicidade de técnicas (SUNDFELD & CÂMARA, 2007, p. 63).

Da tese da deferência resultam argumentos em prol de um controle jurisdicional circunscrito à regularidade do processo administrativo regulador e à motivação do ato regulatório, sem modificação ou substituição da decisão administrativa. Mattos (2005, p. 194), por exemplo, defende a tese de que caberia ao Judiciário, ao apreciar as decisões regulatórias, fazer uma análise da adequação da justificativa sobre a motivação do ato face aos efeitos produzidos sobre os atores afetados, bem como as justificativas apontadas pelos autores para fundamentar os efeitos pretendidos. Contudo, não poderia o Judiciário substituir o conteúdo de uma regulação, sobrepondo-se ao órgão administrativo tecnicamente competente[4].

Os autores que se propõem a relativizar a abrangência do controle judicial da Administração Pública pela indicação de casos em que o Judiciário poderia assumir uma postura de deferência em relação à decisão administrativa voltam-se a uma compreensão mais contida do art. 5º, XXXV, da Constituição Federal, na tentativa de traçar um controle judicial mais racional. Se o ato regulatório não pode ser afastado da apreciação jurisdicional por força do mencionado princípio constitucional da inafastabilidade, nem por isso deixariam de existir limites à abrangência da análise da decisão

---

[4] Nesse sentido, Marques Neto (2002, p. 471) entende que há um aumento na margem de controle de discricionariedade da Administração pelo Judiciário, e esse controle mais substancial dos atos deve ser feito por meio da análise de motivação e fundamentação das escolhas feitas pelo regulador mediante o arbitramento dos interesses públicos dispersos na sociedade fragmentada.

administrativa procedida pelo Poder Judiciário, assim como restrições aos efeitos da revisão judicial (invalidação, substituição ou modificação dos atos regulatórios).

7.2.2.3 Controle judicial dos atos regulatórios

As agências reguladoras impuseram uma nova ordem de discussão acerca do controle judicial da Administração Pública que vai além da separação de Poderes. A questão da capacidade institucional do Judiciário em examinar atos regulatórios eminentemente técnicos alimenta reflexões sobre a adoção de teses de deferência à decisão da agência reguladora, imbuída de características especiais que viabilizam uma tomada de decisão mais adequada às demandas setoriais. Ademais, temas já trabalhados em épocas distintas são resgatados e voltam à tona com outra abordagem, a abordagem regulatória, como se evidencia com a discricionariedade técnica.

As teorias clássicas do controle judicial da Administração Pública, por sua vez, parecem não responder à questão de como o Judiciário deve controlar os atos regulatórios, não tanto pelas particularidades regulatórias, mas por um verdadeiro problema de fundo, eis que suas premissas entraram em colapso. O alargamento da legalidade e o estreitamento do mérito administrativo decorrentes da previsão de normas semanticamente abertas e da construção de teorias de controle cada vez mais ativistas colocam em xeque o conceito consolidado de mérito, bem como as dicotomias exame de legalidade × exame de mérito e vinculação × discricionariedade. Novos critérios de controle judicial são cogitados, com defesa de teses de deferência e estipulação de critérios para uma análise jurisdicional mais incisiva ou mais constrita da atividade regulatória.

Restam, porém, incertezas sobre o alcance do controle judicial das agências reguladoras. Ao contrário do que se evidencia no sistema norte-americano, o Brasil não possui normas constitucionais ou legais que prevejam limites ou parâmetros ao controle judicial expressos; peculiaridade nossa, possuímos, ao contrário, um princípio que impede o afastamento dos atos regulatórios da apreciação do Judiciário (art. 5º, XXXV, da Constituição Federal). O momento hoje é de reflexão sobre o sentido e alcance desse preceito, de inquestionável repercussão prática. Os artigos mais recentes dão conta desse processo de investigação dos *standards* brasileiros de controle judicial dos atos regulatórios e sugerem critérios abrangentes.

Também o Judiciário sente o paradoxo de ser chamado para coibir ilegalidades pelo exercício da competência regulatória e, ao mesmo tempo, ser dele exigida uma postura de deferência à decisão administrativa para manutenção da própria medida regulatória. Novamente a pergunta inicial do presente artigo: como o Judiciário se comporta quando provocado a se manifestar sobre a legalidade de atos regulatórios? A questão é pano de fundo da atividade jurisdicional que envolve a regulação e recorrentemente trabalhada nos casos em que ela é discutida. Um primeiro esforço contributivo ao prosseguimento das discussões é identificar os critérios efetivamente utilizados pelo Judiciário quando da revisão dos atos emanados das agências reguladoras. Essa é a proposta dos próximos itens.

7.3 Metodologia da pesquisa de jurisprudência

7.3.1 Critérios de pesquisa

A pesquisa de julgados foi feita por meio da seção de "pesquisa de jurisprudência" dos *sites* oficiais dos Tribunais Regionais Federais 1, 2, 3, 4 e 5; do Superior Tribunal de Justiça e do Supremo Tribunal Federal. Essa pesquisa foi feita durante o mês de fevereiro de 2009 e não houve um filtro temporal das decisões.

Os termos de busca utilizados foram "Agência Nacional" e "Agência Reguladora". Tendo em vista o escopo deste livro da Série GV*law*, optamos por analisar apenas as agências reguladoras federais e que regulassem setores vinculados à infraestrutura, o que resultou no estudo de casos envolvendo as seguintes agências reguladoras: Agência Nacional de Petróleo – ANP, Agência Nacional de Telecomunicações – ANATEL, Agência Nacional de Energia Elétrica – ANEEL, Agência Nacional de Aviação Civil – ANAC, Agência Nacional de Transportes Terrestres – ANTT e Agência Nacional de Transporte Aquaviário – ANTAQ.

Dentre todos os julgados levantados, foram selecionados aqueles em que havia efetivamente um questionamento sobre ato de uma das agências reguladoras selecionadas, incluídos atos de regulamentação, fiscalização/sanção e de autorização para prestação de serviço público. Foram excluídos os julgados que versassem sobre (i) competência jurisdicional; (ii) legitimidade processual do regulador/interesse processual; (iii) ações penais; (iv) legalidade da prática de um ato de ente regulado face a uma norma regulatória, sem que esta tivesse sido diretamente questionada; e (v) casos em que a controvérsia se referia a questões puramente processuais, ou que não se relacionassem com a discussão do ato regulatório.

Para entrar em nossa análise, o julgado não necessariamente precisaria ter a agência reguladora em um dos polos processuais, bastando apenas que houvesse o questionamento de um ato regulatório frente ao Poder Judiciário. Optamos ainda por excluir todos os Embargos de Declaração julgados. Ao final, contando todos os Tribunais, foram coletadas 321 decisões para a análise.

7.3.2 Forma de análise dos atos das agências reguladoras

Parte-se do pressuposto de que frente ao questionamento de um ato de agência reguladora, o Judiciário pode ter as seguintes condutas: não analisar o conteúdo do ato e, desta forma, respeitar a decisão tomada em instância administrativa, ou analisar o ato e decidir se o mantém ou revisa.

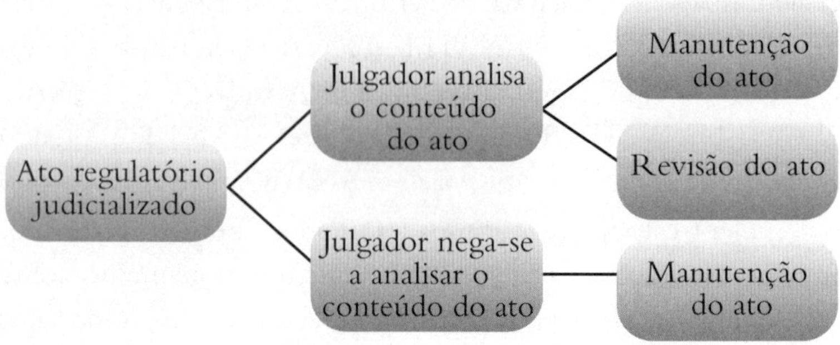

Figura 1. Esquema de revisão dos atos regulatórios.

Com base na leitura dos julgados e na literatura a respeito do tema, tanto a que trata da experiência internacional quanto às abordagens teóricas nacionais, extraímos as principais justificativas que poderiam ser utilizadas, seja para fundamentar uma análise judicial dos atos de agências reguladoras, ou para defender a abstenção dos juízes em tomar conhecimento desses atos. Também selecionamos os principais critérios de análise que poderiam ser utilizados pelos juízes quando entendessem que deveriam analisar um ato reclamado. Intencionamos, desta forma, verificar qual o grau de aderência dos termos utilizados na literatura consultada com a argumentação decisória efetivamente utilizada pelo Judiciário brasileiro.

Uma vez identificados os critérios e justificativas, foi montada uma planilha em que cada julgado foi tabulado com vistas a identificar: (i) se o Tribunal mantinha ou reformava o ato regulatório; (ii) quem eram os litigantes; (iii) qual o tipo ou natureza jurídica do ato regulatório sob análise; (iv) se o Tribunal reformou ou não a decisão recorrida proferida pelo magistrado de instância inferior; e (v) se buscava justificativas para analisar ou não um ato de agência reguladora e, quando analisava, que critério ele utilizava.

Para se fundamentar a não análise de um ato de agência reguladora pelo Judiciário, dentre as justificativas estão: (1) discricionariedade; (2) especialidade técnica; (3) ilegitimidade do Judiciário; (4) prejuízo na qualidade do serviço público; (5) separação de Poderes; (6) delegação de competência à agência reguladora; e (7) previsibilidade e segurança jurídica. Em alguns casos havia outras justificativas além dessas previamente identificadas, que entraram na categoria "outros".

Dentre as justificativas para analisar um ato selecionamos: (1) função do Judiciário na tutela de direitos; (2) separação de Poderes; (3) interpretação incorreta da agência; e (4) análise insuficiente dos fatos pela agência reguladora. Havia também a possibilidade de se registrar outras justificativas trazidas pelos acórdãos e a hipótese de o juiz simplesmente não justificar a razão pela qual entendeu que deveria analisar o ato.

Por fim, em relação aos critérios pelos quais os magistrados poderiam analisar um ato da agência reguladora observamos: (1) questões técnicas; (2) questões de fato; (3) legalidade; (4) consequências econômicas do ato; (5) finalidade; (6) autovinculação; (7) procedimento administrativo; (8) competência; (9) princípios; (10) proporcionalidade e razoabilidade; (11) conceitos jurídicos indeterminados; e (12) supremacia do interesse público sobe o privado. Também deixamos espaço para inserção de outros critérios de análise fora dos previamente estabelecidos, caso se fizesse necessário.

7.4 Análise da jurisprudência de controle dos atos regulatórios pelo Judiciário

Nesta parte apresentamos os principais resultados da pesquisa de jurisprudência, ressaltando as informações e os dados que mais chamaram nossa atenção e que, em nosso entendimento, são de maior valia para este primeiro esforço de compreensão da realidade da revisão de atos regulatórios no Brasil.

Inicialmente, trazemos os principais dados e informações acerca das ações judiciais, tentando compreender as características que marcam essas demandas. Na sequência, descreveremos as ações em que foi realizada a revisão do ato regulatório pelos Tribunais, seguido de um mesmo esforço com relação aos casos em que o Judiciário respeitou a decisão das agências.

7.4.1 Análise geral dos casos

7.4.1.1 Agências e tipos de atos questionados

Em primeiro lugar, questionamos quais, dentre as Agências analisadas, tiveram maior número de questionamentos de seus atos no Judiciário. A Tabela e o Gráfico 1 abaixo trazem a resposta a esta pergunta:

ANP	233
ANATEL	56
ANTT	18
ANEEL	11
ANTAQ	2
ANAC	1
Total (ações)	**321**

Tabela 1. Agências questionadas.

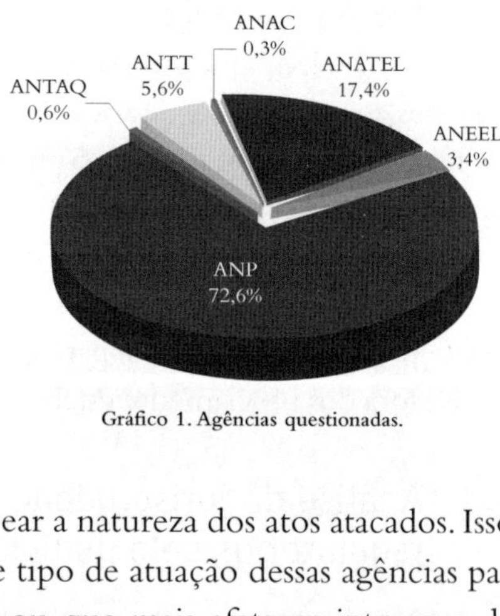

Gráfico 1. Agências questionadas.

Também tentamos mapear a natureza dos atos atacados. Isso nos permite compreender que tipo de atuação dessas agências parece trazer maior insatisfação ou que mais afeta os interesses de parcela do grupo de regulados. Por causa da diversidade e do grande número de atos questionados, para esta tarefa foi necessário realizar uma padronização e agrupamento desses atos. Assim, classificamos os atos consoante as seguintes categorias: (i) atos de regulamentação (ou normativos)[5]; (ii) atos de fiscalização ou sancionatórios[6]; (iii) autorização para funcionamento ou início de atividades[7]; (iv) acordos[8]; e (v) os demais atos que não se enquadraram nos grupos acima. Nesse sentido, destacamos os dados coletados e sistematizados na tabela e no gráfico abaixo indicados.

Regulamentação	209
Fiscalização / Sanção	88
Autorização	15
Acordo	5
Outros	4
Total (ações)	**321**

Tabela 2. Tipos de atos questionados.

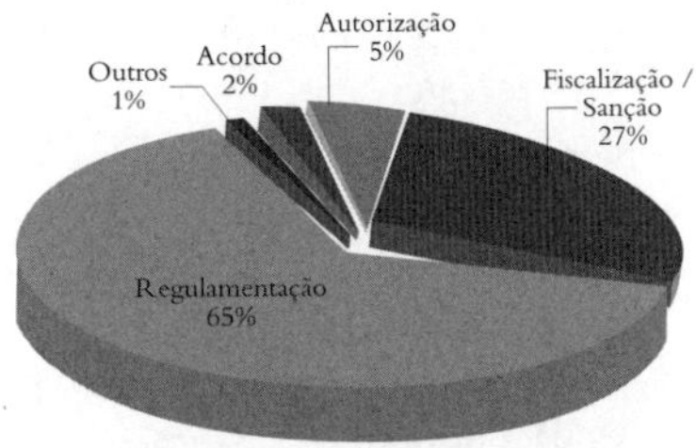

Gráfico 2. Tipos de atos questionados.

Por fim, para entender melhor a realidade das ações de cada agência, cruzamos os dados das duas tabelas acima, verificando, assim, que tipo de ato regulatório é questionado no contexto de cada um desses entes. O gráfico 3 fornece o resultado.

[5] Para os fins do presente trabalho, classificamos os atos regulatórios conforme o tipo de competência detida pela Agência Reguladora à qual se relaciona. Assim, a competência de regulamentação, compreendida como o poder de as Agências expedirem atos normativos para regular o mercado, formalizou-se em "regulamentação".

[6] A competência de fiscalizar o desenvolvimento da atividade econômica regulada com o propósito de averiguar sua adequação ao direito e à política setorial, e a competência sancionatória, exercida pela aplicação de sanção administrativa após o término de regular processo sancionador para averiguação de prática infracional, foram agrupadas na categoria "fiscalização/sanção".

[7] A competência de autorizar ou permitir o desempenho de determinada atividade econômica regulada foi indicada em "autorização".

[8] Por "acordos", designamos qualquer ato regulatório conexo aos contratos celebrados entre a Agência Reguladora e a empresa regulada, como a revisão tarifária.

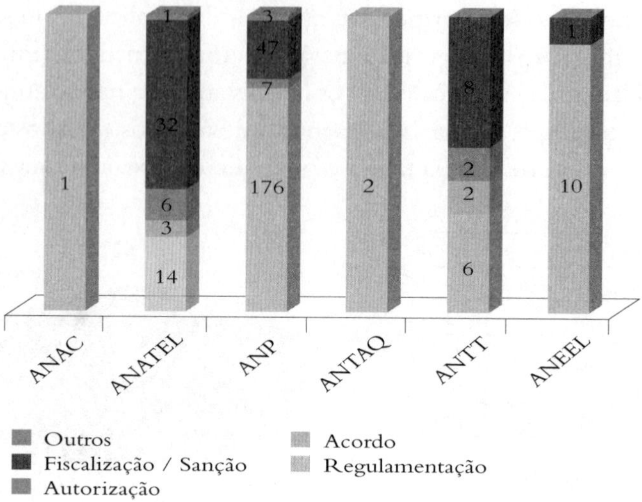

Gráfico 3. Tipos de atos questionados por agências.

(NOTA: Cada barra representa a totalidade de ações de cada agência. Seu tamanho ou volume são iguais e independem do número total de ações.)

Como se pode notar a partir dos números, a Agência Nacional de Petróleo – ANP foi a agência reguladora mais questionada no período de tempo analisado. Seguindo uma tendência que se repete nas outras agências (com exceção da ANATEL e da ANTT), os atos de regulamentação despontam como os mais questionados, superando muito mais do que a metade de todas as ações.

Uma explicação para esta liderança da ANP demandaria uma pesquisa que transcende os objetivos deste trabalho, mas uma primeira verificação dos temas dessas ações já fornece informações que podem ajudar a atingir este objetivo. Muitos dos litígios envolvendo normas da ANP questionavam: (i) as exigências estabelecidas pela agência para a obtenção do registro de distribuidor de combustível, em especial o cadastro e a regularidade das empresas junto ao Sistema de Cadastro de Fornecedores – SICAF, a base própria para armazenamento de combustíveis, e o capital social mínimo de um milhão de reais; (ii) limitações e restrições impostas à comercialização de combustíveis, como a proibição de postos de determinada bandeira venderem gasolina de outra marca; e (iii) atos normativos que regulam a distribuição de *royalties* entre Municípios.

O caso da ANATEL também merece uma nota. Esta agência foi bastante questionada (embora menos do que a ANP), mas neste caso a maior parte das ações refere-se a procedimentos fiscalizatórios e sanções impostas às empresas. Isso se deve, em grande parte, ao considerável número de casos de fechamento ou proibição de funcionamento de rádios comunitárias pela Agência, havendo também alguns casos de lacre e desligamento de aparelhos de telecomunicações.

7.4.1.2 Atos de regulamentação questionados

A tabela 2 e o gráfico 2 acima indicam que os atos de regulamentação das agências são aqueles mais atacados perante os Tribunais, o que nos fez indagar qual a concentração desses atos como objeto das ações judiciais. Ou seja, precisamos entender se essas ações versam sobre diferentes temas e questionam diversos atos regulatórios, ou se, ao contrário, há um pequeno conjunto de normas expedidas pelas agências que é especialmente combatido.

Extraímos um dado bem esclarecedor na análise das regulamentações: cerca de metade das ações que questionaram atos de regulamentação expedidos pelas agências refere-se às Portarias n. 202/99 e 21/99 da ANP.

A Portaria n. 202/99 regulamenta o exercício da atividade de distribuição de combustíveis derivados do petróleo e outros combustíveis automotivos. Em especial, ela estabelece uma série de requisitos a ser cumpridos pelas empresas para obtenção do registro de distribuidor, além da autorização para a atividade de distribuição. Algumas dessas exigências são aquelas já citadas no item anterior (cadastro e regularidade das empresas junto ao SICAF, a base própria para armazenamento de combustíveis e o capital social mínimo de um milhão de reais). Muito embora não tenhamos feito uma sistematização dos argumentos utilizados para o questionamento desta norma (por fugir ao objetivo), em geral eles passam pelo princípio da legalidade, da livre-iniciativa e do direito adquirido. O trecho abaixo, extraído de um acórdão em que a Portaria n. 202/99 foi combatida, é bem ilustrativo a esse respeito:

> Em seu recurso, a apelante insurge-se contra a parte da sentença que lhe foi desfavorável, que respeita à exigência de cadastramento perante o SICAF, alegando: (...) que encontra-se patente violação ao princípio do direito adquirido, nos termos do art. 5º, inc. XXXVI da CF/88, bem como aos princípios da livre-iniciativa e o da razoabilidade[9].

Por sua vez, a Portaria n. 21/99 determina critérios para distribuição do valor dos *royalties* incidentes sobre a produção de petróleo ou gás natural entre os Municípios afetados por essas operações.

A concentração de ações em torno dessas duas normas certamente é um indicativo de que, nesses casos, a inovação normativa da autoridade reguladora trata de temas de significativo valor e contrariou interesses substanciais de uma ou mais classes de atores regulados.

É interessante notar ainda que a posição majoritária dos Tribunais nesses dois casos não foi uniforme. Enquanto a Portaria n. 202/99 foi mantida em 65 casos – (87,8% do total), a Portaria n. 29/01 apresentou um índice bem inferior de 11 casos – (42,3% do total). Esta discrepância é de especial relevância por levantar uma forte suspeita de que, mesmo nos casos mais recorrentes, o Judiciário brasileiro não parece ter atingido uma posição pacífica no sentido da deferência ou do ativismo com relação aos atos regulatórios de regulamentação. Esta, todavia, é uma afirmação que demanda uma pesquisa mais aprofundada que analise detidamente as

[9] Rio de Janeiro, TRF da 2ª Região, Apelação em Mandado de Segurança n. 2000.02.01.065810-1, 2006, p. 1.

ações judiciais acerca dessas duas Portarias, entendendo suas peculiaridades e indagando as razões de decisão.

Uma última nota que merece ser feita a respeito deste tópico é a de que, com a exceção das duas Portarias já mencionadas, há uma grande dispersão dos casos com relação às demais normas, o que, conjuntamente com os dados apresentados no subitem 4.1.1, pode sugerir a existência de uma predisposição mais ampla na sociedade ou no empresariado brasileiro ao questionamento do poder de regulamentação das agências.

7.4.1.3 Partes nas ações propostas

Por fim, uma última característica dessas ações a ser mencionada é o perfil das partes litigantes. Conforme já era esperado, a grande maioria das ações tem, como polo de embate, de um lado a agência reguladora e, de outro, a empresa regulada que tenta atacar um ato regulatório específico.

1º litigante	*2º litigante*	*Total*
Agência reguladora	Empresa regulada	222
	Município	24
	Associação comunitária	11
	Pessoa Física	5
	Fundação	3
	Federação / Sindicato de empresas reguladas	2
	Associação	1
	Ministério Público	1
Empresa regulada	Ministério Público	8
	União Federal	6
	Agência reguladora e empresa regulada	5
	Empresa regulada	3
	Pessoa física	2
	Agência reguladora e União Federal	1
	Agência reguladora e OAB	1
	Poder Judiciário	1

	PROCON	1
	Agência reguladora e associação de consumidores	1
	Empresa regulada e União Federal	1
Agência reguladora e empresa regulada	Ministério Público	7
	Agência reguladora e empresa regulada	1
	Associação de consumidores	1
	União Federal	1
Ministério Público	Agência reguladora, empresa regulada e União Federal	2
	Associação de empresas reguladas	1
	União Federal	1
União Federal	Pessoa física	1
	Poder Judiciário	1
Federação / Sindicato de empresas reguladas	Empresa regulada e União Federal	1
Agência reguladora e União Federal	Associação comunitária	2
Associação comunitária	União Federal	1
Município	Município	2
	Total	**321**

Tabela 3. Principais polos processuais – agências reguladoras e empresas reguladas.

(Nota: a divisão das partes em 1º ou 2º litigante foi apenas para fins de sistematização da tabela, não tendo qualquer significado. O total toma por base os 321 acórdãos consultados.)

Este acúmulo de ações revela que o empresariado regulado é quem mais tem se insurgido contra os atos regulatórios expedidos pelas agências. Isso não surpreende, já que é função do órgão regulador colocar restrições às atividades dos agentes no mercado, ou seja, a relação entre regulador e regulado tende a ser conflitiva por ser este o maior interessado na regulação. Outra explicação para este dado poderia ser simplesmente que as empresas estão mais bem equipadas e preparadas para defender seus interesses e negócios no Judiciário.

Uma ressalva que merece ser feita são as 24 ações em que a agência reguladora foi combatida por um Município. Em sua quase totalidade, essas ações se devem à Portaria n. 29/01 da ANP, em que as Municipalidades que se sentiram prejudicadas pela distribuição de *royalties* do petróleo foram ao Judiciário buscar a obtenção de mais recursos desta fonte.

7.4.2 Casos em que os tribunais revisaram os atos regulatórios

Concluída a exposição geral, passamos a uma descrição específica sobre os casos em que a validade e a aplicação dos atos regulatórios foram desautorizadas pelos Tribunais. Em primeiro lugar, apresentamos o total por agência reguladora e por tipo de ato, consoante a divisão exposta no item 4.1.

Agência reguladora	*Regulação*	*Total*
ANATEL	Fiscalização / Sanção	7
	Autorização	2
	Regulamentação	1
ANATEL Total		10
ANEEL	Regulamentação	3
	Fiscalização / Sanção	1
ANEEL Total		4
ANP	Regulamentação	28
	Fiscalização / Sanção	18
	Autorização	1
ANP Total		47
Total (ações)		**61**

Tabela 4. Atos revistos: agência e tipo de ato.

Pode-se notar na Tabela 4 que a ANP é a agência que mais teve seus atos reformados ou invalidados (possivelmente por ter sido a agência mais questionada), e os atos de regulamentação também foram a maioria (52,4%), embora em uma proporção inferior àquela verificada no subitem 4.1.1.

O gráfico 4 mostra que dentre os tipos de ato questionados, com exceção da categoria "outros", são os atos de regulamentação aqueles menos revistos pelos tribunais. Já os mais revisados são aqueles relacionados à fiscalização e sanção.

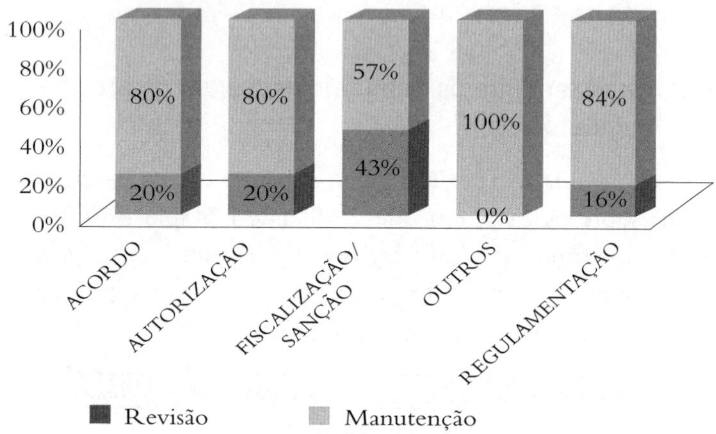

Gráfico 4. Manutenção ou revisão do ato de acordo com o tipo.

Dentre os atos de regulamentação revistos, há uma concentração de quase metade dos casos abordando a já mencionada Portaria n. 29/01 da ANP. Este parece ter sido um dos poucos casos em que os tribunais, reiteradas vezes, decretaram a revisão do ato (57,7% dos casos). E a influência dos casos relativos à Portaria n. 29/01 também se fez sentir quando olhamos para os temas dos atos regulatórios mais recorrentes dentre aqueles revistos judicialmente. Para fazer esta análise, foi necessário agrupar o conteúdo normativo desses atos em grandes categorias, permitindo uma visualização mais fácil desses dados, conforme exposto no gráfico 5, que apresenta o número total de casos referentes a cada um dos principais temas, além da porcentagem que cada tema representa dentro do total de casos em que houve revisão.

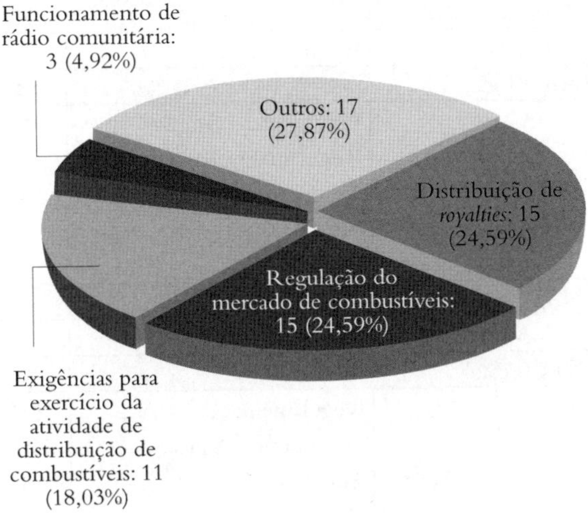

Gráfico 5. Tema dos atos revistos.

Notamos que a grande maioria dos atos revistos tinha por temática uma área afeita à regulação pela ANP, o que já havia sido antecipado anteriormente.

7.4.3 Casos em que os tribunais não revisaram os atos regulatórios

Uma análise semelhante à do item anterior poderia ser feita para todos os casos em que o Judiciário recusou-se a alterar ou invalidar os atos regulatórios. Sendo nosso maior objetivo, entretanto, compreender como se dá a revisão judicial desses atos, não seria de tanta valia uma exposição mais detida sobre os casos em que isso não ocorreu. Além disso, sendo este um grupo bem superior e compondo uma miríade enorme de atos e temas, a tentativa de sistematização mostrou-se em grande parte infrutífera e pouco útil para nossos objetivos.

Por esse motivo, optamos por apresentar nesta parte apenas a proporção por agência e tipo de ato regulatório mantido. O resultado está na tabela 5 abaixo.

Agência reguladora	*Regulação*	*Total*
ANAC	Regulamentação	1
ANAC Total		1
ANATEL	Fiscalização / Sanção	20
	Regulamentação	13
	Autorização	4
	Acordo	3
	Outros	1
ANATEL Total		41
ANEEL	Regulamentação	7
ANEEL Total		7
ANP	Regulamentação	146
	Fiscalização / Sanção	29
	Autorização	6
	Outros	3
ANP Total		184
ANTAQ	Regulamentação	2
ANTAQ Total		2
ANTT	Regulamentação	5
	Autorização	2
	Acordo	1
	Fiscalização / Sanção	1
ANTT Total		9
Total geral (ações)		**244**

Tabela 5. Atos mantidos: agência e tipo de ato.

Como se pode inferir da tabela, os casos em que foi confirmada a validade dos atos regulatórios seguem em grande parte as tendências gerais já esboçadas anteriormente (ANP como a agência com maior número de casos, sendo a maior parte deles referentes a atos de regulamentação).

7.4.4 Comparações com os juízos de primeira instância

O estudo das decisões pesquisadas permite também uma comparação entre as primeira e segunda instâncias do Judiciário brasileiro em matéria de controle judicial dos atos de agências reguladoras. Uma primeira forma de acessar essa informação é pela quantidade de decisões dos Tribunais de segunda instância (TRFs 1, 2, 3, 4 e 5)[10] em que se reforma a decisão do juízo de primeira. Percebe-se que em uma quantidade significativa de casos há discordância de entendimento entre essas duas instâncias.

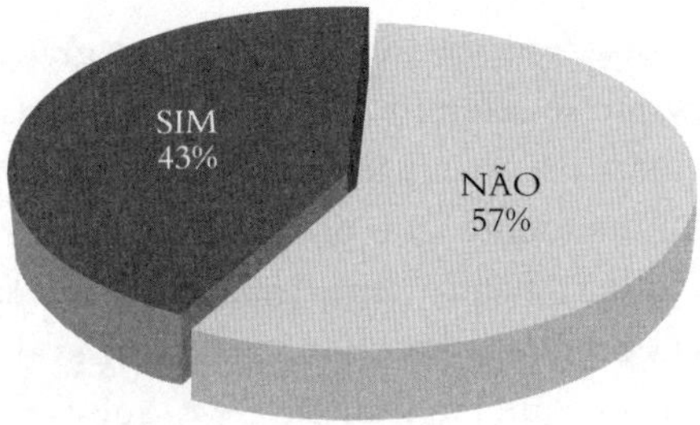

Gráfico 6. Houve reforma da decisão de 1ª instância?

Uma hipótese interessante para se testar é se a 1ª instância tenderia a rever os atos das agências reguladoras com mais frequência que os Tribunais. Em outras palavras, se o ativismo judicial teria maior aceitação entre os juízes de primeira instância do que entre os desembargadores.

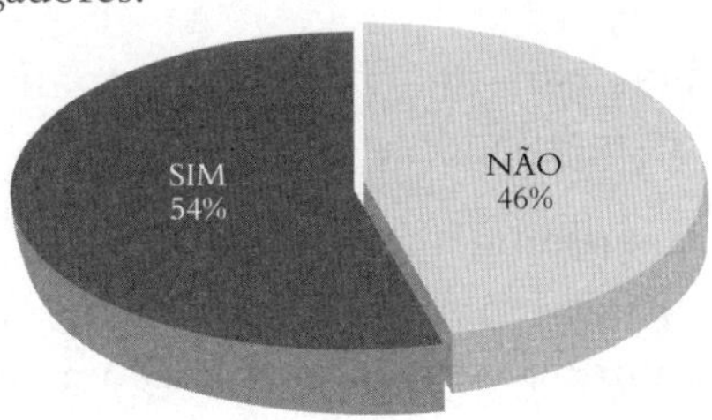

Gráfico 7. Houve revisão do ato de agência reguladora em 1ª instância?

---

[10] Foram excluídos os casos de perda de objeto da ação, e casos em que não há propriamente uma manutenção ou revisão do ato (casos de omissão da Agência ou casos em que o Tribunal mandou os autos à primeira instância para produção de novas provas).

A primeira instância de fato mostra maior propensão a rever os atos das agências reguladoras que os Tribunais. Outro dado que aponta no mesmo sentido indica que dentre os julgados em que a segunda instância reviu a decisão da primeira, em 75% deles foi para manter um ato de agência reguladora que a primeira instância tinha revisto, funcionando como um freio ao seu maior ativismo.

Deve-se considerar, contudo, que há um grande acúmulo de casos e decisões que se referem a medidas cautelares em mandado de segurança, e não à sentença final do juiz de primeiro grau. Isso certamente é um elemento que pode depor contra a hipótese de maior ativismo judicial na primeira instância, uma vez que os juízes podem estar mais preocupados com a preservação de direitos até o final da contenda do que efetivamente em questionar e revisar os atos regulatórios.

Em todo o caso, é claro que avaliar a primeira instância por meio das decisões da segunda instância possui sérias limitações, já que não há recursos em todos os casos. Porém, aponta-se para um indício que merece maior desenvolvimento em futuras pesquisas.

7.4.5 Justificativas para análise ou não análise de atos de agências reguladoras

Percebe-se na jurisprudência norte-americana e na doutrina uma grande preocupação em se buscar argumentos para justificar ou não a análise de um ato de agência reguladora pelo Judiciário. Antes do debate sobre *como* o Judiciário deve analisar, há uma discussão *se* o juiz deve analisar.

Na observação dos tribunais, percebe-se que, não obstante o fato de, em regra, terem sido respeitados os atos das agências reguladoras, não há grande preocupação em justificar a razão pela qual possuem legitimidade para analisar um ato regulatório. Pode-se interpretar que a maioria dos julgadores entende que essa função é um pressuposto da atividade jurisdicional. Em apenas 20 casos houve uma preocupação em se justificar a análise e, entre esses, 10 usavam a justificativa da função do Judiciário na tutela de direitos. Em alguns casos, ainda, era citado o inciso XXXV do art. 5º da Constituição Federal.

A frequência com que cada argumento para não análise foi utilizado aparece da seguinte maneira no gráfico 8[11]:

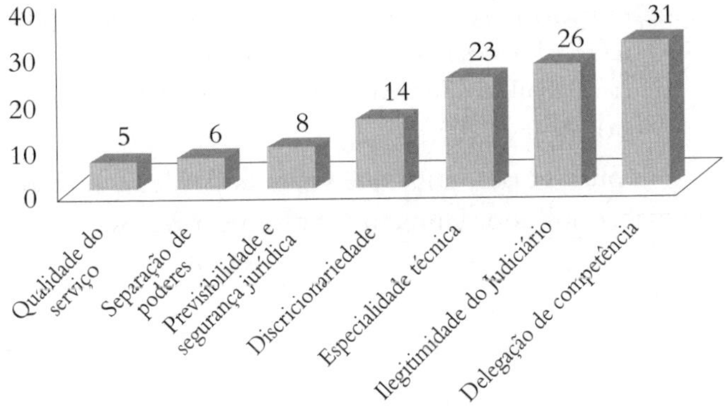

Gráfico 8. Frequência das justificativas para não análise por parte do Judiciário.

Cabe ressaltar que, em diversos casos, ainda que o julgador não se considere capaz ou legítimo para analisar o ato da agência reguladora, ele efetivamente o faz, o que pode ser explicado pelo entendimento explícito entre alguns magistrados de que é possível uma diferenciação entre legalidade e mérito. Por essa perspectiva, não haveria uma contradição no julgamento em dizer que não cabe ao Judiciário analisar o ato e, concomitantemente, fazer uma análise de legalidade. Embora entendamos que a diferenciação entre mérito e legalidade seja cada vez mais tênue, a argumentação continua tendo consistência.

[11] Cabe lembrar que uma decisão pode apresentar vários argumentos.

A seguinte passagem projeta bem esta racionalidade, e foi utilizada em uma série de acórdãos do Tribunal Regional Federal da 2ª Região:

> Quanto à alegada ofensa ao princípio da razoabilidade, não se pode olvidar que ao magistrado é vedado apreciar a razoabilidade do ato praticado pela Administração, cabendo-lhe unicamente analisar a sua legalidade, isto é, se estão presentes os requisitos que a lei exige para a validade dos atos administrativos. *Não obstante, ainda que excepcionalmente possa tal impedimento ser superado, não vislumbro uma providência desarrazoada, suscetível de correção pela via judicial*, nas exigências estipuladas nos artigos 4º, incisos V e VII, e 10, inciso II, da Portaria ANP n. 202/99[12].

Em outros casos, ainda que sejam utilizados argumentos para não revisão, o julgador também faz uso de critérios de análise claramente de mérito, o que passa a impressão de que se busca reforçar sua fundamentação com esses dois tipos de argumentos para decidir pela manutenção do ato.

7.4.6 Critérios de análise

Na identificação dos critérios de análise mais utilizados pelos juízes obtivemos os resultados das tabelas abaixo, que apresentam o número de vezes que cada critério foi utilizado como embasamento argumentativo do voto vencedor da decisão judicial[13]:

Forma de análise	*Frequência*	*Porcentagem*
Legalidade	169	69,26%
Competência	168	68,85%

[12] Rio de Janeiro, TRF da 2ª Região, Apelação em Mandado de Segurança n. 2001.02.01.023296-5, 2005, p. 8-9) – (grifos nossos).

[13] Cabe lembrar que uma decisão pode apresentar vários critérios de análise.

Princípios	119	48,77%
Supremacia do interesse público	82	33,61%
Proporcionalidade e razoabilidade	60	24,59%
Questões de fato	42	17,21%
Consequências econômicas do ato	31	12,70%
Aspecto técnico	28	11,48%
Desvio de finalidade	12	4,92%
Processo administrativo	10	4,10%
Conceitos jurídicos indeterminados	2	0,82%
Autovinculação	1	0,41%

Tabela 6. Critérios mais utilizados em casos de manutenção de ato.

(NOTA: a porcentagem refere-se aos 244 acórdãos em que houve a manutenção do ato.)

Forma de análise	*Frequência*	*Porcentagem*
Legalidade	39	63,93%
Princípios	26	42,62%
Competência	20	32,79%
Questões de fato	15	24,59%
Consequências econômicas do ato	15	24,59%
Proporcionalidade e razoabilidade	14	22,95%
Aspecto técnico	8	13,11%
Processo administrativo	5	8,20%
Supremacia do interesse público	5	8,20%
Desvio de finalidade	4	6,56%
Autovinculação	2	3,28%
Conceitos jurídicos indeterminados	0	0

Tabela 7. Critérios mais utilizados em casos de revisão de ato.

(NOTA: porcentagem refere-se aos 61 acórdãos em que houve a revisão do ato.)

Percebe-se, e o que já seria esperável, que os critérios de análise mais utilizados, para manter ou revisar o ato, são a legalidade e a competência normativa.

Em diversas decisões aparece o argumento de que a análise de legalidade é permitida ao Judiciário, em contraponto ao exame de mérito, em que deve haver deferência à decisão discricionária (análise de conveniência e oportunidade) do administrador. Os seguintes trechos ilustram bem esse entendimento:

> (...) ao Poder Judiciário apreciar o mérito do ato administrativo, cabendo-lhe unicamente examiná-lo sob o aspecto da legalidade, isto é, se foi praticado conforme ou contrariamente à lei[14].

> No que pertine à análise dos requisitos impostos pelo ato administrativo, tenho que se trata de conduta afeta ao Poder Estatal, cuja atividade não permite a ingerência do Poder Judiciário, pois em respeito à separação de poderes, o Poder Judiciário deve limitar-se tão somente a conferir a legalidade do ato administrativo, sem jamais substituir, ou interferir em outro Poder[15].

Embora não haja dúvida de que cabe ao Judiciário fazer um controle de legalidade dos atos das agências reguladoras e de sua competência, não é clara a fronteira entre a legalidade e os outros tipos de análise. Como já foi discutido, com a ampliação da legalidade torna-se cada vez mais difícil distinguir sua análise da de mérito. Em alguns poucos casos, os magistrados expressamente entenderam que o papel do Judiciário extrapola a análise de legalidade:

> A impossibilidade do Poder Judiciário de se imiscuir no mérito administrativo encontra-se, na atual dogmática do Direito Administrativo, um tanto rarefeito, haja vista algumas exceções qualitativa-

---

[14] Distrito Federal, TRF da 1ª Região, Apelação Cível n. 2004.34.00.022796-1, 2004, p. 6.

[15] TRF da 4ª Região, Apelação Cível n. 2005.70.13.000563-0, 2006, p. 6.

mente importantes, geradas no âmbito do pós-positivismo e da normatividade dos princípios. Diante desta nova realidade, podemos dizer que princípios com reflexos importantes no direito administrativo, dentre os quais o da razoabilidade, da moralidade e da eficiência, têm permeado e possibilitado ao Judiciário adentrar no mérito administrativo, o que deve ser feito de forma excepcional, ou seja, diante da certeza da manifesta irrazoabilidade ou inobservância da aplicação das normas que regem os atos administrativos[16].

De forma menos explícita, em outros casos, alguns critérios de análise utilizados estão longe daquilo que se entende por legalidade, ou seja, da mera subsunção da regra ao fato. Percebe-se um uso cada vez maior de critérios de análise que facilmente se confundem com o que comumente se chama de análise de mérito.

Basta ver a frequência com que análises com base em princípios e em técnicas para sua ponderação, como a proporcionalidade e a razoabilidade[17], aparecem nos julgados. Em 63% das decisões em que aparecia o uso de princípios, os mais utilizados foram "livre-iniciativa", "livre-exercício da atividade econômica", "livre-concorrência" e "liberdade do comércio". Ainda que os julgadores afirmem estar simplesmente avaliando se o ato viola os limites traçados por esses princípios, o grau de abstração no seu conteúdo e a dificuldade de sua aplicação de maneira objetiva em casos concretos faz com que a análise do juiz possa extrapolar em muito a mera legalidade.

O que chama a atenção é que nem sempre a análise por meio de princípios ou pelo uso da proporcionalidade e da razoabilidade é feita com melhor desenvolvimento da argumentação. Dizer que um ato deve ser revisto porque desrespeita a livre-iniciativa ou,

---

[16] TRF da 2ª Região, Agravo de Instrumento n. 2007.02.01.012914, 2008, p. 24.

[17] Sobre os princípios jurídicos e a sua ponderação, bem como sobre a diferença nem sempre clara na jurisprudência entre proporcionalidade e razoabilidade, ver SILVA (2002).

contrariamente, deve ser mantido porque respeita esses princípios, implica um ônus argumentativo muito maior do que aquele assumido na maioria das decisões.

O mesmo pode ser dito quando se analisa se um ato respeita a supremacia do interesse público. A grande maioria dos julgados utiliza esse argumento sem defini-lo ou explicá-lo de forma mais concreta. O problema, a nosso ver, é a sua utilização a partir do pressuposto de que há um interesse público homogêneo, definível e identificável. Embora a ideia de interesse público seja muito utilizada nas análises jurídicas, entendemos que ela ignora os conflitos de interesses e pontos de vista dentro da sociedade.

Em outras palavras, resumir os diversos aspectos da regulação a uma análise com base em princípios abstratos ou a um suposto conflito entre interesse público e privado talvez seja simplificar demasiadamente o problema. A regulação implica uma restrição à liberdade no exercício da atividade econômica e uma tentativa de equilíbrio entre diversos interesses na sociedade. Quando o juiz avalia esses elementos, está muito longe de fazer uma mera análise de legalidade, pois entra em aspectos de discricionariedade e de política pública.

Embora o Judiciário recorrentemente enfrente casos que envolvem aspectos técnicos, o termo "discricionariedade técnica" e sua elaboração teórica não são trabalhados nos acórdãos. A discricionariedade técnica indica as situações disciplinadas em lei exclusivamente por critérios técnico-científicos. Trata-se de uma construção teórica notadamente desenvolvida pelo direito administrativo italiano, cuja consequência prática mais evidente reside na possibilidade de ampla apreciação do ato pelo Judiciário, dado que a única solução (técnico-científica) estaria prevista em lei. Nesse sentido, os efeitos da discricionariedade técnica a aproximariam dos conceitos jurídicos indeterminados, encerrando-se em uma questão de interpretação, e não de escolha típica à discricionariedade "pura".

Diante de conceitos técnicos, os tribunais não recorrem à discricionariedade técnica ou aos conceitos jurídicos indeterminados, nem ao menos justificam uma análise jurisdicional eminentemente técnica. Nos casos que envolvem conceitos técnicos, quatro comportamentos foram identificados: (i) deferência à decisão técnica decorrente do exercício da competência regulatória das agências reguladoras; (ii) deferência à decisão regulatória por questão de capacidade institucional; (iii) deferência à decisão regulatória por compreender o sentido técnico do ato na noção de mérito administrativo; e (iv) análise de questões técnicas por integrarem à legalidade do ato com, ou não, revisão. Invariavelmente, a quarta hipótese prevaleceu.

Ao se relacionar diretamente à competência regulatória das agências reguladoras, uma vez que a tecnicidade de seus provimentos está na base da regulação, o emprego de conceitos técnicos ensejou uma postura de deferência à decisão administrativa pelo Poder Judiciário em alguns casos. Isso fica claro no trecho abaixo.

> O poder regulatório das atividades delas – as agências – é afeto a questões técnicas, tendente, inclusive, à preservação da segurança coletiva. E as decisões administrativas enquadradas nesta competência, que é constitucionalmente atribuída à agravante [ANP], não devem ser substituídas pelo Poder Judiciário[18].

A deferência à decisão regulatória por questão de capacidade institucional evidenciou-se nas situações em que o Judiciário deixou de analisar o ato regulatório por entender ser a agência reguladora mais capacitada para tanto, dados seus atributos peculiares e o conhecimento técnico detido. A seguinte passagem exemplifica bem o exposto:

> A atuação do Poder Judiciário interferindo na determinação das áreas que ensejam cobrança de tarifa local mostra-se indevida não só por configurar intromissão na seara de discricionária regula-

[18] TRF da 2ª Região, Agravo de Instrumento n. 2008.02.01.008075-8, 2008, p. 4-5.

mentação da agência, mas também por não deter o magistrado as informações técnicas necessárias a aferir os critérios para melhor prestação do serviço de telefonia[19].

Pelo terceiro comportamento do Judiciário frente a conceitos técnicos – deferência à decisão regulatória por compreender o sentido técnico do ato na noção de mérito administrativo –, o juiz deixa de analisar o ato regulatório a partir da teoria da insindicabilidade do mérito, bem como da integração do elemento técnico ao mérito, geralmente ao lado dos critérios de oportunidade e conveniência. O seguinte exemplo ilustra o exposto:

> A definição de capacidade mínima de armazenamento em causa constitui ato praticado com fundamento na competência discricionária da Administração Pública, porquanto se baseia em critérios técnicos e de conveniência e oportunidade, estando sujeito ao controle jurisdicional limitado aos aspectos da razoabilidade e da legalidade, não violados na espécie[20].

Muitas vezes os tribunais, provavelmente cientes de que estão entrando em questões de discricionariedade administrativa, analisam o ato a partir das questões de fato envolvidas em sua criação e, eventualmente, tratam de questões técnicas. Chamam atenção alguns casos em que os julgadores entram em questões técnicas de altíssima complexidade. Trata-se do quarto tipo de comportamento do Judiciário frente a conceitos técnicos.

Um exemplo claro é o REsp 911.802 do STJ, sobre cobrança de tarifa mensal básica para serviço de telefonia fixa, em que o Ministro Herman Benjamin fez em seu voto uma ampla crítica do sistema de remuneração às concessionárias de serviços de telefonia. Além de declarar a ilegalidade dessa cobrança, fez propostas para a alteração do sistema de prestação desse serviço e redesenhou uma parte do sistema de regulação da telefonia.

---

[19] TRF da 2ª Região, Apelação Cível n. 2003.51.06.002055-5, 2008, p. 4.

[20] TRF da 1ª Região, Apelação Cível n. 2001.34.00.001427-8, 2001, p. 6.

Outro caso que merece ser citado é o Agravo de Instrumento n. 2003.02.01.006541-3 do TRF da 2ª Região, em que se questiona um aumento no valor da interconexão entre redes fixas e móveis de telefonia. A relatora do caso estipulou um valor diferente daquele previsto pela agência reguladora, o que ensejou o seguinte diálogo no Tribunal:

> CHALU BARBOSA: Os cálculos que Vossa Excelência verificou certamente foram minuciosamente examinados.
>
> TÂNIA HEINE (RELATORA): Eu não diria tanto, porque os cálculos são tão complexos (...) Eu não sei exatamente qual é o cálculo que a ANATEL utiliza. Eles me trouxeram as tabelas, que são altamente complexas, para fixar esses valores diferenciados que, segundo a ANATEL, visa a um equilíbrio no mercado. Um recebe mais que o outro, como uma forma de equilibrar a competição entre as diversas telefonias celulares.
>
> Eu saí por uma observação de aumento da tarifa que foi concedida à Telemar cobrando do usuário e me fixei dentro desse parâmetro, em um exame muito superficial, porque, na verdade, esses cálculos são tabelas e mais tabelas ultracomplexas. (...) O Desembargador PAULO BARATA está mantendo a tabela que a ANATEL fixou. Eu fixei um valor um pouco inferior ao da ANATEL. Mas em um exame superficial[21].

No final, acabou prevalecendo o entendimento de outro desembargador que afirmou ser justamente pela complexidade da matéria que se deve respeitar o cálculo feito pela agência reguladora.

Dois critérios que têm importância na jurisprudência norte-americana, mas que aparecem de forma muito residual na jurisprudência dos Tribunais brasileiros, são os da autovinculação e do conceito jurídico indeterminado.

---

[21] TRF da 2ª Região, Agravo de Instrumento n. 2003.02.01.006541-3, 2003, p. 6-7.

Conforme visto, nos Estados Unidos, a partir do caso *Chevron,* saber se um determinado conceito jurídico é aberto[22], ou seja, se o seu significado permite várias interpretações, é fundamental para determinar o comportamento do Judiciário frente ao questionamento de um ato de agência reguladora. Veríssimo (2006, p. 400-414) também dá grande importância a esse critério para definir os níveis de controle do Judiciário sobre os atos da Administração. Porém, no Brasil há um debate pequeno sobre esse ponto nos Tribunais, o que merece mais estudos no futuro para explicar essa diferença.

Com relação ao critério de autovinculação, embora apareça em poucos casos, merece destaque um julgado que exemplifica bem o uso desse critério. Trata-se do AI 2002.01.00.040870-5, do TRF da 1ª Região, contra despacho proferido pela ANEEL, que altera as regras que as empresas reguladas devem seguir em seus balanços financeiros. Nesta decisão, o juiz utiliza o seguinte argumento retirado de um parecer:

> É incompatível com esse regime jurídico peculiar do modelo regulatório adotado no Brasil que a ANEEL pratique certo ato (sem qualquer ressalva), aplique-o de modo uniforme e pacífico durante mais de doze meses e, depois, invoque um "equívoco" e desfazimento de tudo o que aconteceu no passado[23].

O relator da decisão defende que a mudança súbita por parte da ANEEL foi devido ao *lobby* de grupos poderosos em detrimento de competidores menores.

Por fim, a análise de um ato pelas suas consequências econômicas também coloca em dúvida a dicotomia "análise de mérito *vs.* análise de legalidade", e mostra que o Judiciário em alguns

---

[22] Para fins deste trabalho, usaremos conceitos jurídicos abertos como sinônimo de conceitos jurídicos indeterminados.

[23] TRF da 1ª Região, Agravo de Instrumento n. 2002.01.00.040870-5, 2002, p. 24.

casos vai além e fundamenta decisões com base em argumentos consequencialistas. Não analisa apenas os fundamentos legais e os critérios de conveniência e oportunidade utilizados pela agência, mas faz prognósticos das consequências da manutenção ou não de um determinado ato. Um exemplo é o caso da Apelação n. 313.286, do TRF da 5ª Região, sobre portarias que impedem a venda de álcool sem intermediação de empresa distribuidora:

> (...) sem este elo [intermediação], o comércio de combustíveis tornar-se-ia disperso, o controle da qualidade e dos estoques estratégicos ineficiente e o abastecimento das localidades mais remotas incerto.

Pela tabela 7, constatamos que algumas das clássicas teorias de controle judicial da Administração Pública – teoria dos motivos determinantes, teoria do desvio de finalidade e teoria dos conceitos jurídicos indeterminados – são utilizadas pelos Tribunais para a análise do ato regulatório. Na grande maioria dos acórdãos não houve menção explícita à teoria, mas sim à aplicação implícita do critério para resolução no caso concreto, o que já nos pareceu suficiente para registrar o uso das teorias clássicas de controle jurisdicional da Administração. Embora seja mínima a variação, pode-se notar que tais critérios fundamentam mais a decisão jurisdicional de revisão dos atos que de manutenção.

Ainda que presentes no atual panorama de controle judicial das agências reguladoras, é interessante ressaltar que poucos foram os casos dirimidos com base nas teorias clássicas de controle. As teorias do desvio de poder e dos motivos determinantes fundamentaram, respectivamente, 6,49% e 1,73% das revisões judiciais dos atos regulatórios. Ademais, essas teorias foram empregadas pelo julgador ao lado de outros critérios de controle, como a legalidade e os princípios, ou seja, elas constituíram apenas um dentre vários critérios de decisão jurisdicional, e não determinam por si só a invalidação do ato regulatório.

Os dados sugerem, portanto, um cenário muito mais complexo acerca do controle da regulação pelo Judiciário, que predica a presença de critérios outros que vão além daqueles trabalhados em sede doutrinária. Assim, tais teorias mostram-se na prática insuficientes para que o juiz delibere sobre a manutenção ou invalidação da atividade regulatória.

Conforme exposto na parte teórica deste trabalho, a vertente doutrinária de deferência à decisão regulatória pelo Judiciário defende que o controle jurisdicional se concentre no processo administrativo, com especial atenção à regularidade da formação do ato regulatório. Essa seria uma das formas de contornar a falibilidade das teorias clássicas de controle em matéria regulatória, dada a presença no polo processual das agências reguladoras dotadas de atributos especiais que exigiriam uma postura de maior respeito às suas decisões pelo Judiciário.

No entanto, em somente 6,49% dos casos percebeu-se um controle jurisdicional pela via do processo administrativo. Ao contrário do que se verifica com as clássicas teorias de controle, nas invalidações fundadas em irregularidade do processo administrativo, no geral, não constam outros critérios. Interessante notar que 14 dos 19 casos de controle jurisdicional pelo processo administrativo versaram sobre atos fiscalizatórios ou sancionatórios da ANATEL e da ANP, em que os regulados solicitaram provimento jurisdicional a respeito de um ato do processo administrativo, como a busca e apreensão de equipamento nos casos de rádios comunitárias.

Assim, o Judiciário apenas se posicionou com base no processo administrativo nas situações em que houve pedido formulado pela parte em que se requeria a análise de elementos procedimentais. Isso leva a reflexões mais profundas sobre o valor do processo administrativo na formação da convicção do juiz. Na qualidade de arena de diálogo entre as partes interessadas na regulação e como instrumento de formação racional da decisão, o processo administrativo parece não ser considerado pelos tribunais quando da análise dos atos regulatórios, em especial os de natureza normativa, resumindo a atuação regulatória ao momento do ato (*one shot*).

Critérios aventados na jurisprudência norte-americana e na recente doutrina brasileira sobre a deferência aos atos regulatórios elaborados com ampla participação administrativa, por meio de audiências e consultas públicas, ainda não chegaram ao Judiciário.

7.4.7 Revisão judicial da inação das agências reguladoras

A jurisprudência levantada indica a prevalência de casos de controle judicial dos atos regulatórios, ou seja, da regulação praticada por meio de atos emanados das agências reguladoras. Porém, também a inação dos entes reguladores em exercer a competência regulatória esteve na pauta do Judiciário. Em razão da relevância desses casos, que coloca em nítido confronto o Judiciário e as agências, decidimos abrir um item para estudar a revisão judicial da inação das agências reguladoras.

O APA norte-americano disciplina os casos de inação da agência reguladora (*agency inaction*) em seu § 551, 13, incluindo situações em que a agência deixa de fiscalizar, autorizar, regulamentar ou aplicar sanções[24]. Nessas hipóteses, os regulados buscam o Judiciário para que este force a agência a expedir a regulação ausente. Gellhorn & Levin (1997, p. 115) informam que a jurisprudência norte-americana tende a ser mais deferente nos casos de inação em relação aos que envolvem atos positivos, dado que as Cortes se sensibilizam com as dificuldades operacionais das agências reguladoras que, por padecerem de falta de funcionários e recursos, devem escolher quando e onde fiscalizar, por exemplo. Com algumas particularidades, o tema da inação das agências reguladoras esteve presente nos acórdãos analisados quanto ao exercício da competência fiscalizatória e à autorização para desenvolvimento de atividade econômica.

---

[24] § 551, 13. "'Agency inaction' includes the whole or a part of an agency rule, order, license, sanction, relief, or the equivalent or denial thereof, or failure to act."

Na Apelação n. 2000.02.01.070702-1, o Tribunal reconheceu o interesse processual do Sindicato Nacional das Empresas de Navegação Marítima (apelante) em postular ações visando garantir a igualdade dos preços do combustível cobrado às embarcações de longo curso às embarcações que operam na navegação de cabotagem e nas de apoio portuário e marítimo. Porém, não deferiu ordem judicial para compelir o Diretor-Geral da ANP a fiscalizar as distribuidoras de combustível para navegação por inobservância ao art. 12 da Lei n. 9.432/97, que prevê a regra da isonomia de preços entre a navegação de longo curso e a navegação doméstica. Segundo o voto do Desembargador Relator:

> Por outro lado, não vem ao propósito do Poder Judiciário determinar as diligências de fiscalização próprias da Administração Pública, sobretudo quando inexiste ato inquinado de ilegalidade ou qualquer outro vício que o macule em sua legitimidade. (...) Outrossim, não se trata de considerar o poder de polícia como atividade discricionária do Estado, porquanto inexiste juízo de oportunidade e conveniência no cumprimento do dever legal ou constitucional, mas sim de inexistência de direito subjetivo à motivação da máquina administrativa no tempo e modo pleiteado pelo administrado, sob pena de ferimento à soberania do Estado[25].

Na Apelação Cível n. 2003.70.05.000227-5, o TRF da 4ª Região entendeu que não se caracterizou omissão ao dever de fiscalizar pela ANATEL, alegado pelo MPF, dada a instauração de Procedimento para Apuração de Descumprimento de Obrigações – PADO.

Contudo, no caso do Agravo de Instrumento n. 2004.04.01.008380-1, o Judiciário compeliu a ANTT a fiscalizar a operacionalização do Vale-Pedágio obrigatório aos transportadores de cargas. A decisão manteve-se mesmo com a menção de que a agência reguladora tinha tomado medidas fiscalizatórias, como a edição de

---

[25] TRF da 2ª Região, Apelação n. 2000.02.01.07070-2, 2000, p. 5.

resoluções, a celebração de convênios com Secretarias de Transportes e a negociação com os órgãos de outros Estados da Federação. O pleito do Sindicato dos Transportadores Rodoviários Autônomos de Bens do Estado do Paraná foi julgado procedente nos seguintes termos:

> Reclamar a fiscalização que é cometida à ANTT não me parece seja um excesso ou dislate jurídico. À Administração Pública, que é a curadora do interesse público, não é dado dispor a respeito do exercício dos poderes que lhe são conferidos por lei. Na feliz expressão de CELSO ANTÔNIO BANDEIRA DE MELLO, trata-se de dever-poder da Administração Pública, pondo em destaque o aspecto de subordinação do poder em relação ao dever; é irrenunciável, indisponível o exercício da atividade pública consignada em lei; preenchido satisfatoriamente o suporte fático que descreve conduta a ser adotada pela Administração Pública, é obrigação sua, sob pena de responsabilização, realizá-la. Retornando às lições do indigitado administrativista, incide o princípio da obrigatoriedade do desempenho da atividade pública.
>
> (...)
>
> Face ao exposto, dou provimento ao agravo de instrumento, assinando prazo de 30 dias para que a ANTT inicie a fiscalizar, no âmbito do Estado do Paraná, o respeito à lei instituidora do Vale-Pedágio obrigatório, não sendo demais relembrar que a eficiência é imanente à prestação do serviço público, não se admitindo, porque em descompasso com a diretriz constitucional, a implantação de fiscalização ineficaz, o que se assemelharia à demissão do dever legal de fiscalizar[26].

Um caso recorrente corresponde à possibilidade de o Judiciário fazer as vezes da agência reguladora e conceder autorização para desenvolvimento de atividade econômica pela demandante regulada. Todos os acórdãos analisados em que se pediu ao Judiciário a concessão de "autorização judicial" para prestação do serviço

[26] TRF da 4ª Região, Agravo de Instrumento n. 2004.04.01.008380-1, 2004, p. 4-6.

de transporte tiveram a mesma solução, qual seja, afirmação da competência da ANTT em autorizar, sendo, por isso, vedado ao Judiciário conceder "autorizações judiciais" em detrimento da agência reguladora.

Em outra situação bastante característica, rádios comunitárias solicitaram do Judiciário autorização para regularizar seu funcionamento mediante outorga de autorização, dada a demora da ANATEL em decidir. Interessante mencionar que os Tribunais tendem a afirmar a competência da agência em conceder tais autorizações, mas o STJ concedeu em duas oportunidades (REsp 690.811 e REsp 690.819) "autorizações judiciais" para funcionamento das rádios comunitárias em razão da demora da agência reguladora.

Essa orientação destoa da tendência que conseguimos identificar sobre esses casos. Via de regra, a primeira instância tende a conceder "autorizações judiciais" para funcionamento de rádios comunitárias ou para prestação do serviço de transporte rodoviário e a segunda instância revê a decisão *a quo*, afirmando a competência das agências reguladoras. Apesar de não ser possível traçar peremptoriamente um comportamento do Judiciário a respeito da inação das agências reguladoras, nota-se certa deferência embasada em critérios de competência.

7.4.8 Síntese da pesquisa de jurisprudência

Neste momento tentamos compilar e sistematizar as principais informações e conclusões que podem ser aferidas a partir da pesquisa realizada:

i) a ANP foi a agência reguladora mais atacada no período de tempo analisado. Os atos de regulamentação despontam como os mais questionados, superando muito mais do que a metade de todas as ações;

ii) especificamente quanto aos atos de regulamentação questionados, cerca de metade das ações referem-se às Portarias n. 202/99 e 21/99 da ANP;

iii) com a exceção das duas portarias já mencionadas, há uma grande dispersão dos casos com relação às demais normas, o que, conjuntamente com os dados apresentados no item 4.1.1, pode sugerir a existência de uma predisposição mais ampla na sociedade ou empresariado brasileiro ao questionamento do poder de regulamentação das agências;

iv) a grande maioria das ações tem, como polo de embate, de um lado, a agência reguladora em questão e, de outro, a empresa regulada que tenta atacar um ato regulatório específico;

v) a ANP é a agência que mais teve seus atos reformados ou invalidados (possivelmente por ter sido a agência mais questionada). Dentre os atos de regulamentação revistos, há uma concentração de quase metade dos casos abordando a já mencionada Portaria n. 29/2001 da ANP;

vi) a primeira instância parece ter maior propensão a rever os atos das agências reguladoras que os tribunais;

vii) não obstante o fato de, em regra, os tribunais manterem os atos das agências reguladoras, quando não o fazem, não demonstram grandes preocupações em justificar a razão pela qual possuem legitimidade para analisar um ato de agência reguladora;

viii) em diversos casos, ainda que o julgador entenda que não seja capaz ou legítimo para analisar o ato da agência reguladora, ele efetivamente o faz;

ix) os critérios de análise mais utilizados, seja para manter ou revisar o ato, são a legalidade e a competência normativa;

x) percebe-se um uso cada vez maior de critérios de análise que facilmente se confundem com o que comumente se chama de análise de mérito. O que chama a atenção é que nem sempre a análise por meio de princípios ou pelo uso da proporcionalidade e da razoabilidade são feitos com melhor desenvolvimento da argumentação.

xi) o Judiciário tende a não substituir a agência reguladora para praticar atos de fiscalização ou de autorização nas situações de omissão do ente regulador.

7.5 Reflexões finais

Após conhecer com um pouco mais de precisão a jurisprudência brasileira sobre o tema e, pensando em comparações com o fenômeno fora do Brasil, chama a atenção que apareçam algumas preocupações intimamente relacionadas ao contexto brasileiro de reforma do Estado que se iniciou na década de 1990.

Alguns argumentos para não revisar uma decisão de agência reguladora refletem esse contexto. O argumento mais utilizado para justificar a não análise de um ato é a "delegação de competência" – no sentido de respeito ao ordenamento jurídico que deu às agências reguladoras um leque de poderes, dentre os quais o mais polêmico é o normativo – e que, de acordo com algumas decisões, cabe ao magistrado respeitar. Além do mais, muitos dos casos em que há análise do conteúdo do ato, os julgadores avaliam a conformidade do conteúdo de acordo com a competência da agência reguladora, respeitando-a na maioria dos casos.

Uma hipótese para explicar essa ênfase na questão da competência é que ela reflete todo um debate a respeito da legitimidade e legalidade das agências reguladoras e sobre a dimensão de seus poderes. Esse é um debate que já não se coloca de maneira tão forte e ampla em outros países, mas por muito tempo foi pauta de muitas discussões no Brasil. Daí a necessidade de os julgadores se posicionarem em relação a esse tema em seus votos.

Outro ponto que chama a atenção e que talvez não se coloque para o Judiciário em países como os Estados Unidos com a mesma dimensão é a importância da manutenção da segurança do marco regulatório nos mercados.

Há uma percepção por parte de alguns Tribunais de que quando um magistrado reforma ou anula um ato de uma agência reguladora isso diminui a segurança e a previsibilidade para os atores regulados, o que tornaria o Brasil menos atrativo para investimentos privados. Aqueles que julgam nesse sentido entendem que um maior ativismo judicial nessa seara aumentaria o chamado "Risco Brasil", termo explicitamente utilizado em algumas decisões.

Esse posicionamento do Judiciário tem paralelo com uma literatura que entende que um dos fatores fundamentais para o desenvolvimento econômico é o funcionamento de um Judiciário garantidor de contratos, direito de propriedade e marcos regulatórios[27].

Deve o Judiciário, de acordo com essa corrente, proteger os investidores contra as instabilidades geradas pelo arbítrio estatal, principalmente garantindo a estabilidade do marco regulatório (manutenção das "regras do jogo") em setores como o de infraestrutura, em que para os agentes privados os investimentos são altos e os retornos são de longo prazo (PINHEIRO, 2000, p. 43, 44, 51, 52).

Houve ainda alguns casos em que a decisão judicial anula um ato regulatório por entender que ela traz uma alteração no marco regulatório e, assim, muda as "regras do jogo". Um argumento bastante recorrente para se respeitar a decisão da agência reguladora é o da sua competência normativa, que deve ser respeitada e respaldada pelo Judiciário.

É interessante notar que à época em que foi implementada a Reforma do Estado, a criação de agências reguladoras com alto grau de autonomia e capacidade normativa tinha como uma das justificativas – além da *expertise* técnica e da agilidade na tomada de decisões – blindar o marco regulatório de ingerências e interesses alheios às necessidades do setor (MARQUES NETO, 2006, p. 571). Em alguns casos, portanto, o Judiciário entende que esse papel das agências reguladoras deve ser respeitado e, em outros, vai mais longe e se atribui a função de guardar o guardião.

Outro elemento importante para o qual essa pesquisa chama a atenção é que, ao contrário dos Estados Unidos – em que há um sistema jurisprudencial com identificação e respeito a precedentes –,

---

[27] Para uma boa revisão sobre essa literatura ver Pinheiro (2000).

no Brasil os critérios para o comportamento do Judiciário em matéria de revisão judicial de atos de agências regulatórias são construídos caso a caso e sem referência a um precedente amplamente reconhecido e com qual os julgadores devem necessariamente dialogar.

A leitura de todas as decisões pesquisadas mostrou que não há, neste tema, a figura de um *leading case* que sirva como referência à atividade jurisdicional. Não há precedentes que sejam amplamente citados e quando decisões são trazidas, parecem ter mais uma função de fortalecer a argumentação do voto e menos a de se buscar nelas os critérios nos quais os magistrados possam se balizar para decidir um caso concreto.

Por fim, cabe ressaltar que este último capítulo tem um caráter principalmente descritivo e exploratório. Por isso, nem todos os pontos foram trabalhados detalhadamente e muitas questões foram deixadas abertas. Os dados apresentados ainda permitem muitas análises, interpretações e desenvolvimento de hipóteses para futuras pesquisas.

REFERÊNCIAS

ARAGÃO, Alexandre Santos de. **Agências reguladoras e a evolução do direito administrativo econômico**. 2. ed. Rio de Janeiro: Forense, 2006.

____. Agências reguladoras independentes e democracia no Brasil. **Revista Eletrônica de Direito Administrativo Econômico**, n. 3, Salvador, Instituto de Direito Público da Bahia, ago./out. 2005. Disponível em: <http://www.direitodoestado.com/revista/REDAE-3-AGOSTO-2005-GUSTAVO%20BINENBOJM.pdf.> Acessado em: 28 mar. 2009.

BINENBOJM, Gustavo. **Uma teoria do direito administrativo**: direitos fundamentais, democracia e constitucionalização. Rio de Janeiro: Renovar, 2006.

DI PIETRO, Maria Sylvia Zanella. **Discricionariedade administrativa na Constituição de 1988**. 2. ed. São Paulo: Atlas, 2001.

______. Discricionariedade técnica e discricionariede de administrativa. *In*: **Revista Brasileira de Direito Público**, n. 17. Belo Horizonte: Fórum, p. 75-96 abr./jun. 2007.

DISTRITO FEDERAL. Tribunal Regional da Federal da 1ª Região. Apelação cível. Ação cautelar. Autorização para a distribuição de combustíveis. Exigência de reservatório com capacidade mínima de armazenamento. Portaria n. 202, de 1999 da Agência Nacional do Petróleo (ANP), art. 10, inciso II. Legitimidade constitucional e legal. Apelação Cível n. 2001.34.00.001427-8-DF. Agência Nacional do Petróleo – ANP. Águia Distribuidora de Petróleo Ltda. Relator: Juiz Federal Leão Aparecido Alves. Distrito Federal, 15 maio 2006. Disponível em: <http://arquivo.trf1.gov.br/default.asp?processoX=200134000014278>. Acesso em: 15 jun. 2009.

DISTRITO FEDERAL. Tribunal Regional Federal da 1ª Região. Agravo de Instrumento. Constitucional e Administrativo. Concessionária de energia elétrica de Itaipu. Regime jurídico de distribuição da energia produzida por Itaipu. Reforma do setor energético e o art. 10, § 3º, da Lei n. 9.648. Alegação da ANEEL de vedação ao regime de livre mercado quanto à energia de Itaipu. Entendimento da ANEEL quanto à proibição de venda no submercado sudeste da energia de Itaipu adquirida por concessionária do sul. Entendimento da ANEEL quanto à obrigatoriedade de as concessionárias de energia elétrica do sul fazerem seguro (exposição de alívio). Proibição da cotista de Itaipu assumir o risco do negócio mercantil. Determinação do despacho ANEEL n. 288/2002 de refazimento da contabilidade de operações de venda de energia de Itaipu no submercado sudeste para suprimir o lucro da concessionária do sul. Ato administrativo (Despacho ANEEL n. 288) que revoga retroativamente dispositivos da Resolução ANEEL n. 290 homologatória do acordo das regras do MAE-Mercado atacadista de energia. Revogação retroativa por despacho administrativo da resolução ANEEL n. 290 de regras do acordo de mercado (2.10.6, 2.11.1 (b), 2.11.2 e 8.3.2) que permitiam a não opção pelo seguro (exposição de alívio). Alegação da ANEEL de contradição da Res. 290 com a Res. 290. Impossibilidade jurídica de ato administrativo desconstituir resolução. Inconstitucionalidade de inovação regulatória retroativa sobre risco privado. A natureza de eficácia interpretativa de ato ou lei. Ausência de procedimento administrativo (Resolução ANEEL n. 233) e ausência de motivação do Despacho n. 288. Intervenção da ABRACE em processo do qual resultou o Despacho n. 288. Motivação oculta. Prejuízo das grandes empresas do sudeste decorrente do racionamento de energia elétrica ("apagão"). Socialização do prejuízo. Desvio de poder do ato administrativo (Despacho ANEEL n. 288) que suprime direito adquirido de concessionária para favorecer terceiros. Alegação de risco sistêmico decorrente da liminar deferida pelo juízo *a quo*. Alegação de interesse do consumidor. Agravo de Instrumento n. 2002.01.00.040870-5. Agência Nacional de Energia Elétrica – ANEEL. AES Sul Distribuidora Gaúcha de Energia S/A. Relator: Desembargadora Federal Selene Maria de Almeida. Distrito Federal, 27 jul. 2005. Disponível em: <http://arquivo.trf1.gov.br/default.asp?processoX=200201000408705>. Acesso em: 15 jun. 2009.

DISTRITO FEDERAL. Tribunal Regional Federal da 1ª Região. Apelação Cível. Constitucional e Administrativo. Civil. Responsabilidade Civil. Agência Nacional do Petróleo – ANP. Preliminar de cerceamento de defesa afastada. Indenização por dano moral. Inclusão em "Lista Negra" elaborada pela ANP, onde constam os nomes de empresas que comercializam combustíveis "não conformes" e/ou "adulterados", publicada na rede internacional de computadores (Internet). Legitimidade da atuação da agência reguladora. Exercício regular do seu poder-dever de fiscalização e de informação aos consumidores. Apelação Cível n. 2004.34.00.022796-1. Agência Nacional do Petróleo – ANP. Brazuca Auto Posto Ltda. Relator: Desembargador Federal Souza Prudente. Distrito Federal,

9 maio 2008. Disponível em: <http://arquivo.trf1.gov.br/default.asp?processoX=200434000227961>. Acesso em: 15 jun. 2009.

FAGUNDES, Seabra. **O Controle dos atos administrativos pelo Poder Judiciário**. 7. ed. Rio de Janeiro: Forense, 2005.

GELLHORN, Ernest & LEVIN, Ronald M. **Administrative law and process in a nutshell**. 4. ed. St. Paul: West Publishing, 1997.

GUERRA, Sérgio. **Controle judicial dos atos regulatórios**. Rio de Janeiro: Lumen Juris, 2005.

HUMPHRIES, Martha Anne; SONGER, Donald R. Law and politics in judicial oversight of federal administrative agencies. *In*: **The Journal of Politics**, v. 61, n. 1, p. 207-220, 1999.

MARQUES NETO, Floriano de Azevedo. Balanço e perspectivas das agências reguladoras no Brasil. *In*: **Revista Eletrônica sobre a Reforma do Estado**, n. 1, Salvador, Instituto de Direito Público da Bahia, março 2005. Disponível em: <http://www.direitodoestado.com/revista/RERE-1-MAR%C7O-2005-FLORIANO%20DE%20AZEVEDO%20MARQUES%20NETO.pdf.> Acessado em: 28 mar. 2009.

______. Discricionariedade administrativa e controle judicial da administração. *In*: **Fórum Administrativo**: direito público, ano 2, n. 14, p. 470-473, 2002.

______. Discricionariedade e regulação setorial: o caso do controle dos atos de concentração por regulador setorial. *In*: ARAGÃO, Alexandre Santos de. **O poder normativo das agências reguladoras**. Rio de Janeiro: Forense, 2006.

MATTOS, Paulo Todescan Lessa. Autonomia decisória, discricionariedade administrativa e legitimidade da função reguladora do estado no debate jurídico brasileiro. *In*: **Revista de Direito Público da Economia**, ano 3, n. 12, p. 169-195, 2003.

MEDAUAR, Odete. **O direito administrativo em evolução**. 2. ed. São Paulo: Malheiros, 2003.

MELLO, Celso Antônio Bandeira de. **Curso de direito administrativo**. 25. ed. São Paulo: Malheiros, 2008.

______. **Discricionariedade e controle jurisdicional**. 2. ed. São Paulo: Malheiros, 2007.

OLIVEIRA, Luciano. **Não fale do Código de Hamurábi!**. Disponível em: <http://www.esmape.com.br/downloads/Luciano_Oliveira_Nao_fale_do_codigo_de_Hamurabi.rtf>. Acessado em: 20 maio 2009. Anuário dos Cursos de Pós-Graduação em Direito (UFPE), v. 13, p. 299-330, 2003.

OSTER, Jan S. The scope of judicial review in the german and U.S. administrative legal system. *In*: **German Law Journal**, v. 9, n. 10, p. 1267-1296, 2008.

PINHEIRO, Armando Castelar. Impacto sobre o crescimento: uma análise conceitual. *In*: PINHEIRO, Armando Castelar (org.). **Judiciário e Economia no Brasil**. São Paulo: Sumaré, 2000.

RECIFE. Tribunal Regional Federal da 5ª Região. Apelação Cível. Administrativo. Ação Cautelar. Pagamento de *Royalties*. Lei n. 9.478, de 6 de agosto de 1997. Portaria n. 29/2007 da Agência Nacional do Petróleo. Presença dos pressupostos autorizativos da cautelar. Modificação do *decisum*. Apelação Cível n. 316.742-PE (2002.83.00.005814-0). Município de Paulista. Agência Nacional do Petróleo – ANP. Relator: Desembargador Federal Manoel Erhardt. Recife, 26 de agosto de 2003. Disponível em: <http://www.trf5.jus.br/archive/2003/10/200283000058140_20031020.pdf>. Acessado em: 15 jun. 2009.

RIO DE JANEIRO. Tribunal Regional Federal da 2ª Região. Apelação em Mandado de Segurança. Constitucional Administrativo. Mandado de Segurança. Distribuidora de combustível. Agência Nacional de Petróleo – ANP. Órgão Regulador da Indústria do Petróleo. Lei n. 9.478. Portaria n. 202/99. Mandado de Segurança n. 2000.02.01.065.810-1. Jomap Distribuidora de Petróleo Ltda. Agência Nacional do Petróleo, Gás Natural e Biocombustíveis – ANP. Relator: Desembargador Federal Fernando Marques. Rio de Janeiro, 13 de setembro de 2006. Disponível em: <http://www.

trf2.gov.br/iteor/RJ0108610/1/24/158364.rtf>. Acesso em: 15 jun. 2009.

RIO DE JANEIRO. Tribunal Regional Federal da 2ª Região. Apelação em Mandado de Segurança. Processual Civil. Embargos de Declaração. Inexistência de vícios (art. 535 do CPC). Reapreciação de matéria já decidida (possibilidade de uma ordem judicial impingir à Agência Nacional do Petróleo – ANP o exercício do poder de polícia, consubstanciado na fiscalização dos fornecedores de combustível para embarcações marítimas). Não cabimento. Recurso não provido. Apelação em Mandado de Segurança n. 2000.02.01.070.702-1-RJ. Sindicato Nacional das empresas de navegação marítima – Syndarma. Agência Nacional do Petróleo, Gás Natural e Biocombustíveis – ANP. Relator: Desembargador Federal Benedito Gonçalves. Rio de Janeiro, 28 de maio 2008. Disponível em: <http://www.trf2.gov.br/iteor/RJ0108610/1/20/147349.rtf>. Acessado em: 15 jun. 2009.

RIO DE JANEIRO. Tribunal Regional Federal da 2ª Região. Agravo de Instrumento. Agravo de instrumento em ação cautelar interposto pelo Ministério Público Federal – MPF, Agência Nacional de Telecomunicações – ANATEL. Poder de polícia – Canal de televisão comunitário. Sanção administrativa de interrupção do sinal de TV. Possibilidade de o Poder Judiciário adentrar ao mérito administrativo. Princípio da proporcionalidade. Agravo de Instrumento n. 2007.02.01.012914-7. Ministério Público Federal. Associação de entidades de canal comunitário de TVs por assinatura do Município de Nova Friburgo – RJ. Relator: Desembargador Federal Reis Friede. Rio de Janeiro. Disponível em: <http://www.trf2.gov.br/iteor/RJ0108710/1/69/224576.rtf>. Acessado em: 16 jun. 2009.

RIO DE JANEIRO. Tribunal Regional Federal da 2ª Região. Apelação Cível. Administrativo. Ação Civil Pública. Telecomunicações. Telefonia fixa. Áreas locais. Cobrança de tarifa. Apelação em Ação Civil Pública n. 2003.51.06.002055-5-RJ. Agência Nacional de Telecomunicações – ANATEL. Embratel Participações Ltda.

Telemar Norte Leste S.A. Intelig Telecomunicações Ltda. Relator: Desembargador Federal Marcelo Pereira. Rio de Janeiro. Disponível em: <http://www.trf2.gov.br/iteor/RJ0108810/1/80/224396.rtf>. Acessado em: 16 jun. 2009.

RIO DE JANEIRO. Tribunal Regional Federal da 2ª Região. Agravo de Instrumento. Processo Civil e Administrativo. Agravo de Instrumento – Agência Nacional de Petróleo, Gás Natural e Biocombustíveis – ANP. Poder Normativo. Resolução n. 24/2006. Legalidade. Decisão Reformada. Agravo de Instrumento n. 2008.02.01.008075-8. Agência Nacional do Petróleo, Gás Natural e Bicombustíveis – ANP. Sul Petróleo Comércio de Produtos Petroquímicos Ltda. Relator: Desembargador Federal Frederico Gueiros. Rio de Janeiro, 13 de outubro de 2008. Disponível em: <http://www.trf2.gov.br/iteor/RJ0108610/1/55/236006.rtf>. Acessado em: 16 jun. 2009.

RIO DE JANEIRO. Tribunal Regional Federal da 2ª Região. Agravo Interno em Agravo de Instrumento. Processual Civil. Agravo interno em agravo de instrumento. Suspensão dos efeitos do Ofício 023/2003/PVCP/SP da ANATEL, que fixou novo valor de uso da rede móvel (VU-M) de uma das concessionárias. Antecipação da tutela indeferida pelo juiz *a quo*. Poder geral de cautela. Agravo Interno em Agravo de Instrumento n. 2003.02.01.006541-3. Telemar Norte Leste S.A. e outro. Agência Nacional de Telecomunicações – ANATEL e outro. Relatora: Desembargadora Federal Tania Heine. Rio de Janeiro, 12 de agosto de 2003. Disponível em: <http://www.trf2.gov.br/iteor/RJ0106310/1/47/63996.rtf>. Acessado em: 17 jun. 2009.

RIO DE JANEIRO. Tribunal Regional Federal da 2ª Região. Apelação em Mandado de Segurança. Constitucional e Administrativo. Portaria n. 202/99 da Agência Nacional do Petróleo – ANP. Requisitos para o acesso à atividade de distribuição de combustíveis líquidos derivados de petróleo e álcool combustível. Construção de base própria de armazenamento e distribuição. Comprovação do valor do capital social mínimo exigido. Lei n. 9.478/97. Princípios constitucionais não violados. Precedentes desta Corte. Apelação em Mandado de Segurança n. 2001.02.01.023296-5. Petro América Distribuidora de Petróleo Ltda. Agência Nacional do Petróleo. Relator: Desembargador Federal Benedito Gonçalves. Rio de Janeiro, 17 de agosto de 2005. Disponível em: <http://www.trf2.gov.br/cgi-bin/pdbi?PRO=200102010232965&TOPERA=1&I1=OK>. Acessado em: 17 jun. 2009.

RIO GRANDE DO SUL. Tribunal Regional Federal da 4ª Região. Agravo de Instrumento. Administrativo. Agência Nacional dos Transportes Terrestres – ANTT. Vale-Pedágio. Convênio não realizado. Dever de fiscalização. Agravo de Instrumento n. 2004.04.01.008380-1. Sindicato dos transportadores rodoviários autônomos de bens do Estado do Paraná. Agência Nacional dos Transportes Terrestes – ANTT. Relator: Desembargador Federal Luiz Carlos de Castro Lugon. Rio Grande do Sul, 1º de junho de 2004. Disponível em: <http://www.trf4.jus.br/trf4/processos/visualizar_documento_gedpro.php?local=trf4&documento=161262&hash=9d0bdbc866f9cf8d8997f9c74ca6b4c6>. Acessado em: 17. jun. 2009.

RIO GRANDE DO SUL. Tribunal Regional Federal da 4ª Região. Apelação Cível. Agência Nacional do Petróleo – ANP. Portarias n. 202/99, 29/99, 72/2000 e 54/2001. Litispendência. Coisa julgada. Portaria n. 29/99. Ausência de ilegalidade e inconstitucionalidade. Análise de requisitos de ato administrativo. Impossibilidade. Portaria n. 54/2001. Cancelamento. Apelação Cível n. 2005.70.13.000563-0. Bardan Distribuidora de Combustíveis Ind. e Com. de Derivados de Petróleo Ltda. Agência Nacional do Petróleo, Gás Natural e Biocombustíveis – ANP. Relatora: Vânia Hack de Almeida. Paraná, 17 de outubro de 2006. Disponível em: <http://www.trf4.jus.br/trf4/processos/visualizar_documento_gedpro.php?local=trf4&documento=1419774&hash=2941f1ac10abd4c914c3b187eaffcd4b>. Acessado em: 17 jun. 2009.

SILVA, Virgílio Afonso da. O proporcional e o razoável. *In*: **Revista dos Tribunais**, v. 798, 2002, p. 23-50.

SMITH, Loren A. Judicial Review of Administrative Decisions. *In*: **Harvard Journal of Law and Public Policy**, v. 7, n. 62, p. 61-64, 1984.

STRAUSS, Peter L. **An introduction to administrative justice in the United States.** North Carolina: Carolina Academic Press, 1989.

SUNDFELD, Carlos Ari; CÂMARA, Jacintho Arruda. Limites ao controle judicial dos atos administrativos: a tutela de urgência e as questões técnicas. *In*: SUNDFELD, Carlos Ari; MONTEIRO, Vera (coord.). **Introdução ao direito administrativo**. São Paulo: Saraiva, 2007.

SUNSTEIN, Cass R. In defense of the hard look: judicial activism and administrative law. *In*: **Harvard Journal of Law and Public Policy**, v. 7, n. 51, p. 51-59, 1984.

VERISSIMO, Marcos Paulo, Controle judicial da atividade normativa das agências reguladoras. *In*: ARAGÃO, Alexandre Santos de. **O poder normativo das agências reguladoras**. Rio de Janeiro: Forense, 2006.

8 PODER NORMATIVO DAS AGÊNCIAS REGULADORAS: SENTIDO DA RETOMADA DO DEBATE NA DOUTRINA JURÍDICA[1]

Lucia Del Picchia

Professora do programa de educação continuada e especialização em Direito GVlaw; *mestre em Direito Econômico pela Faculdade de Direito da Universidade de São Paulo – USP; e doutoranda pela mesma instituição; procuradora do Município de São Paulo.*

[1] O artigo está baseado em pesquisa apresentada como iniciação científica, sob o título "Agências reguladoras – limites ao seu poder normativo em face da Constituição Federal de 1988", em 2002/2003, financiada com bolsa-pesquisa CNPq e orientada pela Professora Titular Maria Sylvia Zanella Di Pietro (Departamento de Direito do Estado da FDUSP).

8.1 Introdução

O debate sobre o poder normativo do Executivo não é novo. Desde muito se indaga sobre a possibilidade de edição de regulamentos que interfiram na esfera de liberdade dos cidadãos, confrontando-se a visão estrita de princípios basilares do direito, como legalidade e separação de poderes, com a observação concreta da realidade, em que o Executivo aumenta seus espaços de atuação normativa. Por outro lado, em tempos recentes, a questão ganha fôlego com a revisão do papel do Estado, sobretudo de sua atuação na economia, e, como decorrência, com a criação das agências reguladoras independentes, cuja função abrange a edição de normas para a regulação setorial.

Como tem sido compreendida pela doutrina a atuação normativa do Executivo ao longo da história? Quais são os principais pontos de divergência sobre o assunto? Qual o sentido da retomada do debate, tratando agora das agências reguladoras, e qual a particularidade que ele assume?

Para esboçar respostas a esses questionamentos, este artigo começa por situar no tempo o debate. O pensamento jurídico desenvolve-se na busca por apresentar soluções dentro do direito para situações concretas e historicamente situadas. Assim, dedicaremos parte da exposição à compreensão das demandas da realidade social responsáveis pela colocação da questão, em um primeiro momento durante o chamado Estado Social, e pela recolocação da questão, com a Reforma do Estado e a criação das agências reguladoras.

Diante disso, apresentaremos o debate jurídico de forma panorâmica e esquemática, dividido em dois planos. O primeiro, mais teórico e principiológico, tratando da legalidade e da separação de poderes, questões de fundo que estão na base do debate. O segundo, mais próximo da dogmática legalista, apresentando as diferentes visões doutrinárias sobre o poder regulamentar na Constituição Federal de 1988. Apresentaremos, então, a revisão do papel do Estado e as particularidades que o debate pode assumir quando se trata das agências reguladoras. Ao final, considerações a título de conclusão que propõem a recolocação da questão em outros termos.

8.2 Estado social e a colocação do problema

Do ponto de vista histórico, a preocupação com o poder normativo do Executivo surge quando o Estado assume novas funções e se torna necessário que a Administração edite normas. Já não mais encarregado apenas da preservação da ordem, o Estado, pressionado pelas novas demandas sociais, incorpora atribuições amplas de direção econômica. Isso se deu no início do século XX, com a superação do modelo liberal.

Por certo, qualquer generalização sobre o modelo de Estado, aqui chamado Estado Social[2], seria falha e reducionista; não se desconhece que foram muitos os padrões de atuação estatal[3]. Contudo, de forma geral, é certo que a transformação estatal trouxe em seu bojo a forte participação do Poder Público na economia, a

[2] Estamos chamando genericamente de Estado Social o modelo de Estado que adota um padrão de intervenção na ordem econômica, que é conhecido por diversas denominações, como, por exemplo, Estado Providência, Estado de Bem-estar, Estado Pluriclasse, *Welfare State.*

[3] Para uma descrição dos modelos de *Welfare State* europeus; cf. ESPING-ANDERSEN, Gosta. **The three worls of welfare capitalism**. Princeton: Princeton University Press, 1990.

partir de uma perspectiva muito mais diretiva, de coordenação global da economia, ampliando o rol de suas atribuições para incluir significativas participações diretas de prestação de serviços. O Poder Executivo aumentou seu espaço de atuação na ordem social e econômica, deixando de assumir somente funções de preservação da ordem liberal[4] para incorporar tarefas de prestação e ordenação positivas.

Opera-se, assim, um aumento crescente do setor público ao longo do século XX. A título exemplificativo, os dados da antiga Comunidade dos Estados Europeus mostram que, no início dos anos 1980, o setor público ocupava, em média, significativos 50% do PIB (ORTIZ, 1993, p. 27). No Brasil, em 1974, uma pesquisa mostrou que dentre as 5.113 maiores sociedades anônimas, 39% de seus patrimônios líquidos pertenciam a empresas públicas, 18% a empresas estatais e 43% a empresas privadas nacionais (ALÉM; GIAMBIAGI, 2000, p. 101). O que se nota é a ampliação da atuação direta do Estado na ordem econômica.

Duas alterações típicas do novo padrão de intervenção estatal são dignas de destaque. A primeira delas, já mencionada, é o evidente crescimento do Executivo. As políticas intervencionistas, assim como as de promoção dos serviços públicos, dependem fundamentalmente da ação do Executivo, a quem incumbe dar as

[4] Nesse sentido, "o papel económico do Estado passou por três estágios: primeiro, um *papel propiciador (facilitative)*, limitando-se o Estado a manter um quadro jurídico geral da atividade econômica privada, a gerir a moeda, a proporcionar infraestruturas, em suma, a facilitar e remover obstáculos à economia privada; depois, vem um *papel de apoio (supportive)*, em que o Estado proporciona proteção, subvenções e, se necessário, socorro à econômia privada, continuando porém sem interferir diretamente na conduta econômica dos agentes privados; por último, vem um *papel diretivo*, em que o estado determina à economia privada o que esta deve (ou não deve) fazer, estabelecendo orientações, controlando a alocação de recursos e, se necessário, interferindo diretamente na condução de certas atividades econômicas" (MOREIRA, 1997, p. 24).

respostas imediatas às novas demandas sociais. É importante mencionar a adoção da ideia do planejamento, como forma de indução do desenvolvimento e da repartição mais justa do fundo público para promoção do bem-estar social, que em muito contribui para o fortalecimento do Executivo. Não é mais possível sustentar, como na época liberal, a centralidade do Poder Legislativo, que perde muito de seu espaço.

A segunda alteração é especificamente relacionada com o formato da intervenção normativa. De um lado, os cidadãos organizam-se em associações, como os sindicatos, para reivindicar direitos coletivos, direitos sociais. Perde importância a perspectiva individualista dos direitos (direitos de liberdade e igualdade), típica do liberalismo, que dá lugar à centralidade dos direitos que dependiam de atuação positiva do Estado para sua realização. De outro lado, é admitido que o mercado depende dos investimentos, da intervenção ordenadora e da atuação bem mais incidente do Estado para seu funcionamento. Sua relação com o Estado e com a lei se altera, dessa forma. Deixa de ser universal e exclusivamente válida a ideia liberal de que a lei deveria proteger o indivíduo do autoritarismo do Estado e garantir o livre funcionamento do mercado. A lei deve, nesse momento, também fazer face às novas demandas, trazendo o Estado para o papel de agente principal de sua plena realização.

Do ponto de vista do processo histórico concreto, fica cada vez mais difícil à lei formal oferecer respostas satisfatórias às novas demandas sociais e atribuições do Estado. Isso porque o processo legislativo por vezes se mostra inadequado frente à velocidade da exigência de soluções para conjunturas variáveis, já que não é sempre capaz de fazer face a elas com a celeridade e a adequação necessárias. O Executivo, tendo em vista a premente necessidade de cumprir seu novo papel, incorpora amplas tarefas, também normativas, passando a disciplinar situações concretas por meio de regulamentos.

No Brasil, podemos identificar uma série de entidades que já desempenhavam funções reguladoras antes mesmo da criação de agências reguladoras: o Banco Central do Brasil, o Instituto do Álcool e do Açúcar – IAA, o Instituto Brasileiro do Café – IBC, a Comissão de Valores Mobiliários – CVM, o Departamento Nacional de Águas e Energia Elétrica – DNAEE, o Instituto Nacional de Pesos e Medidas – INMETRO, o Conselho Nacional de Seguros Privados, o Instituto Nacional de Propriedade Industrial – INPI, a Comissão Nacional de Energia Nuclear – CNEN, a Câmara de Comércio Exterior – CACEX, a Infraestrutura de Chaves Públicas Brasileiras – ICP – Brasil, entre outros.

Há muito, assim, o Executivo vem exercendo poder normativo para o cumprimento de suas novas tarefas, características do Estado Social. Edita normas para a disciplina concreta da realidade, que interferem nos espaços de autonomia dos cidadãos, o que, como se verá, tradicionalmente era exclusividade da lei formal. À doutrina jurídica, assim, é colocado o desafio de responder a essa realidade, compatibilizando-a com as premissas de legalidade e separação de poderes sobre a qual se funda enquanto disciplina autônoma.

8.3 Situando o debate: notas sobre a separação de poderes e a legalidade

Ao abordar o tema do poder normativo do Executivo, estamos tratando, em primeiro lugar, da questão da separação de poderes – a quem está atribuída a competência para editar normas, no esquema básico de contenção e controle entre os poderes. Para além disso, debate-se sobre que tipo de norma é relevante para o debate, que deve ser, por certo, aquela que interfere na esfera de liberdade dos cidadãos. Sua edição pelo Executivo, não titular, em princípio, da função legislativa, é a origem da polêmica. Estamos, por fim, investigando qual amplitude podem assumir tais atos normativos de acordo com a Constituição e com a lei. Estão por trás do debate, portanto, dois grandes temas: a legalidade e a separação de poderes.

Tratar de legalidade implica saber a quais atos normativos estão submetidas as condutas dos cidadãos. Significa, de acordo com a esquematização proposta por Charles Eisenmann (1959, p. 48-58), apurar qual o termo de referência da relação de legalidade. De forma esquemática, a doutrina divide-se entre os defensores da legalidade estrita, segundo a qual o termo de referência há que ser a lei e somente esta (em sentido formal), e os defensores de uma legalidade mais ampla, que inclui diversos documentos normativos na definição de termo de referência. A legalidade é pensada, em um primeiro momento, dentro do arranjo que se formou no século XIX para a contenção de poderes, com a clássica separação entre Legislativo, Executivo e Judiciário e a afirmação da lei como ato por excelência do Parlamento. Trata-se de um esquema fundado na preocupação com a contenção de poderes, especialmente de poderes do governante (ou do príncipe, diríamos).

O século XIX, em tempos de Estado Liberal e afirmação do direito como ciência, é cenário para a glorificação da lei, do legislador e do jurista – cite-se, nesse tocante, a Escola da Exegese francesa, e até mesmo a Escola Histórica alemã. A visão de legalidade era bastante estrita e rígida e, de forma geral, o Parlamento assumia posição de destaque na ordenação da vida social (EISENMANN, 1959, p. 48-58)[5].

De modo bastante esquemático, pode-se afirmar que, no início do século XX, tinha voz corrente uma interpretação bastante rígida também do princípio da separação de poderes, formulação de Montesquieu: um modelo puramente imaginário, que buscava assegurar esferas independentes de poder. A separação de poderes funcionava, sobretudo, para a contenção do poder do Executivo (*le povoir arrête le povoir*), submetido aos ditames do Parlamento. A cada poder corresponde uma atribuição própria e indelegável, dentro de

[5] Sobre o histórico do princípio da legalidade; cf. MONCADA, Luís Cabral de. **Lei e regulamento**. Coimbra: Coimbra Editora, 2002.

um modelo de esferas independentes de atuação. A função legislativa, assim, era tarefa central e exclusivamente reservada ao Parlamento, de forma a garantir que a atuação do Executivo pudesse ser controlada, protegendo os indivíduos de suas arbitrariedades.

Vale ressaltar que o século XIX havia assistido à consolidação da chamada primazia da lei, postulado básico da formação do Estado de Direito, em que o poder só poderia ser justificado se assentado na lei, aliado ao princípio da reserva legal – todas as matérias eram reservadas à lei emanada do Parlamento porque somente a lei possuía a característica de submeter os cidadãos ao seu império.

A lei caracterizava-se por sua generalidade e abstração. O pensamento liberal, na afirmação da teoria dos direitos subjetivos (em um primeiro momento, confundindo-se com a garantia dos direitos de liberdade), formulou a ideia-chave para a compreensão deste conceito de lei: o indivíduo só se assume como pessoa titular de direitos tratando os demais como tal, ou seja, é preciso que haja um respeito individual aos direitos dos demais para que os direitos subjetivos se afirmem como valor universal, e esse respeito decorreria justamente da livre escolha do indivíduo, do seu consentimento[6]. Daí decorre que há que se presumir uma igualdade formal entre todos para que a liberdade de cada um seja preservada. Assim, a limitação da liberdade do indivíduo pela lei só pode dar-se partindo da premissa da igualdade – a lei deve regular condutas de forma geral e abstrata.

---

[6] "Não se tratava só de deslocar do rei ao povo a origem do Direito e de reduzir todos os atos singulares de mando à simples particularização de leis gerais; tudo isso está em serviço de uma ideia substancial de Direito, que não é a de pretender *la gloire de l'État*, ou a realização de uma 'ordem moral' e transpessoal, senão a de assegurar *la liberté du citoyen*, a liberdade de quem até esse momento estava situado como simples súdito passivo, com respeito a um poder alheio e transcendente" (ENTERRÍA; FERNÁNDEZ, 1990, p. 367-368).

Do exposto, conclui-se que o princípio da legalidade tem sua base marcada pela preocupação em proteger os direitos subjetivos das intervenções arbitrárias de um poder absoluto, especialmente do Executivo, construção teórica que serviu como fundamento para o Estado de Direito. De modo simplificado, pode-se dizer que os indivíduos são tratados, do ponto de vista formal, como iguais, o poder de dominação estatal é dividido de forma rígida entre Executivo, Legislativo e Judiciário, e qualquer comando jurídico que tivesse como intenção interferir no plexo de direitos individuais, restringindo-os, deveria ser dotado de generalidade e abstração, e era formalmente legítimo porque emanado do Parlamento. Para o Executivo, por outro lado, a atuação não é livre em tudo o que a lei não proíbe, pelo contrário: formula-se a teoria da vinculação positiva do Executivo à lei, isto é, só pode atuar se expressamente autorizado por lei.

A legalidade e a separação de poderes afirmam-se, assim, como princípios elementares de um modelo institucionalmente adequado para o controle e a limitação do poder do governante, que só pode agir se autorizado por lei e não pode lançar mão de competência normativa para restringir direitos individuais.

Como visto, a visão rígida do princípio da separação de poderes impõe uma visão estrita da legalidade: apenas a lei emanada do Parlamento tem o condão de restringir a liberdade dos cidadãos, que podem fazer tudo aquilo que não é proibido por lei, e apenas essa mesma lei autoriza a ação do Executivo.

Ainda no século XIX, já se problematizava a legalidade como vinculação estrita às leis promulgadas pelo Parlamento. Cite-se, nesse tocante, a teoria de Paul Laband (1901, p. 274), que, pensando no direito administrativo do Império Alemão, dividia as normas em: (a) as regras de direito, que são aquelas que têm por objeto a determinação da condição jurídica dos cidadãos, produzindo efeito na esfera jurídica dos indivíduos, chamadas pelo autor de leis em sentido material; e (b) aquelas que não são regras de direito, cujo objeto é o funcionamento interno do aparelho administrativo (não limitam os cidadãos nem criam para eles nenhum direito ou obrigação). A primeira categoria pode identificar-se com a lei emanada do Parlamento, mas pode também estar contida em regulamentos jurídicos de caráter externo[7]. Contudo, é no século XX, com as transformações no Estado, que o potencial conflito entre a legalidade e o poder normativo do Executivo passa a demandar uma verdadeira revisão da teoria tradicional do direito público, resgatando-se, inclusive, o pensamento de Laband.

O princípio da legalidade estrita, contudo, é definitivamente desafiado com o advento do Estado Social. Não é mais possível à lei formal oferecer respostas suficientes às novas atribuições do Estado. Isso porque o processo legislativo mostra-se inadequado frente à velocidade da exigência de soluções para conjunturas variáveis. O Executivo, tendo em vista a premente necessidade de cumprir seu novo papel, passa a disciplinar situações concretas por meio de regulamentos, como forma de operacionalizar sua função de regulação e transformação da ordem econômica. Entra em cena, assim, a discussão sobre os limites do poder normativo do Executivo, a quem devem ser atribuídas competências regulamentares para que seja capaz de fazer face às suas atribuições.

[7] Sobre a pluralidade de autoridades legítimas a produzir leis em sentido material: "Uma lei, em sentido material, pode emanar de outra autoridade subordinada àquela a qual a Constituição ou uma lei especial confere o poder de legislar. A ideia de lei engloba, a propósito, todos os graus de autonomia e todas as aplicações que deles se podem fazer. As regras de direito estabelecidas por meio da força pelas comunas ou outros corpos políticos, ou por senhores de terra ou outros indivíduos revertidos de um poder que não seja soberano, podem, elas também, ser leis, no sentido material do termo, desde que o Estado delegue a esses o poder", tradução livre. *In:* LABAND, Paul. **Le droit public de l'empire allemand**. Paris,V: Giardi & E. Brièr, 1901, t. II, p. 274.

A lei passa, concretamente, a funcionar como instrumento de atribuição de potestade regulamentar aos órgãos executivos, para garantir o desempenho de sua função. O exercício de parcela de função normativa pelo Poder Executivo impõe a necessidade de rediscussão acerca da abordagem clássica e rígida da separação de poderes. Postula-se a admissão dos regulamentos como lei em sentido material, dotados eles também de generalidade e abstração, vinculando plenamente a conduta dos administrados.

Mas essa nova realidade, evidentemente, coloca em xeque uma visão rígida dos princípios da separação de poderes e da legalidade. Parte da doutrina jurídica do século XX passa, então, a se preocupar em dar novas roupagens a esses princípios – e aí já se ensaiam os primeiros conflitos dentro da dogmática jurídica, justamente entre os que postulam a validade de uma interpretação rígida e aqueles que se dedicaram a reinterpretá-los.

O novo cenário da ordenação social, com a proeminência do Executivo, traz consigo uma reformulação da visão que se poderia chamar tradicional sobre separação de poderes. Uma importante contribuição é mostrada por Charles Eisenmann (1933), que, de forma esquemática, trouxe duas renovações à leitura da separação de poderes em Montesquieu.

A primeira renovação foi demonstrar que aquele modelo puramente teórico de separação rígida dos poderes, tradicionalmente sustentado pela doutrina jurídica, não existia em Montesquieu. De acordo com a releitura proposta, há interferência mútua entre os poderes, já identificada no pensamento do próprio autor francês, que pode ser assim exemplificada: o Executivo interfere no Legislativo, pois possui o direito de veto; o Legislativo, de certo modo, interfere no Executivo, já que controla a aplicação das leis que promulgou; e o Legislativo interfere no Judiciário, por exemplo, no julgamento de nobres em matéria de anistia e em processos políticos.

A segunda renovação foi a conclusão de que Montesquieu elaborou uma teoria não de separação, mas de combinação, de interdependência e de ligação entre os poderes. A preocupação não era criar um modelo jurídico que garantisse total independência entre os poderes, mas sim um modelo político que permitisse um novo balanceamento de forças na sociedade.

A conclusão dessa releitura de Montesquieu leva ao abandono da visão teórica marcada pelo formalismo e pela rigidez da separação de poderes, admitindo-se que o que há, de fato, é uma separação de funções (legislativa, executiva e jurisdicional), cada uma delas distribuída primordialmente para um órgão distinto, com autonomia e mesma escala hierárquica dos demais. Cada poder, assim, concentraria majoritariamente uma destas funções, o que não significa que esta não possa ser atribuída, em alguma medida, aos demais. Não é adequada a visão dos poderes radicalmente separados, que devem atuar em equilíbrio e cooperação. A evolução do papel do Estado no século XX contribui para fortalecer a releitura proposta.

Essa nova percepção é essencial para o debate sobre o poder regulamentar do Executivo. Admite-se uma separação de funções, não mais de poderes, mas funções que caberiam predominantemente a um ou outro poder, mas não exclusivamente. Assim, o Legislativo tem como mais importante a função normativa; o Executivo, a administrativa, e o Judiciário, a jurisdicional.

É digna de nota a formulação doutrinária, desenvolvida por Eros Grau (2002), da ideia de capacidade normativa de conjuntura, pensada como forma de compreender o exercício de função normativa pelo Executivo. Partindo da premissa de que o (novo) direito necessita, como todo organismo vivo, estar em constante mutação, fazendo frente ao ritmo de evolução das realidades sociais, surge a noção de que os instrumentos normativos devem ser flexíveis e dinâmicos, sujeitos às flutuações de caráter conjuntural.

Aí, precisamente, o emergir da *capacidade normativa de conjuntura*, via da qual se pretende conferir resposta à exigência de produção imediata de textos normativos, que as flutuações da conjuntura econômica estão, a todo tempo, a impor. À potestade normativa por meio da qual essas normas são geradas, dentro de padrões de dinamismo e flexibilidade adequados à realidade, é que denomino *capacidade normativa de conjuntura* (GRAU, 2002, p. 232).

Ao Executivo, como consequência, é admitida a competência para a produção de normas que regulem as diferentes conjunturas e que deem conta de oferecer respostas às novas atribuições da Administração Pública.

A nova realidade do Estado Social, como visto, harmoniza-se com a revisão também da ideia de lei. A lei deixou de servir às garantias de liberdades individuais, limitando o Estado. Foi preciso adaptar a legalidade para que o Estado pudesse cumprir seu novo papel. Tendo o Estado sua função revista, necessariamente a lei, enquanto instrumento de mediação entre o Estado e a sociedade, deveria ter sua definição ajustada. A doutrina da distinção entre lei em sentido material e lei em sentido formal vem a contribuir nesse ponto, ainda que tenha sido formulada em tempos de Estado Liberal. Na verdade, passou-se a reconhecer as novas fontes de normas reguladoras das situações sociais força vinculante, integrando-se ao ordenamento.

A proliferação das fontes normativas tem fornecido material para estudos no campo da sociologia jurídica. O Estado intervencionista passa a editar sucessivas normas de comportamento, organização ou programáticas, para fazer frente a variáveis conjunturas. Proliferam-se os mecanismos de regulação social, editando-se, de um lado, leis formais com conteúdos específicos e, de outro, regulamentos e outros instrumentos normativos com o intuito de regulação genérica de condutas dos indivíduos. Desse processo derivam leis com conteúdos cada vez mais particulares ou com conceitos abertos (polissemia das normas), criando subsistemas, cadeias normativas, com suas lógicas próprias. A necessidade concreta e conjuntural passa a determinar a regulação normativa, por vezes adotando o Estado a postura de distanciar-se da via única da lei formal, que perde importância.

Nesse contexto, do ponto de vista da dogmática jurídica, colocou-se à doutrina o desafio de responder com conceitos e argumentos que permitam conferir a essa nova realidade compatibilidade com a ordem jurídica, mantendo sua completude e coerência sem deixar de reconhecer validade às normas ora produzidas pelo Executivo, típicas normas jurídicas e leis em sentido material, as quais inovam de forma originária no Direito. É a esses questionamentos que responde parte da doutrina, relativizando a rigidez da interpretação tradicional da separação de poderes e do princípio da legalidade, e adotando visão ampla de função normativa e vinculação à lei. Por certo, essa nova abordagem não substitui a anterior, o que abre margem para polêmicas doutrinárias que estão na base do debate sobre poder normativo do Executivo, e não podem ser esquecidas quando se trata da questão.

8.4 Regulamentos e sua disciplina constitucional

A questão do poder normativo do Executivo, em um plano mais concreto, ou, diríamos, dogmático-legalista, corresponde à discussão sobre a extensão do poder regulamentar. Como definir a amplitude do conteúdo sobre o qual pode o Executivo editar normas, chamadas regulamentos? Por certo, as matérias em que há reserva de lei – isto é, que, por determinação constitucional, só podem ser reguladas por lei emanada do Parlamento – não podem ser disciplinadas por regulamentos do Executivo. A questão surge em relação àquelas em que não há reserva explícita. Deixam de se identificar, então, reserva legal e primazia da lei formal.

Em perspectiva formal, os regulamentos são normas emanadas da Administração Pública, como exercício de parcela da função normativa, em decorrência de atribuição de potestade regulamentar pela lei, para o efetivo cumprimento de sua função administrativa. A competência regulamentar, portanto, é atribuída por meio de lei. Mas, ainda sobre a relação entre lei e regulamento, quais os limites e as exigências do direito brasileiro para esta atribuição de competência regulamentar?

A doutrina tradicional apresenta a classificação dos regulamentos conforme sua relação com a lei; eles podem ser, por esse critério, estritamente subordinados à lei, no caso os chamados regulamentos de execução, ou relativa ou completamente independentes de lei, chamados regulamentos autorizados, delegados ou autônomos, conforme será detalhado a seguir[8].

Essencialmente, a relação do regulamento com a lei assenta-se sobre a seguinte questão: pode o regulamento criar direito novo, inovar na ordem jurídica? Antes de tudo, é preciso fixar o que se entende por direito novo. Por óbvio, qualquer norma jurídica que se introduz no ordenamento jurídico traz alguma novidade, sem a qual seria inútil. O que se discute é o nível que pode atingir tal novidade. Aqui se faz relevante a distinção entre inovação primária (original) e secundária: a inovação primária é aquela, própria da lei, que traz direitos e obrigações novos à ordem jurídica; por outro lado, a inovação secundária apenas disciplina direitos e obrigações preestabelecidos.

Partindo da ideia apresentada sobre a natureza da inovação na ordem jurídica, a classificação dos regulamentos em relação à lei define-se da seguinte forma: há os regulamentos que inovam de forma derivada, secundária no ordenamento jurídico (regulamen-

---

[8] Segundo García de Enterría e Tomás-Ramón Fernández (1974), esta classificação foi originalmente formulada por Lorenz von Stein, jurista alemão do século XIX. A classificação é apresentada, em linhas gerais, até os dias de hoje em manuais de direito administrativo, como em: DI PIETRO, Maria Sylvia Zanella. **Direito administrativo**. São Paulo: Atlas, 2009, p. 87. Ana Maria Martins trata ainda dos regulamentos de necessidade e urgência, seguindo, no mais, a tipologia apresentada (*In*: **Do regulamento**. Dissertação de Mestrado, São Paulo, 1978, p. 43-44). Ver também MELLO, Celso Antônio Bandeira de. **Curso de direito administrativo**, 13. ed., São Paulo: Malheiros, 2001, p. 309 e seguintes.

tos de execução, notadamente), e os regulamentos que inovam primariamente na ordem jurídica (regulamentos autônomos e, dependendo de seu conteúdo, autorizados e delegados). Tal classificação, é importante que se ressalte, serve para a análise dos chamados regulamentos jurídicos, ou seja, destinados aos administrados de forma geral, em contraposição aos regulamentos administrativos, que têm caráter interno à estrutura administrativa. A discussão coloca-se justamente na possibilidade de o regulamento interferir nas esferas de liberdade do cidadão.

Para os casos em que o regulamento se apresenta como norma jurídica derivada, hipótese por excelência dos chamados regulamentos de execução, não há divergência. É pacífica na doutrina a possibilidade de o Poder Executivo editar normas com a finalidade de garantir a fiel execução da lei, competência apoiada no art. 84, IV, da Constituição Federal de 1988. Não há, neste caso, criação de direito novo, inovação primária na ordem jurídica, mas apenas o detalhamento da atribuição ou restrição de direitos introduzido pela lei oriunda do Poder Legislativo, lei em sentido formal, portanto.

A divergência surge na análise dos casos em que a atribuição ou restrição de direitos ou imposição de obrigações aos administrados, inovação característica de lei, é veiculada por meio de norma editada pelo Executivo, ou seja, por meio de regulamento. Ainda que amparado por lei autorizativa genérica, à qual se atribui a definição de lei-quadro (originária na doutrina francesa da *loi cadre*), é o regulamento que funciona como fonte primária de direitos e obrigações na ordem jurídica, e essa é a hipótese em que a abordagem tradicional tem dificuldades em atribuir validade constitucional.

A abordagem doutrinária, que diríamos mais tradicional, sustenta a admissibilidade, no direito brasileiro, apenas dos regulamentos de execução. Não admite a edição pelo Executivo de regulamentos de ordenação primária dentro do sistema jurídico.

Refuta a possibilidade de delegação legislativa e afirma que o princípio da separação de poderes consagra a regra *delegatus delegare non potest*. Sustenta que a Constituição de 1988, diante da separação de poderes e das regras de divisão de competências, que prevê inclusive a figura das leis delegadas (art. 68) e das medidas provisórias (art. 62), fixou como regra a indelegabilidade de função legislativa fora dos casos já expressamente definidos, tornando inconstitucional a delegação genérica de função normativa ao Executivo. A mesma argumentação prestar-se-ia para refutar a possibilidade de autorização legal genérica, que nada mais seria do que uma delegação encoberta.

Regulamentos que inovam primariamente na ordem jurídica são, no entender dessa visão tradicional, aproximados dos autônomos, diante da refutação da possibilidade de delegação ou de autorização legislativa genérica.

Essa linha funda seus argumentos na análise proposta para a disciplina do poder regulamentar no texto da Constituição Federal. Cita, com frequência, a locução do art. 84, IV, que, seguindo a tradição constitucional brasileira, estatui competir privativamente ao Presidente da República "sancionar, promulgar e fazer publicar as leis, bem como expedir decretos e regulamentos para sua fiel execução". Argumenta que o dispositivo é claro ao afirmar que os regulamentos podem ser expedidos somente para a fiel execução das leis, admitindo, assim, apenas os regulamentos de execução, e vedando a edição de normas primárias, regulamentos autônomos, pelo Poder Executivo.

Lembra, ainda, o disposto no art. 25 do Ato das Disposições Constitucionais Transitórias – ADCT, *in verbis*:

> Ficam revogados, a partir de cento e oitenta dias da promulgação da Constituição, sujeito este prazo a prorrogação por lei, todos os dispositivos legais que atribuam ou deleguem a órgão do Poder Executivo competência assinalada pela Constituição ao Congresso Nacional, especialmente no que tange a: I – ação normativa.

Com isso, espera demonstrar que a Constituição Federal adotou o modelo tradicional e rígido de separação de poderes e de legalidade ao delimitar o poder normativo do Executivo, limitando-o à edição de normas secundárias, que funcionem apenas para a fiel execução da lei. Pode-se afirmar, de forma genérica, que parte da doutrina[9] do direito público brasileiro acompanha o posicionamento até aqui descrito, sustentando a possibilidade, no nosso ordenamento jurídico, apenas de edição de regulamentos de execução.

Em conclusão, e retomando o quanto exposto no item anterior, tem-se que uma linha de argumentação que chamamos tradicional enxerga uma separação rígida entre os poderes, sendo de competência exclusiva e indelegável do Legislativo a edição de normas primárias; somente ao Legislativo é dado editar leis que interfiram na autonomia individual, termo de referência para a

[9] De forma bastante genérica, pode-se dizer que esta é a ideia defendida por Celso Antônio Bandeira de Mello, que, após sustentar que a diferença entre a lei e o regulamento "está em que a lei inova originariamente na ordem jurídica, enquanto o regulamento não a altera. É fonte primária do Direito, ao passo que o regulamento é fonte secundária, inferior", coloca limites à edição de regulamentos pelo Executivo: "a) onde não houver espaço para uma atuação administrativa, não haverá cabida para regulamento. (...); b) onde não houver liberdade administrativa alguma a ser exercitada (discricionariedade) – por estar prefigurado pela lei o único modo e o único possível comportamento da Administração ante hipóteses igualmente estabelecidas em termos de objetividade absoluta – não haverá lugar para regulamento que não seja mera repetição da lei ou desdobramento do que nela se disse sinteticamente" (MELLO, 2001, p. 317). Da mesma forma, Maria Sylvia Di Pietro sustenta que "não se pode entender que esses órgãos [agências reguladoras] exerçam função legislativa propriamente dita, com possibilidade de inovar na ordem jurídica, pois isso contrariaria o princípio da separação de poderes e a norma inserida entre os direitos fundamentais, no art. 5º, II, da Constituição, segundo a qual ninguém é obrigado a fazer ou deixar de fazer alguma coisa senão em virtude de lei" (DI PIETRO, 1999. p. 147).

relação de legalidade. A atribuição normativa do Executivo restringe-se à edição de regulamentos que não criam direito novo, apenas operacionalizam o direito veiculado pela lei. A partir da ideia de oposição Estado-sociedade, a liberdade deve ser preservada e o indivíduo protegido de arbitrariedades do Estado. Assim sendo, a lei formal é a única norma que pode sujeitar os cidadãos, criando direitos e obrigações. E, para a proteção da liberdade, a lei é produzida a partir de uma divisão estrita de competências, de onde advém sua legitimidade, originária, portanto.

Tais argumentos encontram contraposição em uma abordagem alternativa, que, como visto, amplia a ideia de legalidade e propõe uma releitura da visão clássica sobre separação de poderes, conforme já exposto no item anterior. Retomando a tese da capacidade normativa de conjuntura, argumenta Eros Grau (2002) que, havendo uma separação de funções, não propriamente de poderes, é admissível ao Executivo lançar mão de parcela de função normativa, sem que isso seja compreendido como delegação de poderes.

A partir da ideia de capacidade normativa de conjuntura, bem como da ideia abrangente de legalidade, admite que o Executivo edite regulamentos autônomos, no exercício da função normativa. Regulamentos, para o autor, seriam "estatuições primárias – impostas por força própria – ainda que não emanadas de um poder originário" (GRAU, 2002, p. 143). Diante disso, soluciona-se a possibilidade de edição pelo Executivo de normas autônomas, leis em sentido material.

A tese encontraria amparo legal na interpretação proposta na Constituição Federal de 1988. Segundo ela, o art. 5º, II ("ninguém será obrigado a fazer ou deixar de fazer alguma coisa senão em virtude de lei") condiciona o princípio da legalidade a uma "reserva de norma", uma vez que impõe duas situações: (i) vinculação às definições da lei (reserva de lei); e (ii) vinculação às definições decorrentes da lei (reserva de norma). Tendo a Constituição Federal definido matérias reservadas à lei (dá como exemplos o art.

5º, XXXIX; o art. 150, I; o art. 170, parágrafo único), logo as demais são livres para ser tratadas por regulamentos. Dessa forma, combina-se o princípio da legalidade à edição de regulamentos autônomos, possível desde que proveniente de atribuição implícita definida no texto constitucional ou em decorrência da estrutura deste.

Escapando do debate sobre o confronto direto entre os regulamentos autônomos e o princípio da legalidade, outra linha de argumentação crítica à abordagem proibitiva dos regulamentos como norma que inova na ordem jurídica busca compreender as estatuições primárias do Executivo como normas autorizadas por lei. Retoma-se a ideia de regulamento autorizado para afirmar que pode a lei definir *standards*, parâmetros genéricos para a atuação normativa do Executivo, que a partir deles pode editar regulamentos que funcionem como lei material, mas legitimados pela permissão da lei formal[10].

Há posições que tentam compreender tais regulamentos que comportam inovação primária como hipótese de delegação legislativa. De forma genérica, são regulamentos delegados aqueles expedidos a partir de autorização legal, em matéria que seria regulada por lei. O que ocorre, portanto, é a atribuição por parte do Poder Legislativo de parcela de sua função normativa ao Executivo; por isso alguns autores se referem a este tipo de regulamento como "regulamento delegado". Trata-se de fenômeno vinculado ao que se costuma chamar de "deslegalização". Este se dá quando uma lei, sem entrar na regulação de uma matéria, até então regulada por ato legislativo (estando, portanto, congelado o grau normativo desse domínio), abre a referida matéria à intervenção inovadora do poder regulamentar (ABREU, 1987, p. 90).

[10] De forma bastante genérica, pode-se dizer que esta é a ideia defendida por Egon Bockmann Moreira (1999), e Carlos Ari Sundfeld, (2002 e 2003).

É comum entre os autores, inspirados pelo direito estrangeiro, classificar como regulamentos autorizados aqueles editados a partir de ditames genéricos da lei. Tratar-se-ia dos regulamentos editados a partir de *standards* legais, definidos pelas leis-quadro. Via de regra, portanto, o regulamento autorizado traz inovação primária ao ordenamento jurídico, ainda que amparado em *standards* legais.

O debate é extenso e comporta divergências metodológicas e nuances de difícil descrição na exposição esquemática que aqui nos propusemos a fazer. O importante é reter que há caminhos dentro da dogmática do direito público para a admissão do poder do Executivo para editar normas que inovem na ordem jurídica criando direitos e obrigações, sem que com isso se desestruturem as bases da legalidade e da separação de poderes. Não se trata de sucumbir a uma realidade posta, mas sim de oferecer respostas eminentemente jurídicas a ela, a partir da releitura da dogmática tradicional, sustentando-se dentro da teoria jurídica a validade e a legitimidade dos regulamentos como leis em sentido material, sem impor abalos definitivos aos alicerces do direito positivo.

8.5 Agências reguladoras e a recolocação da questão

Qual o sentido de recuperar atualmente um debate que parece há muito insolúvel? E, mais do que isso, qual seria a principal indagação a ser respondida ao se recolocar a questão do poder normativo do Executivo diante da criação das agências reguladoras? Haveria alguma novidade a ser considerada no resgate do debate? Em primeiro lugar, vamos entender a nova realidade e o papel dessas entidades.

O final do século XX assiste a nova mudança no papel do Estado, desta vez se retraindo de sua atuação direta na ordem econômica para assumir funções majoritárias de controle indireto, conhecido como regulação[11]. Diagnostica-se a crise[12] do Estado, que passa a ser visto como desmesuradamente "inchado" e incapaz de se financiar. Sustenta-se a necessidade de revisão do papel do

[11] O conceito de regulação não é unívoco na doutrina. Nesse sentido, escreve Vital Moreira: "para Mitnick (1980, p. 7) regulação é o 'controlo público administrativo da atividade privada de acordo com as regras estabelecidas no interesse público' [...]. Na definição de J. C. Strick (1990, p. 3), a regulação consiste na 'imposição de regras e controlos pelo Estado com o propósito de dirigir, restringir ou alterar o comportamento económico das pessoas e das empresas, e que são apoiadas por sanções em caso de desrespeito'. Para M. Moran (1986, p. 185) regulação é o sistema pelo qual 'a descrição dos indivíduos ou instituições é restringida por meio da imposição de normas (*rules*)'. Segundo Francis (1993, p. 1, 5), a regulação é 'a intervenção do Estado nas esferas de atividade privada, para realizar finalidades públicas'" (MOREIRA, 1997, p. 34). De forma esquemática, regulação pode ser entendida de forma ampla como sendo toda e qualquer intervenção estatal na economia, independentemente de seus meios e de seus fins — essa é a visão sustentada por Calixto Salomão (2001, p. 15), que define: "engloba toda forma de organização da atividade econômica através do Estado, seja a intervenção através da concessão de serviço público ou o exercício de poder de polícia". Uma interpretação intermediária defende que só se caracteriza a regulação quando a intervenção estatal não implique participação direta do Estado na economia (não seria regulação a atuação do Estado como empresário, participando da vida econômica por meio de empresas públicas desenvolvendo atividade econômica quase como nas condições do agente privado). Finalmente, há um enfoque restrito de regulação que preceitua que esta é somente o condicionamento normativo do Estado com vistas à ordenação da economia, chamada perspectiva jurídica da regulação (MATTOS, 2006, p. 35 e seguintes).

[12] Para um dos diagnósticos da crise do modelo de Estado no Brasil, conferir: PEREIRA, Luiz Carlos Bresser. **Crise econômica e reforma do estado no Brasil**. São Paulo: Editora 34, 1996. A apresentação do Plano Diretor da Reforma do Aparelho do Estado — documento oficial sobre o processo que buscou implementar a mudança no Brasil — traz justamente o diagnóstico de crise do modelo de Estado e a necessidade de sua revisão: "A crise brasileira da última década foi também uma crise do Estado. Em razão do modelo de desenvolvimento que Governos anteriores adotaram, o Estado desviou-se de suas funções básicas para ampliar sua presença no setor produtivo, o que acarretou, além da gradual

Estado, que não só diminua sua inserção na ordem econômica como também volte a ser capaz de responder às demandas de ordenação da vida social e econômica.

Busca-se implantar então, o projeto que ficou conhecido como Reforma do Estado, que visava transformar o modelo de Estado cuja crise estava diagnosticada, redirecionando-o para funções de regulação da ordem econômica e social e retraindo-o de sua participação direta[13].

No Brasil, essa fase é marcada pela transferência de empresas estatais à iniciativa privada nos processos de privatização, cujo marco legal foi o Plano Nacional de Desestatizações, promulgado pela Lei n. 8.031/90 e suas alterações[14]. Em meados dos anos 1990,

---

deterioração dos serviços públicos, a que recorre, em particular, a parcela menos favorecida da população, o agravamento da crise fiscal e, por consequência, da inflação. Nesse sentido, a reforma do Estado passou a ser instrumento indispensável para consolidar a estabilização e assegurar o crescimento sustentado da economia. Somente assim será possível promover a correção das desigualdades sociais e regionais" (BRASIL, 1995).

[13] De acordo com o mencionado Plano Diretor, foram objetivos da reforma: (i) aumentar a governança do Estado, ou seja, sua capacidade administrativa de governar com efetividade e eficiência, voltando a ação dos serviços do Estado para o atendimento dos cidadãos; (ii) limitar a ação do Estado àquelas funções que lhe são próprias, reservando, em princípio, os serviços não exclusivos para a propriedade pública não estatal, e a produção de bens e serviços para o mercado para a iniciativa privada; (iii) transferir da União para os estados e municípios as ações de caráter local: só em casos de emergência cabe a ação direta da União; e (iv) transferir parcialmente da União para os estados as ações de caráter regional, de forma a permitir uma maior parceria entre os estados e a União (BRASIL, 1995).

[14] De acordo com o art. 1º da lei, são objetivos do programa nacional de desestatização: I – reordenar a posição estratégica do Estado na economia, transferindo à iniciativa privada atividades indevidamente exploradas pelo setor público; II – contribuir para a redução da dívida pública, concorrendo para o saneamento das finanças do setor público; III – permitir a retomada de investimentos nas empresas e atividades que vierem a ser transferidas à iniciativa privada; IV – con-

inaugura-se a principal fase do processo, com a privatização de empresas prestadoras de serviços públicos cuja titularidade é constitucionalmente atribuída à União. Teve início com as empresas do setor elétrico, mais especificamente com a venda de duas distribuidoras de energia de propriedade do Governo federal, pertencentes à *holding* Eletrobrás: Escelsa e Light, em 1996. Na sequência, uma série de empresas do setor elétrico foi privatizada, especialmente empresas distribuidoras de energia – é o caso, em São Paulo, da Eletropaulo e da Companhia Paulista de Força e Luz, por exemplo. Em seguida, no ano de 1998, passa-se à privatização do setor de telecomunicações, com a divisão e a venda da Telebrás, bem como todo o rearranjo institucional do setor.

Diversas atividades, em especial a prestação de serviços públicos, são transferidas a operadores privados por meio do instituto da concessão. A privatização dos serviços públicos exige um novo desenho institucional que garanta a repressão a eventuais práticas prejudiciais ao funcionamento do mercado entre os agentes privados, a correção da estrutura dos setores de tal forma que se evitem os efeitos nocivos dos monopólios naturais, bem como a garantia dos direitos dos cidadãos-usuários. Para isso, é necessária a regulação, por meio de atuação positiva do Estado, intervindo de forma a induzir condições de eficiência e prestação adequada dos serviços nos setores. Nesse sentido: "(...) para a agenda liberal tornava-se, agora, necessário, ao mesmo tempo desregular e regular: desregular

tribuir para a modernização do parque industrial do País, ampliando sua competitividade e reforçando a capacidade empresarial nos diversos setores da economia; V – permitir que a Administração Pública concentre seus esforços nas atividades em que a presença do Estado seja fundamental para a consecução das prioridades nacionais; VI – contribuir para o fortalecimento do mercado de capitais, através do acréscimo da oferta de valores mobiliários e da democratização da propriedade do capital das empresas que integrarem o Programa (BRASIL, 1990).

para reduzir a intervenção do Estado; regular para viabilizar a privatização" (PEREIRA, 1998, p. 74).

Para que sejam exercidas as funções regulatórias, no novo padrão institucional da Administração Pública gerencial, sustenta-se a necessidade de criação de órgãos técnicos especializados e independentes – surgem, então, as chamadas agências reguladoras. A criação das agências situa-se em um contexto de redução da intervenção direta do Estado na economia, com a separação do titular do serviço de seu prestador. Em tese, essa nova equação exigiria intervenção estatal indireta muito mais incidente[15].

Sendo assim, é escopo das agências reguladoras assegurar certa previsibilidade em sua atuação, com estabilidade em relação às políticas públicas estatais, essas, por sua vez, variáveis de acordo com decisão do Poder Político – daí falar-se em redução do "risco regulatório". Devem, por isso, possuir especialidade técnica e flexibilidade de atuação que garantam efetividade de sua atuação (governança). Com isso, estar-se-ia oferecendo proteção aos investimentos dos agentes privados nos setores de infraestrutura, "tendo em vista a tradição de uma forte intervenção do Estado no passado, uma das principais preocupações das concessionárias é a possibilidade de interferência governamental, seja por razões políticas ou técnicas" (ALÉM; GIAMBIAGI, 2007, p. 408).

As agências reguladoras são constituídas dentro da Administração Pública indireta, como autarquias em regime especial, e sua característica inovadora é justamente a pretensão de independência

---

[15] "Aumenta a necessidade regulatória porque, deixando o Estado de ser ele próprio provedor do bem ou serviço de relevância social, tem ele que passar a exercer algum tipo de controle sobre esta atividade, sob pena de estar descurando de controlar a produção de uma utilidade dotada de essencialidade e relevância" (AZEVEDO MARQUES, Floriano. A nova regulação estatal e as agências independentes. *In*: SUNDFELD, Carlos Ari (org.). **Direito administrativo econômico**. São Paulo: Malheiros, 2002, p. 75).

em relação ao governo eleito para comandar o Executivo. São instrumentos da independência a autonomia administrativa, financeira e de gestão, a ausência de hierarquia em relação à administração direta e, sobretudo, a previsão de mandato fixo e não coincidente (com o do chefe do Executivo) e a estabilidade dos dirigentes das agências, ficando vedada sua exoneração *ad nutum*, isto é, sua livre exoneração[16].

Justifica-se, por vezes, a independência das agências na sua missão, que seria a realização de políticas de Estado, distintas das chamadas políticas de governo. Ao contrário das políticas de governo, as políticas de Estado devem seguir padrões de continuidade, assegurando a previsibilidade da disciplina regulatória do setor. A independência em relação ao Executivo quer garantir a não subordinação à variação que mudanças de governo podem imprimir às políticas públicas setoriais, reduzindo as incertezas para os agentes privados atuantes no mercado[17]. Diz-se, então, que as agên-

[16] Essa característica está presente em praticamente todas as agências reguladoras federais, estaduais e municipais criadas nos anos 1990. Há, como exemplo, o mandato previsto nas seguintes leis de criação: Agência Nacional de Energia Elétrica — ANEEL: Lei n. 9.427/96, art. 5º; Agência Nacional de Telecomunicações — ANATEL: Lei n. 9.472/98 art. 8º, § 2º; Agência Nacional de Vigilância Sanitária — ANVISA: Lei n. 9.782/99, art. 3º, parágrafo único; Agência Nacional de Saúde Suplementar — ANS: Decreto n. 3.327/2000, art. 1º, § 1º; Agência Nacional de Águas — ANA: Lei n. 9.984/2000, art. 9º; Agência Nacional de Transportes Terrestres — ANTT e Agência Nacional de Transportes Aquaviários — ANTAQ: Lei n. 10.233/2001, art. 21, § 2º.

[17] Nesse sentido, escreve Luiz Carlos Bresser Pereira: "as agências reguladoras executam uma política de Estado, prevista na lei de sua criação, que em princípio não deve variar com a mudança de governo. Em geral regulam preços, e sua missão é, em um mercado monopolista, estabelecer preços como se houvesse mercado competitivo. O governo pode mudar, mas a expectativa dos agentes econômicos, que investiram no setor regulado, é que seja mantida a política de garantir a concorrência ou fazer com que a lei do valor prevaleça". Segundo o mesmo autor, "as agências reguladoras são entes públicos mais autônomos em relação ao

cias têm atuação especializada do ponto de vista técnico, cuja continuidade deve ser assegurada a partir da garantia de independência em relação ao governo e a suas políticas públicas conjunturais.

Assim sendo, as agências reguladoras aparecem como instrumentos de controle e fiscalização estatal de determinados setores da economia, sejam aqueles titularizados pelo Estado, como os serviços públicos, sejam aqueles em que há particular interesse público envolvido. Para o exercício de suas funções regulatórias, esses entes lançam mão de poder normativo, de forma a disciplinar os setores. Contudo, esse novo formato de atuação do Estado na economia traz consigo preocupações de independência em relação ao governo, para a implementação das políticas classificadas como "de Estado", necessariamente estáveis e contínuas, em contraposição às chamadas "políticas de governo", que variam conforme o programa do governante eleito.

Do ponto de vista jurídico, o exercício de poder normativo pelas agências nada mais é do que o exercício de parcela do poder normativo que já vinha sendo utilizado pelo Executivo desde há muito. Sua compreensão jurídica demanda a análise da articulação entre categorias já clássicas na doutrina do direito público: legalidade, separação de poderes e poder regulamentar.

Todavia, o exercício de poder normativo pelas agências reguladoras adiciona uma nova questão ao debate, oriunda justamente de sua peculiar e inovadora característica de independência, problema que será suscitado na conclusão deste artigo, e que entendemos deva orientar o sentido da retomada da polêmica. O poder normativo do Executivo merece estudo, atualmente, do ponto de

---

governo, uma vez que a elas compete cumprir políticas de Estado, de caráter mais amplo e permanente, em defesa do cidadão, não devendo, por isso, estar subordinadas a prioridades e diretrizes de um governo específico" (PEREIRA, 1998, p. 225-226).

vista da legitimidade da norma, a partir da criação de procedimentos de participação democrática no processo normativo.

8.6 Conclusão: por uma abordagem democrática da questão

No presente artigo foi exposta de forma panorâmica a maneira como a doutrina do direito público enfrenta a questão do exercício de poder normativo pelo Executivo. Os autores, não raro, centram o debate na exegese do ordenamento jurídico posto, em visão dogmático-legalista. Preocupam-se com o fundamento de origem da norma, sua constitucionalidade. E assim se estende a polêmica, sem que seja possível apontar para uma solução pacífica que delineie os contornos do poder regulamentar constitucionalmente definido. Restaria saber qual o sentido da retomada da questão com a criação das agências reguladoras.

Entendemos que a recolocação da problemática não deva ser tão orientada para as questões em torno de que orbitaram os debates tradicionais, isto é, aquelas relacionadas com legalidade e separação de poderes, devendo, isso sim, concentrar-se na compreensão das dificuldades trazidas em razão do formato institucional dos novos entes, pretensamente independentes das chamadas "políticas de governo" do Executivo. A retomada do debate deve, assim, também estar focada na legitimidade democrática das agências independentes do poder eleito para expedir normas.

O poder normativo das agências merece ser estudado também sob o ponto de vista da legitimidade, não só como fundamento de origem, mas sim como processo de produção democrático e conteúdo substantivo da norma, preocupação que ganha importância ao pensarmos em entidades independentes, executoras de "políticas de Estado". Haveria que se pensar nos mecanismos de controle da atuação regulatória, de forma a garantir que os atos normativos sejam dotados de legitimidade material. Resgata-se, assim, um problema que já há muito se coloca: como conter os poderes, e, especialmente, como entender como legítimas as normas que são produzidas por fontes cada vez mais fragmentadas de poder?

Uma tentativa de solucionar tal problema de forma a conciliar a dogmática do direito público poderia ser a proposta de Manuel Afonso Vaz que, pensando no debate sobre legalidade, propõe o conceito democrático de lei. O conceito parte da

> compreensão da lei como auto determinação, como decisão sobre assuntos próprios (...). Legislar significa que cada um decide para todos a mesma coisa e que todos acordam a mesma coisa para cada um, a liberdade é aqui o não obedecer a outra vontade que aquela a que se prestou consentimento, ou seja, é a "liberdade geral" pois legislação significa "autogovernação" e vinculação à lei significa "autovinculação". (...) O conceito democrático de lei é assim um conceito político, pois expressa, antes de mais, a forma pretendida de existência política do Estado e da conformação concreta da organização do domínio (VAZ, 1996, p. 41-44).

O princípio legitimador das normas jurídicas que veiculam estatuições primárias deixa de ser verificado apenas sob perspectiva formalista e apriorística – a fonte produtora da norma, o Legislativo ou o Executivo – e ganha conteúdo material e procedimental, justamente o princípio democrático.

Para que se editem normas criadoras de direito novo, é preciso que essas estejam lastreadas em processo de formulação democrático e que e se verifique sua legitimidade substancial a partir deles. Com isso, poderiam ser superadas as balizas que tradicionalmente restringem o debate sobre poder normativo do Executivo dentro do direito público tradicional, e seriam possíveis avanços para a teoria e para a prática jurídica e política. Talvez seja esse o desafio da doutrina na recolocação do debate sobre poder normativo das agências reguladoras, a análise do conteúdo democrático das normas, o que se ensaia aqui como simples hipótese a merecer aprofundamento[18].

REFERÊNCIAS

ABREU, Jorge Manuel Coutinho. **Sobre os regulamentos administrativos e o princípio da legalidade**. Coimbra: Livraria Almedina, 1987.

ALÉM, Ana Cláudia; GIAMBIAGI, Fábio. **Finanças públicas – teoria e prática no Brasil**. Rio de Janeiro: Campus, 2007.

BRASIL. Constituição (1988). **Constituição da República Federativa do Brasil**. Brasília: Senado Federal, 1988.

EISENMANN, Charles. **L'Esprit des lois et la séparation des pouvoirs**. Paris: Sirey, 1933.

______. O direito administrativo e o princípio da legalidade. **Revista de Direito Administrativo**, v. 56, Rio de Janeiro, abr./jun. 1959.

______. **Lei n. 8.031, de 12 de abril de 1990**. Disponível em: <http://www.planalto.gov.br/ccivil_03/Leis/L8031.htm>.

______. **Plano diretor da reforma do aparelho do Estado – Câmara da Reforma do Estado, de novembro de 1995**.

[18] Vale mencionar o trabalho de Paulo Todescan Lessa Mattos, incisivo nas críticas aos caminhos do debate posto, propondo justamente o redirecionamento do debate: "quero entender a atividade reguladora do Estado para além do conceito lógico-formal de legitimidade de políticas econômicas que estaria presente no pensamento jurídico brasileiro no plano do direito administrativo e econômico. Passam a estar em questão o modo como se dá o processo decisório sobre a definição do conteúdo da regulação, conhecendo os atores que participam de processos decisórios e os atores afetados pelas normas editadas, e a avaliação dos efeitos desses processos decisórios sobre os interesses que estão em jogo" (MATTOS, 2006, p. 245-246).

Disponível em: <http://www.planalto.gov.br/publi_04/COLECAO/PLANDI.HTM>. Acessado em: 23 mar. 2009.

DI PIETRO, Maria Sylvia Zanella. **Parcerias na administração pública**: concessão, permissão, franquia, terceirização e outras formas. São Paulo: Atlas, 1999.

ENTERRÍA, Eduardo García de; FERNÁNDEZ, Tomás-Rámón. **Curso de direito administrativo**. *In*: SETTI, A. (trad.). São Paulo: Revista dos Tribunais, 1990.

______.**Curso de derecho administrativo**. Madrid: Civitas-Revista de Occidente, 1974.

GRAU, Eros. **O direito posto e o direito pressuposto**. São Paulo: Malheiros, 2002.

LABAND, Paul. **Le droit public de l'empire allemand**. Paris: V. Giardi & E. Brière, 1901, t. II.

MARTINS, Ana Maria. **Do regulamento**. Dissertação (Mestrado em Direito) – Faculdade de Direito, Universidade de São Paulo, São Paulo, 1978.

MATTOS, Paulo Todescan Lessa. **O novo estado regulador no Brasil**: eficiência e legitimidade. São Paulo: Singular, 2006.

MELLO, Celso Antônio Bandeira de. **Curso de direito administrativo**. São Paulo: Malheiros, 2001.

MOREIRA, Vital. **Autorregulação profissional e administração pública**. Coimbra: Livraria Almedina, 1997.

MOREIRA, Egon Bockmann. Agências administrativas, poder regulamentar e sistema financeiro nacional. **Revista de Direito Administrativo**, n. 218, Rio de Janeiro, set./out. 1999.

ORTIZ, Gaspar Ariño. **Economía y estado – crisis y reforma del sector público**. Madrid: Marcial Pons, 1993.

PEREIRA, Luiz Carlos Bresser. A Reforma do Estado nos anos 90: lógica e mecanismos de controle. **Revista de Cultura e Política**, n. 45, 1998.

______. **Reforma do estado para a cidadania**. São Paulo: Editora 34, 1998.

SALOMÃO, Calixto. **Regulação da atividade econômica**: princípios e fundamentos jurídicos. São Paulo: Malheiros, 2001.

SUNDFELD, Carlos Ari (coord.). **Direito administrativo econômico**. São Paulo: Malheiros, 2002.

______. **Direito administrativo ordenador**. São Paulo: Malheiros, 2003.

VAZ, Manuel Afonso. **Lei e reserva de lei**: a causa da lei na Constituição Portuguesa de 1976. Porto, 1996.

9 CONJUNTURA DA REGULAÇÃO NO BRASIL: CONFLITOS E CONVERGÊNCIAS

Diogo de Sant'Ana

Doutorando pelo Departamento de Direito Econômico e Financeiro da Faculdade de Direito da Universidade de São Paulo – USP; advogado.

9.1 Introdução

Em um país de renda média como o Brasil[1], a atração e a promoção de investimento privado são tarefas que estão no centro da agenda governamental.

Após uma década do início da chamada reforma regulatória, é oportuno que se faça um balanço dos resultados e da conjuntura em relação ao desenho institucional da regulação econômica no Brasil para avaliar se e como a estrutura da regulação tem contribuído para a atração desses investimentos.

Sendo um artigo sobre a conjuntura, este é, de plano, envolto por uma incerteza estrutural (FIORI, 2003, p. 93), o que dificulta o trabalho do autor. No entanto, podemos apresentar, sem pretensão de encerrar o debate, algumas tendências sobre os conflitos e convergências que envolvem a regulação no Brasil.

A primeira parte do trabalho divide-se em dois momentos. No primeiro, procura-se apresentar ao leitor o que entendemos por regulação, a partir de visões distintas na doutrina e na jurisprudên-

[1] Tanto na definição de semiperiferia (desenvolvida em ARRIGUI, Giovanni. **A ilusão do desenvolvimento**. Petrópolis: Vozes, 1997) quanto na avaliação do Banco Goldman Sachs, que deu origem a expressão BRICS (Brasil, Rússia, Índia, China), o Brasil aparece como um país intermediário, não desenvolvido, porém com renda elevada sobre a expressão BRICS, ver entrevista do economista-chefe do banco Goldman Sachs, Jim, O' Neill, publicada pelo jornal Folha de S. Paulo no dia 2 de junho de 2008, disponível em: <http://www1.folha.uol.com.br/folha/pensata/fernandocanzian/ult1470u407695.shtml>. Acesso em 21 out. 2009.

cia do Supremo Tribunal Federal. No segundo, apresenta-se quais são as decorrências para a regulação de dois importantes fundamentos do Estado brasileiro, a Constituição e nossa condição periférica.

A segunda parte trata da reforma regulatória propriamente dita, primeiro apresentando um breve histórico das transformações pelas quais passou o Estado brasileiro na década de 1990 (privatizações, reformas constitucionais, criação de agências reguladoras) e depois analisando, a partir da distinção sociológica de *crise* e *conflito*, as tensões decorrentes da reforma regulatória.

Por fim, são levantadas algumas perspectivas sobre o futuro da regulação no Brasil.

9.2 Regulação e Estado brasileiro

9.2.1 Diferentes sentidos da palavra regulação

Do ponto de vista teórico, não é fácil definir o que seja regulação. Uma das formas de se entender a regulação é descrevê-la como o instrumento utilizado pelo Estado na ordenação e organização dos mercados (GRAU, 2002, p. 136). Pode-se entender regulação como poderes e ações decorrentes da intervenção do Estado quando este manifesta objetivos declaradamente econômicos (SUNDFELD, 2002, p. 18). Outra possibilidade é entender a regulação como controle legislativo e administrativo exercido por meio de impostos, subsídios, controle sobre ingresso nos mercados (POSNER, 2004, p. 50). Pode-se adotar ainda a visão de que existem ao menos três formas de regulação: a econômica, que interfere diretamente nas decisões do mercado; a social, que protege os interesses públicos, tais como meio ambiente e segurança; e a administrativa, que são regras por meio das quais os governos coletam informações e intervêm em decisões econômicas individuais (OCDE, 1997). Outro importante exemplo da multiplicidade de sentidos do termo regulação é sua utilização pelo Poder Judiciário, no caso, a instância máxima, o Supremo Tribunal Federal.

O Ministro Joaquim Barbosa, em seu voto no Recurso Extraordinário n. 422.941, que trata dos possíveis prejuízos econômicos advindos da fixação de preços pelo Poder Executivo no setor sucroalcooleiro, utiliza o termo no sentido de organização da atividade econômica:

> (...) Verifica-se, portanto, que, quando o governo federal interveio na economia sucroalcooleira para **regular** a concorrência e fixar os preços finais de venda dos produtos, o fez de maneira desarrazoada, porque impôs aos produtos preços menores que aqueles necessários ao custeio da produção[2]. (grifo nosso)

O ex-Ministro Moreira Alves, no julgamento da Ação Direta de Inconstitucionalidade n. 319, sobre a constitucionalidade de lei que limitava os aumentos das mensalidades escolares, utilizou o termo no sentido de controle:

> (...) Não se limita esse dispositivo (parágrafo 4º do art. 173 da CF) declarar que o Estado desempenhará, na forma da lei, as funções que não são normativas, mas sim executivas – de fiscalizar, incentivar e planejar (esta de modo determinante para o setor público e indicativo para o setor privado) a atividade econômica, mas acentua que o exercício dessas funções decorre da posição do Estado "como agente normativo e regulador da atividade econômica". É certo que, entre as funções executivas que esse dispositivo confere, neste terreno, ao Estado, não consta do texto constitucional vigente a de controle a que aludia, na esteira dos anteriores, o projeto final da comissão de sistematização (art. 203, *caput*), mas a retirada desse controle *in concreto*, que daria a possibilidade de ingerência direta do Estado na vida das empresas, não diminuiu o papel do estado como agente normativo e regulador da atividade econômica, papel esse que se situa no terreno da normatividade e não da execução. E, portanto, para conciliar o funcionamento da

---

[2] BRASIL. Supremo Tribunal Federal. Recurso Extraordinário n. 422.941, da Segunda Turma. Recorrente: Destilaria Alto Alegra S/A. Recorrida: União. Relator: Ministro Carlos Velloso. Brasília, DF, 5 de dezembro de 2005, p. 688.

livre-iniciativa e do princípio da livre-concorrência com os da defesa do consumidor e da redução das desigualdades sociais, em conformidade com os ditames da Justiça social, pode o Estado, por via legislativa, **regular** a política de preços de bens e serviços, abusivo que é o poder econômico que visa ao aumento arbitrário dos lucros[3]. (grifo nosso)

O ex-Ministro Célio Borja, no julgamento do Conflito de Atribuições n. 35, apresenta a atividade regulatória como uma espécie de normatividade específica, própria da administração, e distinta das normas gerais e abstratas emanadas no Poder Legislativo:

(...) O cartesianismo da classificação exaustiva das funções do Estado, fundado na suposição de que todas as atividades e atos dos poderes públicos inserir-se-iam numa das três espécies, logo defrontar-se-ia, historicamente, com a impossibilidade organizacional de deferir a um único órgão a exclusividade de um só tipo de atuação, e com o imperativo existencial do surgimento de novos e diferenciados encargos do Estado, notadamente o de tutelar relações econômicas de natureza privada, através do exercício dos chamados **poderes regulatórios**.

Esses revestem, simultaneamente, a natureza do poder de polícia e da atividade normativa; daquele porque visam a tutela de certos bens individuais e sociais, mediante atos que se exaurem quando alcançados o seu fim imediato, participam, também, de algumas notas do conceito de norma, especialmente a da generalidade, quando alcançam uma pluralidade de sujeitos e lhes conferem direitos e lhes impõem deveres e obrigações, sempre com vistas à consecução dos fins referidos. (...) Logo se perceberá em cada um deles (art. 4º) **a natureza regulatória** a que, acima, aludiu-se. Porque são atos de competência da Administração e seu conteúdo

[3] BRASIL. Supremo Tribunal Federal. Ação Direta de Inconstitucionalidade n. 319-4, do Tribunal Pleno. Requerente: Confederação Nacional dos Estabelecimentos de Ensino — COFENEM. Requeridos: Congresso Nacional e Presidente da República. Relator: Ministro Moreira Alves. Brasília, DF, 3 de março de 1993, p. 53.

se aproxima do que é próprio do poder de polícia, não há que ver neles, *data venia*, o objeto de uma delegação legislativa, pois não se pode dar a outrem o que não se possui[4]. (grifos nossos)

Certo está que, independentemente da noção adotada como referência, o sentido do vocábulo regulação indica uma atividade (atuação ou intervenção do Estado no ou sobre o domínio econômico) e uma finalidade (organização da economia capitalista, correção de falhas de mercado, distribuição de riqueza, combate ao poder econômico, distribuição de benefícios entre as indústrias). Por conta da diversidade de formas de utilização da noção de regulação e a dificuldade de se unificar suas variadas interpretações, o termo, quando utilizado neste artigo, acompanhará o sentido da proposição de Carvalho, a partir das reflexões doutrinárias de Eros Grau e Calixto Salomão Filho, que define a regulação como toda forma de organização com a presença do Estado da atividade econômica, seja por meio da concessão de serviço público, seja pelo exercício do poder de polícia, incluindo as medidas de cunho legislativo e administrativo por meio das quais o Estado determina, controla ou influencia o comportamento dos agentes econômicos (CARVALHO, 2002, p. 13-14).

9.2.2 De que Estado falamos?

Outro eixo de importante reflexão ao tratarmos de regulação é a consideração sobre qual o modelo de Estado estamos falando.

---

[4] BRASIL. Supremo Tribunal Federal. Conflito de Atribuições n. 35, do Tribunal Pleno. Suscitantes: Banco Brasileiro de Descontos S/A e outros. Suscitados: Juiz de Direito da 2ª Vara Cível da Comarca da capital do Estado do Rio de Janeiro, Conselho Monetário Nacional e Banco Central do Brasil. Agravante: Ministério Público do Estado do Rio de Janeiro (Curadoria de Justiça dos Consumidores). Relator: Ministro Sydney Sanches. Brasília, DF, 2 de dezembro de 1987, p. 81-82.

Ao mesmo tempo em que reconheceu a economia de mercado, a promoção da concorrência, a livre-iniciativa, como princípios fundamentais da ordem econômica, a Constituição do Brasil, ao incorporar o conflito e determinar ao Estado a construção de políticas públicas, prescreve a atuação estatal mais incisiva. Essa atuação deve ser modelada de forma a garantir os preceitos instituídos nos arts. 1º e 3º da Constituição Federal, isto é, a preservação dos vínculos sociais e a promoção da coesão social são os fundamentos que estruturam a atuação do Estado na economia (GRAU, 2003, p. 259).

Porém, a conjuntura brasileira à época da elaboração do texto constituinte, marcada pela transição da ditadura militar para a democracia, surgimento e fortalecimento de movimentos sociais reivindicatórios, ampliação dos partidos políticos, conflitos entre os setores da economia favoráveis a maior abertura econômica e setores protegidos por reservas de mercado, não permite uma abordagem única sobre a direção ideológica do texto constitucional.

Exemplo dessa pluralidade foram as manifestações negativas sobre o texto constitucional provindas de campos políticos absolutamente opostos. De um lado, o Partido dos Trabalhadores recusou-se a assinar a Carta por não acreditar que ela defendesse os interesses dos trabalhadores. De outro, o Senador Roberto Campos, reconhecido por suas opiniões liberais, foi irônico ao descrever a nova Constituição como "saudavelmente libertária no político, cruelmente liberticida no econômico, comovente utópica no social" (ANDRADE; BONAVIDES, 1991, p. 493).

Portanto, a Constituição não pode ser considerada um ponto de chegada da transição democrática brasileira, mas sim um ponto de partida, a partir do qual as forças políticas, os interesses empresariais e os movimentos sociais buscaram a concretização de suas plataformas em um processo de transição de um período discricionário, no qual o instrumento legal característico era o decreto-lei, para um período constitucional, no qual se destacam procedimentos democráticos, tais como debate parlamentar e controle jurisdicional (BONAVIDES; ANDRADE, 1991, p. 487).

A compreensão das especificidades dos Estados periféricos é, ao lado da Constituição, elemento central para análise da regulação no Brasil. Muito além de suas funções clássicas, na periferia do capitalismo o Estado assume, de maneira explícita, outras tarefas, como a de comando do processo de desenvolvimento induzindo uma industrialização acelerada, gerência da inserção do país no sistema econômico mundial – administrando interesses nacionais –, administração do ciclo econômico e organização da distribuição social da riqueza (FIORI, 2003, p. 89).

É certo que a participação do Estado na produção de bens e serviços não tem as mesmas características das décadas de 1970 e 1980, mas a proposição de um Estado abstencionista, que se retire das funções de administração das tensões econômicas decorrentes do estágio de desenvolvimento do país, não parece viável, pois a condição de Estado periférico exige que a atuação estatal no e sobre o domínio econômico seja algo mais do que o Estado Social Tradicional. A necessidade de promover modificações estruturais para a superação do subdesenvolvimento impõe a esse Estado um espectro de funções muito mais amplo (BERCOVICI, 2004, p. 18).

Por imposição do mandamento constitucional e por decorrência da condição periférica, a atuação do Estado no domínio econômico assume no Brasil um caráter mais substantivo, no sentido de que não cabe a ela somente a correção de falhas de mercado. Pelo contrário, a atuação estatal conforma e estrutura os mercados em todas as suas dimensões, inclusive naquelas não decorrentes da sua lógica interna, tais como equidade, universalização e estrutura distributiva.

9.3 A reforma do Estado e a criação de agências reguladoras: crise ou conflito?

9.3.1 Reforma regulatória e a criação das agências

Durante a década de 1980, ganharam espaço questionamentos mais incisivos sobre o papel estratégico das empresas estatais na promoção do desenvolvimento nacional e, ao mesmo tempo, sobre a fórmula utilizada para a definição dos preços administrados. Argumentava-se que o modelo baseado em empresas públicas não representava a melhor fórmula para se obter o máximo de eficiência empresarial e que tal desenho era muito suscetível à pressão conjuntural dos governos.

A disputa sobre qual rumo o país seguiria a partir da Constituição começou a ser definida com a eleição de Fernando Collor de Mello, em 1989. Com uma agenda de reformas econômicas baseadas em abertura comercial, privatizações e diminuição da presença do Estado na economia, o governo Collor marca o início do processo de "reformas" no Brasil.

O diagnóstico hegemônico[5] terminou por atribuir ao peso do Estado na economia um dos motivos de nosso baixo crescimento. A privatização e as reformas econômicas foram as saídas apontadas pelo Governo brasileiro para permitir que a administração pública se concentrasse nas atividades em que a presença do Estado era considerada fundamental, tais como saúde e educação.

Essa nova visão sobre a relação entre economia e Estado impulsionou no Brasil, na década de 1990, o que, nos termos da Organização para Cooperação e Desenvolvimento Econômico – OCDE, podemos descrever como reforma regulatória (OCDE, 1997).

[5] A partir da evolução do conceito de hegemonia em Antonio Gramsci, utiliza-se a expressão "diagnóstico hegemônico" para descrever um processo no qual um grupo social assumiu "a posição de controle sobre o vetor fundamental do ordenamento jurídico (...) permitindo aos grupos dominados margem de movimento, mas dentro de um quadro que assegura os limites de tais movimentos" (OCTAVIANI, Alessandro. **Hegemonia e Direito**: uma reconstrução do conceito de Gramsci. Dissertação (Mestrado em Direito) — Faculdade de Direito, Universidade de São Paulo, São Paulo, 2005, p. 51). Isto é, faz referência à construção do diagnóstico do peso excessivo do Estado por forças políticas, sociais e econômicas que se organizaram para promover as reformas nos anos 1990.

A reforma regulatória brasileira pode ser caracterizada por três grandes processos[6]:

a) privatização[7] de empresas estatais;

b) reformas constitucionais;

c) criação de agências reguladoras.

O processo de privatização é iniciado ainda no Governo Collor com o primeiro Plano Nacional de Desestatização, aprovado na forma da Lei n. 8.031/90[8], que tinha como principal objetivo: I – reordenar a posição estratégica do Estado na economia, transferindo à iniciativa privada atividades indevidamente exploradas pelo setor público; II – contribuir para a redução da dívida pública, concorrendo para o saneamento das finanças do setor público; III – permitir a retomada de investimentos nas empresas e atividades que vierem a ser transferidas à iniciativa privada; IV – contribuir para a modernização do parque industrial do país, ampliando sua competitividade e reforçando a capacidade empresarial

[6] É certo que os processos estão inter-relacionados; estão divididos aqui somente para facilitar o desenvolvimento do raciocínio.

[7] Usa-se aqui o termo privatização para descrever a venda dos ativos estatais para agentes privados. É certo que no Brasil houve tanto a privatização dos serviços, como no caso da siderurgia, quanto a delegação do serviço a agentes privados após a venda de ativos estatais. Nesse último caso, o termo privatização não é preciso, uma vez que o Estado continua sendo o poder concedente, o que significa na prática que o serviço não foi transferido ao campo das atividades econômicas em sentido estrito, mas continua a ser serviço público ainda que prestado pelo agente privado.

[8] A Lei n. 8.031/90 foi revogada pela Lei n. 9.491/97; no entanto, seu conteúdo central é o mesmo: um programa de desestatização que tem como objetivo fundamental "I — reordenar a posição estratégica do Estado na Economia, transferindo à iniciativa privada atividades indevidamente exploradas pelo poder público". BRASÍLIA (DF). **Lei n. 9.491, de 9 de setembro de 1997.** Disponível em: <http://www.planalto.gov.br/ccivil_03/Leis/L9491.htm#art35>. Acesso em: 21 out. 2009.

nos diversos setores da economia; V – permitir que a administração pública concentre seus esforços nas atividades em que a presença do Estado seja fundamental para a consecução das prioridades nacionais; e VI – contribuir para o fortalecimento do mercado de capitais, por meio do acréscimo da oferta de valores mobiliários e da democratização da propriedade do capital das empresas que integrarem o Programa[9].

A primeira etapa da privatização[10] (1990 – 1994) envolveu a venda de estatais produtivas, dentre as quais se destacava a Usiminas, vendida em 1991. O programa incluía 68 empresas, principalmente dos setores siderúrgico, petroquímico e de fertilizantes.

A segunda etapa da privatização (1995-1998) teve início com a chegada de Fernando Henrique Cardoso ao Governo. O Plano Nacional de Desestatização[11] foi ampliado e permitiu a venda do controle e participação do Estado em setores como o bancário, de distribuição e transmissão de eletricidade, concessões de rodovias e portos e telecomunicações. Entre 1995 e 1998, o processo se acelerou e foram concluídos a desestatização de empresas como a Vale do Rio Doce, antigo Sistema Telebrás, Malha Ferroviária Pau-

[9] Texto do art. 1º, da Lei n. 8.031, de 12 de abril de 1990, que cria o Programa Nacional de Desestatização. BRASÍLIA (DF). Lei n. 8.031, de 12 de abril de 1990. Disponível em: <http://www.planalto.gov.br/ccivil_03/Leis/L8031.htm>. Acesso em: 21 out. 2009.

[10] O objetivo deste artigo não é avaliar criticamente o processo de privatização no Brasil, tema por amplo demais para o escopo deste artigo, mas sim, sua influência no processo de reforma regulatória. Sobre o histórico factual das privatizações no Brasil ver **Histórico das privatizações**. Disponível em: <http://www.bndes.gov.br/privatizacao/resultados/historico/history.asp>.

[11] O novo Plano Nacional de Desestatização, proposto pela Medida Provisória n. 1.481-52/1997, foi aprovado e transformou-se na Lei n. 9.491, de 9 de setembro de 1997. BRASÍLIA (DF). **Lei n. 9.491, de 9 de setembro de 1997**. Disponível em: <http://www.planalto.gov.br/ccivil_03/Leis/L9491.htm#art35>. Acesso em: 21 out. 2009.

lista, Companhia Docas do Rio de Janeiro, entre outras. Destaque-se que, ao mesmo tempo que ocorria a desestatização em âmbito federal, diversos governos estaduais também promoviam processos semelhantes, tais como a venda de empresas do setor elétrico e as concessões de rodovias no Estado de São Paulo.

A terceira fase do processo de desestatização (1999 – 2002) caracterizou-se pela venda dos bancos estaduais federalizados, tais como o Banespa, de algumas empresas do setor de saneamento, tais como a Manaus Saneamento e, no setor elétrico, como a Sociedade Anônima de Eletrificação do Paraíba – SAELPA.

Quanto às reformas constitucionais, entre 1990 e 2002 a Constituição do Brasil foi emendada 39 vezes, 10 delas relacionadas diretamente com a alteração do paradigma da atuação do Estado na economia[12].

Com as privatizações e as emendas constitucionais, a agenda de discussões sobre a atuação do Estado em relação aos serviços públicos concentrou-se em como garantir a segurança jurídica do marco regulatório, como introduzir mecanismos concorrenciais entre os concessionários de serviços públicos e como garantir o equilíbrio econômico-financeiro dos contratos de concessão[13].

[12] Destacam-se as Emendas Constitucionais n. 5 (gás natural), n. 6 (recursos minerais), n. 8 (telecomunicações), n. 9 (petróleo), n. 13 (seguros), n. 19 e 20 (reforma administrativa), n. 33 (Contribuições sobre Intervenção no Domínio Econômico — CIDE), n. 34 (reforma administrativa) e n. 36 (abertura de capital de empresas jornalísticas).

[13] Sobre uma visão pró-reforma do Estado e o novo desenho da regulação ver PINHEIRO, Armando Castelar; GIAMBIAGI, Fabio. **A privatização no Brasil** — o caso dos serviços de utilidade pública. Rio de Janeiro: Ed. BNDES, 2000; sobre regulação e concorrência ver NUSDEO, Ana Maria. A regulação e o direito da concorrência *In*: SUNDFELD, Carlos Ari (org.). **Direito administrativo econômico**. São Paulo: Malheiros, 2002.

A criação das agências reguladoras dos setores de infraestrutura é um capítulo especial da reforma regulatória, no contexto da tentativa, literalmente introduzida no Plano Diretor de Reforma do Estado[14], de transformar o Estado providência no Estado gerencial. O pressuposto básico da reforma era que a economia funciona melhor com menor intervenção do Estado[15]. Além disso, em virtude do que se afirmava como crise fiscal[16], os governos teriam perdido a capacidade de investimento.

---

[14] Amparado nesse diagnóstico, foi elaborado o Plano Diretor de Reforma do Estado, apontando a necessidade de se passar de um Estado providência para um Estado gerencial, que não teria mais a função de prover bens e serviços, mas sim a tarefa de gerenciar sua distribuição à população. BRASÍLIA (DF). Plano Diretor da Reforma do Aparelho do Estado, de 1995. Disponível em: <https://www.planalto.gov.br/publi_04/COLECAO/PLANDI.HTM>.

[15] Claro está que o que se cobrava não era uma menor atuação, mas sim uma atuação em sentido diferente, priorizando as reformas econômicas das quais dependia o mercado para exploração de novos nichos. Assim foi no caso da criação da Organização Mundial do Comércio — OMC, em que os Estados nacionais decidiram abrir mão de certos instrumentos de política econômica para uma maior integração comercial, e no caso das privatizações brasileiras, nas quais o Estado acabou tendo um grande peso no financiamento dos grupos vencedores dos leilões.

[16] O conceito de crise fiscal surgiu a partir da obra de James O' Connor sobre as dificuldades enfrentadas pelo estado nacional norte-americano para sustentar de forma simultânea a acumulação e a legitimação (O'CONNOR, James. **USA**: a crise do Estado capitalista. Rio de Janeiro: Paz e Terra, 1977, p. 19-23). No entanto, ao contrário da crítica produzida pelo autor, que destacava que "o crescimento do Estado é causa e efeito da expansão do capital monopolista", a expressão crise fiscal foi paulatinamente se transformando em premissa básica para a promoção de reformas econômicas que tinham como objetivo a mudança do padrão de atuação do Estado na economia, afastando o estado empresário por meio de privatizações e desregulamentações. Exemplo desse movimento pode ser encontrado em PEREIRA, Luiz Carlos Bresser. **A crise da América Latina**: consenso de Washington ou crise fiscal?. Brasília: 1991. Disponível em: <http://www.bresserpereira.org.br/papers/1991/91-AcriseAmericaLatina.pdf>. Acesso em: 21 out. 2009.

Foram criadas dez agências reguladoras setoriais. Possuem papel estratégico na administração de contratos de concessão ou na regulação dos potenciais em termos de recursos naturais a Agência Nacional de Energia Elétrica – ANEEL (1996), a Agência Nacional do Petróleo, Gás e Biocombustíveis[17] – ANP (1997), a Agência Nacional de Telecomunicações – ANATEL (1997), a Agência Nacional de Águas – ANA (2000), a Agência Nacional de Transportes Aquaviários – ANTAQ, a Agência Nacional de Transportes Terrestres – ANTT (2001) e a Agência Nacional de Aviação Civil – ANAC (2005).

Há, ainda, a Agência Nacional de Vigilância Sanitária – ANVISA (1999), a Agência Nacional de Saúde Suplementar – ANS (2000) e a Agência Nacional de Cinema – ANCINE (2001), que têm características institucionais de agências reguladoras, mas não a tarefa específica de regulação de infraestrutura. Suas características assemelham-se a de outros órgãos reguladores do Estado brasileiro, tais como o Instituto do Patrimônio Histórico e Artístico Nacional (autarquia), o Instituto Nacional de Metrologia, Normalização e Qualidade Industrial (autarquia) e o Instituto Nacional do Meio Ambiente e dos Recursos Naturais Renováveis (autarquia especial). (SANTOS, 2004).

No Brasil, o legislador definiu os objetivos e as finalidades das agências de regulação levando em conta: o respeito a uma política nacional setorial, de um lado, e a correção de imperfeições ou falhas de mercado, de outro – como pode ser verificado no art. 3º, VIII e IX, da Lei n. 9.427/96 (ANEEL), nos arts. 2º e 6º da Lei n. 9.472/97 (ANATEL), nos arts. 1º e 8º da Lei n. 9.478/97 (ANP), no art. 4º da Lei n. 9.984/2000 (ANA), nos arts. 11, 12 e 20 da Lei n. 10.233/2001 (ANTT e ANTAQ) e no art. 8º da Lei n. 11.182/2005 (ANAC).

---

[17] A alteração no nome da agência de Agência Nacional do Petróleo para Agência Nacional de Petróleo, Gás Natural e Biocombustíveis foi determinada pela Lei n. 11.097/2005.

Com a criação das agências reguladoras, o grande instrumento para a administração das tarifas passou a ser o contrato de concessão entre o Estado e o concessionário privado. Ao contrário do que acontecia antes da década de 1990, os aumentos referentes aos serviços públicos (como os de telecomunicações e energia, por exemplo) passaram a ter como característica um contrato entre Estado e agente privado. Essa condição apresenta uma diferença importante em relação ao período anterior, no qual o Estado detinha o controle das empresas estatais e, por meio dessas, tinha maior grau de liberdade para influir diretamente na evolução dos preços administrados de acordo com as suas prioridades (JUSTEN FILHO, 2003, p. 363).

Ainda que o Estado detenha o poder concedente e, com isso, a responsabilidade pela prestação dos serviços públicos, houve uma alteração substancial na natureza da relação entre o Poder Público e os concessionários. Atualmente, foram ampliados os mecanismos de defesa dos interesses econômicos do agente privado em relação às ações do Poder Público. Nesse sentido, a estratégia de coordenar a política tarifária dos serviços públicos, tendo por base somente a garantia do acesso, modicidade e universalidade do serviço deixa de ser um expediente facilmente utilizável pelos governos. Em consequência disso, aumentam os conflitos distributivos, decorrentes da pressão exercida politicamente sobre os governos por tarifas mais baixas; os conflitos de competência entre órgãos, por conta das situações não previstas ou obscuras nos marcos legais; e os conflitos de formulação das políticas públicas, por conta de divergências técnicas e políticas em relação às melhores medidas setoriais.

Inspirada no modelo americano, a criação das agências brasileiras foi marcada por muita polêmica, seja pela crítica de que o modelo possuía incompatibilidades com a estrutura de nosso direito administrativo (PIETRO, 2004), seja porque as agências foram criadas simultaneamente ao processo de privatização.

9.3.2 Crise regulatória ou conflito democrático?

Para que possamos compreender a hipótese suscitada neste artigo, é preciso distinguir os conceitos de crise e de conflito.

No **Dicionário de Política de Bobbio, Mattecucci e Pasquino**, a definição de crise é apresentada da seguinte maneira:

> (...) Chama-se crise a um momento de ruptura no funcionamento de um sistema, a uma mudança qualitativa em sentido positivo ou em sentido negativo, a uma virada de improviso, algumas vezes até violenta e não prevista no módulo normal segundo o qual se desenvolvem as interações dentro do sistema em exame. As crises são habitualmente caracterizadas por três elementos. Antes de tudo, pelo caráter de subtaneidade e por vezes de imprevisibilidade. Em segundo lugar, pela duração normalmente limitada. E, finalmente, pela sua incidência no funcionamento do sistema. A compreensão de uma crise funda-se sobre a análise de três fases do estado de um sistema: a fase precedente ao momento em que se inicia a crise, a fase de crise propriamente dita e, por fim, a fase depois que a crise passou e o sistema tomou um certo "módulo" de funcionamento que não se identifica mais com o que precedeu a crise. Para uma conceptualização mais precisa, é necessário, além disso, ter em vista três aspectos: a identificação do início e das causas da do acontecimento que deu origem à crise e, em particular, se se trata de acontecimento interno ou externo ao sistema, recente ou longínquo no tempo; a disponibilidade de tempo para a resposta à situação de crise e, em particular, se limitada, média ou ampla; e a importância relativa da colocação em jogo para os atores políticos e para os membros do sistema.

Já o verbete "conflito":

> (...) Existe um acordo sobre o fato de o conflito ser uma forma de interação entre indivíduos, grupos, organizações e coletividades que implica choques para o acesso e a distribuição de recursos escassos. (...) De fato, todo conflito é ínsito na mesma configuração da sociedade, do sistema político, das relações internacionais. Ele resulta *em* elemento ineliminável que conduz à mudança social, política, internacional. Ineliminável a longo prazo, porque a curto

> e médio prazos o conflito pode ser sufocado e desviado. É nessa fase que intervêm os instrumentos políticos por meio dos quais os sistemas contemporâneos procuram abrandar o impacto dos conflitos sobre as estruturas.
>
> (...) O processo ou a tentativa mais frequente é o de proceder à *regulamentação* dos conflitos, isto é, à formulação de regras aceitas pelos participantes que estabelecem determinados limites aos conflitos. A tentativa consiste não em pôr fim aos conflitos, mas em regulamentar suas formas de modo que suas manifestações sejam menos destrutíveis para todos os atores envolvidos. Ao mesmo tempo a regulamentação dos conflitos deve garantir o respeito das conquistas alcançadas por alguns atores e a possibilidade para outros atores de entrar novamente em conflito. O ponto crucial é que as regras devem ser aceitas por todos os participantes e, se mudadas, devem ser mudadas por recíproco acordo. Quando um conflito se desenvolve segundo regras aceitas, sancionadas e observadas, há sua institucionalização (BOBBIO *et al.*, 2003).

A importância da diferenciação dos dois conceitos é fundamental para sustentar a afirmação de que atualmente não vivemos um período de crise regulatória, no qual todos os pilares do sistema estão sendo questionados.

O principal foco de tensão no debate sobre agências reguladoras no Brasil decorre, na verdade, de duas visões distintas sobre o papel do Estado. O governo que criou as agências não defendia uma atuação incisiva do Estado na economia e adotava uma postura mais pró-mercado diante dos desafios impostos pela conjuntura política. E, por conta disso, aliada à defesa da independência e da competência das agências para regular infraestrutura estava a desconfiança da capacidade do Estado para planejar e implementar políticas setoriais.

Essa tensão aumentou com o início de um novo governo em 2003. O presidente eleito já havia se comprometido em 2002 a respeitar contratos e compromissos assumidos no governo anterior, mas sem se abster da formulação de políticas públicas e da organização do Estado como indutor do desenvolvimento econômico.

A vitória eleitoral de uma visão mais intervencionista gerou o que alguns descreveram como "crise regulatória". Um exemplo dessa opinião pode ser encontrado no editorial chamado "Crise das Agências", do jornal **O Estado de S. Paulo**, de 5 de janeiro de 2005:

> (...) O descaso com que o governo Lula trata as agências reguladoras está prejudicando seriamente o funcionamento de todas elas e levando algumas a uma crise que pode resultar em sua completa paralisia. Contingenciamento de verbas e atraso na indicação de diretores são problemas comuns a todas. Mas uma delas, a Agência Nacional de Energia Elétrica (ANEEL), vive uma situação dramática. Associações empresariais advertem ministros e parlamentares que, se providências não forem tomadas com urgência, o colapso da Aneel "será inevitável". Pouco depois de sua posse, o presidente Luiz Inácio Lula da Silva fez uma declaração bombástica sobre as agências reguladoras, dizendo que, por causa delas, "o Brasil foi terceirizado". A declaração revelava desconhecimento do papel dessas agências na regulação de atividades essenciais para o funcionamento da economia brasileira e na preservação dos interesses legítimos do setor público, do investidor e do consumidor. Felizmente o presidente não voltou a repetir críticas tão contundentes e despropositadas às agências, mas a maneira como seu governo vem tratando a questão revela uma atitude que oscila entre o desprezo e a sabotagem.

Porém, o momento atual parece convergir para a busca de alternativas que levem ao aprimoramento da qualidade da atuação estatal, seja no âmbito da regulação e fiscalização, que ficaria a cargo das agências, seja no âmbito do planejamento e formulação das políticas públicas, tarefa dos Ministérios e Conselhos. Essa convergência pode ser percebida por quatro exemplos distintos.

O primeiro é o Projeto de Lei n. 3.337/2004, que dispõe sobre a gestão, a organização e o controle social das agências reguladoras. Depois de quase quatro anos de debate, o projeto foi incluído entre as prioridades do Programa de Aceleração do Crescimento – PAC e o substitutivo do relator Leonardo Picciani (PMDB-RJ) parece ter avançado para um acordo entre as principais forças políticas do Congresso Nacional. O principal ponto de divergência – o contrato de gestão – foi retirado e substituído pela obrigação de prestação de contas anual ao Congresso Nacional, um mecanismo semelhante ao que já existe para o Banco Central e que pode ser uma importante ferramenta de prestação de contas[18].

O segundo exemplo é a Proposta de Emenda Constitucional – PEC n. 81/2004, de autoria do Senador Tasso Jereissati (PSDB-CE). Após intenso debate na Comissão de Constituição e Justiça do Senado Federal, o projeto foi reformulado e aprovou-se uma versão consensual que foi votada em primeiro turno no Plenário e aguarda o segundo turno constitucional. A importância desse exemplo – em que pese a duvidosa necessidade de constitucionalização das agências, uma vez que já existem leis específicas para a matéria – não reside no resultado do projeto em si, mas nas convergências que surgiram durante os debates. Nas palavras do Senador Arthur Virgílio (PSDB-AM), durante a sessão de votação da PEC na Comissão de Constituição e Justiça do Senado Federal:

> (...) Mas, Sr. Presidente, é para reafirmar, e aí sim de maneira breve, que nós confiamos no acordo proposto pelo Governo, e o intuito da oposição, muito especialmente na parte que toca a nós do PSDB, e sobre isso tem se debruçado o Senador Tasso Jereissati, nós dotarmos o Brasil de marcos regulatórios convincentes. Fora disso, PAC vira "um sonho de uma noite de verão". Fora disso, investimento pesado, a razão de 25% do PIB para nós pensarmos em crescimento sustentado de 5% ao ano, vira "outro sonho de outra noite de verão". O esforço todo é nós preenchermos o vácuo deixado pelas privatizações e substituído por um instrumento de

---

[18] A tramitação completa do projeto, assim como a proposta de substitutivo do relator Leonardo Picciani (PMDB-RJ), está disponível em: <http://www.camara.gov.br/sileg/Prop_Detalhe.asp?id=265002>. Acesso em: 21 out. 2009.

Estado, por um instrumento de defesa do consumidor, que seriam as agências reguladoras independentes do Governo, com mandatos descoincidentes entre os seus Diretores e mandatos não coincidentes com o do Presidente da República. Ou seja, que de uma vez por todas o Presidente ponha na cabeça, e seus Ministros também, que agência reguladora não é feita para obedecer ordens do Presidente de plantão. Agência reguladora é feita para, em alguns momentos, discrepar do Governo quando o Governo discrepar do Estado. Porque ela representa o Estado.

Nas palavras do Senador Aloizio Mercadante (PT-SP) na mesma sessão:

> (...) Acho que estabelecer um marco regulatório mais nítido com a estatura de uma regra constitucional e que estabelece o princípio fundamental que as agências de regulação serão parte de uma política de Estado, independente da política de Governo, é um mecanismo regulatório contemporâneo essencial, especialmente na prestação de serviços públicos, de serviços essenciais. Ali está assegurada a independência das agências administrativa e financeira, ali está estabelecido os limites do Estado, as garantias. E também um avanço, a prerrogativa de preservar no âmbito da União o poder concedente. O poder concedente, que essa foi, eu diria, também parte desse acordo. Porque a União não pode transferir a uma agência o poder da concessão. Isso é uma exigência constitucional, é uma tarefa do Estado, e não pode ser de competência da agência. Da agência, sim, definidas as normas e regras, o papel de fiscalização é essencial de normatização daquilo que o legislador estabelecer através do nosso papel constitucional.
>
> Por tudo isso, quero saudar o diálogo, a disposição de construção, que retoma nesta Casa o ambiente essencial para que a gente possa contribuir ao País com regras duradouras e estáveis. E quanto maior o consenso a uma matéria como essa, maior longevidade deverá ter a regra, maior segurança aos investidores, maior contribuição nós estamos dando ao País para o desenvolvimento acelerado. Portanto, quero parabenizar o Relator, o Líder Romero Jucá, o autor da Emenda, e a capacidade de diálogo, que permitiu a

construção desse acordo, que eu diria que é o melhor que nós poderíamos ter neste momento em termos de uma Emenda Constitucional numa matéria tão relevante[19].

O terceiro exemplo é o Programa de Fortalecimento da Capacidade Institucional para a Gestão em Regulação – PRO-REG, criado pelo Decreto n. 6.062/2007, formatado em convênio com o Banco Interamericano de Desenvolvimento – BID e coordenado pela Casa Civil da Presidência da República. Entre os objetivos do programa estão fortalecer o sistema regulatório, fortalecer a capacidade de formulação e análise em setores regulados, fortalecer a autonomia, transparência e desempenho das agências reguladoras e desenvolver e aperfeiçoar os mecanismos de controle social no âmbito do processo regulatório.

O quarto exemplo é o recente relatório da Organização para Cooperação e Desenvolvimento Econômico – OCDE sobre a regulação no Brasil, que detectou melhorias consistentes na regulação do Brasil. O relatório aponta que:

> (...) O progresso alcançado nos últimos anos anuncia coisas boas para o futuro. Consolidar os fundamentos de uma economia baseada no mercado é muito importante se o Brasil se basear em suas realizações atuais e aumentar as oportunidades econômicas para todos os seus cidadãos. Um processo de tomada de decisões com base na transparência e consulta pública e ações baseadas em evidências contribuirão para melhorar as condições do debate público e ajudar o país a atender melhor as necessidades de seus cidadãos.

---

[19] As passagens foram colhidas das intervenções dos dois parlamentares na sessão de votação do projeto na Comissão de Constituição e Justiça do Senado, realizada em 14 de fevereiro de 2007. As notas taquigráficas da sessão estão disponíveis em: <http://webthes.senado.gov.br/sil/Comissoes/Permanentes/CCJ/Notas/20070214RO003.rtf>. Acesso em: 21 out. 2009, p. 18-20. A tramitação completa da Proposta de Emenda Constitucional n. 81, de 2004, assim como a dos relatórios, e as discussões em plenário do Senado Federal estão disponíveis em: http://www.senado.gov.br/sf/atividade/Materia/pesqAvancada.asp>.

> Isto também propiciará a melhoraria da capacidade institucional para sustentar um crescimento econômico de longo prazo, o que aumentará a capacidade do país de resistir a situações econômicas adversas e manterá os incentivos adequados para investimentos em infraestrutura.
>
> (...) Depois de dez anos de experiência institucional, esse debate entra em nova fase, abordando o contexto mais abrangente da qualidade da regulação em uma economia com base no mercado. O risco regulatório parece ter sido reduzido. A melhoria da situação macroeconômica assim como o progresso das agências foi compensador. Existe uma participação social mais ampla na avaliação e melhoria da estrutura regulatória, conforme demonstrado pelo envolvimento dos consumidores no debate de questões de regulação nos setores de infraestrutura básica. Além disso, há um acordo mais difundido sobre a necessidade de promover mais o capital privado (OCDE, 2008, p. 11 e 15).

Os indicadores recentes também afastam a ideia de crise regulatória. Os investimentos privados diretos no país têm crescido, as agências de classificação de risco têm elevado as notas do Brasil, a participação estrangeira em grandes empreendimentos, como rodovias e hidrelétricas, está se ampliando, o que indica avanços importantes para o país.

É certo que há um longo caminho a ser percorrido, tanto para a melhoria da qualidade de atuação do governo quanto das autarquias especiais. A definição das competências de cada órgão, o fortalecimento em termos de recursos humanos e materiais e a diminuição do tempo para indicação de dirigentes são as principais dificuldades a ser superadas, mas não há uma crise regulatória generalizada decorrente de preconceito ideológico contra as agências[20].

---

[20] Para uma análise da ampliação dos recursos humanos das agências ver no *site* da Câmara dos Deputados a Apresentação na Comissão Geral do dia 16 de agosto de 2007, de Luiz Alberto dos Santos. Disponível em: <http://www2.camara.gov.

9.3.3 Perspectivas

O desafio desde a implantação das primeiras agências tem sido a adaptação do modelo importado aos fundamentos da Constituição do Brasil. Essa tensão, que existia desde o governo anterior de orientação mais pró-mercado, ampliou-se com a vitória eleitoral, por duas vezes consecutivas, de um governo que defende um papel mais ativo do Estado na promoção do desenvolvimento.

Conflitos vão existir. É natural que na democracia seja assim e que uma experiência tão recente como a das agências seja questionada, mas não há nada no horizonte que indique uma fissura radical no modelo institucional do Estado brasileiro herdado da década de 1990. Ao contrário, o que parece estar consolidando-se é a visão de que cabe aos governos reunir esforços para formular as políticas setoriais, utilizando-se de forma inteligente dos instrumentos de atuação do Estado sobre e no domínio econômico. E cabe às agências reguladoras, como autarquias que respondem ao princípio da especialização, a fiscalização dos serviços, a administração dos conflitos entre usuários e concessionários, a agilidade nos processos de licitação quando solicitado pelos ministérios e a contribuição de maneira não vinculativa na formulação das políticas governamentais. Esse modelo, longe de levar o país a um im-

---

br/camaraFaz/ultimas-noticias/dirigente-de-agencia-reguladora-pode-perder-estabilidade/?searchterm=Comissão%20Geral%20Agências%20Reguladoras>. Acesso em: 19 out. 2009. Estudo elaborado no âmbito da Casa Civil da Presidência da República demonstra que o perfil das indicações para as agências reguladoras não se alterou radicalmente. Muitos nomes indicados no governo finalizado em 2002 foram reconduzidos ou indicados para novos cargos. Além disso, ficou demonstrado que em termos de qualificação técnica (experiência no setor e qualificação acadêmica) as novas indicações realizadas a partir de 2003 não são distintas das realizadas anteriormente. (SANTOS, Luiz Alberto dos. **O governo Lula e a profissionalização das agências reguladoras**. Brasília: Casa Civil da Presidência da República, mimeo, 2006).

passe regulatório, pode garantir que todas as vozes sejam ouvidas e que, por meio da manifestação democrática das urnas, as políticas de governo sejam orientadas em uma ou outra direção.

A boa regulação é aquela que impede às grandes corporações, aos oligopólios e aos monopólios a transferência de externalidades negativas para os setores mais vulneráveis da sociedade (camadas mais pobres em termos de renda, consumidores desorganizados, pequenos produtores, pequenos empresários, pequenos lojistas). Nesse sentido, a existência de autarquias fortes e bem equipadas, do ponto de vista de recursos humanos e materiais, contribui, sem sombra de dúvida, para implementar políticas públicas.

No entanto, essa tarefa só poderá ser completa se a administração direta e o Legislativo assumirem para si, de acordo com os mandamentos da Constituição, a tarefa de formular os planos estratégicos para cada setor, que tenham como objetivo aumentar o grau de democracia econômica (SALOMÃO FILHO, 2002, p. 63), incentivar a participação da sociedade, construir instituições que possam aumentar o grau de conhecimento sobre as preferências políticas dos cidadãos e superar o déficit tecnológico brasileiro; enfatizando a necessidade de criarmos nosso próprio caminho para o desenvolvimento.

Sem isso, a proposta de criação de órgãos independentes tende a levar a uma captura do interesse público pelos setores regulados e a deixar sem qualquer permeabilidade democrática políticas fundamentais para o desenvolvimento de um país periférico como o Brasil.

No momento atual, o Programa de Aceleração do Crescimento – PAC[21] possui metas ambiciosas de crescimento do produ-

---

[21] A meta de crescimento da economia do Programa de Aceleração do Crescimento é de 5% em 2008, 2009, 2010. Para conhecimento das metas do programa, consultar apresentação do Ministro da Fazenda Guido Mantega no dia do lança-

to da economia brasileira. Para que o caminho rumo às metas seja virtuoso é preciso garantir, ao mesmo tempo, uma melhoria na capacidade de gestão do Estado; a administração correta do crescimento da demanda gerada pelo aumento dos investimentos; e a sustentabilidade do programa do ponto de vista social, de forma a permitir que o crescimento da economia não seja acompanhado de um processo de concentração de renda.

Esse processo, que tem como pressuposto o aumento do investimento público e privado, será acompanhado de conflitos de diferentes naturezas[22], no entanto, as convergências positivas no plano político, os últimos resultados da balança de capitais[23], somados ao reconhecimento explícito da Organização para Cooperação

mento do Programa 22 de janeiro de 2007 (disponível em: <http://www.fazenda.gov.br/portugues/releases/2007/r220107-PAC.pdf>. Acesso em: 19 out. 2009). O balanço da execução do PAC está disponível em: <http://www.brasil.gov.br/pac/balancos/4balanco/>. Acesso em: 19 out. 2009.

[22] Para além do problema clássico sobre o ponto ideal de intervenção do Estado nos diversos setores da economia, conflitos de natureza funcional, que envolve a valorização da carreira de especialista em regulação; de natureza financeira, sobre a ampliação dos recursos para financiar a atividade regulatória, e de natureza institucional, sobre como as decisões dos órgãos reguladores podem ou não ser revistas pelo Judiciário; serão cotidianos.

[23] Nos últimos anos, o Brasil vem apresentando excelentes resultados na conta financeira. Em 2007, a atração de investimentos estrangeiros diretos chegou à expressiva marca de 34,5 bilhões de dólares. O investimento público da União (pago), que em 2003 era de 0,31% do PIB, já atingiu 0,75% do PIB em 2007 e deve chegar a 1% do PIB em 2008. Fonte: Indicadores econômicos de conjuntura do Banco Central e Panorama da Economia Brasileira e Estratégia da Política Econômica. (Dado sobre investimento estrangeiro direto encontra-se no *site* do Banco Central do Brasil, disponível em: <http://www.bcb.gov.br/pec/indeco/Port/ie5-17.xls>. Acesso em: 19 out. 2009. O estudo da SEAE encontra-se no *site* da Secretaria de Acompanhamento Econômico do Ministério da Fazenda, disponível em: <http://www.seae.fazenda.gov.br/destaque/bb-panorama-da-economia-brasileira-e-estrategia-da-politica-economica>. Acesso em: 19 out. 2009).

e Desenvolvimento Econômico – OCDE em relação às melhoras da estrutura regulatória no Brasil, indicam um cenário favorável no qual o governo – planejando e formatando políticas públicas – e as agências reguladoras – regulando e fiscalizando mercados específicos – têm contribuído para a superação de um dos principais gargalos para o desenvolvimento do país: a ampliação dos investimentos em infraestrutura.

REFERÊNCIAS

ARAGÃO, Alexandre Santos de. **Agências reguladoras e a evolução do direito administrativo econômico**. 2. ed. Rio de Janeiro: Forense, 2004.

ARRIGUI, Giovanni. **A ilusão do desenvolvimento**. Petrópolis: Vozes, 1997.

BERCOVICI, Gilberto. O Estado desenvolvimentista e seus impasses: uma análise do caso brasileiro. *In*: **Boletim de Ciências Econômicas**, Coimbra, XVLI, 2004.

BOBBIO, Norberto; MATTECUCCI, Nicola; PASQUINO, Gianfranco. **Dicionário de Política**. Tradução: Carmem C. Varriale *et al*. Título original: Dizionario di Politica. 6. ed. Brasília: Imprensa Oficial – SP, Ed. UNB, 2003.

BONAVIDES, Paulo; ANDRADE, Paes de. **História constitucional do Brasil**. 3. ed. Rio de Janeiro: Paz e Terra, 1991.

CARVALHO, Vinicius Marques de. Regulação dos serviços públicos e intervenção estatal na economia. *In*: FARIA, José Eduardo (org.). **Regulação, direito e democracia**. São Paulo: Fundação Perseu Abramo, 2002.

PIETRO, Maria Sylvia Zanella Di. Limites da função reguladora das agências diante do princípio da legalidade. *In*: DI PIETRO, Maria Sylvia Zanella (org.). **Direito regulatório**: temas polêmicos. 2. ed. Belo Horizonte: Fórum, 2004.

FIORI, J. L. **O voo da coruja** – para reler o desenvolvimentismo brasileiro. Rio de Janeiro: Record, 2003.

GRAU, Eros Roberto. **A ordem econômica na Constituição de 88**. 8. ed. São Paulo: Malheiros, 2003.

______. Constituição e serviço público. *In*: GRAU, Eros Roberto; GUERRA FILHO, Willis Santiago (orgs.). **Direito Constitucional** – estudos em homenagem a Paulo Bonavides. São Paulo: Malheiros, 2003.

______. **O direito posto e o direito pressuposto**. 4. ed. São Paulo: Malheiros, 2002.

JUSTEN FILHO, Marçal. **Teoria geral das concessões de serviços públicos**. São Paulo: Dialética, 2003.

MARQUES NETO, Floriano Peixoto. **Agências reguladoras, instrumento de fortalecimento do Estado. ABAR**, São Paulo, 2004. Disponível em: <http://www.abar.org.br>. Acessado em: 20 out. 2009.

MATTOS, Paulo Todescan Lessa. **O novo Estado Regulador no Brasil** – eficiência e legitimidade. São Paulo: Singular, 2006.

NUSDEO, Ana Maria. A regulação e o direito da concorrência *In*: SUNDFELD, Carlos Ari (org.). **Direito administrativo econômico**. São Paulo: Malheiros, 2002.

BRASIL. Secretaria de Acompanhamento Econômico. **Brasil – Fortalecendo a Governança para o Crescimento** *in* OCDE – Relatório sobre a Rerfoma Regulatória. Brasília: 2008. Disponível em: <http://www.seae.fazenda.gov.br/destaque/bb-ocde-relatorio-sobre-a-reforma-regulatoria-1>. Acessado em: 21 out. 2009.

ORGANISATION FOR ECONOMIC CO-OPERATION AND DEVELOPMENT (OECD). **The OECD Report on Regulatory Reform**. Paris: OECD, 1997.

O'CONNOR, James. **USA**: a crise do Estado capitalista. Rio de Janeiro: Paz e Terra, 1977.

OCTAVIANI, Alessandro. **Hegemonia e Direito**: uma reconstrução do conceito de Gramsci. Dissertação (Mestrado em Direito) – Faculdade de Direito, Universidade de São Paulo, São Paulo, 2005.

PEREIRA, Luiz Carlos Bresser. **A crise da América Latina**: Consenso de Washington ou Crise Fiscal?. Brasília: 1991.

PINHEIRO, Armando Castelar; GIAMBIAGI, Fabio. **A privatização no Brasil** – o caso dos serviços de utilidade pública. Rio de Janeiro: Ed. BNDES, 2000.

POSNER, Richard Allen. Teorias da regulação econômica. *In*: MATTOS, Paulo *et al*. **Regulação econômica e democracia**: o debate norte-americano. São Paulo: Ed. 34, 2004.

SALGADO, Lucia Helena. **A economia política da ação antitruste**. São Paulo: Singular, 1997.

______. **Agências regulatórias na experiência Brasileira**: um panorama do atual desenho institucional. IPEA – Texto para discussão 941. Rio de Janeiro, 2003.

SALOMÃO FILHO, Calixto. **Regulação da atividade econômica**. 2. ed. São Paulo: Malheiros, 2008.

______. Regulação e desenvolvimento. *In*: SALOMÃO FILHO, Calixto (coord.). **Regulação e desenvolvimento**. São Paulo: Malheiros, 2002.

SANTOS, Luiz Alberto dos. **Agências Reguladoras**. *In*: **Apresentação na comissão geral de 16 de agosto de 2008**. Brasília: Câmara dos Deputados, 2007.

______. **O governo Lula e a profissionalização das agências reguladoras**. Brasília: Casa Civil da Presidência da República, mimeo, 2006.

____. **Regulando a Regulação**: a nova legislação das Agências Reguladoras no Brasil. *In*: IX Congresso Latino-americano de administração para o desenvolvimento. Madrid: CLAD, 2004.

SUNDFELD, Carlos Ari. **Direito administrativo econômico**. São Paulo: Malheiros, 2002.

PARTE IV – NOVAS AGENDAS

10 REGULAÇÃO ECONÔMICA E PROTEÇÃO DO MEIO AMBIENTE

Ana Maria de Oliveira Nusdeo

Professora do programa de educação continuada e especialização em Direito GVlaw; Professora do Departamento de Direito Econômico da Faculdade de Direito da Universidade de São Paulo e da Universidade Católica de Santos; doutora em Direito Econômico e Financeiro pela Universidade de São Paulo.

10.1 Introdução

Em sentido amplo, a regulação pode ser compreendida como a intervenção estatal na economia por outras formas que não a participação direta na atividade econômica, o que incluiria as técnicas e estratégias mais diversas, como a fiscalização, a disciplina, o condicionamento, a coordenação e o planejamento da atividade econômica exercida por empresas privadas ou estatais (MOREIRA, 1997, p. 35). O uso das diferentes técnicas varia no tempo, levando-se em consideração a preferência da sociedade e do governo em questão por formas de intervenção mais ou menos intensas na economia, vale dizer, que mantenham um espaço de liberdade maior ou menor aos agentes econômicos.

Assim, sua implementação justifica-se pela impossibilidade de os mercados, ou agentes, por meio de sua atuação livre de um condicionamento estatal, promoverem a consecução de determinados resultados, de ordem econômica ou social. A regulação pode voltar-se tanto a objetivos relacionados à eficiência no desempenho de alguns mercados (objetivos econômicos) quanto a outros de natureza política ou social (objetivos não econômicos ou sociais).

A preservação ambiental, no estágio de desenvolvimento econômico atingido pelas sociedades industriais e de consumo contemporâneas, deixou de ser vista apenas como uma solução para falhas de mercado pontuais e passou a caracterizar-se como um desses objetivos de natureza social buscados pela intervenção estatal no âmbito do exercício da atividade econômica. Estrutura-se, então, por meio da criação de normas jurídicas que definem ou estabelecem incentivos a determinados comportamentos dos seus destinatários, e da criação de órgãos com competência para aplicá-las. A resultante disciplina jurídica da proteção ao meio ambiente no ordenamento brasileiro é bastante densa e abrangente e, por isso, pode ser apresentada sob diferentes enfoques.

Não obstante a evolução da política e da legislação ambiental no país, a plena consecução de seus objetivos requer sua articulação com outras políticas setoriais, tais como a política agrícola, energética, de transportes, entre outras. Com frequência, essas políticas são implementadas por meio da regulação econômica de setores como o de energia elétrica, petróleo e telecomunicações, nas quais se busca incentivar a concorrência entre os agentes, a eficiência e os investimentos.

Este trabalho pretende apresentar e discutir a seguinte questão: a preocupação ambiental integra de algum modo essas políticas? Para isso, inicia-se com a análise das diferentes finalidades da regulação. Em seguida, aborda o problema ambiental sob a ótica econômica na qual se caracteriza como uma falha de mercado, o que justifica medidas regulatórias para sua solução. Passa então a analisar a evolução dos objetivos dessa disciplina jurídica, da mitigação dessas falhas de mercado à garantia de um direito ao meio ambiente alçado à categoria de direito fundamental. A partir daí discute a intersecção entre proteção ambiental e regulação econômica setorial e, finalmente, analisa um caso emblemático de conflito entre defesa do meio ambiente e regulação setorial: a instalação de estações de rádio-base, conhecidas como as antenas de telefonia celular.

10.2 Os objetivos econômicos e sociais da regulação

Anthony Ogus (2004) distingue as justificativas para a regulação entre aquelas motivadas por objetivos econômicos e aquelas movidas por interesses não econômicos.

As primeiras relacionam-se à existência de falhas de mercado, isto é, situações nas quais os mercados relevantes concretos não apresentam o desempenho e os resultados propugnados pelo modelo ideal de mercado no tocante à alocação eficiente de recursos econômicos. Isso porque, no sistema de produção capitalista, o mercado é a instituição encarregada de alocar os recursos entre as diferentes atividades e agentes e é considerado apto a realizar essa função de forma que promova o maior bem-estar econômico possível, ou seja, eficiência. A finalidade da regulação será propiciar tais resultados eficientes por meio da correção ou mitigação das falhas específicas.

As principais falhas de mercado a ensejarem respostas por meio da regulação são o poder de monopólio, os monopólios naturais, as externalidades, os bens públicos, o acesso às informações relevantes e os problemas de coordenação. Além disso, é claro, o Poder Público intervém na economia também para a superação de condições excepcionais de mercado ou em atenção a considerações de ordem macroeconômica (OGUS, 2004, p. 29-43) e para fomentar processos de desenvolvimento econômico.

A problemática ambiental, vista sob a ótica econômica, caracteriza dois tipos de falhas de mercado: as externalidades e os bens públicos, que justificariam a intervenção do Estado para sua correção e serão analisadas no item abaixo.

Se a regulação econômica tem por objetivo a correção das falhas a fim de restabelecer o atributo da eficiência dos mercados, a regulação voltada a objetivos não econômicos, ou sociais, visa à equidade. Isso porque a alocação de recursos considerada eficiente em termos econômicos não necessariamente corresponde a uma distribuição tida como justa pela sociedade. Nesse sentido, o Estado passa a intervir na atividade dos agentes privados a fim de promover resultados equitativos na distribuição de recursos ou tornar determinadas relações mais justas ou menos assimétricas.

Evidentemente, a definição de critérios de justiça e equidade é muito variada, mas acabam por inspirar políticas voltadas, por exemplo, à distribuição de renda ou ao acesso universal a determinados serviços, como saúde e educação. Ou ainda, a transferência de recursos para vítimas de infortúnios, como desemprego, doença ou acidentes. Legislações voltadas à proteção da saúde e da segurança do consumidor e dos trabalhadores também descrevem medidas para o aumento da equidade em relações jurídicas específicas. A proteção ao meio ambiente, por sua vez, visa à equidade intra e intergerações. No primeiro caso, para evitar que atividades e práticas que beneficiam alguns grupos gerem efeitos negativos a outros grupos ou à coletividade, e, no último, para evitar que as gerações atuais reduzam as opções para a sobrevivência e qualidade de vida das gerações futuras.

Uma análise da evolução cronológica da intervenção do Estado na economia mostra diferentes trajetórias no tocante à motivação das experiências de regulação.

O avanço do processo de regulação nos Estados Unidos, por exemplo, deu-se com a criação de normas e de entes reguladores (*commissions*) que inicialmente se voltavam à disciplina de atividades com características de monopólios naturais[1]. Posteriormente, passou-se a regular o fenômeno da concentração econômica por meio das normas antitruste[2] e, na época da grande depressão, as condições excepcionais de recessão do mercado por meio do *National Industrial Recovery Act*, do ano de 1933. A regulação voltada à consecução de objetivos de equidade dá-se a partir dos anos 1960, época também referida como segunda onda de regulação naquele país. Surgem, então, normas destinadas à proteção ao consumidor, à saúde ocupacional e ao meio ambiente[3]. Essa linha evolutiva não é de

---

[1] Para essa finalidade, criou-se a *Massachusetts Board of Railroad Commissioners*, em 1969, e mais tarde a *Interestate Commerce Commission*, também voltada ao transporte ferroviário, mas em nível federal.

[2] *Sherman e Clayton Acts* de 1890 e 1914, respectivamente.

[3] Cf. MATTOS, Paulo Todescan L. Regulamentação econômica e democracia: contexto e perspectivas na compreensão das agências de regulação no Brasil. *In*:

surpreender, visto que a regulação voltada a finalidades sociais tende a crescer com o amadurecimento da democracia e da consagração de direitos nos diferentes países.

No Brasil, o processo de intervenção do Estado na economia caracteriza-se por uma grande centralização em torno de órgãos estatais voltados à implementação de políticas de desenvolvimento, frequentemente em regimes ditatoriais. Esses fatores determinaram a criação, ainda nos anos 1930, de diversos órgãos voltados à intervenção do Estado na economia e ao planejamento econômico, além da criação de normas trabalhistas, mas não necessariamente para solucionar falhas de um mercado cujo espaço de ação dos entes privados era notoriamente menor do que nos Estados Unidos. Isso em razão da forte atuação do Estado, tanto como regulador quanto como agente econômico. Por essa razão, o surgimento da regulação voltada a objetivos sociais, tais como a proteção ao meio ambiente e ao consumidor nas décadas de 1980 e 1990, chegou a preceder a regulação econômica para a minoração de falhas de mercado, que tem grande crescimento na década de 1990[4], em paralelo a um processo de intensa privatização de empresas estatais. Nesse momento, surgem diversas normas voltadas à regulação de determinados setores econômicos e são criados órgãos competentes para implementar aspectos dessa regulação: as agências reguladoras[5].

FARIA, José Eduardo. **Regulação, direito e democracia**. São Paulo: Fundação Perseu Abramo, 2002, p. 45-46.

[4] É verdade que já existia uma legislação de defesa da concorrência desde 1962, mas sua efetividade foi pequena em razão da política econômica da época, que favorecia a formação de grandes empresas e grupos empresariais.

[5] Note-se que a distinção entre objetivos econômicos e sociais nem sempre tem fronteiras muito claras. Com frequência, a regulação setorial, ainda que voltada à eficiência do mercado regulado, impõe aos agentes metas relacionadas a objetivos sociais, como a universalização de serviços e de disponibilidade de tecnologias a grupos de menor renda ou geograficamente isolados.

10.3 Justificativas econômicas para a regulação ambiental

Conforme exposto acima, os problemas ambientais são, na ótica econômica, vistos como circunstâncias nas quais os mercados falham, o que justificaria a intervenção do Poder Público. São duas as falhas de mercado que caracterizam os problemas ambientais: as externalidades e os bens públicos.

Externalidades são custos cujos ônus recaem em terceiros em vez daqueles que participaram de uma transação de mercado. Ocorrem, assim, quando "as ações de uma pessoa afetam outras que não recebem compensação pelo dano causado nem pagam pelos benefícios gerados" (HANLEY; SHOGREN; WHITE, 2007, p. 49).

As externalidades podem ser negativas ou positivas e ambas podem ser relacionadas a questões ambientais. A poluição é um exemplo clássico de externalidade negativa, porque seus custos são suportados por terceiros que podem ser indivíduos (um vizinho de uma atividade ruidosa), um grupo (pescadores em um rio poluído por indústrias) ou a sociedade como um todo (pessoas afetadas pelas mudanças climáticas derivadas de diferentes atividades antrópicas cumuladas no tempo).

A proteção ambiental, de outro lado, produz externalidades positivas que também podem afetar indivíduos ou grandes grupos (diz-se que a conservação das florestas tropicais remanescentes produz benefícios para toda a população mundial, inclusive para as futuras gerações).

Os bens públicos consistem em um tipo de externalidade positiva caracterizada por dois elementos específicos: a não exclusividade e a não rivalidade. Essa última significa que o montante fornecido desse bem para um indivíduo não reduz o montante disponível aos demais. O primeiro significa que é impossível ou muito custoso excluir outras pessoas do uso e aproveitamento do bem ou serviço. Um exemplo clássico é a defesa nacional. Não há meio de excluir-se um devedor de tributos, por exemplo, da proteção fornecida pela defesa nacional do Estado para todos aqueles que vivem em determinado país, nem o montante desse serviço aproveitado por alguns grupos reduzirá o montante fornecido a outros grupos. A conservação da diversidade biológica, assim como a proteção contra as mudanças climáticas são bens públicos. Outras situações nas quais se promove a preservação ambiental podem fornecer novos exemplos.

O mercado não é capaz de produzir bens públicos, porque ninguém pagaria por algo com as características de não exclusividade e não rivalidade. Portanto, eles devem ser providos pelo Poder Público.

Há duas propostas de correção das externalidades bastante conhecidas: a sua taxação ou subsídio e a negociação entre os agentes envolvidos. A primeira foi desenvolvida por Arthur Cecil Pigou, nos anos 1930, e a segunda por Ronald Coase, como uma crítica a Pigou, nos anos 1960. Uma análise mais aprofundada dessas propostas, e das críticas que receberam, fogem dos objetivos deste trabalho[6]. Não obstante a contribuição de ambas as políticas ambientais, a percepção de suas limitações, somadas ao crescimento da preocupação com o meio ambiente e ao avanço de sua proteção no ordenamento jurídico, levou à criação de vários outros tipos de instrumentos, tais como o licenciamento, a avaliação de impactos ambientais e o zoneamento econômico.

10.4 Justificativas político-sociais para a regulação ambiental

A compreensão de que os problemas ambientais caracterizam falhas de mercado é extremamente enriquecedora para o encami-

[6] Para uma análise mais aprofundada delas, *vide* NUSDEO, Ana Maria de O. Uso de instrumentos econômicos nas políticas ambientais. *In*: **Revista da Faculdade de Direito da Universidade de São Paulo**, 2006; e da mesma autora, El papel de los mercados y de los derechos en propiedad en la protección ambiental. *In*: GARCIA, Helena A.; BERGALHO, Paola. **Derecho y propiedad**. Buenos Aires: Librería Ediciones, 2008, p. 269-283.

nhamento de soluções pelas políticas ambientais e pelo direito. No entanto, não abarca a magnitude da preferência das sociedades contemporâneas pela preservação do meio ambiente e nem a evolução jurídica dessa proteção.

No Brasil, a política ambiental parte de uma abordagem limitada à criação de normas para a exploração dos recursos naturais indispensáveis ao desenvolvimento econômico, nos anos 1930, para o reconhecimento constitucional do direito ao meio ambiente, em 1988[7].

Com efeito, a ideia de que o meio ambiente constitui um direito humano já havia sido expressa na Declaração de Estocolmo de 1972, que afirma: "O homem tem direito à liberdade, igualdade e ao meio ambiente de qualidade e a obrigação de protegê-lo e melhorá-lo, para as atuais e futuras gerações...". A fundamentação para tanto é a relação próxima entre meio ambiente, saúde e condição de vida. Apesar disso, a conscientização ambiental no Brasil ainda era incipiente, mas viria a desenvolver-se ao longo dessa década e da seguinte.

Em 1981, dá-se a edição da Lei n. 6.938, que estabelece a Política Nacional do Meio Ambiente. Esta lei é considerada um marco na evolução da disciplina na medida em que, pela primeira vez, o meio ambiente é visto como conjunto, e o objeto protegido passa a ser o equilíbrio ambiental e a gestão integrada dos diferentes recursos naturais. Tratando-se do contorno de uma política, são estabelecidos objetivos, princípios e instrumentos, que orientam a implementação da política até hoje, como é o caso do licenciamento e da avaliação de impacto ambiental, e é criada uma estrutura institucional para sua implementação: o Sistema Nacional do Meio Ambiente – SISNAMA.

---

[7] Para uma interessante proposta de periodização da política ambiental brasileira, *vide* SILVA-SANCHEZ, Solange. **Cidadania ambiental**: novos direitos no Brasil. São Paulo: Humanitas/FFLCH-USP/Annablume, 2000, p. 65-96.

O ápice desse processo evolutivo é a inserção de um artigo sobre o meio ambiente na Constituição Federal, a qual se deveu à organização e ao espaço conquistado pelo movimento ambientalista no Congresso Constituinte (SILVA-SÁNCHEZ, 2000, p. 87-91). Assim, o art. 225 declara que "Todos têm direito ao meio ambiente sadio e ecologicamente equilibrado, bem de uso comum do povo e essencial à sadia qualidade de vida". A interpretação dada a esse artigo é a de que o meio ambiente foi elevado à categoria de um direito fundamental, o que trouxe, nos últimos 20 anos, um substancial avanço na criação de normas infraconstitucionais e das posições jurisprudenciais no sentido da proteção ambiental[8].

Muito importante também foi o fato de o art. 170 ter inserido entre os princípios da Ordem Econômica a defesa do meio ambiente, consagrando a necessidade de conciliação dos direitos de propriedade e de livre-iniciativa à preservação ambiental.

Apesar do seu significativo desenvolvimento com a Constituição de 1988 e a partir dela, no entanto, a política ambiental brasileira ainda carece de efetividade, isto é, da produção de efeitos concretos e de um maior grau de cumprimento das suas normas pelos destinatários. Isso resulta, em grande medida, da insuficiência de quadros administrativos, de suas condições de trabalho e da incipiente educação ambiental no país.

A par da superação dessas deficiências, porém, o aumento da efetividade da política ambiental exige seu desenvolvimento em uma outra fronteira: a sua articulação a outras políticas setoriais cujo direcionamento possa vir a impactar o meio ambiente. A essa articulação dá se o nome de "transversalidade da política ambiental".

---

[8] Esse movimento é geral e abrange tanto as Justiças Estaduais quanto a Federal e suas diferentes instâncias.

10.5 Regulação econômica setorial. Caracterização e relação com outras finalidades de interesse público

Já se apresentou acima um conceito de regulação, apontando-se como podem variar seus objetivos, as técnicas e os instrumentos utilizados nas diferentes experiências regulatórias. Para os fins deste trabalho, interessa discutir alguns traços da chamada regulação setorial implementada em alguns setores da economia brasileira após o processo de privatizações na década de 1990.

Com efeito, o processo de privatizações envolveu não apenas empresas estatais que exerciam atividades econômicas, mas também empresas que prestavam serviços públicos. Esses setores – assim como o de Petróleo, considerado atividade econômica – têm algumas características que exigem algum tipo de medida regulatória pelo Poder Público.

Atividades como a prestação de serviços de telecomunicações e energia elétrica costumavam caracterizar-se como monopólios naturais[9]. Sendo assim, a concorrência nesses setores apresentava-se como impossível, já que exigiria a duplicação de redes e estruturas, o que nem sempre é viável em termos práticos e econômicos. Não havendo concorrência, é necessário o controle do poder de mercado do agente fornecedor do serviço, sob pena de desencadear um comportamento típico dos mercados monopolizados: aumento de preços, redução da oferta, discriminação entre clientes ou consumidores, entre outros.

Uma das formas de se controlar os monopólios naturais, sobretudo em setores estratégicos, ou considerados serviços públi-

---

[9] Atividade na qual os custos de produção são descrescentes na medida em que a produção aumenta, seguindo essa tendência até alcançar toda a produção do mercado. Assim, são produzidas/prestadas por um único agente econômico não havendo viabilidade para sua produção/prestação em regime de concorrência.

cos, é por meio da sua estatização. A política de preços praticada pela empresa estatal tenderá a observar critérios que satisfaçam as expectativas dos consumidores em razão de aspectos políticos e, portanto, não seguirá a lógica característica dos mercados monopolizados descrita acima[10].

Optando-se por uma política de privatizações, no entanto, as etapas da atividade que não comportam concorrência deverão ser objeto de uma regulação de preços. Note-se que, contemporaneamente ao processo de privatizações, parte das atividades desenvolvidas por entes estatais comportava concorrência em maior ou menor grau. Passou-se, então, a uma reestruturação da disciplina jurídica desses setores promovendo-se a separação de diferentes atividades (telefonia fixa local e de longa distância, telefonia celular, internet etc.) ou fases da produção (geração, comercialização, transmissão e distribuição de energia elétrica). Procurou-se, a seguir, inserir a concorrência nas diferentes fases e atividades, na medida de sua viabilidade, vale dizer, da superação ou não das características de monopólio natural da atividade em questão[11].

Esse processo de reestruturação da disciplina dos diferentes setores, portanto, aponta a inserção da concorrência como um dos

---

[10] Para uma discussão dos objetivos e condicionantes que estiveram por trás da política de preços das empresas estatais ao longo das décadas que antecederam o processo de privatizações, cf. PINHEIRO, Armando Castelar; GIAMBIAGI, Fábio. Os antecedentes macroeconômicos e a estrutura institucional da privatização no Brasil. *In*: PINHEIRO, Armando Castelar; FUKASAKU, Kiichiro. **A privatização no Brasil. O caso dos serviços de utilidade pública. BNDES**. Disponível em: <http:www.bndes.gov.br/conhecimento/OCDE/ocde01.pdf>. Acesso em: 15 fev. 2009.

[11] Para uma descrição mais detalhada da separação entre atividades ou etapas da produção promovida nos setores de telecomunicações, energia elétrica e petróleo, *vide* NUSDEO, Ana Maria de O. Agências reguladoras e concorrência. *In:* SUNDFELD, Carlos Ari. **Direito administrativo econômico**. São Paulo: Malheiros, 2000, p. 170-178.

seus objetivos fundamentais. A concorrência, no entanto, pode ser limitada em razão da dimensão da atividade e dos investimentos necessários à entrada e permanência no mercado. Sendo algumas dessas atividades consideradas serviço público, o que significa que sua prestação por empresa privada aos usuários dependerá de instrumentos de concessão ou permissão, haverá controle das tarifas cobradas ou dos seus aumentos pelo Poder Público.

Evidentemente, a regulação setorial não se limita ao objetivo da implantação da concorrência, mas inclui o funcionamento eficiente do setor, a satisfação dos interesses dos usuários, a realização de investimentos pelos agentes, as metas de universalização, entre outros. Seu grau de especificidade e complexidade técnica vai acabar por gerar conceitos e estratégias específicos aos diferentes setores. De acordo com Floriano de Azevedo Marques, seriam criados aí "subsistemas de normatização e de mediação dotados de conceitos, princípios, códigos técnicos e procedimentos adequados às especialidades de cada um desses setores" (SUNDFELD, 2000, p. 83). Para implementar os aspectos mais técnicos e detalhados da política, por meio de normas voltadas aos operadores do setor, foram criados órgãos reguladores setoriais.

Interessante observar que a inserção de o objetivo promover a livre-concorrência em setores econômicos específicos não exime a aplicação das normas de defesa da livre-concorrência, especificamente das Leis n. 8.884/94 e 8.137/91 a esses setores. Ocorre, portanto, a incidência de dois conjuntos de normas relacionadas à finalidade da implantação e da proteção à concorrência, mas que se dará em hipóteses diferentes.

Essa questão remete ao tema da relação entre a chamada "regulação setorial" e a "regulação geral[12]" dentro do qual pode ser

---

[12] Essa distinção é de MARQUES, Floriano A. Regulação setorial e autoridade antitruste. A importância da independência do regulador. *In*: CAMPILONGO,

abordada também a proteção ao meio ambiente, porventura estabelecida em normas setoriais e normas ambientais em geral. Impõe-se a necessidade de articulação entre esse corpo de regras específico ao setor e as normas voltadas à disciplina de temas de interesse público de aplicação geral, tais como as normas de defesa da concorrência, de proteção ao consumidor e ao meio ambiente. A articulação em questão diz respeito tanto à formulação das políticas setoriais e da aplicação de seus corpos de regras específicos – que levam em consideração em maior ou menor profundidade os objetivos dos ordenamentos de vocação geral – quanto à distribuição de competências entre os órgãos de regulação setorial e os órgãos criados para aplicação das normas concorrenciais ou ambientais.

Essa divisão e articulação de competências é objeto de opções realizadas pela legislação dos diferentes países, podendo pender mais ao órgão regulador setorial ou às autoridades encarregadas da aplicação das normas de regulação geral. A literatura voltada à defesa da concorrência chegou a agrupar as experiências legislativas nessa questão em modelos, que serão apresentados no item abaixo.

Dada a importância da implantação da concorrência em determinados setores regulados (telecomunicações, energia elétrica e petróleo) e da elaboração doutrinária realizada em relação a essa intersecção, acredita-se que algumas considerações a seu respeito contribuam para a análise da relação entre a regulação econômica e a proteção ambiental.

10.6 Intersecção entre regulação setorial e defesa da concorrência

Os setores econômicos acima referidos – telecomunicações, energia elétrica e petróleo –, conforme já apresentado, sofreram

---

Celso F.; ROCHA, Jean Paul C.V; MATTOS, Paulo T. **Concorrência e regulação no sistema financeiro**. São Paulo: Max Limonad, 2002, p. 99-100.

alterações na sua disciplina jurídica. As leis por meio das quais se estabeleceu o contorno geral do seu funcionamento incluíram a livre-concorrência entre os princípios ou objetivos fundamentais das novas políticas para os setores.

Assim, a Lei n. 9.472, de 1997, relativa ao setor de telecomunicações, estabelece, entre os direitos do usuário, a liberdade de escolha de sua prestadora de serviços[13]. Afirma, ainda, que

> os serviços de telecomunicações serão organizados com base no princípio da livre, ampla e justa competição entre todas as prestadoras, devendo o Poder Público atuar para propiciá-la bem como para corrigir os efeitos da concorrência imperfeita e reprimir as infrações da Ordem Econômica[14].

Da mesma forma, a Lei n. 9.478 de 1997, ao estabelecer os contornos da política energética e do petróleo, declara entre seus objetivos a promoção da livre-concorrência. A Lei n. 9.427, de 1996, por sua vez, trata da preservação da concorrência[15] entre as atribuições de competência da ANEEL, que incluem o estabelecimento de restrições,

> limites ou condições para empresas, grupos empresariais e acionistas, quanto à obtenção e transferência de concessões, permissões e autorizações, à concentração societária e à realização de negócios entre si.

O tratamento dado ao tema da concorrência por essas leis não é de surpreender, pois, conforme se discutiu em item anterior, com o processo de privatizações nesses setores, deu-se início a uma reestruturação de sua disciplina a fim de propiciar o surgimento e a permanência da concorrência entre os agentes. Pode-se dizer,

---

[13] Art. 3º, II.

[14] Art. 6º.

[15] Art. 1º, IX.

assim, que a regulação desses setores tem na concorrência um dos seus objetivos centrais.

Como se dará então a relação entre o ordenamento geral de defesa da concorrência e os ordenamentos setoriais em questão?

Antes de se tratar mais especificamente sobre as opções feitas pela legislação brasileira, é importante analisar os modelos criados pela literatura sobre as relações entre defesa da concorrência e regulação para análise das opções feitas pelos ordenamentos nessa questão[16].

O primeiro modelo é o da "isenção antitruste". Nesse caso, cabe às agências reguladoras setoriais não só a formulação da regulação técnica e econômica para o setor, como a aplicação das normas de defesa da concorrência. Há determinadas situações em que a legislação de defesa da concorrência sequer se aplica, na medida em que a regulação setorial seria considerada suficiente para estabelecer as principais variáveis concorrenciais, deixando pouco espaço para a concorrência entre os agentes e para os possíveis ilícitos nesse campo.

O segundo modelo é o das "competências concorrentes". Nesse modelo, tanto os órgãos setoriais quanto as autoridades de defesa da concorrência têm competência para aplicar as normas de defesa da concorrência. Assim, a agência setorial, além de formular normas de regulação técnica e econômica para o setor, pode vir a aplicar as normas de proteção à concorrência, o que implica instruir processos de investigação e, ao seu final, aplicar as penalidades estabelecidas pela lei concorrencial. De acordo com Gesner Oliveira e João Grandino Rodas (2004, p. 144), a competência concorrente pode implicar até mesmo a possibilidade de as autoridades de defesa da concorrência estabelecerem normas de regulação econômica.

[16] A descrição dos modelos acima toma por base OLIVEIRA, Gesner; RODAS, João G. **Direito e economia da concorrência**. Rio de Janeiro: Renovar, 2004, p. 144-146.

Fala-se, então, nas "competências complementares" como um terceiro modelo no qual as atribuições dos órgãos de proteção à concorrência não se sobrepõem, havendo uma nítida divisão de trabalho na qual a autoridade setorial promove a regulação e a concorrencial aplica a legislação antitruste (OLIVEIRA; RODAS, 2004, p. 145).

O quarto modelo é o da "regulação antitruste". Nele, os órgãos de defesa da concorrência, além de aplicarem as normas antitruste, seriam competentes também para formular a regulação técnica e econômica.

Finalmente, o quinto modelo é o da "desregulação", no qual inexiste regulação setorial, ficando os agentes submetidos tão somente às leis de defesa da concorrência, e eventualmente a normas pontuais, na disciplina de sua atuação no mercado. Pode-se dizer que este é o modelo a que se submetem os setores não regulados.

No direito brasileiro não há casos de isenção das normas de proteção à concorrência nos setores regulados, como ocorria nos Estados Unidos antes do estabelecimento do processo de privatizações nos anos 1990. Essa afirmação baseia-se tanto no conteúdo das normas de defesa da concorrência e das normas de regulação setorial, que em momento algum excepcionam a aplicação da primeira, quanto de precedentes julgados pelo próprio Conselho Administrativo de Defesa Econômica – CADE[17]. Por outro lado, algumas das normas setoriais atribuem competência ao órgão regulador para um exame prévio das operações de concentração. No caso da Agência Nacional de Telecomunicações – ANATEL, há mesmo a previsão de competência concorrente para a averiguação de práticas contrárias à Lei n. 8.884/84. Assim, nosso modelo é de

17 Especificamente, o Ato de Concentração n. 08012.006762/2000-09. Requerentes: Banco Finasa de Investimentos S/A, Brasmetal Indústria e Zurich Participação de Representações.

competência concorrente para algumas funções e setores e complementar para outras, especificamente as do CADE e dos outros órgãos de defesa da concorrência nos demais setores regulados, já que o tratamento dado ao tema pela lei criadora da ANATEL é exceção.

Parece claro que, em função de toda a estruturação da disciplina legal dos setores referidos neste artigo, a regulação setorial deve ser levada a efeito tomando-se em conta o objetivo de preservar e manter a livre-concorrência. Isso inclui, por exemplo, a obrigação de não elevação de barreiras à entrada para além do necessário, bem como questões relativas ao acesso equitativo a redes e infraestrutura[18]. Por outro lado, a aplicação das normas de defesa da concorrência não pode ser afastada, nem a competência de seus órgãos, que quando muito é concorrente[19] com órgãos setoriais.

10.7 Intersecção entre regulação setorial e proteção ambiental

Analisada a relação entre regulação setorial e defesa da concorrência, cabe discutir em que medida a relação entre a proteção do meio ambiente e a regulação setorial pode lhe ser comparada. A preocupação ambiental insere-se entre um dos objetivos da regulação setorial? Em caso positivo, trata-se de um dos seus objetivos centrais, a exemplo da implantação e da manutenção da concorrência?

As Leis n. 9.472/97 e 9.427/96, relativas à estrutura do setor de telecomunicações e de energia elétrica, respectivamente, não

[18] Esses exemplos não serão aprofundados neste capítulo por não constituírem o seu objeto.

[19] Utiliza-se aqui o termo "concorrente" por fidelidade à nomenclatura adotada pela literatura descrita. Importante ressaltar que a Constituição Federal denomina de "comum" a competência político-administrativa atribuída a mais de um ente da Federação (art. 23).

fazem referência à proteção ambiental entre seus objetivos. A Lei n. 9.478/97, estruturadora do setor de exploração do petróleo e da política energética, por sua vez, estabelece ser a proteção ao meio ambiente e a conservação da energia um dos objetivos das políticas nacionais para o aproveitamento das fontes de energia[20]. Não existem outros artigos na lei voltados a dotar esse objetivo de maior efetividade, tampouco tratando da distribuição e articulação de competências entre o órgão setorial com as políticas ambientais.

Diferentemente do que ocorre na relação entre regulação e defesa da concorrência, o objetivo da proteção ambiental não se insere no núcleo dos objetivos da regulação setorial.

Está-se diante, assim, de competências consideradas complementares entre os órgãos reguladores e as autoridades ambientais, vale dizer, a esfera de competência da agência setorial consiste no estabelecimento de normas regulamentares voltadas ao exercício da atividade econômica pelos agentes atuantes no setor no sentido da implementação dos seus objetivos regulatórios. No caso da exploração do petróleo, eles incluem a proteção ambiental. Assim, as políticas para as fontes energéticas devem levar em conta aspectos ambientais, mas a aplicação das normas de proteção ambiental permanece a cargo dos órgãos do Sistema Nacional do Meio Ambiente – SISNAMA.

No caso dos setores de telecomunicações e energia elétrica, ainda que a proteção ambiental não seja um dos objetivos da regulação setorial, é necessário que essa observe as normas ambientais. Idealmente, a energia elétrica e as telecomunicações deveriam ser formuladas levando-se em conta questões ambientais, até porque a proteção ao meio ambiente é um dos princípios da Ordem Econômica, estabelecidos pelo art. 170,VI, da Constituição Federal. A observância desse princípio, por meio da transversalidade da polí-

---

[20] Art. 1º, IV.

tica ambiental, já discutida acima, evitaria muitos conflitos, que hoje são judicializados.

Em razão da ausência de um espaço mais relevante para a temática ambiental nas políticas setoriais, em qualquer dos casos acima, verifica-se que a regulação social voltada à proteção ambiental constitui um limite externo à regulação econômica setorial.

Algumas vezes é difícil a harmonização entre elas, resultado de uma sociedade complexa e da assunção de funções e incumbências muito diversas pelo Poder Público. Essa afirmação leva a reflexões no sentido da necessidade de entrada da política ambiental em uma nova etapa: sua intersecção em outras políticas regulatórias como um dos seus objetivos, tal como já discutido em item anterior, ou o seu reforço quando já previsto formalmente em normas setoriais.

A existência de conflitos entre a proteção ambiental e outros objetivos regulatórios, ocorrente quando a política econômica ou setorial desconsidera a problemática ambiental, é frequente. Pode-se pensar nos exemplos dos incentivos à produção do etanol, feita por meio de técnicas não sustentáveis ambientalmente, ou na decisão de implantação de usinas hidrelétricas em locais ambientalmente sensíveis e, finalmente, na definição dos critérios para a instalação de estações de rádio-base para a prestação do serviço de telefonia celular, que será analisada especificamente abaixo.

Cada um dos exemplos acima e outros possíveis conflitos terão contornos diferentes. As normas ambientais podem seguir mais de perto a política setorial, como no caso da produção do etanol, em que a legislação paulista tolera a prática da queima da palha da cana-de-açúcar compondo-se assim ao interesse setorial[21]. Aí o conflito dar-se-á a partir da tentativa de excluir sua aplicação por meio de iniciativas judiciais ou legislativas em outras esferas da

[21] De acordo com a Lei do Estado de São Paulo n. 11.241, de 10 de setembro de 2002, e com o Decreto Estadual n. 47.700, de 11 de março de 2003.

Federação. No caso específico da queima da palha da cana, os municípios paulistas têm tomado a iniciativa de criar leis proibitivas, que são discutidas em Ações Diretas de Inconstitucionalidade no Tribunal de Justiça do Estado.

Pode haver situações de impasse na aplicação de instrumentos da política ambiental a setores regulados, como no caso do licenciamento de usinas de energia elétrica, também resultante em diversas disputas judiciais.

Ou, ainda, o conflito entre objetivos regulatórios pode manifestar-se juridicamente como um conflito de competência entre órgãos e entes da Federação. É o que acontece no caso das estações de rádio-base. A disciplina da sua localização é matéria relativa à saúde e ao meio ambiente, para as quais existe competência legislativa entre Estados, Distrito Federal e União, ou é matéria exclusivamente de telecomunicações, para a qual a competência legislativa é privativa da União? O conflito existente na questão das estações de rádio-base será analisado abaixo.

10.8 Conflitos entre regulação setorial e proteção ambiental: o caso das estações de rádio-base

Um dos temas recentes que vem chamando a atenção da literatura ambientalista é o da poluição eletromagnética. A origem dessa "poluição" são os campos eletromagnéticos gerados pela carga elétrica dos diversos usos da energia elétrica. A rigor, até a iluminação de ambientes e o uso de aparelhos eletrodomésticos geram esses campos. O crescimento da utilização desses aparelhos aumenta a exposição do ser humano aos campos eletromagnéticos podendo interferir na sua saúde[22]. As estações de rádio-base, mais conhe-

---

[22] Para a colocação do problema e definição do conceito de campos eletromagnéticos, cf. BOITEUX, Elza; BOITEUX, Fernando N. **Poluição eletromagnética e meio ambiente**. Porto Alegre: Sergio Antonio Fabris Editor, 2008, p. 29-36.

cidas como torres de celular, emitem ondas eletromagnéticas, do tipo não ionizante, em maior intensidade, representando, assim, uma atividade com potencial de gerar danos ainda não avaliados à saúde.

A situação das estações de rádio-base – de potencial causador de danos à saúde e ao meio ambiente – não é incomum na era de grandes mudanças e invenções tecnológicas que se vive hoje. De fato, para algumas atividades, substâncias ou processos de produção não existe certeza científica sobre a existência de potencial danoso e sobre a sua extensão. Além das estações de rádio-base, atividades como o plantio de transgênicos representam exemplos dessa situação.

Para lidar com a questão, o direito ambiental desenvolveu um princípio bastante importante, que é o da "precaução". Esse princípio foi definido na Declaração do Rio de Janeiro de 1992, cujo Princípio 15 determina que "quando houver ameaça a danos sérios e irreversíveis, a ausência de absoluta certeza científica não deverá ser utilizada para postergar medidas de prevenção da degradação ambiental". A abordagem precaucionária representa, no contexto dos problemas ambientais atuais, uma importante estratégia para se evitar danos mais deletérios ao meio ambiente e à própria vida humana.

A preocupação com a proliferação das torres de celular levou o Poder Legislativo de alguns Estados a criar normas que disciplinem a sua localização. As Leis n. 10.995, de 21 de dezembro de 2001, editada pelo Estado de São Paulo, e 3.446 de 23 de setembro de 2004, do Distrito Federal, são ilustrativas dessa atuação estadual.

A lei paulista estabelece limites máximos de densidade de potência total, vale dizer, da soma da radiação preexistente com a da radiação adicional emitida pela nova antena. Cria também regras sobre a localização das estações de rádio-base, principalmente estabelecendo distância mínima entre a divisa do imóvel onde estiver instalada e o ponto de emissão da radiação da antena (de 30 metros), e entre a base de sustentação da antena e divisa do local onde estiver instalada (de 15 metros). A fiscalização do cumprimento é de competência da Secretaria da Saúde.

A ANATEL, por sua vez, editou, em julho de 2002, a Resolução n. 303, estabelecendo disciplina sobre os limites de exposição aos campos magnéticos criados pelas estações de rádio-base, mas não exatamente os limites para a sua localização. A aplicação dos critérios técnicos da legislação, porém, pode possibilitar localizações das estações a distâncias menores do que aquelas definidas nas leis estaduais.

A lei paulista embasou a criação de ações diretas de inconstitucionalidade. A primeira, ADI n. 2.902, foi movida em 2003 pela Associação Brasileira das Prestadoras de Serviços de Telecomunicações Competitivas – TELCOMP, tendo a Associação Nacional de Operadores Celulares – ACEL, posteriormente, ingressado no polo ativo da ação. Em 2004, o Procurador-Geral da República ajuizou a ADI n. 3.110, que teve o ingresso como *amicus curiae* da Associação Brasileira de Defesa dos Usuários Intranquilos de Telecomunicações Celulares – ABRADECEL e da Associação Brasileira das Prestadoras de Serviços de Telecomunicações Competitivas – TELCOMP respectivamente nos polos passivo e ativo.

Embora essas ações ainda não tenham sido julgadas, os argumentos utilizados pelos dois lados demonstram bem o tipo de conflituosidade entre o ordenamento setorial e o de aplicação geral, voltado à proteção ambiental e da saúde.

Assim, a petição inicial da ADI n. 3.110 afirma que a Lei estadual 10.995 contraria o art. 22, IV, da Constituição da República, que estabelece a competência da União para legislar privativamente sobre telecomunicações. Esse núcleo – telecomunicações – não constituiria "um objeto partilhável em sede legislativa, entre a União Federal e os Estados-membros". Alega, também, que a União Federal teria editado a Lei Federal 9.472, de 16 de julho de 1997, para o exercício da competência constitucional atribuída no art. 22, IV. Essa lei atribui à Agência Nacional de Telecomunicações

– ANATEL competência para expedir normas e padrões a ser cumpridos pelos prestadores de serviços de telecomunicações quanto aos equipamentos que utilizarem e para expedir normas e padrões que assegurassem a compatibilidade, a operação integrada e a interconexão entre redes. Afirma, ainda, que a produção de efeitos pela norma impugnada traria dificuldades na fiscalização da execução das transmissões, bem como a não padronização das redes de telecomunicações, afetando a prestação do serviço.

Os argumentos favoráveis à lei estadual foram apresentados de forma sistemática no Parecer da Advocacia-Geral da União na ADI n. 2.902 e centram-se em duas afirmações principais. A primeira é o fato de que os comandos da lei estadual têm a finalidade de proteger a saúde da população do Estado de São Paulo, diante dos "efeitos funestos" provocados pela radiação não ionizante das estações de rádio-base. Nesse sentido, "o valor jurídico protegido pela norma denota que não se trata de legislação acerca de telecomunicações, e sim de saúde pública". Em decorrência desse argumento, a segunda afirmação é que, considerando a inexistência de lei federal sobre o tema da localização das estações de rádio-base, opera-se a competência legislativa plena, nos termos do art. 24, § 3º, da Constituição. A regulamentação criada pela ANATEL não possui natureza de lei federal e não pode, portanto, inovar o ordenamento jurídico. Por essa razão, a própria Resolução da ANATEL representa invasão da competência da União para legislar sobre telecomunicações ao regular matéria sobre a emissão de radiação não ionizante.

Conforme já apontado, as ações não foram julgadas ainda, não sendo possível, portanto, uma análise da posição do Supremo Tribunal Federal sobre a questão.

Deve-se observar, porém, que a existência dessas leis e das ações diretas de inconstitucionalidade relacionadas motiva outros conflitos que acabam judicializados. Isso porque a legislação estadual continua em vigor apesar da existência da ação, mas há o interesse de operadoras de telefonia celular na sua não aplicação. Esse problema resulta em ações perante a Justiça do Estados, como foi o caso da Apelação n. 621.509-5/0-00, julgada pelo Tribunal de Justiça do Estado de São Paulo em 31 de julho de 2007, tendo como partes o Ministério Público e a empresa Tim Celulares. Tratava-se de ação civil pública movida pelo primeiro determinando à última a remoção de estação de rádio-base para local que atendesse as distâncias mínimas determinadas pela Lei Estadual n. 10.995, de 2001, no Município de Cerqueira César. O argumento da ré no sentido de que a lei seria inconstitucional não foi acatado, pois se entendeu que tal lei goza de presunção de legalidade até o julgamento final da ação direta de inconstitucionalidade. A decisão fundamentou-se também na aplicação do princípio da precaução apontando que o Brasil havia se comprometido com este quando da assinatura da Declaração do Rio de Janeiro em 1992.

A localização de estações de rádio-base deve ainda atender as posturas urbanísticas municipais, questão que é menos controvertida, mas estabelece competência a mais um ente federativo para legislar sobre o tema, acarretando a possibilidade de outros conflitos pontuais.

O caso das estações de rádio-base é ilustrativo da tendência de os conflitos entre o objetivo da proteção ambiental e outros objetivos regulatórios setoriais tenderem a traduzir-se em conflitos de competência. Isso porque a interpretação da pertinência de um determinado tema à questão ambiental ou não determinará a competência dos entes federativos para legislar. Nesse sentido, os setores mais tipicamente regulados – telecomunicações, energia elétrica e petróleo – são todos submetidos à competência legislativa privativa da União. No entanto, como foi discutido acima, não é essa a única forma de tradução desses conflitos, que podem se manifestar no detalhamento da aplicação das normas ambientais a aspectos da atividade reguladora (licenciamento de usinas geradoras de energia elétrica e regulamentação da prática da queima da cana-de-açúcar, por exemplo).

10.9 Conclusões

A relação entre regulação e proteção ambiental caracteriza-se como a relação entre ordenamentos setoriais e ordenamentos de aplicação geral, que se voltam a todos os setores da economia. Há outros exemplos de intersecções desse tipo. O mais conhecido – e estudado – se dá entre a regulação setorial e as normas de defesa da concorrência. Por essa razão, este trabalho analisou as opções oferecidas para as legislações lidarem com essa relação de modo a harmonizar os dois grupos de normas e evitar conflitos entre autoridades competentes.

No entanto, o paralelo da relação entre regulação setorial e proteção do meio ambiente como a que se dá no caso da proteção à concorrência tem limitações. Isso porque a inserção e manutenção da concorrência nos setores regulados é um dos objetivos nucleares da regulação setorial concebida nos dias de hoje. O mesmo não ocorre com a proteção ambiental. Com efeito, ainda que essa última tenha alcançado grande importância na legislação – inclusive constitucional –, não compõe o núcleo dos objetivos das políticas setoriais. Por esse motivo, ainda quando existe referência à proteção do meio ambiente nas normas que estabelecem as diretrizes aos setores, a formulação das normas setoriais não se dá no sentido da sua efetivação.

O paralelo elaborado com a proteção à concorrência apontou que, no ordenamento brasileiro, não há isenção das normas de defesa da concorrência, havendo contextos nos quais a competência é concorrente – apuração de práticas lesivas à concorrência que podem ser levadas adiante tanto pelos órgãos de defesa da concorrência quanto pelo órgão setorial – e outros nos quais há competências complementares.

No caso da proteção ambiental, muito mais clara se torna a conclusão de que a relação é de competência complementar. Assim, a aplicação das normas ambientais incumbe aos órgãos do SISNAMA e não às agências reguladoras. Esse fato não impede, porém, que objetivos ambientais venham a ser mais profundamente inseridos na regulação setorial. Ao contrário, isso é extremamente desejável a fim de se garantir a efetividade da proteção ambiental, que deve tornar-se transversal às demais políticas.

A transversalidade da política poderia reduzir os conflitos, hoje existentes, entre objetivos e medidas das políticas setoriais e os da política ambiental, que muitas vezes resultam em discussões judiciais e na paralisia de ambas as políticas.

Apontou-se que os conflitos entre políticas setoriais e ambientais podem ter contornos diferentes. Às vezes, as normas ambientais podem seguir mais de perto a política setorial, a exemplo da produção do etanol. Pode também haver situações de impasse na aplicação de instrumentos da política ambiental a setores regulados, como no licenciamento de usinas de energia elétrica.

Porém, em se tratando de setores regulados, o conflito entre os objetivos regulatórios com frequência manifesta-se juridicamente como um conflito de competência entre órgãos e entes da Federação. É o que acontece no caso das estações de rádio-base, apresentado como caso ilustrativo da discussão. Nele se discute, sem que haja ainda posicionamento do Supremo Tribunal Federal, se a localização de estações de rádio-base é uma questão relativa à saúde humana ou exclusivamente um tema de telecomunicações.

REFERÊNCIAS

BOITEUX, Elza; BOITEUX, Fernando N. **Poluição eletromagnética e meio ambiente**. Porto Alegre: Sergio Antonio Fabris Editor, 2008.

MARQUES, Floriano A. A nova regulação estatal e as agências independentes. *In*: SUNDFELD, Carlos Ari. **Direito administrativo econômico**. São Paulo: Malheiros, 2000.

MATTOS, Paulo Todescan L. Regulamentação econômica e democracia: contexto e perspectivas na compreensão das agências de regulação no Brasil. *In*: FARIA, José Eduardo. **Regulação, direito e democracia**. São Paulo: Fundação Perseu Abramo, 2002.

MOREIRA, Vital. **Autorregulação profissional e administração pública**. Coimbra: Almedina, 1997.

NUSDEO, Ana Maria de O. Agências reguladoras e concorrência. *In*: SUNDFELD, Carlos Ari. **Direito administrativo econômico**. São Paulo: Malheiros, 2000.

______. El papel de los mercados y de los derechos de propiedad en la protección ambiental. *In*: GARCIA, Helena A.; BERGALHO, Paola. **Derecho y propiedad**. Buenos Aires: Librería Ediciones, 2008.

______. Uso de instrumentos econômicos nas políticas ambientais. **Revista da Faculdade de Direito da Universidade de São Paulo**, São Paulo, p. 357-379, 2006.

OGUS, Anthony. **Regulation**: legal form and economic theory. Oxford: Hart Publishing, 2004.

OLIVEIRA, Gesner; RODAS, João G. **Direito e economia da concorrência**. Rio de Janeiro: Renovar, 2004.

PINHEIRO, Armando Castelar; GIAMBIAGI, Fábio. Os antecedentes macroeconômicos e a estrutura institucional da privatização no Brasil. *In*: PINHEIRO, Armando Castelar; FUKASAKU, Kiichiro. **A privatização no Brasil. O caso dos serviços de utilidade pública**. Disponível em: <www.bndes.gov.br/conhecimento/OCDE/ocde01.pdf>. Acessado em: 15 fev. 2009.

SILVA-SANCHEZ, Solange S. **Cidadania ambiental**: novos direitos no Brasil. São Paulo: Humanitas; Annablume, 2000.

11 POLÍTICA INDUSTRIAL, DIREITO E DESENVOLVIMENTO: RAZÕES ECONÔMICAS, EXPERIÊNCIAS INSTITUCIONAIS E RACIONALIDADES REGULATÓRIAS

Mario Gomes Schapiro

Coordenador e professor do programa de educação continuada e especialização em Direito GVlaw; professor da Escola de Direito de São Paulo da Fundação Getulio Vargas – DIREITO GV; mestre e doutor em Direito Econômico pela Faculdade de Direito da Universidade de São Paulo – USP.

11.1 Introdução

O final dos anos 1990 e o início dos anos 2000 demarcam uma espécie de eclipse teórico das abordagens neoutilitaristas, hegemônicas desde os anos 1980 nos mais importantes centros de pesquisa. O ceticismo quanto ao papel do Estado na regulação dos processos econômicos e a resignação quanto à prevalência das falhas de governo sobre as falhas de mercado parecem contar com menos apreço teórico do que há, não mais que, dez anos. Temas atinentes ao desenvolvimento econômico, ao papel das políticas públicas e às ferramentas de intervenção estatal, relegados a um segundo plano até há pouco, têm contado novamente com o interesse de pesquisadores em campos diversos, como a economia política e a sociologia econômica. Em parte, o renascimento deste interesse deve-se a novas experiências institucionais e à reconfiguração da intervenção do Estado na economia, o que tem ensejado tanto pesquisas aplicadas como proposições teóricas. Um desses campos em franco processo de redescoberta é a política industrial.

Tema comum na agenda de pesquisadores e formuladores de política no contexto desenvolvimentista, a política industrial havia sido descartada nos anos 1980 e 1990, tanto nos circuitos universitários como nos programas de governo. Com a volta do pêndulo, todavia, tem se descortinado novamente este campo de interesse. Economistas e cientistas sociais bem posicionados em influentes universidades, como, por exemplo, Dani Rodrik e Ricardo Hausmann, na Escola de Governo de Harvard, Ha Joon Chang, na Faculdade de Economia de Cambridge ou Charles Sabel, na Escola de Direito da Columbia, têm se voltado novamente ao tema da política industrial. Nessa empreitada, são acompanhados pelo renovado interesse de governos nacionais em implementar medidas de apoio ao setor produtivo, como é o caso do Brasil, da Irlanda e também da África do Sul.

Apesar desse renascimento, este tema que, volta e meia, desperta a atenção de observadores da relação entre Estado e desenvolvimento, continua sendo pouco explorado no âmbito da pesquisa em direito. Usualmente, juristas consideram os temas de política industrial como afeitos ao campo de interesse dos economistas e rejeitam assim qualquer papel nesta seara. Trata-se, no entanto, de um equívoco, motivado possivelmente pela carência de um referencial analítico capaz de oferecer uma lente apropriada de observação deste fenômeno. Nenhuma outra razão justificaria este afastamento, na medida em que os fatos sociais não pertencem a campos de pesquisa predeterminados. Compete, isso sim, a cada disciplina construir o seu ponto de observação, a partir do qual

procura compreender os atributos que lhe são pertinentes. Com a política industrial não é diferente: a depender de quem investiga e do que observa, pode tratar-se de um assunto relativo a economistas, sociólogos e também a pesquisadores de direito.

Partindo desse pressuposto e reconhecendo que se trata de um tema novamente relevante, este trabalho procurará contribuir para a construção de um ponto de observação da política industrial no âmbito da teoria do direito. Para tanto, este artigo deve enfrentar duas tarefas simultâneas: (i) em primeiro lugar, será necessário identificar a lente de observação do direito, isto é, identificar com qual aparato conceitual a teoria do direito pode reconhecer e processar as medidas de política industrial; e (ii) em segundo lugar, uma vez situado este ponto de observação, este trabalho procurará estabelecer um referencial analítico capaz de compreender as diferentes experiências institucionais de política industrial. Essa segunda tarefa importa porque há diferentes formatos e propósitos de política industrial.

Como, no entanto, este campo tem sido um objeto de estudo mais recorrente entre os economistas, é natural que as ideias e noções econômicas a respeito detenham maior refinamento analítico e conceitual. Reconhecendo este ponto, este artigo, antes de procurar a interlocução no terreno do direito, apresenta a abordagem que a economia faz da política industrial. É a partir daí que se pretende construir um ponto de observação no direito.

Acredita-se que o início deste diálogo pode ter um duplo ganho. De um lado, pode colaborar para aproximar os juristas desta pauta de pesquisa, resgatando-os da condição adjetiva que assumiram nos debates concernentes aos desenhos institucionais e às estratégias de desenvolvimento. De outro, pode permitir uma compreensão mais abrangente deste mecanismo de ação pública, representando assim um ganho analítico no tratamento dos temas de política industrial. Notadamente, a teoria e a sociologia do direito, ao mobilizarem recursos conceituais relativos a *tipos de Estado*, *racionalidades regulatórias*, *desenhos institucionais*, *tipos de ferramentas jurídicas* e *mecanismos de monitoramento e de controle do uso do poder político* (*accountability*), podem incrementar este campo de pesquisa.

Na construção deste diálogo, este trabalho não tem a pretensão de ir tão longe, o que lhe exigiria a capacidade de discutir, em detalhe, os arranjos e as ferramentas mais adequados a cada medida de política ou os meios mais eficazes de controle da discricionariedade administrativa. Seu propósito é mais modesto, mas não menos importante: pretende estabelecer um primeiro contato da política industrial com as categorias do direito. Para tanto, está dividido em outras cinco seções. A próxima seção (seção 2) apresenta uma noção geral de como a economia tem entendido a política industrial. Em seguida, na seção 3, procurará descrever dois estilos de política, configurados em experiências institucionais: a política industrial desenvolvimentista, típica do período compreendido entre 1950 e 1980, e a política neosschumpeteriana, presente nas experiências mais recentes. A quarta seção procura, então, constituir a tal lente de observação no direito e para isso é motivada pela seguinte pergunta guia: *como a teoria do direito compreende a política industrial?* Ultrapassada essa questão, a quinta parte do artigo procura reconstruir as experiências institucionais de política industrial no território da teoria do direito. A última seção apresenta uma conclusão.

11.2 Retornos privados *vs.* benefícios públicos: as razões econômicas da política industrial

A política industrial pode ser entendida de forma estipulativa, para os propósitos deste trabalho, como uma política pública empreendida pelos governos nacionais com o propósito de favorecer o setor produtivo. Em regra, costuma combinar medidas de fomento e disposições regulatórias dirigidas a alterar a alocação dos recursos industriais, influenciando, com isso, a estrutura e o desempenho desse setor (FERRAZ; PAULA; KUPFER, 2002, p. 545). Trata-se, assim, de uma política dirigida imediatamente ao fomento do setor produtivo e mediatamente ao fortalecimento da competitividade nacional, motivada pela percepção de que os agentes privados podem ser carentes de um impulso governamental para empreenderem determinadas atividades industriais, que se mostram, no entanto, estratégicas para uma dada economia. Em última análise, como se procurará descrever a seguir, a formulação de uma política industrial assume que determinados objetivos sociais e econômicos podem não ser alcançados se submetidos apenas à lógica concorrencial de mercado[1].

---

[1] A esse respeito, Robert Ozaki assinala que uma política industrial parte da premissa de que o mercado concorrencial pode não ser um bom coordenador da alocação de recursos, no que tange à transformação industrial de longo prazo. Para empreender um processo de desenvolvimento industrial, a coordenação pública pode ser um requisito necessário: "while the market is efficient in allocating resources in the short run, it is not necessarily reliable in anticipating and solving

No que toca às razões econômicas, a literatura costuma reconhecer que a concepção de uma política industrial parte, em regra, de dois pressupostos conceituais: (i) o setor industrial importa para o conjunto das atividades econômicas de um determinado país; e (ii) este setor pode apresentar uma dissociação entre as expectativas de rentabilidade privada e os seus potenciais benefícios públicos. Em outros termos, podem existir, no segmento industrial, assimetrias na estrutura de incentivos, de tal forma que alguns investimentos significativos para um dado universo econômico podem não atrair o interesse de agentes econômicos privados – um fato que é tanto mais grave dada a relevância deste segmento econômico. É em razão de ambos os fatores que os mais diversos governos nacionais, seja em países desenvolvidos, seja naqueles em desenvolvimento, têm se dedicado a confeccionar, periodicamente, políticas públicas voltadas a fortalecer a competitividade dos seus setores industriais.

A relevância do setor industrial, argumenta Ha Joon Chang (2003, p. 108 e 109), está associada à sua capacidade de gerar riquezas nacionais. O produto industrial, em comparação com os produtos primários, detêm um maior valor agregado, o que representa a possibilidade de uma maior rentabilidade nas transações comerciais. Da mesma forma, se comparado com o setor de serviços, o setor industrial apresenta-se igualmente como um segmento relevante: enquanto boa parte dos serviços são não comercializáveis (*non-tradables*), como é o caso dos serviços governamentais, ou dos serviços de assistência, os produtos industriais são em si manufatu-

long-term economic problems, especially those problems that have national (as against industry specific) implications. Industrial policy is a supplement to the market, a way of accelerating industry's structural change necessary for economic growth" (OZAKI, Robert. How Japanese Industrial Policy Works. *In*: JOHNSON, Chalmers. **The Industrial Policy Debate**. California, ICS Press, 1984, p. 67-68).

rados para a troca comercial. Com isso, do ponto de vista de uma economia nacional, a capacidade da produção industrial é um componente bastante relevante, principalmente em razão dos seus potenciais efeitos (negativos ou positivos) sobre a balança de pagamentos (CHANG, 2003, p. 108 e 109). Além disso, a atividade industrial, em relação aos setores agrário e de serviços, costuma contar com uma maior produtividade, o que significa dizer que se trata de empreendimentos produtores de uma maior riqueza relativa. Com isso, o nível de sua atividade é, ainda hoje, um elemento relevante para o patamar agregado de renda de uma economia nacional.

Apesar desta relevância, o setor industrial ressente-se de uma falha de mercado aguda, que pode comprometer a sua viabilidade econômica e, consequentemente, gerar efeitos negativos para o universo da economia nacional. A falha deste mercado reside no fato de que nem sempre os agentes econômicos têm um interesse particular em prover os empreendimentos que, todavia, são necessários para uma economia industrial. A razão para tanto reside em algumas de suas características estruturais, tais como: o longo prazo de maturação de seus investimentos, a incerteza quanto aos seus resultados e o grau de interdependência existente entre os diversos investimentos – o que amplifica a percepção de risco dos agentes individuais. Em cenários como este, os atores privados, se não amparados por medidas públicas, podem não encontrar os incentivos corretos para as suas decisões de investimento, o que tende a gerar uma alocação de recursos inadequada, isto é, subótima em alguns ramos de atividade. Como, no entanto, as atividades industriais geram efeitos para muito além do alcance das suas próprias transações, a insuficiência de investimento em alguns de seus segmentos pode penalizar o universo do ambiente econômico. O contrário pode ser igualmente verdadeiro: dada a capacidade de gerar efeitos externos, os investimentos industriais, quando bem-sucedidos, podem gerar impactos positivos para os demais ramos de atividade.

Este problema é tratado pela literatura especializada como um problema de externalidade: as transações e as decisões privadas provocam efeitos que ultrapassam o espaço de atuação dos agentes envolvidos. No segmento industrial, em particular, a presença de externalidades é o que pode provocar esta dissociação entre as expectativas privadas de rentabilidade e os benefícios sociais resultantes dos empreendimentos. Em virtude da existência de problemas de incentivo neste mercado (provocados pela incerteza e pelos problemas de coordenação, por exemplo), os empreendedores podem considerar desinteressante empreender determinado investimento industrial, o que, entretanto, pode gerar resultados externos, impactando, por exemplo, o incremento de riqueza de uma dada economia nacional.

A externalidade de que se ressente o segmento industrial é uma falha de mercado, porque em um ambiente concorrencial perfeito, não se cogitaria de efeitos externos das transações. Supostamente, em um mercado concorrencial perfeito não se verifica esta dissociação entre os interesses da coletividade e as razões econômicas dos empreendedores: o que motiva a realização de atividades econômicas é a possibilidade de remuneração do agente empreendedor e a persecução desta remuneração tende a ser, por si só, um atrativo suficiente para o desempenho de um volume diversificado de atividades. Em última instância, o conjunto de atividades socialmente relevantes é composto pelo universo das atividades efetivamente empreendidas. Como as decisões econômicas têm como base o sistema de preços, que traduz para os agentes as oportunidades de resultados favoráveis, o desfecho deste processo randômico de mercado tende a produzir uma economia em equilíbrio, com um nível ótimo de oferta e de demanda.

No mundo real, todavia, nem todas as atividades que importam para o ambiente econômico despertam um interesse imediato dos agentes. Por tal razão, pode ser de interesse da coletividade adotar políticas públicas regulatórias que, ao garantirem uma socialização dos riscos inerentes às atividades industriais, articulem incentivos voltados a estabelecer uma compatibilidade entre as expectativas de rentabilidade dos agentes privados e o interesse público nacional em deter uma bem-sucedida plataforma industrial. Como salienta a seguinte passagem de Chang, a socialização de riscos, por meio de medidas político-institucionais, tem sido um marco importante para o empreendimento de diversas atividades capitalistas, que são, a um só tempo, de interesse de seus proprietários e dos demais agentes econômicos (produtores ou consumidores) de uma economia nacional:

> The crucial theme emerging from our discussion in this section is that of the "socialization of risk", whereby risks involved in economic changes are borne by society rather than by individuals. In the models in the orthodox tradition, where individuals make decision in an atomized fashion, risks involved in changes are necessarily borne by the individuals. To those who subscribe to this view, the socialization of risk opens doors to the moral hazard of excessive risk-taking by those individuals whose risks are borne by society. However in the real world many changes involve interdependent decisions. If the risks involved in these situations have to be solely borne by the individuals, necessary changes may not come about. The socialization of risk through state intervention is a means of promoting changes that involve interdependence. Contrary to what is implicitly assumed in mainstream economics, the capitalist economy has developed on the basis of the growing socialization of risk (CHANG, 2003, p. 136).

Entre outros, podem-se cogitar dois tipos de motivos principais para este descasamento entre as expectativas privadas e os benefícios públicos, que acaba por justificar a definição de medidas de política industrial: (i) a falha do sistema de preços em comunicar aos empreendedores as oportunidades de negócios e (ii) os custos de coordenação existentes nos empreendimentos industriais (RODRIK, 2007, p. 99-152). Todos estes problemas, assim como eventuais outros, são descritos pela literatura como possíveis fatores de desincentivos para os investimentos privados que, se não mitigados por meio de ações reguladoras de política pública, podem induzir o conjunto da economia a um patamar inferior de rentabilidade e de crescimento. Ambos os fatores são debatidos em um trabalho recente do economista Dani Rodrik (2007, p. 99-152) sobre as possíveis justificativas das políticas industriais. Para o autor, a intervenção estatal nesse campo deve se voltar justamente ao tratamento dos problemas de *informação* (problemas decorrentes do sistema de preços) e de *coordenação dos investimentos interdependentes*. Este último problema, aliás, já havia sido debatido por Chang (2003, p. 105-155) como uma das tarefas reservadas à política industrial.

O problema de informação, segundo Rodrik, está associado ao processo de desbravamento e descoberta de novos ramos de produção. A criação de uma nova fronteira industrial pressupõe um elevado componente de risco para o empreendedor, talvez até de incerteza. Por se tratar de um processo de experimentação, boa parte das variáveis econômicas, que balizariam uma decisão racional, não está presente. A estrutura de custos pode não ser perfeitamente conhecida e as margens de retorno podem ser meramente especulativas. Além disso, a adequação do meio tecnológico pode ainda se ressentir de um teste de consistência, só realizável, por sua vez, no momento da produção, já que, em alguma medida, boa parte deste conhecimento advém da própria experiência – o chamado *learning by doing* (DOSI, 1988, p. 221-238).

A questão a ser enfrentada em situações como essa é o fato de que a comunicação dos sinais de mercado, que normalmente baliza as decisões privadas, pode não traduzir adequadamente o potencial de ganho envolvido com a constituição de um novo segmento econômico. Os sinais de mercado podem ser bons comunicadores de oportunidades para aqueles negócios já existentes, em que os preços correntes podem informar os agentes a respeito de eventuais benefícios a ser alcançados em determinados setores de atividade. No entanto, esta comunicação tende a ser falha para aqueles setores econômicos ainda não estabelecidos em uma dada economia, cuja estrutura de custos e as possibilidades associadas de rentabilidade podem não ser conhecidas *a priori*. Nesses casos, se o agente econômico ficar apenas adstrito a avaliações privadas de tipo risco/retorno, a partir do quadro econômico estabelecido, pode optar por não correr os riscos da abertura de um novo nicho de mercado, desconsiderando, assim, a rica opção de uma descoberta empresarial (RODRIK, 2007, p. 99-152). Esta perda potencial, por sua vez, motivada pela incerteza, não só significa um prejuízo para este agente econômico como também representa uma perda social – o conjunto da economia pode ter perdido uma oportunidade de constituição de um novo espaço de produção e comercialização. O ponto assumido pela noção de política industrial é que é tão racional o comportamento privado de subalocação diante da incerteza quanto a definição de medidas públicas para mitigar essa falha de mercado[2].

De modo semelhante, o segmento industrial enfrenta também um outro problema estrutural que, ao lado da falha de informação, contribui para a, mencionada, dissociação entre os retornos privados e os benefícios públicos. Trata-se da questão de coordenação dos investimentos interdependentes (RODRIK, 2007, p. 99-152). Uma atividade produtiva para ser bem-sucedida demanda, muitas vezes, a realização de outros empreendimentos complementares, em outros setores econômicos. O êxito de uma indústria requer, portanto, a realização de investimentos associados, que importam para a sua atividade. Este é o caso das obras de infraestrutura, que são decisivas para os demais setores industriais. A construção de uma estrada ou de um porto, por exemplo, é um empreendimento

[2] Os limites do sistema de preços em situações como essa, identificadas por Rodrik (2007) como problemas de informação, são tratados também por Baptista (1997), em um trabalho igualmente voltado a discutir os motivos e possíveis finalidades das políticas industriais.

que gera efeitos relevantes para todas as indústrias, em especial para aquelas movidas por uma estratégia exportadora ou que dependem das importações para formar o seu estoque de insumos. Nesta linha, Chang (2003, p. 105-155) cita o caso de empresas tendentes a realizar os seus empreendimentos no setor de computação – a tomada desta decisão depende da certeza de realização de outros empreendimentos associados, como a construção de uma fábrica de semicondutores (insumo essencial para computadores).

Exemplos como esse revelam que o setor industrial pode ser carente de soluções para o problema de coordenação dos investimentos. Essa percepção, aliás, é facilmente visualizada, se se tiver em conta que a atividade industrial é organizada em cadeias de complementaridade, compostas, ao menos, por fornecedores e distribuidores, cujos planos de crescimento/retração implicam-se mutuamente.

É verdade que, em alguma medida, tais problemas podem ser resolvidos no âmbito privado, por meio da estipulação de mecanismos de governança já bastante conhecidos pela literatura neoinstitucionalista, tais como: os contratos simples (para os negócios simples), os contratos relacionais (quando os negócios envolvem ativos específicos) ou as sociedades empresariais (ou hierarquias, quando as transações são ultraespecíficas) (WILLIAMSON, 1985, p. 68-84). No entanto, em muitas outras situações, em virtude dos custos elevados, da incerteza, da assimetria de informações entre os agentes e da elevada especificidade dos ativos, sem um aparato coordenador do Estado, que garanta credibilidade e amparo para as decisões privadas, os meios de governança estabelecidos pelas partes podem não ser suficientes.

Em tais situações, a configuração de medidas públicas pode garantir entendimentos privados em patamares mais eficazes (CHANG, 2003, p. 105-155). A política industrial nesse sentido é um instrumento de coordenação que dá garantias aos agentes interdependentes e assim permite a viabilização de negócios complementares. O quadro abaixo sintetiza os pressupostos, as razões e os objetivos da política industrial.

Pressupostos da política industrial	**Razões das externalidades no segmento industrial**		**Objetivos da política industrial**
Existência de externalidades: dissociação entre ganhos públicos e rentabilidade privada.	Assimetrias de informação e conhecimento não solucionadas pelo sistema de preços.	Problemas de coordenação dos investimentos simultâneos.	Alteração nos sinais de mercado e estipulação de arranjos de coordenação dos investimentos interdependentes.

Quadro 1. Pressupostos, razões e objetivos da política industrial (elaboração própria).

Para Dani Rodrik (2007, p. 99-152), a presença de ambos os problemas do segmento industrial (assimetrias de informação quanto à rentabilidade e custos de coordenação dos investimentos) é particularmente relevante nas economias em desenvolvimento, que contam com um menor teor de diversificação e com uma necessidade permanente de abertura de novos campos de especialização econômica. Segundo sugere o autor, a superação do subdesenvolvimento pressupõe a constituição de novos setores econômicos, ou seja, de novas especialidades produtivas, até então inexistentes nestas economias – o que é identificado como um processo de diversificação.

Neste processo, contudo, é que se estabelecem ambos os problemas acima descritos. De um lado, a percepção dos investimentos portadores de maior rentabilidade pode residir naqueles segmentos já consolidados e não naqueles que importam para o fomento de um novo modelo de especialização econômica: uma avaliação privada custo/benefício pode indicar vantagens nos investimentos agrícolas, não obstante o ganho público envolvido na criação da plataforma industrial. De outro lado, estes investimentos demandam, também, a realização de empreendimentos interdependentes, cujo êxito reclama uma articulação institucional conduzida por meio de políticas públicas. Com isso, a estrutura de incentivos, se baseada apenas nos sinais de mercado, pode não ser favorável a uma transformação econômica, conduzindo as economias em desenvolvimento a não empreenderem uma diversificação de sua estrutura produtiva.

Por tais razões, o tratamento destes problemas reclama, com ainda mais vigor nos países em desenvolvimento, a adoção de medidas de socialização de riscos. Estabelecidas na forma de políticas industriais, tais ações são destinadas a amparar publicamente aqueles empreendedores cujos investimentos são portadores de significativas externalidades positivas. Para tanto, costumam contar, entre outros, com a concessão de recursos públicos, na forma de créditos subsidiados ou de isenções fiscais, que, ao alterarem a precificação do custo do capital, procuram garantir incentivos à realização de negócios industriais – compensando, assim, os ruídos de comunicação provocados pelos sinais de mercado. De forma semelhante, a seleção de setores em documentos de planejamento econômico, a criação de empresas estatais e o estabelecimento de agências executivas ou de câmaras setoriais podem ser meios institucionais de coordenação dos investimentos industriais – procurando transmitir aos agentes privados garantias que não são obtidas por meio dos laços privados de governança.

A composição desses instrumentos e o desenho específico das soluções regulatórias são, por sua vez, variáveis. Ajustam-se às particularidades dos diversos contextos histórico-econômicos. Como se procurará argumentar na próxima seção, a partir da identificação dos pressupostos, razões e objetivos genéricos que informam a agenda de uma política industrial, podem se reconhecer diferentes estratégias e experiências institucionais para o equacionamento dos problemas apresentados pelos segmentos industriais dos países, notadamente por aqueles em desenvolvimento.

11.3 As diferentes estratégias e experiências institucionais de política industrial

Para além dessa chave-geral, assentada na identificação da dissociação entre ganhos privados e benefícios públicos como motivo para confecção de uma política industrial, a literatura especializada e as experiências institucionais costumam identificar diferentes estratégias e propósitos no tratamento das falhas do setor produtivo. No âmbito da literatura, Chalmers Johnson[3] concebe a política industrial de forma um pouco abrangente, como um terceiro componente das políticas econômicas (ao lado das políticas fiscal e monetária). Nesta acepção, as medidas de favorecimento ao setor produtivo compreendem uma intervenção também macroeconômica, isto é, voltada a administrar as variáveis econômicas agregadas (como a taxa de juros ou o valor do câmbio) em favor da atividade industrial. Trabalhos como os de Ha Joon Chang[4], por sua vez, preferem descrevê-la de modo específico – como uma intervenção microeconômica, ou seja, dirigida a promover eficiência nas unidades ou setores selecionados. Nesta acepção, os seus mecanismos são restritos às atividades do setor industrial, isto é, não

[3] Sobre a noção de política industrial, assinala Johnson: "a summary term for the activities of governments that are intended to develop or retrench various industries in a national economy in order to maintain global competitiveness. As a set of policies, industrial policy is the complement, the third side of the economic triangle, to a government's monetary policies (money supply, attitude toward inflation, cost of capital, interest rates, exchange rates) and fiscal policies (government spending, public investment, tax burden)" (JOHNSON, 1984, p. 7).

[4] De acordo com Chang, "we propose to define industrial policy as a policy aimed at particular industries (and firms as their components) to achieve the outcomes that are perceived by the state to be efficient for the economy as whole. This definition is close to what is usually called 'selective industrial policy'" (CHANG, 2003, p. 112).

incluem a administração dos agregados econômicos e focalizam a coordenação das atividades produtivas.

Dialogando em parte com essas abordagens, João Carlos Ferraz, Germano Mendes de Paula e David Kupfer (2002, p. 545-567) apresentam uma outra tipologia para as diferentes noções de política industrial: (i) a política industrial desenvolvimentista e (ii) a política industrial com foco na inovação[5]. Cada um destes tipos está associado a diferentes estratégias de intervenção e a formas distintas de relação entre Estado e mercado.

Na política industrial de corte desenvolvimentista, o Estado é tomado como uma alavanca do desenvolvimento, o que pressupõe uma participação expressiva do Poder Público como estimulador da acumulação econômica industrial. Nesta ótica, a missão da política industrial é mitigar as falhas econômicas e assim conduzir a construção dos parques produtivos nacionais, valendo-se da seleção de setores estratégicos. Para Ferraz, Paula e Kupfer (2002, p. 545-567), a inspiração de uma política industrial dessa natureza são os argumentos de Friederich List e Alexander Gerschenkron, concernentes à necessidade de proteção da indústria nascente nos países economicamente retardatários.

Tanto para List, quanto para Gerschenkron, os países subdesenvolvidos apresentam uma desvantagem competitiva em

[5] A rigor, os autores descrevem também um terceiro tipo — a política industrial neoclássica. Entretanto, entre as posições apresentadas, a neoclássica guarda pouca relação com uma noção efetiva de política industrial. A sua descrição remete a uma intervenção pública passiva, constrita a devolver ao mercado as suas condições de alocação dos recursos (FERRAZ, PAULA e KUPFER, 2002, p. 545-567). Trata-se de uma acepção menos afinada com uma noção positiva de política industrial e mais articulada às proposições da disciplina da concorrência. Por esta razão, para os propósitos deste trabalho, serão consideradas apenas as estratégias de política industrial de tipo desenvolvimentista e neosschumpeteriano.

relação aos países mais ricos: suas indústrias são mais frágeis e mais custosas e por este motivo precisam ser estimuladas e protegidas para que se tornem competitivas. De modo semelhante à concepção de Johnson (1984), essa política desenvolvimentista, na intenção de promover a indústria, combina instrumentos da política macroeconômica (medidas fiscais, cambiais e monetárias) com alguns dispositivos microeconômicos (regulação de preços, padrão de concorrência e mecanismos de financiamento). Caracteristicamente, trata-se de uma política que conta com o Estado como um agente de planejamento e de direção do processo econômico.

Distintamente da política industrial desenvolvimentista, a política industrial com foco na inovação não tem como objetivo a construção do parque produtivo, mas sim estimular as firmas já instaladas para que adquiram competência para inovar e assim disputar nichos de mercado mais rentáveis. Trata-se de uma política tipicamente microeconômica – mais próxima, portanto, da abordagem apresentada por Chang (2003). A intervenção do Estado é mais seletiva e focalizada, não assumindo um compromisso de direção planejada da atividade industrial. Nesta modalidade de política, a intervenção pública, em vez de selecionar os vencedores, aposta na constituição de um arranjo institucional indutor da adoção de estratégias inovadoras.

Para tanto, não se propõe a proteger a indústria nascente, preservando-a da competição. Ao contrário disso, assume que o parque produtivo já está instalado e deve ser estimulado a uma rivalidade empresarial dinâmica, baseada na busca permanente de novos produtos e novos processos produtivos (FERRAZ; PAULA; KUPFER, 2002, p. 545-567).

	Política industrial desenvolvimentista	Política industrial com foco na inovação
Foco da intervenção	Promover a formação do parque produtivo.	Estimular a capacidade de inovação.
Papel do Estado	Estado como dirigente do processo industrial.	Estado como indutor dos investimentos em inovação.

Quadro 2. Tipos de política industrial (elaboração própria).

Ambas as políticas (a *desenvolvimentista* e a *com foco na inovação*) têm em conta o mesmo pressuposto apresentado no item anterior: a dissociação entre as possibilidades de ganhos públicos e a perspectiva privada de retorno, causada pelos mencionados problemas de *informação* e de *coordenação.*

No caso da política desenvolvimentista, o objetivo da intervenção é domar os desincentivos causados pelos sinais de mercado e pela competição externa com firmas já estabelecidas mais bem posicionadas – tais fatores podem induzir a uma avaliação custo/benefício descolada das possibilidades agregadas de ganhos econômicos. No caso das políticas de inovação, passa-se algo semelhante: ante o receio de insucesso e a percepção de dependência dos empreendimentos associados, os agentes podem se retrair.

A consequência potencial desse subinvestimento é a consolidação de uma especialização produtiva com baixa capacidade de inovação. Em termos de comércio internacional, isso se reflete na formação de uma pauta de exportação carregada de produtos primários e *commodities* e em um padrão de importação caracterizado pela aquisição de produtos com elevado valor agregado. Essa situação tende a ser um problema para aqueles países cujo processo de desenvolvimento já atingiu uma elevada diversificação industrial, mas ainda não galgou a consolidação de uma capacidade de inovação.

Para mitigar falhas como essa, ora presentes no contexto de formação dos parques produtivos, ora na adoção de estratégias inovadoras, os países, sobretudo aqueles em desenvolvimento, têm protagonizado diferentes experiências institucionais de implementação de políticas industriais. No segundo pós-guerra, por exemplo,

Brasil e Coreia do Sul estabeleceram medidas amplamente interventivas destinadas a constituir os respectivos parques produtivos – *políticas industriais de corte desenvolvimentista*. Após os anos 1990, por sua vez, no rescaldo das interpretações e recomendações de política liberalizantes, tem se identificado novas experiências de política industrial, desta vez voltadas para a promoção de ambientes de inovação. Isso é o que revelam os exemplos da Irlanda e do novo perfil da política industrial brasileira. Cada um desses tipos e experiências, a seguir retratado, será depois identificado com diferentes racionalidades regulatórias, na chave de interpretação da teoria do direito.

11.3.1 Experiências de políticas desenvolvimentistas: Brasil e Coreia do Sul

Entre 1950 e 1980, durante o chamado período desenvolvimentista, os países da América Latina e do leste asiático empreenderam experiências bastante ativas de políticas industriais. Neste período, países como a Coreia do Sul e o Brasil assistiram à implementação de macropolíticas voltadas a promover os respectivos setores produtivos nacionais. Em ambos os países, os Estados se portaram como verdadeiras alavancas do desenvolvimento, assumindo a responsabilidade pela transformação das economias nacionais, que, no espaço de duas décadas, passaram de agrárias a mercados industriais.

Para tanto, lançaram mão de diversos instrumentos voltados a proteger e estimular os nascentes investimentos industriais. Tais políticas articulavam um universo variado de ferramentas, que incluía desde dispositivos de natureza fiscal até restrições no ambiente concorrencial (estímulo às fusões e definição de reservas de mercado), passando por regulações cambiais seletivas, conforme o tipo de produto a ser importado ou exportado e, por fim, pela garantia de créditos públicos facilitados, voltados a induzir investimentos.

No caso da Coreia do Sul, o início da corrida industrial remonta ao início dos anos 1960, época em que o setor produtivo era ainda pouco diversificado e de porte estreito. Desde então, o processo de desenvolvimento contou com seguidas políticas industriais, apresentadas na forma de planos quinquenais, responsáveis pelo estabelecimento de metas de produção. A implementação da política industrial fez-se por meio de uma correspondência fina entre, de um lado, um estoque de incentivos e proteções governamentais e, de outro, um exercício de controle dos resultados industriais (CHANG, 1994, p. 113-117). Essa sintonia entre incentivos e controles permitiu uma condução articulada da transformação industrial, desde a constituição das primeiras firmas até a consolidação de um parque com elevada capacidade tecnológica, já na década de 1990.

Entre 1962 e 1980, a Coreia do Sul assistiu à formulação e implementação de quatro planos quinquenais de desenvolvimento industrial (COUTINHO, 1999, p. 351-378). Articulando medidas institucionais, ferramentas regulatórias e subvenções econômicas, os planos derrogavam em parte a espontaneidade da economia de mercado. Figuravam, nesta medida, como um meio alternativo de coordenação econômica, procurando, com isso, complementar a descentralização característica da economia de mercado, privilegiando a constituição de espaços centralizados de condução da política econômica. Essas políticas industriais deram ensejo àquilo que Alice Amsden (1990, 139-149) identificou como uma distorção positiva nos sinais de mercado: ao alterarem a alocação espontânea dos recursos, garantiam uma precificação favorável aos investimentos industriais.

O foco dos dois primeiros planos de desenvolvimento, implementados entre 1962 e 1971, foi a constituição de um setor industrial com competência para exportar uma indústria leve, com destaque para o setor têxtil. Já o terceiro e quarto planos quinquenais, entre 1972 e 1981, voltaram-se a suprir a economia coreana daqueles setores encarregados da produção pesada e dos bens intermediários, tais como siderúrgica, petroquímica e minerais não metálicos, preparando ainda as bases para outros setores, como bens de capital sob encomenda (indústria naval, máquinas e equipamentos) e automotivo (COUTINHO, 1999, p. 351-378). Ao fim desse período, baseada em uma condução pública da organização industrial, a Coreia do Sul constituiu o seu parque produtivo com os setores de indústria pesada. Daí em diante, os planos seguintes voltaram-se ao incremento tecnológico e à capacidade de inovação das empresas coreanas.

No caso brasileiro, a chamada estratégia nacional-desenvolvimentista, que deu ensejo ao programa de transformação econômica do país baseava-se no pressuposto de que o desenvolvimento industrial pressupunha uma intervenção ativa do Estado. Do contrário, isto é, relegada esta questão apenas à livre-iniciativa, entendiam os *policy makers*, era pouco provável que o processo industrial desencantasse, seja em razão da carência de recursos privados, seja pela já mencionada desvinculação dos critérios de rentabilidade (privada e social) – ainda mais aguda naquele contexto. Sendo assim, para dar consecução à promoção pública do processo de transformação social e econômica, foram confeccionados os planos estatais, que, tal como na história coreana, articulavam meios institucionais, benefícios econômicos e ferramentas regulatórias para alterar a alocação natural dos recursos de mercado. Na trajetória nacional, o Plano de Metas, conduzido entre 1956 e 1961, e o II PND, executado entre 1974 e 1979, foram as duas experiências mais importantes de planejamento industrial (SUZIGAN; VILLELA, 1997, p. 31-44).

O Plano de Metas representou a primeira iniciativa sincronizada de planejamento público da economia. Formulado na esteira de uma sucessão de relatórios, diagnósticos e planos, que à época procuravam lançar as bases da organização do processo industrial, como a Missão Cooke (1942-1943), o Relatório Simonsen (1944-1945); a Comissão Mista Brasil-EUA (1951-1953); e o Plano Salte (1948), o programa de JK contava com um arranjo institucional bastante centrado no Estado.

De acordo com a sua formulação inicial, a intervenção estatal teria como propósito atacar três eixos de problemas: (i) *os pontos de estrangulamento*, (ii) os *pontos de germinação* e (iii) a *demanda derivada* (LAFER, 1975, p. 29-50). Os pontos de estrangulamento eram representados por aqueles setores econômicos cujo nível de desenvolvimento figurava como um entrave para o processo de industrialização: era o caso dos segmentos de energia, transportes e alimentação, que, por apresentarem uma estrutura de oferta muito incipiente, reclamavam o desenho de políticas específicas de fomento. Os *pontos de germinação* eram representados por aqueles setores cujo incremento teria o condão de produzir efeitos externos positivos (externalidades positivas) para o conjunto da economia, contribuindo, desta maneira, para o florescimento do mercado interno.

Na avaliação de Lafer (1975, p. 29-50), medidas como os investimentos na construção de Brasília e na criação de novas rodovias exemplificavam aportes em *pontos de germinação*. Finalmente, a promoção da *demanda derivada* partia da premissa de que havia complementaridades entre setores, de tal forma que a viabilização de alguns segmentos implicaria a geração de demanda para as indústrias adjacentes (era o caso da indústria de insumos, cujo florescimento derivaria da indústria automotiva) (LAFER, 1975, p. 29-50).

A racionalidade do Plano de Metas foi, portanto, a de permitir uma efetiva coordenação pública do ambiente econômico. Um tipo de intervenção que procurou, de fato, dirigir a sequência do processo de industrialização, contando para tanto com metas setoriais de investimentos públicos, regras de proteção contra a concorrência internacional (barreiras tarifárias e não tarifárias à importação) e recursos públicos para incentivar os aportes privados (SCHAPIRO, 2007, p. 280-300). Pelos seus termos, portanto, não só o Estado foi encarregado de selecionar os setores que considerava estratégico, estipulando com isso as respectivas políticas específicas, como ainda assumiu a tarefa de estabelecer as necessárias conexões entre as cadeias produtivas, permitindo assim a coordenação do processo industrial.

Anos depois, entre 1974 e 1979, o Brasil vivenciou uma experiência semelhante de programação industrial. Tratava-se do II PND, que fora confeccionado para reagir aos problemas decorrentes da crise do petróleo, permitindo com isso uma extensão dos resultados favoráveis colhidos entre 1967 e 1973, no chamado milagre brasileiro. Para tanto, continha medidas destinadas a reduzir a vulnerabilidade externa do país, voltando-se, assim, para uma ampliação da estratégia substitutiva de importações. Nesta oportunidade, o alvo da política industrial foram os setores da indústria pesada, tais como bens de capital (máquinas e equipamentos) e insumos básicos (siderurgia, papel e celulose, e química e fertilizantes, entre outros), setores entendidos como variáveis críticas para a consolidação do padrão produtivo nacional (GREMAUD; PIRES, p. 67-101, 1999).

Além da promoção da indústria pesada, que ficaria a cargo diretamente das empresas estatais, uma outra prioridade do plano foi o fortalecimento do capital privado nacional (FIORI, 1995), o que contou com um conjunto de medidas, regulatórias e financeiras, tais como: (i) o estímulo a fusões de empresas, pela concessão de reduções no imposto de renda, autorizadas pela Comissão de Fusão e Incorporação de Empresas – COFIE; (ii) uma regulação societária favorável à formação de conglomerados; e (iii) o aporte financeiro do BNDE, que passou atuar direcionado para atender às necessidades do capital industrial privado (SCHAPIRO, 2009, p. 92-102). Tal como no Plano de Metas, a atuação do Estado durante o II PND consistiu na estipulação de objetivos industriais, na seleção de setores empresariais e na proposta de programar o curso do desenvolvimento econômico.

À semelhança do que ocorreu no modelo coreano, as políticas industriais desenvolvimentistas brasileiras também combinaram intervenções microeconômicas, no âmbito da organização industrial, com uma gestão macroeconômica favorável às necessidades da empreitada industrial. Embora exista certa controvérsia acerca da política industrial coreana, que para alguns contemplou menos proteção concorrencial do que a brasileira, o fato é que em ambos os casos o Estado assumiu a responsabilidade pela efetivação do empreendimento industrial (COUTINHO, 1999, p. 351-378). Naquele contexto, as políticas foram igualmente desenhadas para estipular metas e controles burocráticos sobre os processos econômicos, para assim conduzir o progresso industrial.

11.3.2 Novas experiências de política industrial: Brasil e Irlanda

Entre o final dos anos 1990 e o início dos anos 2000, em um contexto posterior às revisões críticas dos modelos nacionais de desenvolvimento, novas experiências de política industrial passaram a ser empreendidas por alguns países da semiperiferia, como é o caso de Brasil e Irlanda. Essa redescoberta das medidas de fomento e de promoção econômica traz consigo, no entanto, algumas diferenças substantivas, em relação às experiências institucionais perpetradas durante o movimento de industrialização dos países retardatários, no segundo pós-guerra. Nessa nova modalidade de política industrial, ao menos no que tange aos casos observados, não só há diferenças no objetivo de sua intervenção, como também no tipo de relação estabelecida entre os agentes públicos e os atores de mercado.

Quanto ao objetivo, trata-se de medidas voltadas à promoção das inovações e não mais vinculadas à formação dos parques produtivos nacionais. Em virtude disso, também estabelecem um tipo de relação público-privada em bases distintas daquela verificada no âmbito de regulação das políticas desenvolvimentistas: menos assentadas em comandos e planejamentos públicos e mais associadas à constituição de parcerias e estímulos. Nesse ponto de vista, as novas experiências de Brasil e Irlanda parecem situar-se a meio caminho, entre a antiga convicção dos desenvolvimentistas na habilidade transformadora das ações estatais e o pragmatismo cético dos neoliberais, cuja interpretação das falhas de governo, hegemônica nos anos 1980 e 1990, trouxe à baila certa desconfiança da capacidade de ação do Estado (EVANS, 1995, p. 22-25 e CHANG, 2003b, p. 165-177).

É bem verdade que, de um lado, as novas políticas de inovação recuperam argumentos bastante difundidos no contexto das estratégias nacionais de desenvolvimento, reconhecendo, por exemplo, a relevância de um arcabouço público para induzir o aumento da capacidade de investimento e para facilitar a especialização produtiva em setores portadores de futuro. Por outro lado, os atuais planos de fomento parecem confiar menos na conveniência e na adequação de uma intervenção estatal dirigente da economia.

As políticas atuais têm abdicado, por exemplo, de uma alteração substantiva do quadro macroeconômico e, diferentemente, do que fizeram no passado, têm concentrado a sua intervenção no ambiente microeconômico, privilegiando a formação de ambientes de competitividade. Isso se deve, em parte, ao contexto histórico-econômico e, em parte, ao tipo de remédio necessário para estimular a capacidade de inovação. Como já salientado, o estímulo para a adoção de novas estratégias competitivas demanda um tipo de resposta institucional que é menos voltada à proteção concorrencial e mais afinada com uma exposição competitiva, mediada por incentivos públicos.

Afinal de contas, não se trata mais de proteger as firmas nascentes para assim consolidar um parque produtivo, mas sim de promover um padrão de competitividade para as firmas já instaladas, que seja baseado na capacidade de inovação permanente. Em outras palavras, diante da intenção de fomentar a competência para inovar, a rivalidade empresarial desempenha um papel de ambiente de seleção e de incentivo, implicado com isso uma agenda de política industrial alinhada ou porosa a uma racionalidade de mercado.

No caso brasileiro, há dois exemplos recentes de políticas de inovação como esta: (i) a PITCE e (ii) a PDP. A Política Industrial, Tecnológica e de Comércio Exterior – PITCE foi formulada, em 2004, pelos Ministérios da Fazenda e Desenvolvimento, Indústria e Comércio, com a participação do Instituto de Pesquisas Econômicas Aplicadas – IPEA[6]. Já a Política de Desenvolvimento Produtivo – PDP, coordenada basicamente pelo BNDES e pela ABDI, foi implementada em 2008.

A agenda de intervenção da PITCE era voltada para a promoção da competitividade e da capacidade de inovação do conjunto do setor industrial brasileiro. Para tanto, a política trazia uma seleção de quatro setores prioritários: (i) *software*, (ii) bens de capital, (iii) fármacos e medicamentos e (iv) semicondutores. A opção por estes setores deveu-se à sua intensidade de pesquisa e desenvolvimento, ao seu potencial de indução do processo de inovação nas demais cadeias produtivas e ao impacto causado pela sua importação na pauta do comércio internacional (CARVALHO JR., 2005, p. 17-28). Na sua concepção figurava o pressuposto de que na *nova economia* um dos elementos-chave para o progresso econômico seria a capacidade de inovação das empresas, um fator relevante não só para o mercado interno, como também para o comércio internacional, cuja pauta tem valorizado os produtos com intensidade em pesquisa, tecnologia e inovação[7].

[6] Ver Ministério do Desenvolvimento, Indústria e Comércio, **Diretrizes da política industrial, tecnológica e de comércio exterior**, 2004.

[7] Essa percepção está bastante evidente no documento Diretrizes de Política Industrial, Tecnológica e de Comércio Exterior, que estabelece as linhas mestras da nova política: "a Política Industrial, Tecnológica e de Comércio Exterior tem como objetivo o aumento da eficiência econômica e do desenvolvimento e di-

No que tange à seleção de setores, embora constassem dessa política medidas específicas para determinados segmentos, os dispositivos não tinham o objetivo de formar campeões nacionais, o que implicaria determinar quais seriam as empresas vencedoras e, com isso, beneficiárias de medidas de apoio discricionárias[8]. Tratava-se, na verdade, da definição de medidas de incentivo voltadas a induzir o nível de atividade e o dispêndio com inovações na economia brasileira, sem, no entanto, estabelecer uma direção do padrão tecnológico do segmento industrial.

As medidas, programas e linhas de financiamento previstas pela PITCE, ainda que contemplassem setores, apresentavam um caráter horizontal para as empresas. Demais disso, os próprios setores selecionados contemplavam um potencial panorâmico de difusão de seus ganhos tecnológicos: são setores bastante horizontalizados na estrutura produtiva do país (CAMPANÁRIO; COSTA,

fusão de tecnologias com maior potencial de indução do nível de atividade e de competição no comércio internacional. Ela estará focada no aumento da eficiência da estrutura produtiva, aumento da capacidade de inovação das empresas brasileiras e expansão das exportações. Esta é a base para uma maior inserção do país no comércio internacional, estimulando os setores onde o Brasil tem maior capacidade ou necessidade de desenvolver vantagens competitivas, abrindo caminhos para inserção nos setores mais dinâmicos dos fluxos de troca internacionais". Ministério do Desenvolvimento, Indústria e Comércio, **Diretrizes da política industrial, tecnológica e de comércio exterior**, cit. p. 2-3.

[8] Sobre a distinção entre a PITCE e as demais políticas industriais brasileiras, assinalam Milton Campanário, Marcello Muniz da Silva e Tiago Ribeiro Costa: "A principal mudança de enfoque em relação às políticas industriais pretéritas (ver quadro 1) é a busca explícita de obtenção de vantagens comparativas dinâmicas, associadas à maior valorização da inovação e da difusão horizontal de tecnologia, bem como de capacitações e de competências institucionais, sem apontar para um estilo intervencionista direto, mas simplesmente regulador". (ver CAMPANÁRIO, Milton; SILVA, Marcello Muniz da e COSTA, Tiago Ribeiro. **Política industrial, tecnológica e de comércio exterior (PITCE):** análise de fundamentos

2005, p. 10-11). Em suma, o fim último da intervenção era o de constituir um ambiente sistêmico de promoção da competitividade, estruturando programas alinhados com uma economia de mercado aberta.

Em 2008, o esforço de retomada da política industrial foi reforçado: o Governo Federal estabeleceu um novo conjunto de medidas e incentivos, sistematizados na Política de Desenvolvimento Produtivo – PDP. A PDP apresenta os seguintes objetivos: (i) ampliar a capacidade de oferta da economia brasileira; (ii) preservar a robustez do balanço de pagamentos; (iii) elevar a capacidade de inovação; e (iv) fortalecer as micro e pequenas empresas. Em relação à PITCE, a PDP selecionou um volume mais abrangente de setores, tais como: o complexo industrial da saúde, o aeronáutico, o de microeletrônica e o de tecnologia da informação[9]. À semelhança da PITCE, no entanto, a PDP, embora também apresente setores prioritários, conforma as suas medidas em programas e linhas com um caráter horizontal. É o caso, por exemplo, dos financiamentos incumbidos ao BNDES, cujas linhas (capital inovador e inovação tecnológica) e programas (PROSOFT, PROFARMA, PROTVD) garantem um acesso horizontal para as empresas inovadoras.

A participação do BNDES no financiamento dessas políticas industriais é particularmente relevante, pelo que revela sobre a racionalidade desta nova forma de intervenção do Estado: não só as linhas e programas apresentam um caráter horizontal como também estruturam parte de seus financiamentos em parceria com o mercado financeiro. Uma das modalidades utilizadas pelo Banco para amparar empresas inovadoras são as operações com renda

---

e arranjos institucionais, paper apresentado no XI Seminário Ibero-americano de Gestion Tecnologica, 2005, p. 10-11, disponível em: <http://www.redetec.org.br/publique/media/pitce.pdf>.

[9] As informações sobre a PDP estão disponíveis em <http://www.desenvolvimento.gov.br>.

variável, nas quais o BNDES pode atuar diretamente, como se fosse um *venture capitalist* (adquirindo participação nas empresas), ou indiretamente, quando se torna sócio de fundos privados de *venture capital*. Em ambas as possibilidades, a sua intervenção presume uma sintonia com os atores do mercado. Na atuação direta, a sua participação financeira é programada para ser encerrada na ocasião da abertura de capital da empresa beneficiária na bolsa (IPO), o que demanda uma atuação financeira consistente com as expectativas dos demais investidores. Na atuação indireta, ao figurar como investidor de fundos privados, o banco atua igualmente em parceria com outros investidores, desde a fase de comprometimento do capital até o momento do desinvestimento. Em ambos os casos, os aportes para inovação pressupõem a habilidade de estabelecer relações de coordenação com os agentes privados (SCHAPIRO, 2009, p. 293-305).

Além do propósito da intervenção e do tipo de relação estabelecida entre os agentes público e privado, as novas políticas industriais brasileiras apresentam ainda uma terceira diferença quando comparadas às políticas desenvolvimentistas: a forma de governança de suas medidas. Em primeiro lugar, não há uma lei de planejamento industrial[10], estabelecendo de maneira *top down* me-

---

[10] Na realidade, foi promulgado um conjunto de leis acessórias, que construíram os seus macrofundamentos jurídico-institucionais, tratou-se das Leis n. 10.973/2004 (a Lei da Inovação), 11.080/2004 (a Lei da ABDI) e n. 11.196/2005 (Lei do Bem). A Lei n. 10.973/2004, a chamada Lei da Inovação, disciplinou, entre outros, os mecanismos de proteção às inovações, as regras para facilitar a estipulação de parcerias entre governos, empresas e instituições científico-tecnológicas, para a geração de novos produtos e processos, bem como os dispositivos dirigidos à promoção das inovações pelas agências de fomento. Já a Lei n. 11.080/2004 autorizou a criação da Agência Brasileira de Desenvolvimento Industrial — ABDI, a quem se incumbiu a tarefa de coordenação das ações da PITCE. Por fim, a Lei n. 11.196/2005, a Lei do Bem, instituiu regimes tributários diferenciados, suspendendo, assim, a exigência de pagamento dos tributos PIS e

tas, prazos e resultados a ser alcançados, nem tampouco macro-objetivos de produção industrial vinculados a medidas específicas, desenhadas para as empresas selecionadas: não há, portanto, um comando normativo vinculante na direção da política industrial, encarregando-se da disciplina de resultados e metas previamente positivados. Em segundo lugar, a coordenação de ambas as políticas (PITCE e PDP) coube a uma agência *sui generis* – a Agência Brasileira de Desenvolvimento Industrial – ABDI, que não foi constituída como uma autarquia, mas sim como um serviço social autônomo (integrante do "Sistema S"). Trata-se, na verdade, de um agente coordenador que é, a um só tempo, uma entidade de governo, mas estruturada fora da verticalização da burocracia. Com esse desenho institucional, a ABDI tende a ser mais habilitada a estabelecer uma relação heterárquica com o setor industrial, indicando um viés de intervenção menos planejador e mais indutor.

Um viés semelhante de atuação pública pode ser reconhecido na experiência recente de política industrial irlandesa. Na avaliação de um de seus observadores, Sean O'Riain (2000), o traço característico da promoção industrial na Irlanda é a constituição de ambientes sistêmicos de promoção econômica e não a seleção de campeões nacionais. A proposta da intervenção estatal não é a de implementar políticas setoriais, visando à consecução de metas e resultados econômicos específicos, o que pressuporia a disposição de dirigir o curso do desenvolvimento industrial. Diferentemente disso, o sentido da intervenção do Estado irlandês é o de constituir um universo econômico provedor de competitividade industrial, capaz de induzir o surgimento e a consolidação de empresas emergentes. A seguinte comparação de O'Riain sobre os modelos desenvolvimentistas e as novas experiências indutoras é

COFINS, para os setores de tecnologia da informação, *software* e bens de capital, desde que cumprissem as metas de desempenho de importação ou de exportação. Não, há no entanto, uma lei do plano, estipulando metas e resultados.

bastante conclusiva sobre as diferenças de racionalidade envolvidas nessas estratégias:

> Developmental states are the most likely candidates for boosting an economy beyond the narrow logic of private investment and thereby improving its position in the international division of labor. They achieve their goals in the contemporary era not by taking on the tasks of development themselves but by shaping the capabilities of society and the market to do so. Researchers have moved from an emphasis on an authoritarian directive style of state intervention to an understanding of how the state pokes and prods domestic firms to compete in the global economy and to constantly upgrade their organizational and technical capabilities to that end. The state assists in the birth and growth of domestic, national firms through its role as "midwife" of new firms and sectors and by tending to the "husbandry" of these growing industries. (O'RIAIN, 2000, p. 163).

Esse perfil de intervenção é partilhado pelas conclusões de um estudo da OCDE (1997), em que se comparam diferentes medidas de promoção da capacidade de inovação adotadas por um grupo de países. O estudo sugere que, na experiência irlandesa, a agência FORBAIT tem cumprido um papel de fomento, voltado a constituir um ambiente sistêmico de promoção dos investimentos em inovação. A agência administra um programa público de *venture capital*, que supre as lacunas do mercado financeiro e garante recursos para empreendimentos inovadores. O destino de suas aplicações é o de constituir um segmento financeiro capaz de atender às atividades de risco. Para tanto, não apenas garante recursos públicos, via participação societária em empresas inovadoras, como também se volta a incrementar a competência do ambiente de negócios: além do amparo financeiro, a FORBAIT administra programas de aconselhamento e incremento dos regimes de governança corporativa das firmas emergentes, promovendo ainda uma articulação permanente entre essas empresas, as universidades, os possíveis investidores, clientes e fornecedores (O'RIAIN, 2000).

Enfim, o que as experiências recentes da Irlanda e do Brasil têm em comum é o perfil da atuação do Estado: menos comprometido com a persecução de resultados estipulados *ex ante* e mais voltado à constituição de arranjos institucionais capazes de estimular a competição e a cooperação entre empresas inovadoras. Em vez de definir setores e grupos empresariais estratégicos, beneficiários de estímulos e medidas de incentivo, a intervenção deste novo tipo de Estado volta-se a incrementar a competitividade do sistema empresarial: trata-se, enfim, de forjar vencedores (*making winners*) e não de apontar os campeões nacionais (*picking winners*) (O'RIAIN, 2000). A atuação é centrada nas atividades, como a promoção da inovação, e na superação das falhas de mercado que apresentam uma abrangência multissetorial, como é o caso dos financiamentos de risco.

11.4 Política industrial e racionalidade regulatória: situando a política industrial na gramática da teoria do direito

Ambos os tipos de política industrial, o desenvolvimentista e o de inovação, identificados pela literatura e construídos por meios das experiências institucionais, vivenciadas pelas economias nacionais, apresentam como elementos subjacentes o papel regulador do Estado, dedicado a mitigar as falhas de mercado diagnosticadas pela teoria econômica. São, portanto, resultados de enlaces jurídico-institucionais estabelecidos entre o Estado e o mercado, no intuito de promover a atividade produtiva. Apesar dessa evidente relação com temas afeitos à regulação da economia e ao direito econômico, a política industrial não tem recebido grande atenção nas agendas de pesquisa em direito.

A hipótese assumida por este trabalho é de que isso se deve à falta de um referencial que seja capaz de aproximar as categorias reconhecidas pela teoria do direito das noções e experiências da política industrial. Por essa razão, esta seção e a próxima tentarão contribuir para estabelecer tal diálogo e, para tanto, procurarão situar este debate no campo dos paradigmas regulatórios: um conceito utilizado pela teoria do direito para analisar temas relacionados à atuação do Estado e do direito na ordem social e econômica. Como se procurará argumentar, políticas públicas, como são as industriais, podem ser compreendidas como elementos característicos de um paradigma regulatório pós-liberal, isto é, de um padrão de regulação cujas estruturas jurídicas são encarregadas da persecução de resultados sociais e econômicos. É a partir daí que faz sentido entender genericamente uma atuação positiva do Estado, inclusive para apoiar o setor produtivo. Será também a partir desse paradigma que se tornará possível classificar, de acordo com um referencial reconhecido pelo pensamento jurídico, os tipos de política industrial analisados neste trabalho: serão identificados como espécies diferentes de intervenção de um Estado encarregado da regulação pública.

Para início desta empreitada, é preciso ter em conta que a teoria social do direito trabalha com um modelo evolucionário, que procura relacionar tipos de Estado, estruturas regulatórias e contextos sociais. Com isso, assume-se que diferentes fases da organização social contam com um tipo distinto de atuação estatal, o que, por sua vez, é mediado por um dado padrão de regulação. Modelos teóricos conhecidos como os de Habermas (1995, p. 771-784), Teubner (1983, p. 239-285), ou Nonet e Selznick (2008, p. 1-27) costumam lidar com pelo menos dois paradigmas regulatórios: (i) o paradigma liberal e (ii) o paradigma substantivo ou responsivo[11]. Nessa transição linear de paradigmas, o direito responsi-

---

[11] A rigor, Teubner parte de uma crítica do modelo de Nonet e Sslznick e compartimenta a evolução linear apresentada pelos autores. Enquanto Nonet e Selznick descrevem a evolução de paradigmas do direito pelos tipos *direito repressivo*, *direito formal* e *direito responsivo*, Teubner desagrega o chamado direito responsivo em direito substantivo e direito reflexivo. Para efeitos desta seção, no entanto, voltada a relacionar o direito e a prestação positiva de políticas, essa diferenciação ultrapassa os objetivos propostos. Ver a respeito Teubner (1983, p. 239-285).

vo é entendido como uma progressão, desde um direito portador de uma racionalidade liberal-formal.

O paradigma regulatório liberal é associado a um tipo de Estado *absenteísta* e a uma ideia de mercado neoclássica, isto é, um mercado partilhado por agentes atomizados e sujeitos a uma autorregulação, mediada no seu aspecto substantivo apenas pelo sistema de preços. Conforme essa tipologia, empregada pela teoria do direito, não cabia a este Estado e a este direito estabelecer proposições substantivas sobre o conteúdo das trocas econômicas (HABERMAS, 1995, p. 771-784).

Como o teor das decisões econômicas era tomado como um problema privado, sujeito à livre negociação das partes, ao Estado e ao direito cabiam oferecer as balizas de segurança e previsibilidade, necessárias para a realização dos negócios, além dos dispositivos formais utilizados pelos agentes em suas transações, notadamente, o contrato, a propriedade e os elementos constitutivos da empresa (WEBER, 2004, p. 517-525; TRUBEK, 1972, p. 720-745). A relação entre Estado e economia, portanto, era neste paradigma regulatório balizada pelo pressuposto de naturalidade e espontaneidade dos mercados, cujos termos de funcionamento eram alheios à intervenção normativa: os desfechos das transações importavam às partes, não às políticas de regulação econômica.

Nesse arranjo, ainda, a centralidade do fenômeno jurídico residia no Legislativo e no Judiciário, sendo o primeiro incumbido da formulação de normas gerais e abstratas e o último encarregado dos juízos de verificação, celebrados entre as condutas sociais e as normas postas (juízos *backward-looking*) (LIMA LOPES, 2005, p. 171-193). A regulação jurídica, limitada ao aspecto formal, ocupava-se das macrobalizas e dos conflitos entre as partes, desempenhando a função de adjudicação dos direitos e das penas (justiça comutativa), enquanto as questões atinentes à alocação dos recursos sociais, ou seja, as questões com implicação de política pública (*policy*) eram tratadas fora do campo jurídico – relegadas ao campo da política (*politica*) (LIMA LOPES, 2005, p. 171-193).

De acordo com essa reconstrução evolucionária, no decorrer do século XX, este arranjo liberal foi parcialmente suplantado por um outro paradigma regulatório: o paradigma substantivo ou responsivo. A razão para tanto foi a incompatibilidade da resposta institucional, oferecida pelo paradigma liberal, para os problemas sociais e econômicos, que passaram a compor a agenda do debate público desde então (HABERMAS, 1995, p. 771-784; TEUBNER, 1983, p. 239-285; GRAU, 2000, p. 13-41). Por essa chave teórica, o reconhecimento da existência de falhas de mercado e a constatação de que a garantia dos espaços privados de atuação econômica não evitavam a propagação de iniquidades sociais deram causa a um paradigma regulatório, encarregado de promover respostas substantivas às demandas sociais e econômicas (HABERMAS, 1995, p. 771-784; TEUBNER, 1983, p. 239-285; NONET; SELZNICK, 2008, p. 73-113). As intervenções provocadas pelo *New Deal*, nos Estados Unidos, as políticas, direitos e sistemas sociais de proteção construídos pelos Estados de Bem-estar Social, na Europa, e os planos nacionais de desenvolvimento, nas economias periféricas, são algumas das primeiras manifestações deste paradigma regulatório responsivo.

Em todas essas experiências, o Estado, de ator ausente, começou a ser um agente encarregado da persecução de resultados. Para isso, começou a contar com estruturas jurídicas comprometidas com o cumprimento de tarefas que transcendiam o universo das funções meramente balizadoras e adjudicatórias. Consequentemente, para além das normas gerais e abstratas e dos juízos de conformidade, aos moldes *backward-looking*, a regulação do Estado passou a contar também com instrumentos adequados a um novo tipo de resposta jurídico-institucional, marcada por atributos substantivos ou materiais. É o caso das estruturas operativas baseadas em normas de caráter específico, quase programas de ação, voltadas à efetivação de metas e objetivos (TEUBNER, 1983, p. 239-285) e também dos dispositivos e racionalidades compatíveis com juízos e formulações de natureza prospectiva (viés *foward-looking*) (LIMA LOPES, 2005, p. 171-193) – ínsitos às atividades de construção de políticas e de partilhas dos recursos. A seguinte passagem de Teubner sobre as mudanças sofridas pelo direito, no paradigma substantivo, ajudam a compreender as características deste arranjo:

> The change in norm rationality is accompanied by a change in the functions that law fulfills. Substantive law demonstrates its "stem rationality" by the contributions it offers to political intervention by the welfare-regulatory state. As the political system takes over responsibilities for defining goals, selecting normative means, prescribing concrete actions, and implementing programs, substantive law assumes increasing importance. It is the main instrument by which the state modifies market-determined patterns and structures of behavior. (TEUBNER, 1983, p. 254)

Ao assumir a responsabilidade por intervir na alocação natural dos fatores, o Estado e as ferramentas regulatórias passaram a participar tanto da mediação dos conflitos sociais como também das estratégias privadas de acumulação (EVANS, 1995, p. 3-18). Com isso, o Estado Regulador (sobretudo no pós-guerra) e o direito substantivo incorporaram, como itens centrais de sua agenda de atuação, as tarefas de *policy making*, procurando estabelecer, para as mais diversas áreas de atuação, os meios adequados para a consecução dos objetivos pretendidos de política pública. Na área econômica, em particular, a regulação pública foi encarregada não só do controle da ordem de mercado, mas também da promoção das condições econômicas, desempenhando assim um papel ativo na construção das vantagens competitivas de firmas e de mercados nacionais (REICH, 1985, p. 61).

É nesse paradigma de Estado e de direito que faz sentido compreender a prestação de políticas públicas, como sendo um elemento constitutivo da ação administrativa (BUCCI, 2002, p. 241-278; GRAU, 2000, p. 28-41). E é igualmente neste paradigma substantivo que se estabelece um campo de análise para as medidas de política industrial. Tal como as demais políticas públicas de intervenção econômica, a agenda da política industrial pressupõe um juízo redistributivo dos recursos sociais. Neste caso, em razão das falhas de *informação* e de *coordenação*, presentes nos investimentos industriais, a intervenção que se promove volta-se a rever o estado da arte da distribuição dos recursos entre os agentes do segmento produtivo. Para tanto, o Estado articula ferramentas de *controle* e de *incentivo* destinadas a mitigar a mencionada dissociação entre os ganhos privados e os benefícios públicos.

Subjacente a estes dispositivos, figura o reconhecimento de que a confecção de balizas normativas formais, isto é, a mera disciplina das relações privadas, embora possam ser condições necessárias para as atividades industriais, não são suficientes para permitir a consecução de resultados satisfatórios. Ao reconhecer que a alocação privada dos recursos pode incorrer em falhas distributivas, o Estado Regulador lança mão de ferramentas específicas, ora de natureza disciplinar, ora de natureza promocional, para rever a dotação dos fatores e, com isso, alcançar os objetivos pretendidos de política. Portanto, na gramática da teoria do direito, as medidas de política industrial situam-se no capítulo reservado às medidas de intervenção econômica do Estado, uma seção que atribui à regulação um papel que extrapola a simples estipulação das regras do jogo, confiando-lhe a missão de coordenar positivamente o arranjo dos mercados.

11.5 Estratégias institucionais de política industrial e racionalidades regulatórias

Situado o campo de trabalho, resta a esta seção uma última tarefa: estabelecer um referencial capaz de compreender as diferenças existentes entre os estilos de política industrial descritas neste trabalho. Em termos analíticos, é preciso ter em conta que a associação entre o direito e as políticas públicas comporta variações de estilos e padrões, a depender do tipo de relação estabelecida entre o Estado e o ambiente social e econômico. Em outras palavras, situar as políticas públicas como um tema da agenda do direito não significa admitir que há um único formato de se estipular a ação regulatória do Estado. As próprias experiências de política industrial relatadas neste trabalho sugerem que há diferentes perfis de intervenção, conforme se trata de uma política de natureza desenvolvimentista ou voltada à inovação.

Enquanto as políticas desenvolvimentistas apresentam uma maior carga de intervenção pública, revelando um caráter de direção da atividade econômica, as experiências de corte neosschumpeteriano (políticas de inovação) parecem ser mais devotadas à formação de ambientes de governança e menos comprometidas, portanto, com a persecução de resultados definidos *a priori*. Essas diferenças podem ser concebidas, no âmbito do direito econômico, como formas distintas de se proceder a intervenção regulatória. Para captar essas diferenças no campo da pesquisa em direito, este trabalho se valerá de dois tipos ideais: (i) a *intervenção por direção* e (ii) a *intervenção por governança*.

Cada um desses padrões de intervenção a que este artigo faz referência pode ser entendido como uma conjugação de três elementos que, associados, conotam um tipo de ação reguladora do Estado sobre a economia, são eles: (i) a justificativa para a intervenção do Estado (a sua agenda); (ii) os instrumentos jurídicos utilizados nesta intervenção; e (iii) o padrão resultante da relação entre o agente regulador (ator público) e os regulados (atores privados). Cada uma das experiências institucionais de política industrial antes descrita conforma um tipo de intervenção regulatória, pois pressupõe diferentes motivos para a sua atuação, conta com instrumentos jurídicos distintos e, consequentemente, articula padrões singulares de relação público-privada.

11.5.1 Intervenção por direção e política industrial desenvolvimentista

A política industrial desenvolvimentista, convergente com uma economia política keynesiana ou desenvolvimentista, representa um tipo de intervenção por direção. O propósito de sua atuação (a sua agenda) é programar e dirigir o funcionamento das economias. Conta, para isso, com o pressuposto de que o Estado é capaz de conhecer e selecionar os mecanismos mais adequados de promoção econômica e, desta maneira, a partir de uma direção pública do investimento industrial, podem ser obtidos os melhores resultados sociais e econômicos. Diante da percepção de que o alcance randômico do equilíbrio entre oferta e demanda contém distorções, gerando ora uma abundância de oferta, ora um excesso de demanda, o Estado assume para si a tarefa de calibrar o sistema de preços para assim coordenar o alcance do equilíbrio (LAFER, 1975, p. 9-28). Para tanto, estipula objetivos globais e setoriais, comunicando aos agentes as informações que, normalmente, seriam transmitidas, de forma descentralizada.

O alcance deste propósito de dirigir a atividade econômica, a partir das agências estatais, vale-se de instrumentos jurídicos que habilitam o atendimento da finalidade regulatória. No caso da racionalidade interventiva, estes instrumentos são desenhados no âmbito da tecnocracia, como dispositivos dos planos estatais de desenvolvimento, sendo então aplicados sobre os agentes de mercado. Por meio destes, o Estado procura exercer alguma capacidade de programar e coordenar as decisões descentralizadas de investimento e consumo. Para tanto, as ferramentas de controle, voltadas a uma disciplina das atividades de mercado, assumem uma coordenação bastante incisiva do processo concorrencial – quase estabelecendo *ex ante* os termos da organização estrutural do mercado e o padrão de rivalidade entre os agentes. Exemplos disso são as regras de controle de importação existentes no Brasil, durante o período desenvolvimentista (como a lei do similar) ou as regras de reserva de mercado. Tanto uma quanto a outra avocavam a competência de disciplinar burocraticamente o processo concorrencial, estipulando, em consonância com os desideratos do plano econômico, o padrão de competição da economia. Regras semelhantes também podem ser localizadas na experiência da Coreia do Sul, cujo controle de mercado privilegiava a formação deliberada de conglomerados nacionais (os *chaebols*)[12]. Já as ferramentas de indução, em regra forjadas por dispositivos fiscais e creditícios, são igualmente definidas a partir dos objetivos a ser alcançados pela direção econômica: são cunhadas para favorecer setores e empresas consideradas estratégicas, independentemente da preservação do equilíbrio concorrencial das economias.

Nesse viés de intervenção, o propósito de direção pública do processo econômico e a estipulação de ferramentas de controle e de incentivo, a partir das necessidades estipuladas pelas agências estatais, constituem uma forma particular de relação entre os atores públicos e privados: um estilo hierárquico, *top down*, de política pública. Neste tipo de liame, em que os objetivos da intervenção são formulados pela tecnocracia e apresentados aos agentes privados, presume-se certa onisciência da burocracia, que é entendida como um ator capaz de selecionar as metas e os modos adequados de funcionamento dos mercados. Com isso, entre o Estado e o mercado, estabelece-se uma relação de tipo *agente principal*: os *policy makers*, por serem conscientes dos resultados a ser alcançados, desempenham o papel de *principais* e assim programam os incentivos e os controles para modularem o comportamento dos *agentes* privados (SABEL, 2004, p. 173-195). Na intervenção por direção, portanto, os gestores de governo, como titulares do bem-estar co-

---

[12] No Brasil também existiram estímulos às fusões de empresas. Caso a operação societária viesse a ser considerada relevante, para a formação de um grupo empresarial nacional, as empresas poderiam obter no âmbito da Comissão de Fusão e Incorporação de Empresas — COFIE, reduções no imposto de renda.

letivo, incentivam e pressionam os atores privados para que assim atendam aos objetivos industriais estabelecidos: estruturam, com isso, uma relação unidirecional, do governo para o mercado.

11.5.2 Intervenção por governança e as novas experiências de política industrial

As experiências mais recentes de política industrial, notadamente nos casos da Irlanda e do Brasil, apesar de serem igualmente estruturadas como políticas públicas e envolverem, igualmente, uma atuação positiva do Estado diante do reconhecimento das falhas de mercado, assumem um teor mais brando de intervenção. Configuradas no contexto posterior ao das reformas liberalizantes das décadas de 1980 e 1990, assumem menos compromissos com a produção de resultados e voltam-se mais para a constituição de ambientes favoráveis à atuação dos agentes privados – os espaços de governança.

Esse tipo de intervenção estatal tem recebido a atenção de pesquisadores em direito, tanto na tradição realista norte-americana como na linhagem de orientação sistêmica-europeia. Trabalhos como o de Charles Sabel (2004, p. 173-195) e de Orly Lobel (2005, p. 262-390), no panorama americano, têm se dedicado a interpretar as novas manifestações da intervenção pública, que vem se diferenciando de uma racionalidade interventiva por direção. Suas conclusões fazem coro ao conceito de racionalidade reflexiva trabalhado já há algum tempo por Teubner (1983, p. 239-285). Ambos os diagnósticos (o realista e o sistêmico) convergem para apontar que, conquanto os Estados ainda se situem à frente dos processos econômicos, a sua intervenção é menos confiante na capacidade de uma regulação estabelecida apenas pelas variáveis da tecnocracia. Diante de um ambiente econômico portador de maior incerteza e diversidade, a pleiteada onisciência do planejamento estatal cede espaço a um entendimento de que o melhor papel para a regulação é o de estabelecer arranjos indutores para atuação dos agentes privados.

No caso da política industrial, este tipo de racionalidade manifesta-se na opção pela promoção de um ambiente de competitividade, em detrimento da seleção *a priori* de objetivos, resultados e setores estratégicos. Um propósito que é, afinal, coerente com a proposta de uma política neosschumpeteriana, dedicada a promover inovações: diferentemente do objetivo de constituição do parque produtivo, o estímulo à capacidade de inovação é menos programável e pressupõe um processo concorrencial – uma rivalidade dinâmica.

Sendo assim, do ponto de vista da racionalidade regulatória, a atuação do Estado não é propriamente diretiva do ambiente econômico, nem tampouco exerce estas atribuições por meio de um planejamento macroeconômico. Respondendo às necessidades de impulso da economia industrial, mas refletindo o contexto institucional pós-keynesiano, a intervenção estatal volta-se, isso sim, à coordenação ou à governança do atores privados. Atua nesta medida, sob uma lógica de parceria, induzindo a ação privada a uma competição por inovação, mas sem com isso exercer o controle das relações de economia mista (LOBEL, 2005, p. 262-324)[13]. A seguinte passagem de Lobel sintetiza o seu argumento acerca desta regulação aberta a uma maior participação privada:

> Admnistrative law was developed under the idea the regulatory policy-making powers of administrative agencies are based on their superior knowledge, information, and expertise (...) The new governance model challenges these conventional assumptions. It broadness the decision-making playing field by involving more actors in the various stages of the legal process. It also diversifies the types of expertise that these new actors bring to the table. Renew deal governance is a regime based on engaging multiple

[13] Para se referir a esta nova forma de atuação do Estado, Jessop usa a seguinte expressão: "from government to governance". *In*: JESSOP, Developmental state and knowledge-driven economies, cit.

actors and shifting citizens from passive to active roles (LOBEL, 2005, p. 294).

Com isso, as ferramentas de controle e de incentivo empregadas são desenhadas em sintonia com a racionalidade privada. Sob a égide de uma regulação de governança, o controle da competição, por exemplo, não se volta a estabelecer de antemão o padrão de rivalidade, mas sim a garantir os termos de uma disputa concorrencial promissora. Em vez de reservar mercado, o controle exercido é pró-competição, e procura expor as empresas à contestação nacional e internacional. A repressão incide não sobre a disputa de mercado, mas sobre a prática de condutas anticompetitivas – como os cartéis. Um bom indicador deste perfil de ferramenta é a afirmação da política de defesa da concorrência no Brasil, a partir de 1994. Desde então, a atuação do Sistema Brasileiro de Defesa da Concorrência não só se consolidou como também tem implementado uma política antitruste sensível a argumentos de eficiência dinâmica, entendendo a promoção das inovações como um ganho resultante do processo concorrencial[14].

Da mesma forma, as ferramentas de incentivo são estruturadas com a perspectiva de permitirem o amparo econômico sem que isso represente uma direção pública do mercado. A experiência brasileira de retomada da política industrial é um bom exemplo deste perfil de ferramentas. No que toca aos incentivos, a PITCE e a PDP contam com recursos do BNDES disponibilizados por meio de operações típicas de mercado, como são os aportes em empresas *start up* por meio de *venture capital*. O mesmo ocorre com a participação do banco em fundos privados de *venture capital*, que contam com gestores privados, sendo o BNDES apenas como um de seus cotistas.

---

[14] Um exemplo disso é o parecer da SDE no caso ANFAPE *vs.* Volkswagen e outros, Autos n. 8012.002673/2007-51.

Apesar dessa porosidade à racionalidade privada, no entanto, há um evidente componente de política pública nessas iniciativas, já que a participação do banco garante recursos e contribui para a formação de um mercado de capital de risco no país. A experiência irlandesa com o FORBAIT é um outro exemplo possível deste viés de política pública não diretivo: o resultado da atuação do Estado é a criação de um espaço financeiro de governança e não a produção deliberada de resultados econômicos. Sendo assim, se é verdade que a indução de grupos inovadores reclama uma atuação positiva do Estado, sobretudo para a provisão de capital de risco nas fases iniciais dos empreendimentos, as políticas públicas portadoras de uma racionalidade de governança pressupõem a necessidade de integração das empresas apoiadas ao ritmo da competição de mercado. Vem daí uma forma de atuação do Estado que Peter Evans assemelha à de um parteiro, que promove o florescimento de novos setores, mas que não assume a responsabilidade pela condução do processo econômico (o que equivaleria à função de um demiurgo na polarização utilizada pelo autor) (EVANS, 1995, p. 3-20).

Finalmente, no que tange à relação público-privada, este padrão de racionalidade regulatória constitui um tipo de liame que não é *top down* e não se estrutura em um consórcio agente-principal. Dada a incerteza e a contingência envolvidas na formulação das intervenções para a promoção das inovações, os *policy makers* não se colocam no papel de planejadores oniscientes, estipulando de antemão metas específicas a ser alcançadas pelas contrapartes privadas. Como salientam Rodrik (2207, p. 110-113) e Sabel (2004, p. 173-195), o mesmo processo de experimentalismo e aprendizado partilhado pelos agentes econômicos em ambientes de incerteza e de descoberta é partilhado pelos reguladores e formuladores de política.

Notadamente, no que se refere à política industrial, dadas as especificidades de se estimular apostas em ativos intangíveis, em pesquisa e desenvolvimento e inovações, a intervenção estatal procura desenvolver um processo, uma governança interativa, segundo o qual ferramentas e resultados são testados e redesenhados em um arranjo institucional sensível à necessidade de interação entre os atores público e privado. Nesse sentido, o desenho da ABDI, como uma entidade de coordenação pertencente ao "Sistema S", é um exemplo relevante deste tipo gestão da política industrial, que procura constituir uma relação não hierárquica com os setores produtivos. O quadro a seguir procura sintetizar essas formas de política e os tipos de intervenção discutidos neste trabalho.

	Tipo de racionalidade regulatória	**Propósito da ação reguladora**	**Ferramentas de controle e de incentivo**	**Relação entre agentes públicos e privados**
Política desenvolvimentista	Intervenção por direção	Direção do processo econômico (constituição do parque produtivo)	Controle e incentivos substitutivos da ordem de mercado (estímulo às fusões e reserva de mercado)	*Top down* Relação hierárquica Relação agente-principal
Política de inovação	Intervenção por governança	Estabelecimento de mecanismos de governança (constituição de ambientes sistêmicos de promoção da competitividade)	Controle e incentivos sintonizados com a racionalidade de mercado (promoção da concorrência e *venture capital* público)	Governança interativa Relação heterárquica

Quadro 3. Estratégias institucionais de política industrial e racionalidades regulatórias (elaboração própria).

11.6 Conclusão

Este artigo pretendeu pavimentar uma ponte entre as razões da literatura econômica e alguns termos e conceitos manejados pela gramática da teoria do direito. Partindo do pressuposto de que a política industrial importa e, mais que isso, ocupa um lugar de destaque nas relações estabelecidas entre Estado e mercado, nos países em desenvolvimento, este trabalho teve como objetivo estabelecer alguns dos termos de um amplo diálogo, firmado entre os motivos apresentados pela economia, as experiências construídas pelos arranjos institucionais nacionais e as racionalidades regulatórias.

Nessa trajetória, ao identificar a política industrial como uma resposta formulada pelos Estados para os problemas de externalidade vivenciados pelo segmento produtivo, o trabalho abriu um caminho para compreender tais medidas como intervenções regulatórias: desenhadas para alterar a alocação espontânea dos recursos nos mercados industriais. Trata-se de um tipo de intervenção situada pela teoria do direito como uma racionalidade substantiva, segundo a qual o papel cumprido pelo Estado e pela regulação extrapola o universo de funções tradicionalmente reputadas como jurídicas. Para além da confecção de normas gerais e dos juízos com natureza retroativa, as medidas de política industrial contam com uma atuação positiva do Estado, encarregada de conceber e implementar mecanismos de controle e de promoção dos mercados. No desempenho dessa atividade constata-se, no entanto, graus e formatos diferentes de intervenção. Para dar conta dessas variações, este trabalho procurou construir uma equiparação de tipologias, identificando a política industrial desenvolvimentista com uma intervenção estatal por direção e a política de inovação com uma intervenção por governança.

REFERÊNCIAS

AMSDEN, Alice. **Asia's next giant** – South Korea and late industrialization. New York: Oxford University Press, 1989.

BAPTISTA, Margarida Afonso Costa. **Política industrial** – uma interpretação heterodoxa. Campinas: Unicamp, 2000.

BUCCI, Maria Paula Dallari. **Direito administrativo e políticas públicas**. São Paulo: Saraiva, 2002.

CAMPANÁRIO, Milton; SILVA, Marcello Muniz da; COSTA, Tiago Ribeiro. Política industrial, tecnológica e de comércio exterior (PITCE): análise de fundamentos e arranjos institucionais. *In*: *paper* apresentado no XI Seminário Iberoamericano de Gestión Tecnológica, 2005. Disponível em: <http://www.redetec.org.br/publique/media/pitce.pdf>. Acessado em: 3 nov. 2009.

CARVALHO JR., Armando Mariante. **A política industrial e o BNDES**. Revista do BNDES, v. 12, n. 23, Rio de Janeiro, p. 17-28, jun. 2005.

CHANG, Ha-Joon. The economics and politics of regulation. *In*: CHANG, Ha Joon. **Globalization and role of state**. New York: TWN, 2003b.

______. The political economy of industrial policy. *In*: CHANG, Ha Joon. **Globalization and role of state**. New York: TWN, 2003.

______. **The political economy of industrial policy**. New York: St. Martin's Press, 1994.

COUTINHO, Luciano. Brasil e Coreia do Sul – paralelos, sucessos e desastres. *In*: FIORI, José Luís (org.). **Estados e moedas no desenvolvimento das nações**. Petrópolis: Vozes, 1999.

CURRALERO, Claudia Regina Baddini. **A atuação do sistema BNDES como instituição financeira de fomento no período 1952-1996**. Dissertação (Mestrado em Economia) – Instituto de Economia da UNICAMP, Campinas, 1998.

DOSI, Giovanni. The nature of innovative process. *In*: DOSI, Giovanni; FREEMAN, Chris; NELSON, Richard; SILVERBERG, G.; e SOETE, Luc (ed.). **Technical change and economic theory.** London: Pinter Publishers, 1988.

EVANS, Peter. **Embedded autonomy** – state and industrial transformation. Princeton: Princeton University Press, 1995.

FERRAZ, João Carlos; PAULA, Germano Mendes de; KUPFER, David. Política Industrial, *In*: KUPFER, David; HASENCLEVER, Lia. **Economia industrial** – fundamentos teóricos e práticos no Brasil. Rio de Janeiro: Campus, 2002.

FIORI, José Luís. Sonhos prussianos, crises brasileiras – leitura política de uma industrialização tardia. *In*: FIORI, José Luís. **Em busca do dissenso perdido** – ensaios críticos sobre a festejada crise do Estado. Rio de Janeiro: Insight, 1995.

GRAU, Eros. **A ordem econômica na Constituição de 1988**. 5. ed. São Paulo: Malheiros, 2000.

GREMAUD, Amaury Patrick; PIRES, Julio Manuel. II Plano Nacional de Desenvolvimento – II PND (1975-1979). *In*: KON, Anita (org.). **Planejamento no Brasil II**. São Paulo: Perspectiva, 1999.

HABERMAS, Jürgen. Paradigms of law. Cardozo Law Review, 1995, v. 17.

HAUSMANN, Ricardo; RODRIK, Dani; SABEL, Charles. Reconfiguring industrial policy: a framework with an application to South Africa, 2008, *paper* disponível em: <http://papers.ssrn.com/sol3/papers.cfm?abstract_id=1245702>. Acessado em: 3 nov. 2009.

JESSOP, Bob. Developmental state and knowledge-driven economies. *Paper*, mimeo. Disponível em: <http://www.bulgaria-gateway.org/bg/150/DevelopmentalStatesandKE.PDF>. Acessado em: 3 nov. 2009.

JOHNSON, Chalmers. Introduction: the idea of industrial policy. *In*: JOHNSON, Chalmers. **The industrial policy debate**. California: ICS Press, 1984.

LAFER, Celso. O Planejamento no Brasil – observações sobre o Plano de Metas (1956-1961). *In*: LAFER, Betty Mindlin. **Planejamento no Brasil**. 3. ed. São Paulo: Perspectiva, 1975.

LIMA LOPES, José Reinaldo de. The traditional dialogue between law and economics, **Revista Direito GV**, São Paulo, v. especial, novembro, p. 171-193, 2005.

LOBEL, Orly. The renew deal – the fall of regulation and the rise of governance in contemporary legal thought. Legal Studies Research Paper Series Research Paper n. 07-27, University of San Diego School of Law, 2005. Disponível em: Social Science Research Network Electronic Paper Collection, <http://ssrn.com/abstract=723761>. Acessado em: 2 jul. 2009.

NONET, Philippe; SELZNICK Philip. **Law and society in transition** – toward responsive law. 2. ed., New Jersey: Transaction Publishers, 2008.

O' RIAIN, Séan. **The flexible developmental state**: globalization, information technology, and the 'Celtic Tiger'. Politics & Society, v. 28, n. 2, 2000.

______. **The politics of high-tech growth** – developmental network states in the global economy. Cambridge, 2004.

OECD, **Government Venture Capital for Technology-Based Firms**. Paris: OECD, 1997.

OZAKI, Robert. How japanese industrial policy works, *In*: JOHNSON, Chalmers. **The industrial policy debate**. California: ICS Press, 1984.

REICH, Norbert. **Derecho y mercado** (trad. Antoni Font). Barcelona: Ariel Derecho, 1985.

RODRIK, Dani. Industrial policy for the twenty first century. *In*: RODRIK, Dani. **One economics, many recipes** – globalization, institutions and economics growth. 2007.

SABEL, Charles. Beyond principal-agent governance: experimentalist organizations, learning and accountability. *In*: Engelen Ewald: Ho Monika Sie Dhian (eds.). **De Staat van de Democratie. Democratie voorbij de Staat**. WRR Verkenning 3 Amsterdam: Amsterdam University Press, 2004. Disponível em: <http://www2.law.columbia.edu/sabel/papers/Sabel.definitief.doc>. Acessado em: 6 jul. 2009.

SCHAPIRO, Mario Gomes. Estado, direito e economia no contexto desenvolvimentista: breves considerações sobre três experiências – governo Vargas, Plano de Metas e II PND. *In*: SANTI, Eurico Marcos Diniz de. (org.). **Curso de direito tributário e finanças públicas** – do fato à norma, da realidade ao conceito jurídico. São Paulo: Saraiva, 2007.

______. **Novos parâmetros para a intervenção do Estado na economia**: persistência e dinâmica na atuação do BNDES em uma economia baseada no conhecimento. Tese (Doutorado em Direito) – Faculdade de Direito, Universidade de São Paulo, São Paulo, 2008.

SUZIGAN, Wilson; VILLELA, Annibal. **Industrial policy in Brazil**. Campinas: Unicamp, 1997.

TEUBNER, Gunther. Substantive and reflexive elements in law. **Law & Society Review**, v. 17, n. 2, 1983.

TRUBEK, David. Max Weber on law and the rise of capitalism. *In*: **Wisconsin Law Review**, 1972.

WEBER, Max. **Economia e sociedade**. Trad. Regis Barbosa; Karen Elsabe Barbosa, São Paulo: UNB, Imprensa Oficial, 2004, v. 2.

WILLIAMSON, Oliver. **The economic institutions of capitalism** – firm, markets, relational contracting. New York: Free Press, 1985.

CHERMA
Indústria da Arte Gráfica
Impressão e Acabamento
www.cherma.com.br